國家圖書館出版品預行編目資料

陳振孫之史學及其《直齋書錄解題》史錄考證（中）／何廣棪著 — 初版 — 台北縣永和市：花木蘭文化出版社，2006〔民95〕
目 24+318 面；19×26 公分（古典文獻研究輯刊 三編；第 8 冊）
ISBN：978-986-7128-65-2（精裝）
ISBN：986-7128-65-6（精裝）
1.（宋）陳振孫－學術思想－史學 2. 藏書目錄－中國－南宋（1127-1279）3. 史學－目錄－研究與考訂
018.8524 95015560

ISBN 986712865-6

9 789867 128652

古典文獻研究輯刊 ISBN：978-986-7128-65-2
三 編 第 八 冊 ISBN：986-7128-65-6

陳振孫之史學及其《直齋書錄解題》史錄考證（中）

作　者　何廣棪
主　編　潘美月　杜潔祥
企劃出版　北京大學文化資源研究中心
出　版　花木蘭文化出版社
發 行 所　花木蘭文化出版社
發 行 人　高小娟
聯絡地址　台北縣永和市中正路五九五號七樓之三
電話：02-2923-1455／傳眞：02-2923-1452
電子信箱　sut81518@ms59.hinet.net
初　版　2006 年 9 月
定　價　三編 30 冊（精裝）新台幣 46,500 元

陳振孫之史學及其《直齋書錄解題》史錄考證(中)

何廣棪　著

目錄

上冊

中　冊

七、雜史類

下　冊

十三、法令類

雜史類第七

越絕書十六卷

《越絕書》十六卷，無撰人名氏，相傳以為子貢者，非也。其書雜記吳、越事，下及秦、漢，直至建武二十八年。蓋戰國後人所為，而漢人又附益之耳。「越絕」之義曰：「聖人發一隅，辯士宣其辭；聖文越於彼，辯士絕於此。」故題曰「越絕」。雖則云然，而終未可曉也。

越者，國之氏也；絕者，絕也，謂勾踐時也；絕者，絕也，絕惡反之於善。越專其功，故曰「越絕」，並見本書。文簡批編尾云：「《越絕書》，謪不可讀，如樂架之有啞鍾。漁父辭劍事，見於此書。」隨齋批注。

廣棪案：有關此書之撰人及書名「越絕」之義，明、清以來多有論及之者。楊愼嘗爲〈跋〉曰：「或問：『《越絕》不著作者姓名，何也？』余曰：『姓名具在書中，覽者第不深考耳。子不觀其〈絕篇〉之言乎？曰：「以去爲姓，絹衣乃成；厥名有米，覆之以庚；禹來東征，死葬其鄉；不直自斥，託類自明；文屬辭定，自於邦賢；以口爲姓，丞之以天；楚相屈原，與之同名。」此以隱語見其姓名也。去得衣乃袁字也，米覆以庚乃康字也，禹葬之鄉則會稽也，是乃會稽人袁康也。其曰：「不直自斥，託類自明。」厥旨昭然，欲後人知也；「文屬辭定，自於邦賢。」蓋所共者非康一人也。口丞天，吳字也；屈原同名，平字也；與康共著此書者，乃吳平也。不然，此言何爲而設乎？』或曰：『二人何時人也？』余曰：『東漢人也。』『何以知之？』曰：『東漢之末，文人好作隱語，〈黃絹碑〉，其著者也。又孔融以漁父屈節，水潛匿方云云，隱其姓名於離合詩；魏伯陽以委時去害，與鬼爲鄰，隱其姓名於《參同契》。融與伯陽，俱漢末人，故文字稍同，則茲書之著爲同時，何疑焉？』問者喜曰：『二子名微矣，得子言乃今顯之，誰謂後世無子雲乎？』成都楊愼跋。」是愼以此書爲東漢會稽人袁康、吳平合撰也。稍後，田汝成爲此書作〈序〉曰：「《越絕書》一十五卷，凡十有九篇，爲〈內經〉者二，〈內傳〉者四，〈外傳〉者十有三。或曰作於子貢，或曰子胥，豈其然哉？〈內經〉、〈內傳〉，辭義奧衍，究達天人，明爲先秦文字。〈外傳〉猥駁無倫，而〈記地〉兩篇，雜以秦、漢，殆多後人附益無疑也。〈本事篇〉序則又依託《春秋》，引證獲麟，歸於符應，若何休之徒為《公羊》之學者，故知是書成非一手，習其可信，而略其所疑，亦可以苴埤史氏之闕脫矣。其曰，『越絕』，義含兩端，或曰奇絕，或曰斷絕。句踐困憊餘魂，弱身強志，轉敗為功，得非夷裔雄材，曠世奇事乎？故解者曰：『絕者，絕也，謂句踐時也。』誠積於中，而威發於外，內能約己，外能絕人，故曰『越絕』。齊將伐魯，仲尼恥之，子貢一出而動四國，遂以興越，滅吳，亂齊，伯晉，魯恃以無恐。而《春秋》所紀二百二十四年諸侯之事，適以於越入吳終焉。故解者曰：『聖人發一隅，辯士宣其辭；聖文絕於此，辯士絕於彼，故曰越絕。』愚謂二說殊科，咸從臆決，折衷確貫，則前說為優。夫吳、越保界遐陬，勢同唇齒，持信義以相恤，則敗亡之禍，安從生哉？而互為窾窳，日尋戈矛，隙劇仇深，一施一復，興廢之際，天人昭矣。方吳之初伐越也，歲在牽牛，史墨占之，以為越得歲，而吳伐之，必受其咎。越人迎擊，闔廬殲焉。蓋吳之違天也，是以有檇李之辱。夫差畜憤父讎，冀於必報，人謀定矣，越雖得天，未可逞也。句踐不納范蠡之諫，而先事襲之，訖用大敗。蓋越之違人也，是以有會稽之辱。越王卑詞厚禮，請成於吳，吳人許之，殆天意焉。而越王苦身焦思，約己阜民，折節賢豪，繕飾備利。范伯治外，大夫種治內，計然畫策，明於陰陽，天人合矣。夫差口且恣其淫心，窮購奢靡，疏子胥而昵宰嚭，忠佞倒植。當是時，人有言宰嚭死者，仲尼曰：『否否！天生宰嚭以亡吳也，吳不亡，嚭將無死。』嗟乎！天人之度，不更昭乎？終以勤兵遠略，而越乘虛擣之，吳是以有姑蘇之辱。其時越猶未能即有吳也，而與之平，夫差苟有志焉，或能以一旅自奮，而轂觫跧安，餘身無幾，越且假徼釁，取舍循方，人事備矣，天眷殷矣，吳是以有甬東之辱。嗣是越勢益張，威振上國，會諸侯於徐州，主歸侵地，天王致胙，比迹桓、文，鴻烈徽名，彈壓宇內，謂之越絕，不亦宜乎？夫吳、越比壤而封，吳之視越也，猶擾虎也，跳梁不出楯檻之間，其大小強弱，不敵明甚。然吳以強大而敗，越以弱小而興，形勢非偶，安所論哉？善乎范蠡有言：『持盈者與天，定傾者與人。夫差拙於持盈，而句踐工於定傾，則其興廢之際，又何疑焉？』文谷孔子提學兩浙，得是書而悅之曰：『入其疆而不習其故，非學也。』校其訛舛而付梓焉。以予為吳、越之遺黎也，屬〈序〉於予，為之引端若此，而歸之天人之度焉。嗚呼！順天者祥，逆天者殃，修人者昌，怠人者荒。豈惟吳、越為然，持以考百代之推遷，其故可立睹也。嘉靖二十四年秋九月，錢塘田汝成撰。」是汝成以此書成非一手，而「越絕」之義乃奇絕也。明人闕名亦有〈跋〉，曰：「《越絕》，復仇之書也。子胥、夫差以父之仇，句踐以身之仇，而皆非其道焉。夫君，天也。君有臣，而君殺之，尚可仇乎？故子胥鞭平王之墓為不義。闔廬之死，夫差使人謂己曰：『而忘越王之殺而父乎？』則對曰：『不敢忘。』三年乃報越。故夫椒之敗，釋越而不誅為不孝；會稽之棲，苦身焦思，嘗膽而食，卒以滅吳，不知越實得罪於吳，而吳之赦己也。故其卻公孫雄之請為不仁。《春秋》書子胥之事曰：『吳入郢。』狄吳而諱楚也；於夫椒之戰則不書，蓋不足乎書也；於黃池之會，書於越入吳，狄越而咎吳也。春秋之末，復仇之事莫大於斯三者，《越絕》實備之，有國有家者可以鑒觀焉。」是以復仇之書，解《越絕書》也。至清，《四庫全書總目》卷六十六〈史部〉二十二〈載記類〉著錄此書，曰：「《越絕書》十五卷，兵部侍郎紀昀家藏本。不著撰人名氏。書中〈吳地傳〉，稱勾踐徙瑯琊，到建武二十八年，凡五百六十七年，則後漢初人也。書末〈敘外傳記〉以廋詞隱其姓名。其云：『以去為姓，得衣乃成。』是袁字也。『厥名有米，覆之以庚。』是康字也。『禹來東征，死葬其疆。』是會稽人也。又云：『文詞屬定，自于邦賢，以口為姓，承之以天。』是吳字也。『楚相屈原，與之同名。』是平字也。然則此書為會稽袁康所作，同郡吳平所定也。王充《論衡・按書篇》曰：『東番鄒伯奇，臨淮袁太伯、袁文衛，會稽吳君高、周長生之輩，位雖不至公卿，誠能知之囊橐、文雅之英雄也。觀伯奇之《元思》、太伯之《易童句》、按童疑作章。文衛之《箴銘》、君高之《越紐錄》、長生之《洞歷》，劉子政、揚子雲不能過也。所謂吳君高，殆即平字；所謂《越紐錄》，殆即此書。楊慎《丹鉛錄》、胡侍《珍珠船》、田藝蘅《留青日札》皆有是說。核其文義，一一吻合。〈隋〉、〈唐志〉皆云子貢作，非其實矣。其文縱橫曼衍，與《吳越春秋》相類，而博麗奧衍則過之。中如〈計倪內經〉、〈軍氣〉之類，多雜術數家言，皆漢人專門之學，非後來所能依託也。」是《四庫全書總目》亦以此書為袁康所作、吳平所定；又以為《越紐錄》殆即此書。諸家所考，均可與《解題》及隨齋批注相參證。

戰國策三十卷

《戰國策》三十卷，司馬遷《史記》所本，劉向所校者也。但無撰人名氏。後漢高誘注。自東周至中山十二國，凡三十三篇。

廣棪案：《郡齋讀書志》卷第十一〈縱橫家類〉著錄：「《戰國策》三十三卷。右漢劉向校定三十三篇。東、西周各一，秦五，齊六，楚、趙、魏各四，韓、燕各三，宋、衛、中山各一。舊有五號，向以爲皆戰國時遊士策謀，改定今名。其事則上繼春秋，下訖楚、漢之起，凡二百四、五十年之間。《崇文總目》多闕，至皇朝曾鞏校書，訪之士大夫家，其書始復完。漢高誘注，今止十篇，餘逸。歷代以其紀諸國事，載於史類。予謂其紀事不皆實錄，難盡信，蓋出於學縱橫者所著，當附於此。」足與《解題》相參證。公武與直齋所見之本均爲三十三篇，惟分卷各有不同。頗疑《解題》之三十卷，乃三十三卷之誤。《宋史》卷二百五〈志〉第一百五十八〈藝文〉四〈縱橫家類〉著錄：「高誘注《戰國策》三十三卷。」又同書卷二百七〈志〉第一百六十〈藝文〉六〈兵書類〉亦著錄：「《戰國策》三十三卷。」是〈宋志〉所著錄亦作三十三卷。此書《解題》入〈雜史類〉，《郡齋讀書志》入〈縱橫家類〉，《四庫全書總目》以爲未允。《四庫全書總目》卷五十一〈史部〉七〈雜史類〉「《戰國策注》三十三卷」條云：「案《漢・藝文志》，《戰國策》與《史記》爲一類。歷代史志因之。晁公武《讀書志》始改入〈子部・縱橫家〉，《文獻通考》因之。案班固稱司馬遷作《史記》，據《左氏》、《國語》，采《世本》、《戰國策》，述《楚漢春秋》，接其後事，迄於天漢。則《戰國策》當爲史類，更無疑義。且子之爲名，本以稱人，因以稱其所著。必爲一家之言，乃當此目。《戰國策》乃劉向裒合諸記併爲一編，作者既非一人，又均不得其主名，所謂子者安指乎？公武改隸子部，是以記事之書爲立言之書，以雜編之書爲一家之書，殊爲未允。今仍歸之史部中。」是此書應歸史部。《郡齋讀書志》與〈宋志〉歸此書入子部，殊未當也。

鮑氏校定戰國策十卷

《鮑氏校定戰國策》十卷，尚書郎括蒼鮑彪注。以西周正統所在，易為卷首。其注凡四易藁乃定。

廣棪案：《玉海》卷第四十七〈藝文・雜史〉「紹興《鮑氏國策》」條載：「十卷。紹興中鮑彪編。自劉向校定《戰國策》爲三十三卷，彪升其第二卷爲首，又自更定訓釋。見前《戰國策》。」《四庫全書總目》卷五十一〈史部〉七〈雜史類〉著錄：「《鮑氏戰國策注》十卷，內府藏本。宋鮑彪撰。案黃鶴《杜詩補注》、郭知達《集注九家杜詩》引彪之語，皆稱爲鮑文虎說，則其字爲文虎也。縉雲人，官尚書郎。《戰國策》一書，編自劉向，注自高誘。至宋而誘注殘闕，曾鞏始合諸家之本校之，而於注文無所增損。姚宏始稍補誘注之闕，而校正者多，訓釋者少。彪此《注》成於紹興丁卯，其〈序〉中一字不及姚本。蓋二人同時，宏又因忤秦檜死，其書尚未盛行於世，故彪未見也。彪書雖首載劉向、曾鞏二〈序〉，而其篇次先後，則自以己意改移，非復向、鞏之舊。是書竄亂古本，實自彪始。然向〈序〉稱：『中書餘卷，錯亂相糅莒。案莒字未詳，姑仍原本錄之。又有國別者八篇，少不足。臣向因國別者，略以時次之分別，不以序者以相補，除重複得三十三篇。』又稱：『中書本號，或曰《國策》，或曰《國事》，或曰《短長》，或曰《事語》，或曰《長書》，或曰《脩書》』云云。則向編此書，本裒合諸國之記，刪併重複，排比成帙。所謂三十三篇者，實非其本來次第。彪核其事迹年月而移之，尚與妄改古書者有間。其更定東、西二周，自以爲考據之特筆。元吳師道作《補正》，極議其誤。考趙與旹《賓退錄》曰：『《戰國策》，舊傳高誘注，殘闕疎略，殊不足觀。姚令威寬補注，案補注乃姚寬之兄姚宏所撰，此作姚寬，殊誤，謹附訂於此。亦未周盡。獨縉雲鮑氏校注爲優。雖閒有小疵，殊不害大體。惟東、西二周一節極其舛謬，深誤學者，反不若二氏之說。』是則南宋人已先言之矣。師道注中所謂補者，即補彪注。所謂正者，亦即正彪注，其精核實勝於彪。然彪注疏通詮解，實亦殫一生之力。故其自記稱四易藁後，始悟〈周策〉之嚴氏陽豎，即〈韓策〉之嚴遂陽堅，而有校書如塵埃風葉之歎。雖踵事者益密，正不得遽沒刱始之功矣。」《玉海》、《四庫全書總目》所述，足與《解題》相參證。

九州春秋九卷

《九州春秋》九卷，晉司馬彪紹統撰。漢末州部之亂，司、冀、徐、兗、青、荊、揚、梁、幽，凡盜賊僭叛皆紀之。

廣棪案：《玉海》卷第四十一〈藝文・續春秋〉「晉《九州春秋》」條載：「〈隋志・雜史〉：『《九州春秋》十卷，司馬彪撰。記漢末事。』〈唐志〉九卷。《書目》：『紀漢末州郡之亂，司、冀、兗、徐、青、荊、揚、涼、幽九州，各一篇。』司馬彪高陽王睦之長子。專精學術，泰始中爲秘書丞，注《莊子》，作《九州春秋》。《三國志》引之。」足資參證。此書分九卷與十卷兩種，故《宋史》卷二百三〈志〉第一百五十六〈藝文〉二〈編年類〉著錄：「司馬彪《九州春秋》十卷。」又同書卷二百四〈志〉第一百五十七〈藝文〉三〈霸史類〉著錄：「司馬彪《九州春秋》九卷。」是宋、元時，此書九卷本與十卷本並行也。彪，《晉書》卷八十二〈列傳〉第五十二有傳。其〈傳〉曰：「司馬彪字紹統，高陽王睦之長子也。出後宣帝弟敏。少篤學不倦，然好色薄行，爲睦所責，故不得爲嗣，雖名出繼，實廢之也。彪由此不交人事，而專精學習，故得博覽群籍，終其綴集之務。初拜騎都尉。泰始中，爲秘書郎，轉丞。注《莊子》，作《九州春秋》。」可略悉其生平及撰作此書概況。

華陽國志二十卷

《華陽國志》二十卷，館臣案：《唐書・藝文志》，《華陽國志》作十三卷。廣棪案：盧校本「二十卷」作「十二卷」，是。**晉散騎常侍蜀郡常璩道將撰。志巴蜀地理、風俗、人物及公孫述、劉焉、劉璋、先、後主以及李特等事迹。末卷為〈序志〉，云：「肇自開闢，終乎永和三年。」**原註：劉璋乃焉之子。

廣棪案：《郡齋讀書志》卷第七〈僞史類〉著錄：「《華陽國志》十二卷。右晉常璩撰。華陽，梁州地也。記漢以來巴蜀人物。呂微仲〈跋〉云：『漢至晉初四百載間，士女可書者四百人，亦可謂盛矣。復自晉至周顯德僅七百歲，而史所紀者無幾人，忠魂義骨與塵埃同沒，何可勝數，豈不重可歎哉！』」可與《解題》相參證。《郡齋讀書志》所言之呂微仲，即呂大防。大防嘗刻此書於成都，並爲之〈序〉曰：「先王之制，自二十五家之閭，書其恭敏任恤，等而上之，或月書其學行，或歲考其道德；故民之賢能邪惡，其吏無不與知之者焉。漢、魏以還，井地廢而王政闕，然猶時有所考察旌勸；而州都中正之職，尚修於郡國；鄉閭士女之行，多見於史官。隋、唐急事緩政，此制遂廢而不舉。潛德隱行，非野史紀述，則悉無見於時。民日益漓，俗日益卑，此有志之士所爲歎惜也。晉常璩作《華陽國志》，於一方人物，丁寧反覆，如恐有遺。雖蠻髦之民、井臼之婦，苟有可紀，皆著於書。且云『得之陳壽所爲《耆舊傳》』。按壽嘗爲郡中正，故能著述若此之詳。自先漢至晉初，踰四百歲，士女可書者四百人，亦可謂眾矣。復自晉初至于周顯德，僅七百歲，而史所紀者無幾人。忠魂義骨與塵埃野馬同沒於丘原者，蓋亦多矣。豈不重可歎惜哉！此書雖繁富，不及承祚之精微，然議論忠篤，樂道人之善，蜀記之可觀，未有過於此者。鏤行於世，庶有益於風教云。宋元豐戊午秋日，呂大防微仲譔。」是此書所撰人物，或據陳壽《耆舊傳》增益而成。書凡十二卷：卷一〈巴志〉，卷二〈漢中志〉，卷三〈蜀志〉，卷四〈南中志〉，卷五〈公孫述劉二牧志〉，卷六〈劉先主志〉，卷七〈劉後主志〉，卷八〈大同志〉，卷九〈李特雄期壽勢志〉，卷十上〈先賢士女總讚論〉，卷十中〈廣漢士女〉，卷十下〈漢中士女〉，卷十一〈後賢志〉，卷十二〈序志〉。故其〈序志〉篇乃有「肇自開闢，終乎永和三年，凡十二篇，號曰《華陽國志》」之語。蓋全書以十二篇為十二卷。《解題》作「二十卷」，實誤，盧文弨已先我而糾之矣。

後魏國典三十卷

《後魏國典》三十卷，唐太常少卿元行沖撰。行沖以系出拓跋，乃撰《魏典》三十篇，文約事詳，學者尚之。此本從莆田劉氏借錄，卷帙多寡不同，歲月首尾不具，殆類鈔節，似非全書。

廣棪案：馬端臨《文獻通考》卷一百九十五〈經籍〉二十二〈史雜史〉著錄《魏典》三十卷，引《崇文總目》云：「唐太常少卿元行沖撰。起道武帝，終宇文革命，凡三十篇。孝武入關，則書東魏為東帝，並載兩國事。為凡例微用編年之法，文約事詳，學者宗之。行沖以族出於魏，刻意論著，引魏明帝時河西柳谷瑞石有牛繼馬後之象，舊史謂元帝本出牛氏，行沖以為非，因言道武名犍，繼晉受命，此其應也。特為論載於篇。」可與《解題》相參證。行沖，河南人，後魏常山王素之後，官拜太常少卿。《舊唐書》卷一百二〈列傳〉第五十二、《新唐書》卷二百〈列傳〉第一百二十五〈儒學〉下有傳。《舊唐書》本傳載：「行沖以本族出於後魏，而未有編年之史，乃撰《魏典》三十卷，事詳文簡，為學者所稱。初，魏明帝時，河西柳谷瑞石有牛繼馬後之象，魏收舊史以為晉元帝是牛氏之子，冒姓司馬，以應石文。行沖推尋事跡，以後魏昭成帝名犍，繼晉受命，考校謠讖，特著論以明之。」可悉行沖撰書之旨。此書乃直齋從莆田劉氏借錄者。清人葉昌熾《藏書紀事詩》卷一云：「青蓋傳言入洛陽，文思縑帛變帷囊。惟餘海上無諸地，不共中原熸靖康。吳與可權、吳秘、莆李氏、劉氏。」葉詩附注之劉氏，即《解題》所言之莆田劉氏，惜其名字已不可考矣。《宋史藝文志史部佚籍考》上編（三）〈別史類〉載：「《後魏國典》三〇卷，唐元行沖撰。……按：振孫謂其所見『殆類鈔節，似非全書』。則此書南宋時完本或已不多矣。」兆祐所見甚是。

大業雜記十卷

《大業雜記》十卷，唐著作郎杜寶撰。紀煬帝一代事。〈序〉言：「貞觀修史未盡實錄，故為此書，以彌縫闕漏。」

廣棪案：《新唐書》卷五十八〈志〉第四十八〈藝文〉二〈雜史類〉著錄：「杜

寶《大業雜記》十卷。」《郡齋讀書志》卷第六〈雜史類〉著錄：「《大業雜記》十卷。右唐杜寶撰。起隋仁壽四年煬帝嗣位，止越王侗皇泰三年王世充降唐事。」可相參證。寶，兩《唐書》無傳，據《解題》知除著作郎，其餘無可考。

建康實錄二十卷

《建康實錄》二十卷，唐許嵩撰。載吳、晉、宋、齊、梁、陳六朝都建康者，編年附傳，大略用實錄體。

廣棪案：《郡齋讀書志》卷第六〈實錄類〉著錄：「《建康實錄》二十卷。右唐許嵩撰。始自吳，起漢興平元年，終於陳末禎明三年，南朝六代四十帝、四百年間君臣行事及土地山川、城池宮苑、制置興壞，用存古跡。其有異事則注之，以益見聞。按南朝四百年，除西晉平吳之年，并吳首事之年，三百三十一年而已。吳大帝在武昌七年，梁元帝都江陵三年，其實在建康宮，三百二十一年也。十父按：『嵩自敘此書云：「使周覽而不繁，約而無失。」然自順帝已後，復爲紀傳而廢編年，其間重複一事，相牴牾者甚眾。至於名號稱謂，又絕無法。蓋亦煩而多失矣。』」可補《解題》之未及。此書嵩有〈自序〉，曰：「司馬子長善敘事，古稱良史，然班固嫌其疎略，是非頗謬於聖人，言論數篇，以爲所蔽。嵩述而不作，竊思好古今，質正傳，旁採遺文，始自吳，起漢興平元年，終于陳末禎明三年。而吳黃龍已前，雖引漢歷二十餘年，其實吳之首事及晉平吳，太康之後三十餘年，復涉西晉之年，洎瑯琊東遷，太興即位元年，始爲東晉首年。東晉一十一帝、一百二年而禪于宋；宋八帝、六十年而禪于齊；齊七帝、二十四年而禪于梁；梁五帝、五十六年而入于陳；陳五帝、三十三年，止隋開皇元年。陳建首號，梁之末年；梁稱元年，齊之季年；齊初即位，宋之餘年；則四家終始，共用三年。而吳四帝五十九年，南朝六代四十帝三百三十一年。通西晉革吳之年，並吳首事之年，總四百年間，著東夏之事，勒成二十卷，名曰《建康實錄》。具六朝君臣行事，事有詳簡，文有機要，不必備舉。若土地山川、城池宮苑，當時制置，或互興毀，各明處所，用存古跡。其有異事別聞，辭不相屬，則皆注記，以益見知，使周覽而不煩，約而無失者也。」可資參證。嵩，兩《唐書》無傳，《全唐文》卷三百九十五「許嵩」條載：「嵩，肅宗時人。」

行在河洛記十卷

《行在河洛記》十卷，唐宰相尉氏劉仁軌正則撰。記李密、王世充事。末二卷記隋都城、宮殿、池苑。按〈唐志〉作《行年記》二十卷。

廣棪案：《郡齋讀書志》卷第五〈編年類〉著錄：「《河洛行年記》十卷。右唐劉仁軌撰。記唐初李密、王世充事。起大業十三年二月，迄武德四年七月秦王擒竇建德。第九卷述大業都城，第十卷載宮館園囿。且云：『煬帝遷都之詔稱務崇節儉，觀其宮室，窮極綺麗。』」足資參證。惟此書書名及卷數，公私書目著錄頗有異同，孫猛《郡齋讀書志校證》嘗詳考之，曰：「《河洛行年記》十卷，按〈新唐志〉卷二〈雜史類〉作《劉氏行年記》二十卷，《崇文總目》卷二〈雜史類〉上、《通志・藝文略》卷三〈雜史類〉題同〈新唐志〉，卷數則同《郡齋讀書志》，《書錄解題》卷五〈雜史類〉作《行在河洛記》十卷，〈宋志〉卷二〈傳記類〉標題、卷數俱同《郡齋讀書志》，《遂初堂書目・雜史類》及《資治通鑑考異》所引，俱題《河洛記》。」仁軌字正則，汴州尉氏人，官至文昌左相。《舊唐書》卷八十四〈列傳〉第三十四、《新唐書》卷一百八〈列傳〉第三十三有傳。《舊唐書》本傳載：「仁軌身經隋末之亂，輯其見聞，著《行年記》，行於代。」即記其撰作此書事。

河洛春秋二卷

《河洛春秋》二卷，唐洋州司功包諝撰。記安史之亂。

廣棪案：《新唐書》卷五十八〈志〉第四十八〈藝文〉二著錄：「包諝《河洛春秋》二卷。安祿山、史思明事。」《通志》卷六十五〈藝文略・雜史〉著錄：「《河洛春秋》二卷，唐包諝撰。起祿山叛，訖史朝義敗。」《宋史藝文志史部佚籍考》上編〈已佚而無輯本者〉（三）〈別史類〉著錄：「《河洛春秋》二卷，唐包諝撰。諝，史無傳，字里未詳，官洋州司功。……按：安史之亂，多在河洛一帶。又〈宋志・傳記類〉又載此書，重出也。」可資參證。諝，兩《唐書》無傳。

明皇雜錄一卷

《明皇雜錄》一卷，唐校書郎鄭處誨撰。雜記明皇時事。大中九年序。處誨，太和八年進士也。

廣棪案：此書撰人姓名及卷數，公私書目著錄頗有異同。《崇文總目》卷二〈雜史類〉上著錄：「《明皇雜錄》二卷，原釋：趙元。見天一閣鈔本。繹按：《書錄解題》一卷。《通考》三卷。諸家書目及今本並題鄭處晦撰。」錢東垣輯釋本。《郡齋讀書志》卷第六〈雜史類〉著錄：「《明皇雜錄》二卷。右唐鄭處誨撰。記孝明時雜事。《別錄》一卷，題補闕所載十二事。」《玉海》卷第五十八〈藝文・錄〉「《明皇雜錄》」條載：「《書目》：『《明皇雜錄》二卷，大中九年校書郎鄭處誨雜記玄宗承平之事，雖微必錄，已見於太史者不言。』」是此書撰人或作趙元，或作鄭處晦；而卷數則或作二卷，或作三卷。處誨，字延美，太和八年登進士第。《舊唐書》卷第一百五十〈列傳〉第一百八、《新唐書》卷一百六十五〈列傳〉第九十附〈鄭餘慶〉。《舊唐書》本傳謂：「爲校書郎時，撰次《明皇雜錄》三篇，行於世。」則與《解題》著錄略同。此書《四庫全書總目》卷一百四十〈子部〉五十〈小說家類〉一亦著錄：「《明皇雜錄》二卷、《別錄》一卷，兵部侍郎紀昀家藏本。唐鄭處誨撰。處誨字延美，滎陽人。宰相餘慶之孫。太和八年登進士第。官至檢校刑部尚書、宣武軍節度使。事迹附見《舊唐書・鄭餘慶傳》。是書成於大中九年，有處誨〈自序〉。案史稱處誨爲校書郎時，撰次《明皇雜錄》三篇，行於世。晁公武《讀書志》則載《明皇雜錄》二卷，然又曰：『《別錄》一卷，題補闕所載十二事。』則史併《別錄》數之，而晁氏析《別錄》數之也。葉夢得《避暑錄話》曰：『鄭處誨《明皇雜錄》記張曲江與李林甫爭牛仙客實封。時方秋，上命高力士以白羽扇賜之。九齡惶恐，作賦以獻。意若言明皇以忤旨將廢黜，故方秋賜扇以見意。《新書》取以載之本傳。據〈曲江集賦序〉曰：「開元二十四年盛夏，奉敕大將軍高力士賜宰相白羽扇，九齡與焉。」則非秋賜。且通言宰相，則林甫亦在，不獨爲曲江而設也。乃知小說記事，苟非耳目親接，安可輕書耶？』云云。則處誨是書亦不盡實錄。然小說所記，眞僞相參，自古已然，不獨處誨，在博考而愼取之，固不能以一二事之失實，遂廢此一書也。《避暑錄話》又曰：『盧懷愼好儉，家無珠玉錦繡之飾，此固善事。然史言妻子至寒餓，宋璟等過之，門不施箔，風雨至，引席自障，則恐無此理。此事蓋出鄭處誨《明皇雜錄》，而史臣妄信之』云云。今本無此一條，然則亦有所佚脫，非完帙矣。」是《四庫全書總目》固以小說視此書。

開天傳信記一卷

《開天傳信記》一卷，唐吏部員外郎鄭棨撰。雜記開元、天寶時事。

廣棪案：《郡齋讀書志》卷第六〈雜史類〉著錄：「《開天傳信記》一卷。右唐鄭棨撰。紀開元、天寶傳聞之事，故曰『傳信』。」與《解題》略同。《玉海》卷第五十一〈藝文・典故〉「唐《開元天寶遺事》」條載：「《書目》：『《開元傳信記》一卷，鄭棨撰。載開元天寶事迹。』」《中興館閣書目》著錄書名「開天」作「開元」，實誤。棨，字蘊武。《舊唐書》卷一百七十九〈列傳〉第一百二十九、《新唐書》卷一百八十三〈列傳〉第一百八有傳。惟兩《唐書》棨字均作「綮」，未知孰是。又據兩《唐書》，棨以進士登第，歷監察，殿中、倉戶二員外，金、刑、右司三郎中，而未嘗任吏部員外郎，《解題》恐另有所本也。此書《四庫全書總目》卷一百四十二〈子部〉五十二〈小說家類〉三著錄：「《開天傳信記》一卷，浙江鮑士恭家藏本。唐鄭綮撰。綮字蘊武，滎陽人。登進士第。累官右散騎常侍。好以詩謠託諷昭宗，意其有所蘊蓄。擢爲禮部侍郎同中書門下平章事。所謂歇後鄭五作宰相，時事可知者，即其人也。《舊唐書》本傳稱綮嘗書歷監察，殿中、倉戶二員外，金、刑、右司三郎。而是書原本首署其官爲吏部員外郎，本傳顧未之及，或史文有所脫漏歟？書中皆記開元，天寶故事，凡三十二條。〈自序〉稱簿領之暇，搜求遺逸，期於必信，故以『傳信』爲名。其紀明皇戲游城南，王琚延過其家，謀誅韋氏一條。據《唐書・琚傳》，乃琚選補主簿過謝太子乘機進說，以除太平公主，無先過琚家之事。司馬光作《通鑑》，亦不從是書。惟《新唐書》兼採之。然韋氏稱制時，琚方以王同皎黨亡命江都，安得復卜居韋杜？綮所記恐非事實，宜爲《通鑑》所不取。又如華陰見岳神，夢遊月宮，羅公遠隱形，葉法善符籙諸事，亦語涉神怪，未能盡出雅馴。然行世既久，諸書言唐事者多沿用之，故錄以備小說之一種焉。」所述多補《解題》之未及。

安祿山事迹三卷

《安祿山事迹》三卷，唐華陰尉姚汝龍撰。館臣案：《唐書・藝文志》作「姚汝能」。

廣棪案：《新唐書》卷五十八〈志〉第四十八〈藝文・雜史類〉二著錄：「姚汝能《安祿山事迹》三卷。華陰尉。」《崇文總目》卷二〈雜史類〉上著錄：「《安祿山事迹》三卷，姚汝能撰。繹按：《書錄解題》作汝龍。」錢東垣輯釋本。《宋史》卷二百三〈志〉第一百五十六〈藝文〉卷二〈傳記類〉著錄：「姚汝能《安祿山事迹》三卷。」是此書撰人應作姚汝能爲是。《四庫全書總目》卷六十四〈史部〉二十〈傳記類存目〉六著錄：「《安祿山事迹》三卷，兩淮鹽政採進本。唐姚汝能撰。汝能始末未詳。陳振孫《書錄解題》稱其官華陰縣尉，未詳里居。則宋時已無可考矣。是書上卷序祿山始生，至元宗寵遇，起長安三年，盡天寶十二載事。中卷序天寶十三、四載祿山搆亂事。下卷序祿山僭號被殺，並安慶緒、史思明、史朝義事，下盡寶應元年。記述頗詳。世所傳祿山〈櫻桃詩〉，即出此書。葉夢得《避暑錄話》常摭以爲笑，其瑣雜可知矣。」所考足補《解題》之闕。

開元昇平源一卷

《開元昇平源》一卷，唐史官吳兢撰。敘姚崇十事。

廣棪案：《新唐書》卷第五十九〈志〉第四十九〈藝文〉三〈小說家類〉著錄：「陳鴻《開元升平源》一卷，字大亮，貞元主客郎中。」《郡齋讀書志》卷第六〈雜史類〉著錄：「《開元升平源記》一卷。右唐吳兢載姚崇以十事要明皇。」是此書或云陳鴻撰，或云吳兢撰。《玉海》卷第六十一〈藝文・疏〉「唐姚崇十事」條載：「《開元升平源》，先天二年十月癸卯即開元元年。講武新豐，召同州刺史姚崇至，諮天下事。帝曰：『卿宜遂相朕。』崇知帝銳于治，先設事以堅帝意，因跪奏：『願以十事聞，度不可行，臣敢辭政。先仁恕，不倖邊功，法行自近，宦官不預政，租賦外絕貢獻，戚屬不任臺省，接大臣以禮，群臣得犯忌諱，絕道佛營造，推此監戒，爲萬世法。』帝曰：『朕能行之。』翌日甲辰，拜兵部尙書同三品。吳兢撰《開元升平源》，《新史》采入本傳，《通鑑》不取。〈志〉：『《崇集》十卷。』〈志・小說類〉：『陳鴻《開元升平源》一卷。』《書目》：『吳兢撰《開元升平源》一卷。』以開元之治，基於用崇也。」是《玉海》於此書兼載〈新唐志〉及《中興館閣書目》之說，惟未確指撰人爲誰。今人岑仲勉《唐史餘瀋》卷二〈玄宗〉「姚崇十事」條曰：「《郡齋讀書志》二上云：『《開元升平源記》一卷，右唐吳兢載姚崇以十事要明皇。』《解題》五云：『《開元昇平源》一卷，唐史官吳兢撰，敘姚崇十事。』蓋均信世人所傳，以爲吳兢之作。《崇文總目》：『《開元平》一卷。』錢侗云：『按〈唐志・小說家類〉有陳鴻《開元升平源》一卷，當即此書。陳詩庭云：《書錄解題・雜史類》又有吳兢《開元昇平源》一卷，云敘姚崇十事，疑與鴻書異。』按『《開元平》』當爲『《開元升平源》』之奪，〈新唐志〉無吳兢書，有陳鴻書，名復相同，應即一種，彼署名陳鴻，自必有據，惜諸家書目都未合參《新志考異》，遂使千年之後，猶傳訛爲吳氏作品耳。陳鴻，〈新志〉五九云：『字大亮，貞元主客郎中。』按唐代任郎官者有一陳鴻，《英華》三九二，〈元稹授丘紓陳鴻員外郎制〉，行太常博士，上柱國陳鴻可虞部員外郎；又《元龜》九七九，長慶元年五月甲子，以虞部員外郎陳鴻爲赴迴鶻婚禮使判官。就文面觀之，兩陳鴻斷非同人。第《登科記考》一七，貞元二十一年進士陳鴻下注稱：『陳鴻〈大統紀序〉云：「貞元丁酉歲，登太常第，始閒居，修《大統紀》三十卷，七年書始就，絕筆于元和六年辛卯。」按貞元無丁酉，以七年至辛卯推之，即此年乙酉之訛，是鴻於此年登第。』又云：『白居易於元和元年十二月作〈長恨歌〉，其〈序〉稱前進士陳鴻。』然則撰《升平源》之陳鴻，當即撰《大統紀》之陳鴻無疑。鴻，貞元末方登第，焉得於貞元仕至郎中，比觀《白集》元和元年猶有前進士之稱，其誤甚明，然則〈新志〉之貞元陳鴻，又即長慶初之虞部員外郎陳鴻，亦無疑矣。〈新志〉之貞元如不誤，則其下殆奪『進士』二字。由此推之，鴻之書最早不過元和初作，去崇相可九十年以上，定不與崇同時，而君臣問答之詞，歷歷如繪，有同身覿，正《考異》所謂稗官依託，其無稽與鴻之〈長恨歌傳〉（《白氏集》一二）等爾。居易〈歌序〉云：『歌既成，使鴻傳焉。世所不聞者，余非開元遺民不得知；世所知者，有〈玄宗本紀〉在，今但傳〈長恨歌〉云爾。』詩人寄興，固不定問其事之有無，凡以見鴻之言不可信也。《白氏長慶集》四四，〈爲宰相謝官表〉（原注爲微之作）：『臣伏聞玄宗即位之初，命姚元崇爲宰相，元崇欲救時弊，獻事十條，未得請問，不立相位，玄宗明聖，盡許行之。』居易既曾與陳鴻往還在前（元稹作相在長慶），此一段故事殆亦聞諸陳鴻者，吾人不能據白〈表〉以證鴻之有據。……《全唐文》六一二：『鴻，大和三年官尚書主客郎中。』按鴻有〈廬州同食館記〉，末署『大和三年，太歲己酉，正月壬午朔，二十日辛丑記』。《全唐文》謂鴻大和三年主客郎中，未審何據，然此亦反映〈新志〉稱貞元郎中之誤也。」據岑氏所考，是此書乃陳鴻撰。鴻之事迹，岑氏考之頗詳，可參閱。

廬陵王傳一卷

《廬陵王傳》一卷，唐彭王傅會稽徐浩季海撰。敘狄仁傑五王事。

廣棪案：《宋史》卷二百三〈志〉第一百五十六〈藝文〉二〈傳記類〉著錄：「徐浩《廬陵王傳》一卷。」《宋史藝文志史部佚籍考》上編〈已佚而無輯本者〉（七）〈傳記類〉載：「《廬陵王傳》一卷，唐徐浩撰。浩，字季海，越州人。擢明經。有文辭，肅宗朝授中書舍人，四方詔令多出其手，遣辭贍速，寵絕一時。德宗初授彭王傅，進會稽郡公。建中三年（782）卒，年八十，贈太子少師，諡曰定。著有《廣孝經》、《書譜》、《古跡記》、《畫品》等。事迹具《舊唐書》（卷一三七）、《新唐書》（卷一六〇）本傳。……按：陳《錄》『五王』當作『立王』。此編載仁傑建言匡復中宗事也。《唐書・則天皇后本紀》載：『嗣聖元年（684）春正月甲申朔改元，二月戊午廢皇帝為廬陵王，幽於別所。』又載：『重拱元年（685）三月，遷廬陵王哲於房州。』又曰：『聖曆元年（698）九月丙子，廬陵王哲為皇太子。』〈狄仁傑傳〉曰：『初，中宗在房陵，而吉頊、李昭德，皆有匡復讜言，則天無復辟意，唯仁傑每從容奏對，無不以子母恩情為言，則天亦漸省悟，竟召還中宗，復為儲貳。初，中宗自房陵還宮，則天匿之帳中，召仁傑以廬陵為言，仁傑慷慨敷奏，言發涕流。遽出中宗，謂仁傑曰：「還卿儲君。」仁傑降階泣賀。既已，奏曰：「太子還宮，人無知者，物議安審是非？」則天以為然，乃復置中宗於龍門，具禮迎歸，人情感悅。仁傑前後匡復奏對，凡數萬言。開元中，北海太守李邕撰為〈梁公別傳〉，備載其辭。中宗返正，追贈司空，睿宗追封梁國公。』此編蓋纂其始末也。」兆祐所考甚詳，所言「五王」當作「立王」尤精洽，可與《解題》相參證，並糾《解題》之譌。

奉天錄四卷

《奉天錄》四卷，唐趙元一撰。起建中四年涇原叛命，終興元元年克復神都。

廣棪案：《新唐書》卷五十八〈志〉第四十八〈藝文〉二〈雜史類〉著錄：「趙元一《奉天錄》四卷。」《崇文書目》卷二〈雜史類〉上著錄，與《新唐書》及《解題》同。惟《宋史》卷二百三〈志〉第一百五十六〈藝文〉二〈傳記類〉則著錄作「趙源一《奉天錄》一卷。」其撰人之名字應作元一為是。元一，兩《唐書》均無傳。所撰〈奉天錄序〉則見《全唐文》卷五百二十六，其〈序〉曰：「緬尋太古之初，眞源一味，自然朴略，不同浮華。雖不垂載，至軒轅氏征蚩尤，而廓清四海；帝舜黜有苗，而定萬邦。逮乎三王，則弔人伐罪；暴秦則并吞天下。漢高祖夷凶靜難，光武討叛懲姦，魏武破袁紹，晉武滅苻堅，廣棪案：「晉武」應作「晉孝武」。宇文氏破高歡，普六茹氏平陳國，太宗擒王、竇，肅宗定安、史。故曰：亂者理之源，失者得之府，法令施則逆子誅，《春秋》書而賊臣懼。建中四祀，朱泚作亂，居我鳳巢，忠臣義士身死王事，可得而言者哉！咸悉載之，使後來英傑，貴風義而企慕，承危伺鄰，與時浮沉者，其徒非一，正史備書，故闕而不錄。志懷問鼎者，不敢漏網。夫簡書直筆直言，無矯無妄，欲使朱藍各色，清濁分流，質而不文，焉敢潤色，恐史筆遺漏，故備闕也。李忠臣三朝名將，忽爲叛主之臣；洪經綸累代通儒，乃作趨時之事。其餘源休蔣鎭之輩，敬忠日月之徒，蓋屑屑者何足道哉！每思南史之筆，班、馬之作，莫不廢食仰歎。且洪流壞隄，猶可塞也；烈火燎原，尙可撲也；逆臣賊子，難可邇也。睹此妖孽，搖動中原，莫不痛心疾首，是用書簡素，使好我者慕，惡我者懼。元一代居關右，世業三秦，親睹欃槍，媸妍必記。雖形闕奉親，而內懷其孝；身乖事主，而心荷聖恩。每覽嵇紹、紀信之高義，感千載而仰慕；尋淖齒、王敦之遺跡，思奮劍而快心。疾惡之志，不忘寤寐。自起建中四祀孟冬月上旬三日涇原叛命，終興元元年孟秋月中旬有八日，皇帝再復神都，於中可否，總紀其事也。夫史館之筆，才、識、學也。茍無三端，難以措其手足。元一不敏，敢竊鳳凰之一毛，以效麒麟之千里。獨學而無知，孤陋而寡聞；迹不踐於孔門，文有慚於先哲；輕塵罕增於巨岳，墜露無益於廣川；輒申螢燭之光，將助太陽之照。述而不作，有媿老彭；冀革前非，用警來祀云爾。」可知元一撰作此書之旨。《解題》所述，乃據此〈序〉檃括。

燕南記三卷

《燕南記》三卷，唐恆州司戶魏郡谷況撰。專記成德一鎭事。自建中二年至太和七年，起張孝忠，館臣案：《唐書》建中二年九月李納陷宋州，李惟岳將張孝忠以易、定二州降。原本作「張志忠」，誤。今改正。**終王承元。古語有「燕南垂，趙北際」，今以其在燕之南，故名。然河北諸鎭連叛事迹，大略具矣。**

廣棪案：《宋史藝文志史部佚籍考》上編〈已佚而無輯本者〉（七）〈傳記類〉載：「《燕南記》三卷，唐谷況撰。況，魏郡人，官恆州司戶。《新唐書・雜史類》著錄：『谷況《燕南記》三卷。』注云：『張孝忠事。』《通志・藝文略・雜史類》著錄《燕南記》三卷，云：『唐谷況撰，以建中時河朔叛，惟易、定張孝忠不從。』……按：孝忠，天寶末以善射授內供奉，安祿山奏爲偏將，屢爲前鋒；史朝義敗，自歸，授左領軍將軍，歷成德軍節度使。貞元七年（791）三月卒，年六十二，謚貞武。事迹具《唐書》（卷十四）、《新唐書》（卷一四八）本傳。承元，士眞第二子，承宗弟，承宗既領節鉞，奏承元爲觀察支使、朝議郎、左金吾衛胄曹參軍，兼監察御史，年始十六。承宗死，眾逼爲嗣，承元密表請帥於朝，穆宗詔起居舍人柏耆宣慰，授承元檢校工部尚書、義成軍節度使。太和七年（833）十二月，卒於平盧，時年三十三，冊贈司徒。事迹具《唐書》（卷一四二）、《新唐書》（卷一四八）本傳。」可資參考。

建中河朔記六卷

《建中河朔記》六卷，唐李公佐撰。〈序〉言：「與從弟正封讀《國史》，至建中、貞元之際，序述河朔故事，未甚詳備，以舊聞於老僧智融及谷況《燕南記》所說略同，參錯會要，以補史闕。」

廣棪案：《宋史》卷二百三〈志〉第一百五十六〈藝文〉二〈傳記類〉著錄：「《建中河朔記》六卷。」《宋史藝文志史部佚輯考》上編〈已佚而無輯本者〉（七）〈傳記類〉載：「《建中河朔記》六卷，唐李公佐撰。公佐，字里未詳，元和中爲洪州判官。著有《古嶽讀經》、《南柯記》、《廬江馮娼傳》、《謝小娥傳》等書。此書，兩《唐志》未著錄。」可參考。至正封，兩《唐書》無傳。《唐詩紀事》卷四十「李正封」條載：「正封字中護，終監察御史。」又載：「唐文皇好詩，太和中，賞牡丹，上謂程脩己曰：『今京邑人傳〈牡丹詩〉，誰爲首出？』對曰：『中書舍人李正封詩：「天香夜染衣，國色朝酣酒。」』時楊妃侍，上曰：『粧臺前宜飲以一紫金盞酒，則正封之詩見矣。』」是正封唐文宗太和時人，又嘗任中書舍人。智融，無可考。

邠志三卷

《邠志》三卷，館臣案：《唐書・藝文志》作二卷。**唐殿中侍御史凌準宗一撰。邠軍即朔方軍也。此本從盱江**廣棪案：盧校本「盱江」作「盱江」。**晁氏借錄，其末題曰：「文忠修《唐史》，求此書不獲，今得於忠憲范公之孫伯高。其中尚多誤，當訪求正之。紹興乙丑晁公鄴。」**

廣棪案：《崇文總目》卷二〈雜史類〉上著錄：「《邠志》一卷，凌準撰。繹按：〈唐志〉、〈宋志〉並二卷，《書錄解題》、《通攷》並三卷。」錢東垣輯釋本。是此書有一卷、二卷、三卷之別。《宋史藝文志史部佚籍考》上編〈已佚而無輯本者〉（七）〈傳記類〉載：「《邠志》三卷，唐凌準撰。準，字宗一，官殿中侍御史，事迹附見《新唐書・王叔文傳》。〈新唐志・雜傳類〉著錄：『凌準《邠志》二卷。』《通志・藝文略・雜史類》著錄《邠志》一卷，云：『凌準撰，天寶之亂，準從事邠府。』……按：此書〈宋志〉不著撰人，又有二卷者，題凌準（準，〈宋志〉作淮，今正。）撰，當是一書，〈宋志〉複出也。作二卷或三卷者，殆分合不同。《通志》僅一卷者，疑非完本。」可供參考。《解題》此條，余前撰《陳振孫之生平及其著述研究》一書，於范伯高、晁公鄤二人曾加考證，今迻錄如下：「《邠志》一書，書末有晁公鄤，乃晁說之從姪，《宋元學案補遺》卷二十二『晁先生公鄤』條記其生平事略云：『晁公鄤，景迂從姪。建炎二年，先生隨侍，寓海陵。景迂自儀眞來居。是歲，先生侍二十二叔之姑蘇，景迂誨之云：「吾老大，又晚爲枝江之行，汝歸，不及見矣！汝年少精健，宜勉力讀書。當先讀《五經》，看注疏；讀《三史》，不患不能爲一賦。」又云：「《文忠公集》不可法乎？韓文難入，頭先看《六一》，後《昌黎》，次《太史公》，次《公羊傳》，次《春秋》，此是讀書後先。」遂命於架上取素川紙寫。夜雨不少住，枕上作詩以賜。《景迂生集・附錄》。』案：景迂即晁說之，《宋元學案》卷二十二有〈景迂學案〉，載其生平及學術成就甚詳，文長不備錄。《宋人傳記資料索引》載其小傳，曰：『晁說之，字以道，一字伯以，又字季此。慕司馬光之爲人，自號景迂，清豐人，端彥子。原元豐五年進士，蘇軾以著述科薦之。元祐中以黨籍放斥，後終徽猷閣待制。建炎三年卒，年七十一。說之博極群書，善畫山水，工詩，通《六經》，尤精《易傳》。有《儒言》、《晁氏客語》及《景迂生集》二十卷。』案：說之有手足多人，補之、詠之、沖之，皆其兄弟。《宋元學案》卷二十二〈景迂學案〉後，有全祖望案語曰：『祖望謹案：昭德晁氏兄弟，大率以文詞游坡、谷間，如補之、詠之、沖之，皆盛有名。獨景迂湛深經術，親得司馬公之傳；又爲康節私淑弟子，其攻新經之學尤不遺餘力。世但知推龜山、了翁，而不知景迂更過之。《宋史》乃爲補之、詠之作傳，而景迂失焉，陋矣！』誠如全謝山所言，景迂於《宋史》中無傳；補之、詠之傳，則見《宋史》卷四百四十四〈列傳〉第二百三〈文苑〉六。今可考知者，晁公休、晁公武爲沖之之子；公鄤既爲景迂從姪，倘其亦爲沖之之子，則與公休、公武爲同胞兄弟；若爲補之、詠之子，則與公休、公武爲從兄弟矣。公鄤之識語既撰於紹興十五年乙丑，而直齋爲南城宰，則約在嘉定十四年辛巳，兩者相隔凡七十六載，故余頗疑《解題》所指之『盱江晁氏』，或即爲公鄤之兒孫輩，惜其名氏已不可知矣。至公鄤之題識，有可議者二事。案題識謂《邠志》三卷，『今得於忠憲范公之孫伯高』。考忠憲范公即范雍，《宋史》卷二百八十八〈列傳〉第四十七有傳。惟其〈傳〉明載：雍『卒，贈太子太師，謚忠獻』。公鄺題識作『忠憲』，顯誤。此一事也。又案《宋史》雍〈傳〉載：雍子宗傑；宗傑子子奇，字中濟，元祐間以待制致仕，卒，年六十三。子奇子坦，字伯履，政和間以徽猷閣待制卒，年六十二。是則雍之孫乃子奇，非伯高也。子奇既卒於元祐間，設以伯高為其兄弟，亦無由下迄紹興乙丑，伯高猶在人間，蓋兩人年齡相距五、六十年，故可確斷伯高殊非范雍之孫。竊疑伯高確有其人，公鄺亦確曾向伯高借《邠志》，惟伯高或為范坦之子，坦政和年間卒，年六十二，以年歲論，適可下接伯高。若由是以判，則伯高乃范雍之玄孫，而公鄺仍以『孫』稱之者，或籠統言之，未加細考耳。此二事也。」第四章第三節。可供參考。

涼國公平蔡錄一卷

《涼國公平蔡錄》一卷，唐山南東道掌書記鄭澥蘊士撰。涼國公者，李愬也。

廣棪案：《宋史藝文志史部佚籍考》上編〈已佚而無輯本者〉（七）〈傳記類〉載：「《涼國公平蔡錄》一卷，唐鄭澥撰。澥，字蘊士，嘗為李愬判官，官山南東道掌書記，開州刺史。〈新唐志・雜史類〉著錄：『鄭澥《涼國公平蔡錄》一卷。』注云：『字蘊士。李愬山南東道掌書記，開州刺史。』《通志・藝文略・雜史》著錄《平蔡錄》一卷，云：『唐鄭澥記李愬平吳元濟事。』……按：愬，字元直，憲弟，善騎射，有籌略，元和中以討吳元濟，為唐鄧節度使。淮西平，歷山南東道節度使，封涼國公。以破李師道，進同中書門下平章事，累官至太子少保，卒謚武。其討元濟之始末，具《唐書》（卷一三三）本傳。元濟事迹，具《唐書》（卷一四五）、《新唐書》（卷二一四）本傳。又按：《明內閣藏書目錄》（卷六）著錄：『《平蔡錄》一冊，全。』云：『唐書記鄭澥撰，紀李愬平吳元濟事。後附路振《乘軺錄》。』是明萬曆年間此書尚存，今則已亡佚矣。」足供參考。

國史補三卷

《國史補》三卷，唐學士李肇撰。

廣棪案：《郡齋讀書志》第卷六〈雜史類〉著錄：「《國史補》二卷。右唐李肇撰。起開元，止長慶間事。初，劉餗記元魏迄唐開元事，名曰《國朝傳記》，故肇續之。」《玉海》卷第四十七〈藝文・雜史〉「《唐國史補》」條載：「〈志〉：

『李肇《國史補》三卷。述開元至長慶事，以補史氏之缺。』」均足資參證。孫猛《郡齋讀書志校證》曰：「《國史補》二卷，按〈新唐志〉卷二、《書錄解題》卷五、〈宋志〉卷二〈傳記類〉俱作三卷。按是書卷分上、中、下，疑『二』乃『三』之誤。」是此書應作三卷，《郡齋讀書志》誤也。肇，兩《唐書》無傳。《四庫全書總目》卷一百四十〈子部〉五十〈小說家類〉一著錄：「《唐國史補》三卷，兩江總督採進本。唐李肇撰。肇有《翰林志》，已著錄。此書其官尚書左司郎中時所作也。書中皆載開元至長慶間事，乃續劉餗小說而作。上卷、中卷各一百三條，下卷一百二條，每條以五字標題。所載如謂『王維取李嘉祐水田白鷺之聯』，今李《集》無之。又記『霓裳羽衣曲』一條，沈括亦辨其妄。又謂『李德裕清直無黨』，謂『陸贄誣于公異』，皆爲曲筆。然論張巡則取李翰之傳，所記左震、李汧、李廙、顏眞卿、陽城、歸登、鄭絪、孔戣、田布、鄒待徵妻、元載女諸事，皆有裨於風教。又如李舟天堂地獄之說，楊氏、穆氏兄弟賓客之辨，皆有名理。末卷說諸典故及下馬陵、相府蓮義，亦資考據。餘如摴蒲盧雉之訓，可以解劉裕事；劍南燒春之名，可以解李商隱詩。可採者不一而足。〈自序〉謂言報應，敍鬼神，徵夢卜，近帷箔則去之。紀事實，探物理，辨疑惑，示勸戒，採風俗，助談笑則書之。歐陽修作《歸田錄》，自稱以是書爲式，蓋於其體例有取云。」足資參考。

大唐新語十三卷

《大唐新語》十三卷，唐江都縣主簿劉肅撰。自武德迄大曆，分類編纂，凡三十類。

廣棪案：《郡齋讀書志》卷第六〈雜史類〉著錄：「《大唐新語》十三卷。右唐劉肅撰。輯唐故事，起武德至大曆，分爲三十類。」《玉海》卷第五十五〈藝文・著書雜著〉「《唐新語》」條載：「〈志・雜史類〉：『劉肅《大唐新語》十三卷，元和中。』《書目》：『輯唐故事，起武德，止大曆，分爲二十類。』」惟此書應爲三十類，《中興館閣書目》誤。《四庫全書總目》卷一百四十〈子部〉五十〈小說家類〉一亦著錄此書，曰：「《大唐新語》十三卷，內府藏本。唐劉肅撰。《唐書・藝文志》載此書三卷，註曰：『元和中江都主簿。』此本結銜乃題『登仕郎守江州潯陽縣主簿』，未詳孰是也。所記起武德之初，迄大歷之末，凡分三十門，皆取軼文舊事有裨勸戒。前有〈自序〉。後有〈總論〉一篇，稱『昔荀爽紀漢事可爲鑒戒者，以爲《漢記》。今之所記，庶嗣前修』云云。故〈唐志〉列之〈雜史類〉中。然其中〈諧謔〉一門，繁蕪猥瑣，未免自穢其書，有乖史家之體例。今退置〈小說家類〉，庶協其實。是書本名《新語》，〈唐志〉以下諸家著錄並同。明馮夢禎、俞安期等因與李垕《續世說》僞本合刻，遂改題曰《唐世說》，殊爲臆撰。商濬刻入《稗海》，併於肅〈自序〉中增入『世說』二字，益僞妄矣。《稗海》又佚其卷末〈總論〉一篇，及〈政能〉第八之標題，亦較馮氏、姚氏之本更爲疎舛。今合諸本參校，定爲三十篇，〈總論〉一篇，而復名爲《大唐新語》，以復其舊焉。」所考翔實，足資參證。

元和丁亥歲序。

案：元和丁亥，爲唐憲宗元和二年（807）。劉肅〈自序〉云：「自庖犧畫卦，文字聿興。立記注之司，以存警戒之法。傳稱左史記言，《尚書》是也；右史記事，《春秋》是也。洎唐虞氏作，木火遞興，雖戢干戈，質文或異，而《九丘》、《八索》，祖述莫殊。宣父刪落其繁蕪，丘明捃拾其疑闕，馬遷創變古體，班氏遂業前書，編集既多，省覽爲殆。則擬虞卿、陸賈之作，袁宏、荀氏之錄，雖爲小學，抑亦可觀。爾來記注，不乏於代矣。聖唐御寓，載幾二百，聲明文物，至化玄風。卓爾於百王，輝映於前古。肅不揆庸淺，輒爲纂述。備書微婉，恐貽床屋之尤；全採風謠，懼招流俗之說。今起自國初，迄於大曆，事關政教，言涉文詞，道可師模，志將存古，勒成十三卷，題曰《大唐世說新語》，聊以宣之開卷，豈敢傳諸其人。時元和丁亥歲，有事於圜丘之月序。登仕郎、守江州潯陽縣主簿劉肅撰。」可參考。

太和野史三卷

《太和野史》三卷，不著名氏。但稱「大中戊辰陳郡袁濤序」。自鄭注而下十七人，本共為一軸，濤分之為三卷。

廣棪案：《新唐書》卷五十八〈志〉第四十八〈藝文〉二〈雜史類〉著錄：「公沙仲穆《大和野史》十卷，起大和，盡龍紀。」《玉海》卷第四十七〈藝文・雜史〉「唐《大和野史》」條載 ：「《會要》：『龍紀中，有處士沙仲穆纂《野史》十卷。』」大和，唐文宗年號；龍紀，唐昭宗年號。據〈新唐志〉及《玉海》所引《唐會要》，則此書乃公沙仲穆撰，凡十卷。袁濤，無可考。鄭注，絳州翼域人。《舊唐書》卷一百六十九〈列傳〉第一百一十九、《新唐書》卷一百七十九〈列傳〉第一百四有傳。

太和摧兇記一卷

《太和摧兇記》一卷，文與上同而不分卷，豈其初本耶？

廣棪案：《崇文總目》卷二〈雜史類〉上著錄：「《太和摧兇記》一卷，諸家諸目並不著撰人。」錢東垣輯釋本。《宋史》卷二百三〈志〉第一百五十六〈藝文〉二〈傳記類〉著錄：「《太和摧兇記》一卷。」《宋史藝文志史部佚籍考》上編〈已佚而無輯本者〉（七）〈傳記類〉載：「《太和摧兇記》一卷，唐不著撰人。〈新唐志〉（卷五）〈雜史類〉著錄《太和摧兇記》一卷，不著撰人。《通志・藝文略》亦著錄此書，云：『記太和甘露事，誅鄭注等，作十八傳。』《直齋書錄解題・雜史類》著錄《太和野史》三卷，陳氏曰：『不著名氏，但稱大中戊辰（二年，848）陳郡袁濤序，自鄭注而下十七人，本共爲一軸，濤分之爲三卷。』又著錄《太和摧兇記》一卷，曰：『文與上同而不分卷，豈其初本耶？』知此書當時所題或不同。按：鄭注，絳州翼城人，始以藥術游長安權豪之門，本姓魚，冒姓鄭氏，故時號魚鄭。注用事時，人目之爲水族。爲人詭譎陰狡，善揣人意，初以醫結襄陽節度李愬，署衙推，漸得參預軍政，監軍王守澄與語，驚服，及入之樞密，遂挈之入京。注日夕爲守澄計議，因陰通賂遺，擢右神策判官。守澄薦於文宗，召對，進太僕卿。險人躁夫，日走千門謁，權震天下。注又援用李訓，因與訓日日議論帝前，謀鉏翦中官，冀爲要功地。而訓實忌注，乃請出注爲鳳翔節度使，以作外援。注到鎮，託言入護守澄喪，因以鎮兵擒誅群臣。訓恐注專功，先五日以發，是爲甘露之變。注聞訓敗，中道而還，爲監軍張仲清所殺，宦者矯旨族誅之。此書蓋記當時與甘露之變諸人之事也。〈新唐志〉又有李潛用《乙卯記》一卷，不著撰人之《野史甘露記》二卷，並載李訓、鄭注事者也。」可供參證。

野史甘露記二卷

《野史甘露記》二卷　，不著名氏。上卷記甘露之禍，下卷敘諸臣本末。

廣棪案：《宋史》卷二百三〈志〉第一百五十六〈藝文〉二〈傳記類〉著錄：「《野史甘露新記》二卷，……並不知作者。」與此當屬同一書。《宋史藝文志史部佚籍考》上編〈已佚而無輯本者〉（七）〈傳記類〉載：「《野史甘露新記》二卷，唐不著撰人。〈新唐志・雜史類〉著錄《野史甘露記》二卷，不著撰人。按：此書〈宋志〉所著錄者與〈新唐志〉、陳《錄》所著錄者，書名略有不同。〈新唐志〉又有李潛用《乙卯記》一卷及不著撰人之《太和摧兇記》一卷、《開成紀事》二卷等，並載甘露之事者，今亦並無傳本。」可供參考。

乙卯記一卷

《乙卯記》一卷，唐布衣李潛用撰。末又有吳郡李寔者，述訓、注本謀附益之。乙卯者，太和九年也。

廣棪案：《宋史》卷二百三〈志〉第一百五十六〈藝文〉二〈傳記類〉著錄：「李潛用《乙卯記》一卷。」所著錄者與此同。《宋史藝文志史部佚籍考》上編〈已佚而無輯本者〉（七）〈傳記類〉載：「《乙卯記》一卷，唐李潛用撰。潛用，始末未詳。〈新唐志・雜史類〉著錄：『李潛用《乙卯記》一卷。』注云：『李訓、鄭注事。』《通志・藝文略》著錄《乙卯記》一卷，云：『李潛用撰，記太和乙卯歲（九年，835）李訓等甘露事。』按：李訓、鄭注於太和九年謀誅中官，事敗，反爲宦官矯旨所殺，史稱甘露之變，始末具兩《唐書》〈鄭注〉、〈李訓傳〉。又按：〈新唐志〉又有《太和摧兇記》一卷、《野史甘露記》二卷、《開元紀事》二卷（《通志・藝文略》作三卷），並不著撰人，皆記當時事者也。」可供參考。李寔，生平未詳。

兩朝獻替記三卷

《兩朝獻替記》三卷，唐宰相李德裕文饒撰。敘文、武兩朝相位奏對事迹。

廣棪案：《郡齋讀書志》卷第六〈雜史類〉著錄：「《兩朝獻替記》三卷。右唐李德裕撰。德裕相文宗、武宗，錄當時奏對議論。」《玉海》卷第五十七〈藝文・記〉「唐《文武兩朝獻替記》」條載：「〈志・雜史類〉：『李德裕《獻替記》三卷。』《書目》：『二卷，載其在文宗、武宗朝論奏始末。』」可資參證。惟《玉海》引《中興館閣書目》著錄此書作二卷，《宋史》卷二百三〈志〉第一百五十六〈藝文〉二〈故事類〉著錄同，未知孰是？又《玉海》著錄之書名多「文武」二字，《崇文總目》卷二〈雜史類〉同。德裕字文饒，趙郡人。《舊唐書》卷一百七十四〈列傳〉第一百二十四、《新唐書》卷一百八十〈列傳〉第一百五有傳。《舊唐書》本傳謂：「有《文集》二十卷。記述舊事則有《次柳氏舊聞》、《御臣要略》、《伐叛志》、《獻替錄》行於世。」是德裕確撰有此書。

會昌伐叛記一卷

《會昌伐叛記》一卷，李德裕撰。記平澤潞事。

廣棪案：《宋史藝文志史部佚籍考》上編〈已佚而無輯本者〉（七）〈傳記類〉載：「《會昌伐叛記》一卷，唐李德裕撰。……〈新唐志・雜史類〉著錄：『李德裕《會昌伐叛記》一卷。』《通志・藝文略》著錄《會昌伐叛記》一卷，云：『記李德裕相武宗，破回鶻，平劉稹（《通志》稹作禎，今正）。』……按：德裕籌劃平澤潞，厥功獨多，始末詳兩《唐書・李德裕傳》。」可供參考。《舊唐書》卷一百七十四〈列傳〉第一百二十四〈李德裕〉載：「其年（會昌三年），德裕兼守司徒。四月，澤潞節度使劉從諫卒，軍人以其姪稹擅總留後，三軍請降旄鉞。帝與宰臣議可否，德裕曰：『澤潞，國家內地，不同河朔。前後命帥皆用儒臣。頃者李抱眞成立此軍，身歿之後，德宗尚不許繼襲，令李緘護喪歸洛。洎劉悟作鎮，長慶中頗亦自專屬，敬宗因循，遂許從諫繼襲。開成初，於長子屯軍，欲興晉陽之甲，以除君側，與鄭注、李訓交結至深，外託效忠，實懷窺伺。自疾病之初，便令劉稹管兵馬。若不加討伐，何以號令四方？若因循授之，則藩鎮相效，自茲威令去矣！』帝曰：『卿算用兵必克否？』對曰：『劉稹所恃者，河朔三鎮耳。但得魏鎮不與稹同，破之必矣。請遣重臣一人，傳達聖旨，言澤潞命帥，不同三鎮。自艱難已來，列聖皆許三鎮嗣襲，已成故事。今國家欲加兵誅稹，禁軍不欲出山東。其山東三州，委魏鎮出兵攻取。』上然之，乃令御史中丞李回使三鎮諭旨，賜魏鎮詔書云：『卿勿爲子孫之謀，欲存輔車之勢。』何弘敬、王元逵承詔，聳然從命。初議出兵，朝官上疏相繼，請依從諫例，許之繼襲，而宰臣四人，亦有出師非便者。德裕奏曰：『如師出無功，臣自當罪戾，請不累李紳、讓夷等。』及弘敬、元逵出兵，德裕又奏曰：『貞元、大和之間，朝廷伐叛，詔諸道會兵，纔出界便費度支供餉，遲留逗撓，以困國力；或密與賊商量，取一縣一柵以爲勝捷，所以師出無功。今請處分元逵、弘敬，只令收州，勿攻縣邑。』帝然之。及王宰、石雄進討，經年未拔澤潞。及弘敬、元逵收邢、洺、磁三州，稹黨遂離，以至平殄，皆如其算。」可知德裕運籌帷幄，討伐劉稹梗概。

次柳氏舊聞一卷

《次柳氏舊聞》一卷，李德裕撰。記柳芳所聞於高力士者，凡十七條。上元中，芳謫黔中，力士徙巫州。芳從力士問禁中事，德裕父吉甫從芳子冕聞之。

廣棪案：《新唐書》卷五十八〈志〉第四十八〈藝文〉二〈雜史類〉著錄：「《次柳氏舊聞》一卷。右唐李德裕撰。上元中，史臣柳芳與高力士同竄黔中，爲芳言開元、天寶禁中事，乃論次，號《問高力士》。李吉甫與芳子冕，貞元初俱爲尙書郎，嘗道力士之說，吉甫每爲其子德裕言。歲祀既久，遺稿不傳，但記十七事。後文宗訪力士事於德裕，德裕遂編次上之。多同《明皇雜錄》。」足資參證。《四庫全書總目》卷一百四十〈子部〉五十〈小說家類〉一亦著錄此書，曰：「《次柳氏舊聞》一卷，江蘇巡撫採進本。唐李德裕撰。德裕事迹具《唐書》本傳。是書所記皆元宗遺事，凡十七則。前有德裕〈自序〉，大略謂史官柳芳，上元間徙黔中。高力士時亦徙巫州，相與周旋。因得聞禁中事，記爲一書，曰《問高力士》。太和中，詔求其書，宰相王涯等向芳孫度支員外郎璟索之，不獲。而德裕父吉甫及與芳子吏部郎中冕遊，嘗聞其說，以告德裕。德裕因追憶錄進。《舊唐書・文宗本紀》載太和八年九月己未，宰臣李德裕進《御臣要略》及《柳氏舊聞》三卷，蓋即其事。惟卷數與今本不合，殆二書共爲三卷歟？中如元獻皇后服藥、張果飲堇汁、無畏三藏祈雨、吳后夢金甲神、興慶池小龍、內道場素黃文事，皆涉神怪。其姚崇、魏知古相傾軋，及乳媼以他兒易代宗事，亦似非實錄，存以備異聞可也。柳珵常侍《言旨》案此書無別行之本，此據陶宗儀《說郛》所載。首載李輔國逼脅元宗遷西內事，云此事本在朱崖太尉所續《程史》第十六內，蓋以避時事，所以不書也。考德裕所著，別無所謂《程史》者。知此書初名《程史》，後改題今名。又知此書本十八條，刪此一條，今存十七。至其名《程史》之義，與所以改名之故，則不可詳矣。」亦可參考。《宋史》卷二百三〈志〉第一百五十六〈藝文〉二〈故事類〉著錄：「李德裕《柳氏舊聞》一卷。」書名無「次」字，則與《舊唐書・文宗本紀》所載同也。

四夷朝貢錄十卷

《四夷朝貢錄》十卷，唐給事中渤海高少逸撰。會昌中，宰相李德裕以黠戞斯朝貢，莫知其國本原，詔為此書。凡二百一十國，本二十卷，合之為十卷。

廣棪案：《玉海》卷第一百五十三〈朝貢・外夷來朝〉「《四夷朝貢錄》」條載：「〈志・地理類〉：『高少逸《四夷朝貢錄》十卷。會昌中奉詔撰。給事中。』《書目》：『起武德，迄會昌，能以名通，皆書國氏。會昌中，紇於斯朝貢，莫知其本原。李德裕因請序諸蕃譜系，命少逸同修撰。本二十卷，合為十卷。』」足資參證。《解題》之「黠戞斯」，即《玉海》引《中興館閣書目》之「紇於斯」，譯語不同耳。少逸，《舊唐書》卷一百七十一〈列傳〉第一百二十一、《新唐書》卷一百七十七〈列傳〉第一百二，均附其弟〈高元裕〉。〈舊唐書〉載：「少逸，長慶末爲侍御史，坐弟元裕貶官，左授贊善大夫，累遷左司郎中。元裕爲中丞，少逸遷諫議大夫，代元裕爲侍講學士。兄弟迭處禁密，時人榮之。會昌中，爲給事中，多所封奏。大中初，檢校禮部尚書、華州刺史、潼關防禦、鎮國軍使。入爲左散騎常侍、工部尚書，卒。」可悉其生平始末。

東觀奏記三卷

《東觀奏記》三卷，唐右補闕裴延裕館臣按：《文獻通攷》作「裴廷裕」。**膺餘撰。記宣宗朝事，凡八十九條。**

廣棪案：《新唐書》卷五十八〈志〉第四十八〈藝文〉二〈雜史類〉著錄：「裴廷裕《東觀奏記》三卷，大順中，詔修宣、懿《實錄》，以日曆、注、記亡缺，因摭宣宗政事，奏記於監修國史杜讓能。廷裕字膺餘，昭宗時翰林學士、左散騎常侍，貶湖南，卒。」《郡齋讀書志》卷第六〈雜史類〉著錄：「《東觀奏記》三卷，右唐裴廷裕撰。昭宗時，長安寇亂相仍，自武宗以後，日曆、起居注散軼不存，詔史臣撰宣、懿、僖三朝《實錄》。廷裕次《宣宗錄》，特采大中以來耳目聞見，撰次此書，奏記於監修杜讓能，以備史閣討論云。」《玉海》卷第四十八〈藝文・記注〉「唐《東觀奏記》」條載：「《會要》：『大順二年二月，敕吏部侍郎柳玭等修宣、懿、僖《實錄》。始，監修杜讓能以《三朝實錄》未修，乃奏柳玭、右補闕裴廷裕、左拾遺孫泰、駕部郎李嗣、太常博士鄭光廷等十五人修之。踰年，竟不能編錄一字，惟廷裕采宣宗朝耳目聞睹，撰成三卷，目曰《東觀奏記》，納於史館。』」足資參證。此書有廷裕〈序〉，曰：「聖文睿德光武宏孝皇帝，自壽邸即位。二年，監修國史、丞相晉國公杜讓能以宣宗、懿宗、僖宗《三朝實錄》未修，歲月漸遠，慮聖績湮墜，乃奏上選中朝鴻儒碩學之士十五人，分修《三聖實錄》。以吏部侍郎柳玭、右補闕裴廷裕、左拾遺孫泰、駕部員外郎李徹、太常博士鄭光庭，專修《宣宗實錄》。庭裕奉詔之日，惕不敢易，思摭實無隱，以成一朝之書，踰歲條例竟未立。國朝故事，以左右史修起居注，逐季送史館，廣棪案：『史館』下疑尚有『史館』二字，脱。別設修撰官。起居注外又置日曆，至修實錄之日，取信於日曆、起居注，參而成之。伏自宣宗皇帝宮車晏駕垂四十載，中原大亂，日曆與起居注不存一字，致儒學之士，閣筆未就，非官曠職，無憑起凡例也。廷裕自爲兒時，已多記憶，謹采宣宗朝耳目聞睹，撰成三卷，非編年之史，未敢聞於縣官，且奏記於監國史晉國公，藏之於閣，以備討論。史官右補闕裴廷裕撰。」是〈新唐志〉以降，諸家目錄所載多據裴〈序〉。又延裕之名應作廷裕，其〈序〉自署及《玉海》所引《會要》均如此。《解題》作延裕，誤。

貞陵遺事二卷、續一卷

《貞陵遺事》二卷、《續》一卷，唐中書舍人令狐澄撰。吏部侍郎柳玭續之。澄所記十七事，玭所續十四事。

廣棪案：《新唐書》卷五十八〈志〉第四十八〈藝文〉二〈雜史類〉著錄：「令狐澄《貞陵遺事》二卷，綯子也。乾符中書舍人。」又：「柳玭《續貞陵遺事》一卷。」《宋史》卷二百三〈志〉第一百五十六〈藝文〉二〈故事類〉著錄：「令狐澄《貞陵遺事》一卷。」著錄卷數不同。澄，兩《唐書》無傳。《舊唐書》卷一百七十二〈列傳〉第一百二十二〈令狐楚〉載：「楚弟定，字履常，元和十一年進士及第，累辟使府。……定子緘，緘子澄、湘。澄亦以進士登第，累辟使府。」是澄乃緘之子，定之孫，〈新唐志〉作綯之子，恐誤；《解題》依〈新唐志〉，謂澄官中書舍人，恐亦未可據。至柳玭其人及其書，《宋史藝文志史部佚籍考》上編〈已佚而無輯本者〉（五）〈故事類〉載：「《續貞陵遺事》一卷，唐柳玭撰。玭，仲郢子，由書判拔萃，轉左補闕。高湜再鎮昭義，皆表為副。湜貶高要尉，玭三上疏申理，湜見疏本，歎曰：『我自辨析，亦不及此。』出廣州節度副使。黃巢陷廣州，郡人鄧承勳以小舟載玭脫禍。歷諫議給事中，位至御史大夫，著有《柳氏序訓》一卷。事迹附見《唐書》（卷一六五）、《新唐書》（卷一六三）〈柳公綽傳〉。……按：令狐澄嘗撰《貞陵遺事》二卷，記十七事，此書乃玭之所續者，凡十四事。今澄書尚存，玭書則已亡佚矣。」可參考。

咸通庚寅解圍錄一卷

《咸通庚寅解圍錄》一卷，唐成都少尹張雲景之撰。言南詔圍城扞禦事。

廣棪案：《宋史藝文志史部佚籍考》上編〈已佚而無輯本者〉（七）〈傳記類〉載：「《咸通庚寅解圍錄》一卷，唐張雲撰。雲字景之，一字瑞卿，咸通朝官起居郎，與左拾遺劉蛻上疏論令狐滈不宜為左拾遺，歷興元尹。《全唐文》（卷八〇六）載其〈論令狐滈不宜為左拾遺疏〉、〈復論令狐滈疏〉。〈新唐志・雜史類〉著錄：『張雲《咸通解圍錄》一卷。』注云：『字景之，一字瑞卿，起居舍人。』《通志・藝文略》著錄《咸通解圍錄》一卷，云:『張雲撰，記咸通中雲南蠻寇成都。』……按：庚寅爲十一年（870）。其年南詔蠻圍成都事，《唐書・懿宗本紀》及〈南蠻傳〉並不載。」足資參考。

金鑾密記三卷

《金鑾密記》三卷，唐翰林學士承旨京兆韓偓致堯撰。具述在翰苑時事，危疑艱險甚矣。昭宗屢欲相之，卒不果而貶，竟終於閩。非不幸也，不然與崔垂休輩駢肩就戮於朱溫之手矣。

廣棪案：《新唐書》卷五十八〈志〉第四十八〈藝文〉二〈雜史類〉著錄：「韓偓《金鑾密記》五卷。」《郡齋讀書志》卷第六〈雜史類〉著錄：「《金鑾密記》一卷。右唐韓偓撰。偓，天復元年爲翰林學士，從昭宗西幸。朱溫圍岐三年，偓因密記其謀議及所見聞事，止於貶濮州司馬。予嘗謂偓有君子之道四焉；唐之末，南北分朋而忘其君，偓，崔胤門生，獨能棄家從上，一也；其時搢紳無不交通內外，以躐取爵位，偓獨能力辭相位，二也；不肯草韋貽範起復麻，三也；不肯致拜於朱溫，四也。《詩》曰：『風雨如晦，雞鳴不已。』偓之謂矣。而宋子京薄之，奈何？一本釐天復二年、三年各爲一卷，首尾詳略頗不同，互相讎校，凡改正千有餘字云。」《玉海》卷第一百五十九〈宮室・殿〉上「唐金鑾殿」條載：「〈藝文志・雜史類〉：『韓偓《金鑾密記》五卷。』《書目》：『一卷。』」上述所引，均足與《解題》相參證。惟此書分卷頗有不同。偓字致光，《解題》作「致堯」，誤。京兆萬年人，官至翰林學士、中書舍人，遷兵部侍郎，進承旨。其傳見《新唐書》卷一百八十三〈列傳〉第一百八。〈偓傳〉載：「帝反正，勵精政事，偓處可機密，率與帝意合，欲相者三四，讓不敢當。蘇檢復引同輔政，遂固辭。初，偓侍宴，與京兆鄭元規、威遠使陳班並席，辭曰：『學士不與外班接。』主席者固請，乃坐。既元規、班至，終絕席。（朱）全忠、（崔）胤臨陛宣事，坐者皆去席，偓不動，曰：『侍宴無輒立，二公將以我爲知禮。』全忠怒偓薄己，悻然出。有譖偓喜侵侮有位，胤亦與偓貳。會逐王溥、陸扆，帝以王贊、趙崇爲相，胤執贊、崇非宰相器，帝不得已而罷。贊、崇皆偓所薦爲宰相者。全忠見帝，斥偓罪，帝數顧胤，胤不爲解。全忠至中書，欲召偓殺之。鄭元規曰：『偓位侍郎學士承旨，公無遽。』全忠乃止，貶濮州司馬。帝執其手流涕曰：『我左右無人矣。』再貶榮懿尉，徙鄧州司馬。天祐二年，復召爲學士，還故官。偓不敢入朝，挈其族南依王審知而卒。」與《解題》所載略同。崔垂休，即崔胤。《舊唐書》卷一百七十七〈列傳〉第一百二十七、《新唐書》卷二百二十三下〈列傳〉第一百四十八下〈姦臣〉下有傳。《新唐書》本傳載：「時傳胤將挾帝幸荊、襄，而全忠方謀脅乘輿都洛，懼其異議，密表胤專權亂國，請誅之。即罷爲太子少傅。全忠令其子友諒以兵圍開化坊第，殺胤，汴士皆突出，市人爭投瓦礫擊其尸，年五十一，元規、陳班等皆死，實天復四年正月。」是崔胤、鄭元規、陳班等皆駢肩就戮於朱溫之手也。

廣陵妖亂志三卷

《廣陵妖亂志》三卷，唐晉陽鄭延晦撰，館臣案：《唐書・藝文志》作「郭廷誨」撰。廣棪案：盧校本「鄭延晦」為「郭廷晦」。**言高駢、呂用之、畢師鐸等事。**

廣棪案：《新唐書》卷五十八〈志〉第四十八〈藝文〉二〈雜史類〉著錄：「郭廷誨《廣陵妖亂志》三卷。高駢事。」是此書乃郭廷誨撰，不惟《解題》誤，盧校本作「郭廷晦」亦誤。《宋史》卷二百三〈志〉第一百五十六〈藝文〉二〈傳記類〉著錄：「郭廷晦《妖亂志》三卷。」〈宋志〉省稱此書爲《妖亂志》，其撰人作「郭廷晦」，亦誤。《宋史藝文志史部佚籍考》上編〈已佚而無輯本者〉（七）〈傳記類〉載：「《妖亂志》三卷，唐郭廷誨撰。廷誨，崇韜被誅，廷誨隨父死於蜀。廷誨，史無傳，《全唐文》（卷八四四）錄其父子之文。《通志・藝文略》著錄《廣陵妖亂志》三卷，云：『唐郭廷誨撰，記高駢鎮廣陵，爲妖人呂用之所惑，致生亂，至楊行密。』……按：駢字千里，幽州人，崇文孫。僖宗時歷天平、劍南、鎮海、淮南節度使。巢陷廣州，駢傳檄天下兵，威望大振，朝廷深倚賴之。廣明元年（880）夏，黃巢之黨自嶺表北趨江淮，由採石渡江，駢怨朝議有不附己者，欲賊縱橫河洛，令朝廷聳振，則從而誅之。大將畢師鐸曰：『妖賊百萬，所經鎮戍，若陷無人之境。今朝廷所恃者都統，破賊要害之地，唯江淮爲首，彼眾我寡，若不據津要以擊之，俾北渡長淮，何以扼束中原？陷覆必矣。』駢駭然曰：『君言是也。』即令出軍。有愛將呂用之者，以左道媚駢，駢頗用其言。用之懼師鐸等立功，即奪己權，從容謂駢曰：『相公勳業高矣，妖賊未殄，朝庭已有間言，賊若盪平，則威望震主，功居不賞，公安稅駕耶？爲公良畫，莫若觀釁，自求多福。』駢深然之，乃止諸將，但握兵保境而已。帝知駢無出兵意，乃以王鐸代之，加駢侍中，封渤海郡王。駢失兵柄利權，即上書謾言不恭，部下叛去，鬱鬱無聊，乃篤意求神仙，光啓中爲畢師鐸所殺，裹以故氈，與子弟七人一坎而瘞。事迹具《唐書》（卷一八二）、《新唐書》（卷二二四）本傳。」足資參證。

汴水滔天錄一卷

《汴水滔天錄》一卷，唐左拾遺王振撰。言朱溫篡逆事。

廣棪案：《新唐書》卷五十八〈志〉第四十八〈藝文〉二著錄：「王振《汴水滔天錄》一卷，昭宗時拾遺。」《崇文總目》卷二〈雜史類〉上著錄：「《汴水滔天錄》一卷，王振撰。按：《通攷》作王搌，撰寫之僞。」錢東垣輯釋本。是撰人作王搌者誤。《宋史藝文志史部佚籍考》上編〈已佚而無輯本者〉（七）〈傳記類〉載：「《汴水滔天錄》一卷，唐王振撰。振，字里未詳。昭宗時官左拾遺，後仕楊行密兄弟爲史官，有《詩集》。……《通志・藝文略》著錄《汴水滔天錄》一卷，云：『五代王振撰，記梁太祖事。』……按：梁太祖事迹具《五代史》（卷一）、《新五代史》（卷一）〈本紀〉。」足供參證。

朱梁興創遺編二十卷

《朱梁興創遺編》二十卷，梁宰相馮翊敬翔子振撰。自廣明巢賊之亂，朱溫事迹，迄於天祐弑逆，大書特書，不以為愧也。其辭亦鄙俚。

廣棪案：《崇文總目》卷二〈雜史類〉上著錄：「《梁太祖編遺錄》三十卷，敬翔撰。繹按：《書錄解題》作《朱梁興創遺編》二十卷。」錢東垣輯釋本。所載書名、卷數均與《解題》不同，惟應同屬一書。敬翔字子振，同州馮翊人。《舊五代史》卷十八〈梁書〉十八〈列傳〉第八、《新五代史》卷二十一〈梁臣傳〉第九有傳。《舊五代史》本傳載：「初，貞明中，史臣李琪、張衮、郗殷象、馮錫嘉奉詔修撰《太祖實錄》三十卷，敘述非工，事多漏略。復詔翔補緝其闕，翔乃別纂成三十卷，目之曰《大梁編遺錄》，與《實錄》偕行。案：《編遺錄》，《通鑑考異》引之。《書錄解題》云：『《朱梁興創遺編》二十卷，梁宰相敬翔子振撰。自廣明巢賊之亂、朱溫事迹，迄於天祐弑逆，大書特書，不以為愧也。其辭鄙俚。』（《舊五代史考異》）」是《解題》著錄此書與《大梁編遺錄》同屬一書而異名，惟此作二十卷，彼作三十卷，證以《崇文總目》，則此書應爲三十卷。或直齋所藏者乃一不全之本。

莊宗召禍記一卷

《莊宗召禍記》一卷，後唐中書舍人黃彬撰。

廣棪案：《崇文總目》卷二〈雜史類〉上著錄：「《莊宗召禍記》一卷，黃彬撰。繹按：《通攷》上有『後唐』二字。」錢東垣輯釋本。《宋史藝文志史部佚籍考》上編〈已佚而無輯本者〉（七）〈傳記類〉載：「《莊宗召禍記》一卷，五代黃彬撰。彬，字里未詳，後唐時中書舍人。有《春秋敘鑑》、《經語協韻》等書，今並亡佚。《通志・藝文略》載《莊宗召禍記》一卷，後漢黃彬撰。……按：莊宗，後唐李克用子，名存勗，小名亞子。克用將死，授以三矢曰：『必報梁、燕、契丹之仇。』既嗣位，北卻契丹，東滅燕，又滅梁，還矢太廟。後驕恣荒於政治，伶人郭從謙謀反，中流矢死。事迹具《五代史》（卷二七）、《新五代史》（卷四）〈本紀〉。莊宗中流矢死事，《五代史》謂是時帝之左右皆奔散。《琬琰集》引《實錄・王全斌傳》亦云：『同光末，蕭牆有變，亂兵逼宮城，近臣宿將皆飾甲潛遁，惟全斌與符彥卿等十數人居中拒戰。』考《五代史補》謂：『莊宗爲公子時，雅好音律，又能自撰曲子詞，其後凡用軍，前後隊伍皆以所撰詞授之，使揭聲而唱，謂之御製。至於入陣，不論勝負，馬頭纔轉，則眾歌齊作。故凡所征戰，人忘其死，斯亦用軍之一奇也。』然其遇禍，近臣宿將皆走，未知何故。又《五代史闕文》謂：『莊宗嘗因博戲，睹骰子采有暗梢輪者，心悅之，乃自置暗箭格，凡博戲並認采之在下者。及同光末，鄴都兵亂，從謙以兵犯興教門，莊宗禦之，中流矢而崩，識者以爲暗箭之應。』其說頗涉冥異。茲編殆載遇禍始末之見聞。」可供參證。

三朝見聞錄八卷

《三朝見聞錄》八卷，不知作者。起乾符戊戌，至天祐末年，及莊宗中興，後唐、河東事跡。三朝者，僖、昭、莊也。其文直述多鄙俚。

廣棪案：此書撰人及其書均無法多考。乾符，唐僖宗年號，戊戌爲五年（878）；天祐，哀帝年號，凡三年，至丙寅（906），爲後梁所篡。莊宗，乃後唐莊宗李存勗，年號同光，凡三年（923～925）。此書所載共五十年史事。其書雖佚，惟事迹猶可就兩《唐書》、《舊》、《新五代史》僖、昭、莊〈本紀〉得之。

大唐補記三卷

《大唐補記》三卷，南唐程匡柔撰。館臣案：馬令《南唐書》作程匡柔，原本作「臣柔」，誤，今改正。**〈序〉言：「懿宗朝有焦璐者，撰《年代紀》，述神堯，止宣宗。匡柔襲《三百年曆》，補足十九朝。起咸通戊子，止癸巳，附璐書中。乾符以後備存《補紀》。」末有〈後論〉一篇，文辭雖拙，論議亦正。**

廣棪案：《新唐書》卷五十八〈志〉第四十八〈藝文〉二著錄：「焦璐《唐朝年代紀》十卷，徐州從事，龐勛亂遇害。」匡柔曾續璐書，起唐懿宗咸通九年戊子（868），止咸通十四年癸巳（873），乾符以後，撰爲此《補紀》。是附璐書者僅懿宗一朝，《補記》則始自僖宗。《崇文總目》卷二〈雜史類〉上著錄：「《唐補記》三卷，程匡柔撰。」錢東垣輯釋本。書名無「大」字。《宋史》卷二百三〈志〉第一百五十六〈藝文〉二〈編年類〉著錄：「程正柔《大唐補紀》三卷。」又同書〈別史類〉著錄：「程光榮，一作柔。《唐補注記》『注記』一作『紀』。三卷。」則疑重出也。《宋史藝文志史部佚籍考》上編〈已佚而無輯本者〉（二）〈編年類〉載：「《大唐補紀》三卷，南唐程匡柔撰。匡柔，史無傳。匡柔，《直齋書錄解題》作『臣柔』，《宋史・藝文志》作『正柔』，蓋避宋太祖諱而改。清《四庫》館臣據馬令《南唐書》作匡柔，今從之。……按：焦璐之書曰《聖朝年代記》（十卷），〈新唐志〉及〈宋志〉並著錄，今亦亡佚不傳。」又同書（七）〈傳記類〉載：「《唐補注記》三卷，南唐程匡柔撰。匡柔，有《大唐補記》（三卷）已著錄。《通志・藝文略》（三）〈雜史〉著錄《唐補記》二卷，注云：唐程柔撰。記宣、懿、僖宗事。……按：此書撰人，〈宋志〉題程光榮，注曰榮一作柔。《通志》云程柔，皆避宋太祖諱，改匡爲光，或避太宗諱省去。榮、柔則二字形似而誤。又按：據振孫所言，則焦璐之書述至宣宗，匡柔所補起咸通戊子（九年，868），止癸巳（十四年，873），鄭樵誤以焦璐之書並匡柔所作也。《通志》注錄二卷，亦非完本。」頗供參考。惟兆祐依〈宋志〉，以匡柔所撰一書爲兩書。

賈氏備史六卷

《賈氏備史》六卷。漢諫議大夫賈緯撰。敘石晉禍亂，每一事為一詩系之。

廣棪案：《崇文總目》卷二〈雜史類〉上著錄：「《賈氏備史》六卷。原釋：闕。見天一閣鈔本。」錢東垣輯釋本。《宋史》卷二百三〈志〉第一百五十六〈藝文〉二〈別史類〉著錄：「賈緯《備史》六卷。」是此書名《賈氏備史》，或簡稱《備史》。《宋史藝文志史部佚籍考》上編〈已佚而無輯本者〉(三)〈別史類〉載:「《備史》六卷,五代賈緯撰。緯,眞定獲鹿人,唐末舉進士不第,天成中辟趙州軍事判官。漢隱帝乾祐中,受詔與王伸、竇儼等同修晉高祖出帝、漢高祖《實錄》。廣順初,《實錄》成,求遷官不得,由是怨望,旋貶平盧軍行軍司馬。廣順二年(935)春卒,及訃至,妻慟而終,聞者歎之。著有《唐年補錄》、《草堂集續集》等。事迹具《五代史》(卷一三一)、《新五代史》(卷五七)本傳。……按:《五代史》本傳謂緯屬文之外,勤于撰述,以唐代諸帝《實錄》,自武宗以下,闕而不紀,乃採掇近代傳聞之事及諸家小說,第其年月,編爲《唐年補錄》,凡六十五卷,識者賞之。宋祁《景文集》載〈賈令君墓誌銘〉,謂緯博學善詞章,論議明鋭,一時諸儒皆屈。然則,緯乃博學尤長於史學之士也。」足資參考。

晉太康平吳記二卷

《晉太康平吳記》二卷,周兵部尚書張昭撰。世宗將討江南,昭采晉武平孫皓事迹,為書上之。

廣棪案:《宋史》卷二百三〈志〉第一百五十六〈藝文〉二〈傳記類〉著錄:「張昭《太康平吳錄》二卷。」與此書應同屬一書。昭字潛夫,本名昭遠,避漢祖諱,止稱昭。《宋史》卷二百六十三〈列傳〉第二十二有傳。史稱昭,周世宗「顯德元年,遷兵部尚書」。「嘗詔撰《制旨兵法》十卷,又撰《周祖實錄》三十卷,及梁郢王、均帝、後唐閔帝、廢帝、漢隱帝《五朝實錄》;梁二主年祀寖遠,事皆遺失,遂不克修;餘三帝《實錄》,皆藏史閣。」又「詔令詳定《經典釋文》、《九經文字》、《制科條式》,及問六璽所出,并議《三禮圖》祭玉及鼎釜等。昭援引經據,時稱其該博」。是《宋史》本傳闕載其撰《晉太康平吳記》。

晉朝陷蕃記四卷

《晉朝陷蕃記》四卷,宰相大名范質文素撰,據莆田鄭氏《書目》云爾。本傳不載,故《館閣書目》云「不知作者」。未悉鄭氏何所據也。

廣棪案:莆田鄭氏《書目》,即鄭樵所撰《通志・藝文略》。考《通志》卷六十五〈藝文略〉第三〈史類〉第五〈雜史・五代〉著錄:「《晉朝陷蕃記》四卷,宋朝范質等撰。」即此書。考質所著書,《崇文總目》卷二〈雜史類〉上著錄:「《晉朝陷蕃記》四卷,范質等撰。繹按:《遂初堂書目》、《讀書後志》並作《石晉陷蕃記》。〈宋志〉一卷，云：『不知作者。』《書錄解題》云：『質本傳不載，故《館閣書目》云「不知作者」。』」《郡齋讀書志》卷第七〈僞史類〉亦著錄：「《石晉陷蕃記》一卷。右皇朝范質撰。質，石晉末在翰林，爲出帝草〈降虜表〉，知其事爲詳。記少主初遷於黃龍府，後居於建州，凡十八年而卒。按契丹丙午入汴，順數至甲子歲爲十八年，實國朝太祖乾德二年也。」《宋史藝文志史部佚籍考》上編〈已佚而無輯本者〉（七）〈傳記類〉載：「《晉朝陷蕃記》一卷，題宋范質撰。質有《五代通錄》（六五卷）已著錄。《通志・藝文略》著錄《晉朝陷蕃記》四卷，云宋朝范質等脩。又著錄《陷蕃記》四卷，范質撰，當是一書。……按：此書殆載晉爲契丹所滅之事。考《宋史》（卷二四九）〈范質傳〉云：『晉天福中，以文章干宰相，桑維翰深器之，即奏爲監察御史。及維翰出鎮相州，歷泰寧、晉昌二節度，皆請質爲從事。維翰再相，質遷主客員外郎，直史館。歲餘，召入爲翰林學士，加比部郎中，知制誥。契丹侵邊，少帝命漢祖等十五將出征，是夜質入直，少帝令召諸學士分草制，質曰：「宮城已閉，恐泄機事。」獨具艸以進，辭理優贍，當時稱之。』惟不云撰有此書。此編〈宋志〉注云：『不知作者。』《通志》云：『范質撰。』陳振孫以〈范質傳〉不載，故疑不敢定。」綜上所引，各家著錄此書，於其書名及卷數均有所異同；而於撰人尤多聚訟。然直齋撰《解題》前，如《崇文總目》、《郡齋讀書志》均以此書爲范質撰，故樵撰《通志》及《書目》，亦以此書爲質撰。直齋不以鄭說爲然，疑之可也；惟謂「未悉鄭氏何所據」，則不可。

五代補錄五卷

《五代補錄》五卷，尋陽陶岳撰。每代為一卷，凡一百七條。岳，雍熙二年進士。

廣棪案：《郡齋讀書志》卷第六〈雜史類〉著錄：「《五代補錄》五卷，右皇朝陶岳撰。祥符壬子，岳以五季史書闕略，因書所聞，得一百七事。」足資參證。《宋史》卷二百三〈志〉第一百五十六〈藝文〉二〈別史類〉著錄：「陶岳《五代史補》五卷。」當與此書爲同一書。此書岳有〈自序〉，曰：「五代之相承也，其闢土則不廣，享祚則非永，干戈尚被於原野，聲教未浹於華夏，雖唐室名儒，或有存者。然俎豆軍旅，勢不兩立，故其史書漏落尤甚。近年以來，議者以國家誕膺寶命，廓清區宇，萬邦輻輳以入貢，九流風動而觀政，五代之書必然改作。岳自惟淺陋，久居冗散，一札詔下，恐非秉筆之數，因思自幼及長，侍長者之座，接通人之談，至於諸國竊據，累朝創業，其間事迹頗曾尋究，因書其所聞，得百餘條，均其年代，爲之次序，勒成五卷，命曰《五代史補》。雖同小說，頗資大猷，聊以備於闕遺，故不拘於類例，幸將來秉筆者覽之而已。時皇宋祀汾陰之後，歲在壬子序。潯陽陶岳介立。」此書殆撰成於大中祥符五年壬子（1012），書名正作《五代史補》也。《四庫全書總目》卷五十一〈史部〉七〈雜史類〉亦著錄此書，曰：「《五代史補》五卷，浙江朱彝尊家曝書亭藏本。宋陶岳撰。岳字介立，潯陽人。宋初薛居正等《五代史》成，岳嫌其尚多闕略，因取諸國竊據，累朝創業事迹，編次成書，以補所未及。〈自序〉云：『時皇宋祀汾陰之後，歲在壬子。』蓋眞宗之祥符五年也。晁公武《讀書志》載此書，作《五代補錄》。然考岳〈自序〉實稱《五代史補》，則公武所記爲誤。公武又云『共一百七事』。今是書所載梁二十一事、後唐二十事、晉二十事、漢二十事、周二十三事，共一百四事，較公武所記少三事。考王明清《揮麈錄》載：『毋邱儉貧賤時，借《文選》於交遊，間有難色。發憤異日若貴，當版鏤之遺學者。後仕蜀爲宰相，遂踐其言刊之。印行書籍，刱見於此事，事載陶岳《五代史補》』云云。今本無此條，殆傳寫有遺漏矣。此書雖頗近小說，然敘事首尾詳具，率得其實。故歐陽脩《新五代史》、司馬光《通鑑》多采用之。其間如『莊宗獵中牟爲縣令所諫』一條云，忘其姓名。據《通鑑》則縣令乃何澤。又『楊行密詐盲』一條云，首尾僅三年。考行密詐盲至殺朱三郎，實不及三年之久。又『王氏據福建』一條云，王審知卒，弟延鈞嗣。據薛《史》、《通鑑》，延鈞乃審知之子。又『梁震裨贊』一條云，莊宗令高季興歸，行已浹旬。莊宗易慮，遽以詔命襄州節度劉訓伺便囚之。季興行至襄州，心動，遂棄輜車南走。至鳳林關，已昏黑，於是斬關而去。是夜三更，向之急遞果至。《通鑑考異》辨莊宗當時並無詔命遣急遞之事，岳所據乃傳聞之誤。凡此之類，雖不免疎失。然當薛《史》既出之後，能網羅散失，裨益闕遺，於史學要不爲無助也。」是知此書之價值所在。岳，《宋史》無傳，《四庫全書總目》於岳之生平亦無所考。余嘉錫《四庫提要辨證》卷五〈史部〉三〈雜史類〉「《五代史補》五卷」條曰：「嘉錫案：《提要》於陶岳仕履，略不一及，蓋以爲無可考也。陸心源《儀顧堂題跋》卷三有是書跋云：『按岳字舜咨，湖南祁陽人，侃之後。自署潯陽者，著族望，非潯陽人也。太平興國進士，寇萊公同年。岳調密州幕，屬萊公守密州，年且少，講少長禮，岳納之。後有啓謝萊公云：「與韓非同傳，於老子何傷；以叔向爲兄，是仲尼太過。」累官太常博士、尚書職方員外郎，知端州。余靖過端州，父老言前後太守不求硯者，惟包拯與岳二人而已。五爲郡守，有清名，著有《文集》

及此書，贈刑部侍郎。子弼，《宋史》有傳。見《山谷集‧陶君墓誌》及范公偁《過庭錄》、《劉忠肅集》、《明一統志》。』今人李洣字佩秋。〈陶邕州弼小集跋〉云：『商翁弼字。《詩文奏議》十八卷，見黃山谷〈商翁墓志〉，此《小集》僅詩七十二首。商翁之父岳，字舜咨，雍熙二年進士，其知賓州，爲乾興壬戌。後四十年，商翁繼之。又後四十年，商翁之姪達繼之。郡宅有繼政堂。陸存齋〈跋五代史補〉亦略有所考，然誤以舜咨爲太平興國進士，且知其撰《五代史補》，而不知又撰有《荊湘近事》十卷、《零陵總記》十五卷也。』今案《宋史‧藝文志‧地理類》有陶岳《零陵總記》十五卷，又〈霸史類〉有陶岳《荊湘近事》十卷。」余氏徵引陸心源、李洣二家以考岳之生平仕履及著述甚詳明，足補《四庫全書總目》所未及。

五代史闕文一卷

《五代史闕文》一卷，翰林學士鉅野王禹偁元之撰。

廣棪案：《郡齋讀書志》卷第六〈雜史類〉著錄：「《五代史闕文》一卷。右皇朝王禹偁撰。錄五代史筆避嫌漏略者，以備闕文，凡一十七事。」此書有〈自序〉，曰：「臣讀《五代史》，總三百六十卷，記五十三年行事，其書固亦多矣。然自梁至周，君臣事迹傳於人口而不載史筆者，往往有之；或史氏避嫌，或簡牘漏略，不有記述，漸成泯滅，善惡鑒戒，豈不廢乎？因補一十七篇，集爲一卷，皆聞於耆舊者也。孔子曰：『吾述而不作。』又曰：『吾猶及史之闕文也。』此其義也。」可知禹偁著作之旨。《四庫全書總目》卷五十一〈史部〉七〈雜史類〉著錄：「《五代史闕文》一卷，浙江巡撫採進本。宋王禹偁撰。禹偁字元之，鉅野人。太平興國八年進士，官至知黃州，事跡具《宋史》本傳。是書前有〈自序〉，不著年月。考書中『周世宗遣使諭王峻』一條，自注云：『使即故商州團練使羅守素也，常與臣言以下事跡。』是在由左司諫謫商州團練副使以後。其結銜稱『翰林學士』，則作於眞宗之初。時薛居正等《五代史》已成，疑作此以補其闕。然居正等書凡一百五十卷，而〈序〉稱臣讀《五代史》總三百六十卷，則似非指居正等所修也。晁公武《讀書志》曰：『凡十七事。』此本梁史三事、後唐史七事、晉史一事、漢史二事、周史四事，與晁氏所記合，蓋猶舊本。王士禛《香祖筆記》曰：『王元之《五代史闕文》僅一卷，而辨證精嚴，足正史官之謬。如辨「司空圖清眞大節」一段，尤萬古公論，所繫非渺小也。如敘「莊宗三矢告廟」一段，文字淋漓慷慨，足爲武皇父子寫生。歐陽《五代史‧伶官傳》全用之，遂成絕調。惟以張全義爲亂世賊臣，深合《春秋》之義，而歐陽不取，於〈全義傳〉略無貶詞，蓋即《舊史》以成文耳，終當以元之爲定論也』云云。其推挹頗深。今考《五代史》，於朱全昱、張承爍、王淑妃、許王從益、周世宗、符皇后諸條，亦多采此書，而《新唐書・司空圖傳》即全據禹偁之說。則雖篇帙寥寥，當時固以信史視之矣。」《四庫全書總目》於此書頗見推崇，足資參考。禹偁，〈傳〉見《宋史》卷二百九十三〈列傳〉第五十二。

建隆遺事一卷

《建隆遺事》一卷，王禹偁撰。其記陳橋驛前戒警諸將事元出熙陵，而〈序〉文云：「近取《實錄》，入禁中親自筆削。」然則此書之作，誠有謂也。《邵氏聞見錄》亦嘗表而出之，而或者亦辨此書之偽，是見於王明清《揮麈錄》者尤有據，當考。原註：又名《篋中記》。館臣案：《揮麈錄》：《建隆遺事》，世稱王元之所述，其間率多誣謗之辭，如稱趙普、盧多遜受遺詔昌陵，尤為舛謬。韓王以開寶六年八月免相，至太平興國六年九月始再秉衡鈞。當太祖升遐時，普政在外，何緣前一日與盧丞相同見於寢？又稱太祖長子德昭為南陽王，初未嘗有此事，且載〈秦王傳〉中云云，安有淳化三年而見《三朝國史》耶？李燾亦譏此書鄙悖，不類禹偁平日之文。則此書之非禹偁作，益足信也。

廣棪案：邵伯溫《河南邵氏聞見前錄》卷第七載：「王內翰禹偁字元之，濟州鉅野人也。……咸平初修《太祖實錄》，與宰相論不合。又以謗謫黃州，移蘄州，死於官。其生平大節如此，故所著《建隆遺事》，一曰《篋中記》，自敘甚祕。」與直齋原註合。《郡齋讀書志》卷第六〈雜史類〉著錄此書，曰：「《建隆遺事》一卷。右皇朝王禹偁記太祖事十。按太祖開寶九年十月癸丑崩於萬歲殿。先是，趙普以六年罷爲河陽節度使，盧多遜至太平興國元年始除平章事。太祖崩時，宰相薛居正、沈倫也。今此云：『上將晏駕，前一日，召宰臣趙普、盧多遜入宮。』其謬甚矣。世多以其所記爲然，恐不足信也。」是公武頗疑此書所記不足信。至王明清《揮麈錄》卷三「《建隆遺事》多誣謗」條，《四庫》館臣出案已引述之，惟有節文。考《文獻通考》著錄此書下引李巽巖曰：「世傳王禹偁所記《建隆遺事》十三章，考其章句，大抵不類禹偁平日之文。其七章、十三章，鄙悖益可駭，幸而史官弗信。然學士大夫不習朝廷之故者，猶以禹偁所作私信之。余嘗反復證驗，力排其誣，決知其不出於禹偁矣。蓋禹偁，世所謂名賢者，而數以直道廢，故群不逞輒假借竄奇，謂世可欺，殊不知普實愛重禹偁，而禹偁於普，尤拳拳也。

普《遺稿》四六、〈表狀〉，往往見《禹偁集》，蓋禹偁代作也，彼小人烏得識之。」則此書殆非禹偁撰也。《解題》末云「當考」，可見直齋之矜愼。

甘陵伐叛記一卷

《甘陵伐叛記》一卷，題文升撰，不知何人。末有〈論〉稱：「甘陵人蘇朔為余言其大父慶曆中陷賊，親見則初叛時事。」 原註：則蓋王則也。**按《中興書目》有《甘陵誅叛錄》，稱：「殿中丞王起撰。起時為文彥博幕客。」然則別自一書也。**

廣棪案：王則叛亂事，見《宋史》卷二百九十二〈列傳〉第五十一〈明鎬〉。《宋人傳記資料索引》載：「王則，涿州人。歲饑，流至恩州，隸宣毅軍爲小校。慶曆末，以妖幻號召徒眾，據貝州反。僭號東平郡王，建國曰安陽，年號得勝，凡六十六日。明鎬討擒之，送京師支解以殉。」可知其梗概。此書疑與《甘陵誅叛錄》同屬一書，文升或王起字。《宋史》卷二百三〈志〉第一百五十六〈藝文〉二〈傳記類〉亦著錄：「王起《甘陵誅叛錄》一卷。」其書著錄在「歐陽修《歸田錄》八卷」之後，則起必爲宋人。然《宋史藝文志史部佚籍考》上編〈已佚而無輯本者〉（七）〈傳記類〉載：「《甘陵誅叛錄》一卷，唐王起撰。起有《五位圖》已著錄。按：此記李岕反叛之事也。《新唐書》（卷一六七）〈王起傳〉云：『拜禮部侍郎。李岕叛，與播俱上疏請詔王智興討之，卒定其亂。賜金紫，拜河南尹，進吏部侍郎。』《新唐書》（卷一七二）〈王智興傳〉云：『李岕攻宋州，智興悉銳師出宋西鄙，破之漳口。岕平，加檢校尚書左僕射。』」則兆祐誤以起爲唐人，又以此書爲記李岕反叛之事，蓋未參考《解題》也。

涑水記聞十卷

《涑水記聞》十卷，司馬光撰。此書行於世久矣，其間記呂文靖數事，呂氏子孫頗以為諱，蓋嘗辨之，以為非溫公全書。而公之曾孫侍郎伋季思遂從而實之，上章乞毀板。識者以為譏。

廣棪案：《郡齋讀書志》卷第六〈雜史類〉著錄：「《溫公紀聞》十卷。右皇朝司馬光撰。記賓客所談祖宗朝及當時雜事。」書名與《解題》著錄不同。《宋史》卷二百三〈志〉第一百五十六〈藝文〉二〈故事類〉著錄：「司馬光《涑水記聞》三十二卷。」《四庫全書總目》卷一百四十〈子部〉五十〈小說家類〉一則著錄：「《涑水記聞》十六卷。兵部侍郎紀昀家藏本。」又謂：「其書《宋史·藝文志》作三十卷，廣棪案：〈宋志〉作三十二卷，《總目》誤。《書錄解題》作十卷。今所傳者凡三本，其文無大同異，而分卷則多寡不齊。一本十卷，與陳氏目錄合；一本二卷，不知何人所併；一本十六卷，又《補遺》一卷，而自九卷至十三卷所載往往重出，失於刊削。蓋本光未成之稿，傳寫者隨意編錄，故自宋以來，即無一定之卷數也。」所考微嫌未當。余嘉錫《四庫提要辨證》卷十七〈子部〉八〈小說家類〉一「《涑水紀聞》十六卷」條嘗辨之曰：「案《宋史·儒林·范沖傳》云：『為光編類《紀聞》十卷。』然則作十卷者，乃沖所編之原本。《要錄》云：『沖裒為十冊上之，其書今行於世。』是南宋時，即以沖所編本通行，故《書錄解題》亦作十卷。《四庫》館臣之校此書，乃不據十卷之本，而別編為十六卷，雖卷帙分合與宏旨無關，然非宋本之舊也。」所考較《四庫全書總目》精鑿。《四庫全書總目》又謂：「陳振孫《書錄解題》亦曰：『此書行世久矣，其間記呂文靖數事，呂氏子孫頗以為諱。蓋常辨之為非溫公全書。而公之曾孫侍郎伋遂從而實之，上章乞毀板。識者以為譏。』知當時公論所在，不能以私憾抑矣。」考呂文靖即呂夷簡，《涑水紀聞》所記夷簡事在該書卷五，頗貶抑夷簡為人。至此書是否「溫公全書」，余嘉錫《四庫提要辨證》同條亦有論，曰：「嘉錫案：朱子《晦庵文集》卷八十一〈濳虛跋〉云：『洛人范仲彪炳文，自信安來客崇安，予得從之游。炳文親唐鑑公諸孫，嘗娶溫國司馬氏，逮聞文正公事，且多藏文正公遺墨。嘗問炳文：「或謂《涑水紀聞》非溫公書者，信乎？」炳文曰：「是何言也！溫公日錄月別為卷，面記行事，皆述見聞。手筆細書，今可覆視，豈他人之所得為哉！特其間善惡雜書，無所隱避，使所書之家，或諱之而不欲傳耳。」』又《五朝名臣言行錄》卷九記孔道輔言行，曾引《記聞》一條，言呂夷簡慶郭后事。朱子自注曰：『公孫中書舍人本中嘗言「溫公日錄《涑水記聞》，多洛中人家子弟增加之僞此蓋指范沖。」云云。所以為其祖辨者甚力。』然《朱子語類》卷一百三十又云：『《涑水記聞》，呂家子弟力辨以為非溫公書，蓋其中有記呂文靖公數事，如殺郭后等。某嘗見范太史之孫某說親收溫公手寫稿本，安得為非溫公書？某編《八朝言行錄》，呂伯恭兄弟亦來辨。為子孫者只得分雪，然必欲天下之人從己，則不能也。』此可與陳振孫之言互證。又考《宋史·秦檜傳》云：『檜屢禁私史，許人告，對帝言私史害正道。時司馬伋遂言《涑水記聞》非其曾祖光論著之書。其後李光家亦舉光所藏書數萬卷焚之。』則伋之上章，乃所以迎合秦檜之意。振孫所言，尚未能盡得其情僞也。又案《建炎以來繫年要錄》卷一百四云：『初，光孫植既死，立其再從孫稹爲嗣。而稹不肖，其書籍生產，皆蕩覆之。有得光《記聞》者，上命趙鼎諭沖，范沖也。時為翰林侍讀學士。令編類進入。沖言：「光平生紀錄文字甚多，自兵興以來，所存無幾。當時朝廷政事，公卿士大夫議論，賓客遊從，道路傳聞之語，莫不記錄。有身見者，有得於人者，得於人者注其名字，皆細書連粘，綴集成卷，即未暇照據年月日先後是非虛實，姑記之而已，非成書也。故自光至其子康，其孫植，皆不以示人，誠未可傳也。臣既奉詔旨，即欲略加刪修以進。又念此書已散落於世，今士大夫多有之，刪之適足以增疑。臣雖不敢私，其能必人以爲無意哉？不若不刪之爲愈也。輒據所錄，疑者傳疑，可正者正之；闕者從闕，可補者補之。事雖疊書，而文有不同者，兩存之。要之，此書雖不可盡信，其有補治道多矣。」於是沖裒爲十冊上之。其書今行於世。上因覽沖奏，謂鼎曰：「光字畫端勁，如其爲人。朕恨生太晚，不及識其風采耳。」』又卷一百五十四云：『紹興十五年七月，右承務郎新添差浙江安撫司幹辦公事司馬伋言：「建安近刊行一書，曰《司馬溫公記聞》，其間頗關前朝故事。緣曾祖平日論著，即無上件文字，顯是妄借名字，售其私說。伏望降旨禁絕，庶幾不惑群聽。」詔委建州守臣，將不合開板文字，盡行毀棄。伋特遷一官。初，范沖在使館，上出光《記聞》，命沖編類進入。沖言此書雖未可盡信，其有補治道亦多，乃繕寫成十冊上之。至是秦檜數請禁野史，伋懼罪，遂諱其書。然其書卒行於世。』考《宋史・儒林・范沖傳》云：『司馬光家屬皆依沖所，沖撫育之，請以光之族曾孫宗召主光祀。』《要錄》一百四。記范沖入對言『司馬光今止有族曾孫宗召一人，難以使之出繼，欲乞令宗召權主光祀』云云，事在紹興六年八月。至八年七月始書詔，以司馬光族曾孫伋爲右承務郎，嗣光後。見卷一百二十一。或疑宗召與伋是一人，考伋有兄倬字漢章，見洪邁《夷堅丁志》卷十六『浙西提舉』條，及樓鑰《攻媿集》卷七十二〈跋張德深辨虛〉。與范沖言止有宗召一人，難以出繼之說不合，然則伋非宗召也。蓋范沖初尚不知光之族中有司馬伋其人者。其後伋奉詔入嗣，必是訪求而後得之。當其未入嗣之時，其於司馬光不啻途之人耳，按《嘉泰會稽志》卷六，司馬提舉棁墓在亭山，侍郎伋、監丞僖袝提舉墓，則伋當是棁之子，其曾祖不知何人也。而范沖則實經紀光之家事。《要錄》卷二十，建炎三年，兩浙轉運副使范沖疾病，朱勝非奏罷之。上以司馬光家屬在沖所，不許。沖在兩浙又為《通鑑》刻版，見《要錄》卷二十六。今以沖據光手稿編類之書，而爲伋者忽出而自辨，謂光無此件文字，不亦誣乎？范沖爲祖禹之子，見祖禹本傳。而朱子所見之范炳文，爲祖禹諸孫，皆嘗親見光之手稿者。炳文言溫公日錄月別爲卷，面記行事，皆述見聞，手筆細書，與沖所言光平生記錄文字，有身見者，有得於人者，皆細書連粘，綴集成卷者，無一不合。然則此書爲光所作，更無疑義。其書出於光之曾孫家中，而爲高宗所得。觀高宗言光字畫端勁，如其爲人，則范沖之所編類者，皆據光之親筆。高宗留心翰墨，喜收書畫，自具精鑒。《要錄》卷一百六又載上諭大臣曰：『司馬光隸字，眞似漢人，近時米芾輩所不可髣髴。朕有光隸字五卷，日夕寘之坐隅，每取展玩。』是高宗於光之筆蹟，辨之熟矣。《記聞》既是光手筆細書，豈他人所能僞作者哉！至其所說之事，有得之道路傳聞，未可盡信者，則范沖論之詳矣。乃後人猶有因其書中年月姓名之偶有差誤，疑非光之所作者，皆不考之過也。細審《繫年要錄》所記，范沖編次之《涑水記聞》，出於光之親筆無疑。然朱子又言范太史孫收得手稿者，蓋沖編類之後，別行繕寫進入，而原本遂留范氏耳。」得余氏之辨證，則知此書乃溫公所撰，可無疑矣。

書壬戌事一卷

《書壬戌事》一卷，不知何人作。其記永樂之事甚詳。

廣棪案：壬戌，蓋指神宗元豐五年也。考《宋史》卷十六〈本紀〉第十六〈神宗〉三載：「（元豐五年八月）甲戌，城永樂。……九月丁亥，夏人三十萬寇永樂，曲珍戰不利，裨將寇偉等死之，夏人遂圍城。……乙未，詔張世矩等將兵救永樂砦。戊戌，永樂陷，給事中徐禧、內侍李舜舉、陝西轉運判官李稷死之。」此書殆記夏人陷永樂事也。《中國古今地名大辭典》載：「永樂城，在陝西米脂縣西，宋种諤築，爲宋與西夏交爭之地。《宋史・地理志》：『元豐四年，收復銀州，即永樂小川築新城，距故銀州二十五里，前據銀州大川。旋被夏陷，崇寧四年收復，五年廢爲銀州城。』」可知永樂一城之設置及其變遷。

逸史二十卷

《逸史》二十卷，丞相楊羨廣棪案：盧校本「楊羨」作「陽羨」，是。**蔣芾子禮撰。其曾祖魏公之奇穎叔所記《逸史》，殆數百冊，兵火散失，捃摭遺藁，得六百六十事，為十九門。淳熙改元書成，為之〈序〉。**

廣棪案：蔣之奇字穎叔，常州宜興人。《宋史》卷三百四十三〈列傳〉第一百二有傳。其〈傳〉曰：「之奇爲部使者十二任，六典會府，以治辦稱。且孜孜以人物爲己任，在閩薦處士陳烈，在淮南薦孝子徐積，每行部至，必造之。特以畔歐陽脩之故，爲清議所薄。」可知其政見及勤於吏治。又曰：「子瑎至侍從，曾孫芾別有傳。」是之奇乃芾之曾祖，《解題》不誤。芾，《宋史》卷三百八十四〈列傳〉第一百四十三有傳。其〈傳〉曰：「蔣芾字子禮，常州宜興人，之奇曾孫。」與《解題》足相參證。惟《解題》之「楊羨」，應作「陽羨」，即常州宜興。〈傳〉又謂宋孝宗時，芾「拜右僕射同中書門下平章事兼樞密使」，故《解題》稱「丞相」。芾整理之奇此書已佚，《宋元學案》卷四〈廬陵學案〉「別附・文穆蔣穎叔之奇」條，梓材謹案：「謝山爲〈文穆端研記〉云：『文穆在熙寧、元祐、崇寧，推爲博聞強識之儒，曾在禁林記諸典章文物之舊，曰《逸史》，至數百卷。是亦北宋一魁儒也。惜其受知廬陵，因患「姦邪」之目，轉劾廬陵，爲瑜不揜瑕耳。』」廬陵即歐陽脩。竊恐《逸史》一書，全祖望亦未之見也。

林氏野史八卷

《林氏野史》八卷，同知樞密院長樂林希子中撰。希不得志於元祐，起從章惇，甘心下遷西掖，草諸賢譎詞者也。而此書記熙寧、元豐以來事，頗平直，不類其所為。或言此書作於元祐之前。其後時事既變，希亦隨之，書藏不毀。久而時事復變，其孫懋於紹興中始序而行之耳。

廣棪案：希字子中，福州人。《宋史》卷三百四十三〈列傳〉第一百二有傳。其〈傳〉曰：「(希) 元祐初，歷秘書少監、起居舍人、起居郎，進中書舍人。言者疏其行誼浮僞，士論羞薄，不足以玷從列。以集賢殿修撰知蘇州，更宣、湖、潤、杭、亳五州，加天章閣待制。紹聖初，進寶文閣直學士，知成都府。道闕下，會哲宗親政，章惇用事，嘗曰：『元祐初，司馬光作相，用蘇軾掌制，所以能鼓動四方，安得斯人而用之。』或曰：『希可。』惇欲使希典書命，逞毒於元祐諸臣，且許以爲執政。希亦以久不得志，將甘心焉，遂留行。復爲中書舍人，修《神宗實錄》兼侍讀。……時方推明紹述，盡黜元祐群臣，希皆密豫其議。自司馬光、呂公著、大防、劉摯、蘇軾、轍等數十人之〈制〉，皆希爲之，詞極其醜詆，至以『老姦擅國』之語陰斥宣仁，讀者無不憤歎。一日，希草制罷，擲筆于地曰：『壞了名節矣。』」與《解題》所記同。此書鮮見其他公私書目著錄，且已佚，無可考矣。

元和錄三卷

《元和錄》三卷，池州石埭縣尉維揚馬永錫明叟撰。自元和三年牛、李對策，以至大中十三年令狐綯罷相，唐朋黨本末具矣。永錫嘗著《唐語林》、《實賓錄》等書，崇、觀、政和間人也。又有馬永卿大年者，從劉元城游，大觀三年進士，當是其群從。《館閣書目》以永錫為唐人，大誤也。

廣棪案：《郡齋讀書志》卷第六〈雜史類〉著錄：「《元和朋黨錄》一卷。右唐馬永易記牛、李朋黨始末，自牛僧孺試賢良，迄令狐綯去位。」書名、卷數雖不同，實與《元和錄》同屬一書。《玉海》卷第五十八〈藝文‧錄〉「唐《元和錄》」條載：「《書目》：『三卷，馬永易撰。起元和三年，迄大中十三年政迹，總號《元和錄》，蓋因所紀初年云。』」撰人名雖不同，亦實同屬一書。惟《解題》撰人馬永錫，應作馬永易。考《解題》卷十四〈類書類〉著錄：「《實賓錄》三十卷、《後集》三十卷，高郵馬永易明叟撰，蜀人句龍材校正、文彪增廣。其三十卷者，本書也。義取『名者實之賓』爲名。」又《宋史》卷二百三〈志〉第一百五十六〈藝文〉二〈編年類〉著錄此書，亦謂：「馬永易《元和錄》三卷。」是直齋作永錫者，偶誤也。至永易乃宋人，而非唐人，《郡齋讀書志》亦誤。然檢《郡齋讀書志》卷第十四〈類書類〉著錄：「《異號錄》二十卷。右皇朝馬永易明叟編。古今殊異名號，如銅馬帝、無愁天子之類。頃嘗見近世人增廣其書，名曰《實賓錄》，亦殊該博。」則《郡齋讀書志》此條稱永易爲「皇朝」人。是公武亦非不知永易爲宋人，偶有疎失耳。

邵氏辨誣三卷

《邵氏辨誣》三卷，右奉直大夫河南邵伯溫子文撰。專辨紹聖群小誣謗宣仁事本末。紹興中，其子待制溥上之。

廣棪案：《郡齋讀書志》卷第六〈實錄類〉著錄：「《邵氏辨誣》一卷。右皇朝邵伯溫撰。辨蔡卞、章惇、邢恕誣罔宣仁欲廢哲宗立徐邸事。」足資參證。有關群小誣謗宣仁事，《宋史》卷二百四十三〈列傳〉第一〈后妃〉上〈英宗宣仁聖烈高皇后〉載：「元祐八年九月，屬疾崩，年六十二。後二年，章惇、蔡卞、邢恕始造爲不根之謗，皇太后、太妃力辨其誣，事乃已。語在〈恕傳〉。」

檢同書卷四百七十一〈列傳〉第二百三十〈姦臣〉一〈章惇〉載：「哲宗親政，有復熙寧、元豐之意，首起惇爲尚書左僕射兼門下侍郎，於是專以紹述爲國是，凡元祐所革一切復之。引蔡卞、林希、黃履、來之邵、張商英、周秩、翟思、上官均居要地，任言責，協謀朋姦，報復仇怨，小大之臣，無一得免，死者禍及其孥。甚至詆宣仁后，謂元祐之初，老姦擅國。」又載：「惇用邢恕爲御史中丞，恕以北齊婁太后宮名宣訓，嘗廢孫少主立子常山王演，託司馬光語范祖禹曰：『方今主少國疑，宣訓事猶可慮。』又誘高士京上書，言父遵裕臨死屏左右謂士京曰：『神宗彌留之際，王珪遣高士充來問曰：「不知皇太后欲立誰？」我叱士充去之。』皆欲誣宣仁后，以此實之。惇遂追貶司馬光、王珪，贈遵裕奉國軍留後。結中官郝隨爲助，欲追廢宣仁后，自皇太后、太妃皆力爭之。哲宗感悟，焚其奏，隨覘知之，密語惇與蔡卞。明日惇、卞再言，哲宗怒曰：『卿等不欲朕入英宗廟乎？』惇、卞乃已。」讀此，可知章、蔡、邢三人一再誣陷宣仁梗概。考《宋史》卷四百三十三〈列傳〉第一百九十二〈儒林〉三有邵伯溫傳。其〈傳〉曰：「邵伯溫字子文，洛陽人，康節處士雍之子也。……徽宗即位，以日食求言，伯溫上書累數千言，大要欲復祖宗制度，辨宣仁誣謗，解元祐黨錮，分君子小人，戒勞民用兵，語極懇至。宣仁太后之謗，伯溫既辨之，又著書名《辨誣》。後崇寧、大觀間，以元符上書人分邪正等，伯溫在邪等中，以此書也。」是伯溫撰有《邵氏辨誣》，並以此書受禍。又考《宋史翼》卷十〈列傳〉第十有邵溥傳。其〈傳〉曰：「邵溥，字澤民，洛陽人，堯夫孫、伯溫子也。……（紹興）七年二月充徽猷閣待制，知衡州。溥乞外宮觀，尋改眉州。七月，上其父伯溫所著《辨誣》三卷。」是溥上此書在紹興七年七月，以徽猷閣待制，改知眉州時。

邵氏聞見錄二十卷

《邵氏聞見錄》二十卷，邵伯溫撰。多記國朝事。

廣棪案：《郡齋讀書志》卷第六〈雜史類〉著錄：「《邵氏聞見錄》二十卷，右皇朝邵伯溫子文撰。記國朝雜事，迄紹興之初。〈序〉言：『早以其父之故，親接前輩，得前言往行爲多，類以成書。』其父雍也。」所記較《解題》爲詳。此書又名《邵氏聞見前錄》，伯溫撰〈序〉曰：「《易》曰：『君子多識前言往行，以畜其德。』孟子曰：『則聞而知之，則見而知之。』伯溫早以先君子之故，親接前輩，與夫侍家庭居，鄉黨遊宦，學得前言往行爲多，以畜其德則不敢當，而老景侵尋，偶負後死者之責，類之爲書，曰《聞見錄》，尚庶幾焉。紹興二年十一月十五日甲子，河南邵伯溫書。」是此書撰成於宋高宗紹興二年（1132）。又此書有伯溫仲子邵博〈序〉，中有云：「博不肖，終無以顯先君之令德，類次其遺書既成於絕編斷簡之中，得《聞見錄》爲次第二十卷，并傳於代。……先君已矣，則是書也尚有取焉。仲子博謹序。」則此書乃邵博所編就。

又有《後錄》三十卷，其子溥所作，不專紀事。在〈子錄・小說類〉。

案：《解題》卷十一〈小說家類〉著錄：「《聞見後錄》二十卷，邵某撰。」此條據盧文弨校本，「二十卷」作「三十卷」；「邵某」作「邵博」；並注曰：「據〈雜史門〉改。」惟《解題・雜史類》作「溥」，不作「博」。

康節兩孫溥、博。嘗見川本《邵氏聞見後錄》，名博，今作溥，未知直齋何所據？恐博是。蓋刊本不應誤也。隨齋批注。

案：作「博」是，直齋誤也。《四庫全書總目》卷一百四十〈子部〉五十〈小說家類〉一著錄：「《聞見後錄》三十卷，江西巡撫採進本。宋邵博撰。博字公濟，伯溫子也。是編蓋續其父書，故曰《後錄》。」是《四庫全書》所采用之江西巡撫採進本亦以此書爲博撰。清嘉慶間張海鵬輯刊《學海討原》，其所收之《邵氏聞見後錄》亦稱「宋邵博著」。博既爲其父編理《聞見錄》，並撰〈序〉以述原委，則《後錄》必博所撰，振孫未嘗深究，故有此謬。

國史後補五卷

《國史後補》五卷，蔡絛撰。絛，京之愛子。京末年事皆出絛。絛兄攸既叛父，亦與絛不咸。此書大略為其父自解，而滔天之惡，終有不能隱蓋者。其間所載宮闈禁密，非臣庶所得知，亦非臣庶所宜言，既出絛筆，事遂傳世，殆非人力也。

廣棪案：絛字約之，京之季子。《宋史翼》卷四十〈列傳〉第四十〈姦臣〉載：「絛官至徽猷閣待制。絛在兄弟間，粗親翰墨，京特鍾愛之，然與攸不咸。攸有爲，絛必反之。攸與京謀奏請通延福宮景龍江路，撤閶闔門，跨城爲複道，飛橋入賜第，得旨宣諭，毀民居數千家。絛夜草書力爭，京愕然，祕其章不肯出。攸數白徽宗，請殺絛。徽宗曰：『太師老矣。』不許。但削絛官，貶新州，改光州。京恐絛出，則攸必陰害之，因賞橘內宴，拜懇徽宗前，乃勒停令侍養。宣和六年，京落致仕，復以太師總三省，除絛龍圖閣直學士兼侍讀。凡京所判，皆出絛手，仍代京禁中奏事，堂吏數十人抱文案以從，中外側目。」可與《解題》相參證。《宋人傳記資料索引》亦載：「蔡絛，字約之，自號百衲居士，仙游人，翛弟。官至徽猷閣待制。絛頗能文，京既老眊，事悉決於絛，且代京入奏，由是恣爲姦利，竊弄威柄。父京敗，絛流白州而死。有《西清詩話》、《鐵圍山叢談》。」惟未載有此書。案今人陳樂素《三朝北盟會編考》九〈引用書雜考〉載：「《北征紀實》、《國史後補》，此兩書皆蔡絛撰。《解題》卷五〈雜史類〉：『《國史後補》五卷，蔡絛撰。絛，京之愛子。京末年事皆出絛。絛兄攸既叛父，亦與絛不咸。此書大略爲其父自解。其間所載宮闈禁密，非臣庶所得知，亦非臣庶所宜言；既出絛筆，事遂傳世，殆非人力也。』又：『《北征紀實》二卷，蔡絛撰。敘伐燕始末。歸罪童貫、蔡攸，亦欲爲京文飾。』按絛所著，尚有《西清詩話》三卷；而今尚存者，則有《鐵圍山叢談》六卷。《提要》著錄云：『絛字約之，自號百衲居士，興化仙游人，蔡京季子，官至徽猷閣待制。京敗，流白州以死。《宋史》附載〈京傳〉末。見《宋史》卷四七二。書中稱高宗爲今上。趙鼎卒於紹興十七年，此書記鼎卒後王衢坐調護鼎罷官，過白州見絛之事，是南渡後二十餘年尚謫居無恙。所作《北征紀實》，陳振孫謂其歸罪童貫、蔡攸，爲京文飾；此書所敘亦往往如是。其人雖不足道，以其書論之，亦說部中之佳本。』見〈子部·小說家〉二。按《長編紀事本末》卷一三二：『《實錄·本紀》云：「京已八十歲，目盲，不能書字，子絛用事，凡判筆皆絛爲之，仍代京禁中奏事。于是肆爲奸利，賞罰無章，黜陟紛紜，貶逐朝士，殆無虛日。」』此恐源于《秀水閑居錄》，見《會編》卷五十所引用。《宋史·蔡京傳》亦載此，殆即據《實錄》者也。《國史後補》一書，據《長編紀事本末》，知李燾《長編》頗多引用之。書中有所謂〈官制篇〉、〈都邑篇〉、〈五行篇〉、〈馬政篇〉、〈原廟篇〉、〈禮制篇〉、〈道家者流篇〉、〈宮室苑囿篇〉等，蓋亦熟于朝典者也。此書所記，有徽宗內禪事，見《會編》卷二二八。而末有云：『是爲淵聖皇帝』。淵聖之稱，在高宗即位之初。是則亦爲流白州以後之作。」可資參考。

北征紀實二卷

《北征紀實》二卷，蔡絛撰。敘伐燕本末。歸罪童貫、蔡攸，意亦欲為京文飾，然京之罪不可掩也。

廣棪案：《宋史》卷二百三〈志〉第一百五十六〈藝文〉二〈故事類〉著錄：「蔡絛《北征紀實》二卷。」歸類與《解題》不同。有關伐燕之役，《宋史》卷四百六十八〈列傳〉第二百二十七〈宦者〉三〈童貫方臘附〉載：「(方）臘雖平，而北伐之役遂起。既而以復燕山功，詔解節鉞爲眞三公，加封徐、豫兩國。越兩月，命致仕，而代以譚稹。明年復起，領樞密院，宣撫河北、燕山。宣和七年，詔用神宗遺訓，能復全燕之境者胙本邦，疏王爵，遂封廣陽郡王。是年，粘罕南侵，貫在太原，遣馬擴、辛興宗往聘以嘗金，金人以納張覺爲責，且遣使告興兵，貫厚禮之，謂曰：『如此大事，何不素告我？』使者勸貫速割兩河以謝，貫氣褫不能應，謀遁歸。太原守張孝純誚之曰：『金人渝盟，王當令天下兵悉力枝梧，今委之而去，是棄河東與敵也。河東入敵手，奈河北乎？』貫怒叱之曰：『貫受命宣撫，非守土也。君必欲留貫，置帥何爲？』孝純拊掌嘆曰：『平生童太師作幾許威望，及臨事乃蓄縮畏懾，奉頭鼠竄，何面目復見天子乎？』貫奔入都，欽宗已受禪，下詔親征，以貫爲東京留守，貫不受命而奉上皇南巡。貫在西邊募長大少年號勝捷軍，幾萬人，以爲親軍，環列第舍，至是擁之自隨。上皇過浮橋，衛士攀望號慟，貫唯恐行不速，使親軍射之，中矢而踣者百餘人，道路流涕，於是諫官、御史與國人議者蜂起。初貶左衛上將軍，連謫昭化軍節度副使，竄之英州、吉陽軍。行未至，詔數其十大罪，命監察御史張澂迹其所至，涖斬之，及於南雄。既誅，函首赴闕，梟于都市。」可略悉童貫北征之本末。而同書卷四百七十二〈列傳〉第二百三十一〈姦臣〉二〈蔡京〉亦載：「燕山之役，京送攸以詩，陽寓不可之意，冀事不成，得以自解。見利忘義，至於兄弟爲參、商，父子如秦、越。」是則京之罪殆不可掩，非此書所可得解也。惟此書已佚，陳樂素《三朝北盟會編考》九〈引用書雜考〉「《北征紀實》」條載：「《北征紀實》，據《鐵圍山叢談》卷二有云：『世但知魯公不主北伐，人或稱公有「百年信誓」之句，且未得其始末，故書其略。他盡見吾頃著《北征紀實》。』（京詩亦見《會編》卷七之首。）是此書又與《叢談》相先後而成。又卷四『錢城小南街淮鹽政採』條有云：『此紹興乙亥六月二十有六日也，次年戎又死。』乙亥爲紹興二十五年，次年則二十六年。若干支無誤，則《提要》言南渡後二十餘年尚謫居無恙，據此則已三十年猶在人間也。又卷三有云：『大觀末，魯公責宮祠歸浙右。吾時年十四。』據《長編紀事本末》，此事在大觀四年（1110）五月。則紹興二十六年、絛已六十矣。」可供參考。

靖康要錄五卷

《靖康要錄》五卷，不著撰人名氏。自欽廟潛邸，迄靖康元年十二月事。

廣棪案：《四庫全書總目》卷四十七〈史部〉三〈編年類〉著錄：「《靖康要錄》十六卷，兩淮鹽政採進本。不著撰人名氏。陳振孫《書錄解題》曰：『《靖康要錄》五卷，不知作者。記欽宗在儲時及靖康一年之事，案日編次。凡政事、制度及詔誥之類皆詳載焉。其與金國和戰諸事，編載尤詳』云云。是振孫之時已莫知出誰手矣。今觀其書，記事具有日月，載文俱有首尾，決非草野之士不睹國史、日歷者所能作。考《書錄解題》又載《欽宗實錄》四十卷，乾道元年修撰洪邁等進。此必《實錄》既成之後，好事者撮其大綱以成此編，故以《要錄》名也。宋人雜史傳於今日者，如熊克《中興小紀》、李心傳《建炎以來繫年要錄》之類，大抵於南宋爲詳。其詳於北宋者，惟李燾《續資治通鑑長編》。然《長編》已多佚闕，今以《永樂大典》所載補之，亦僅及哲宗而止。徽宗、欽宗兩朝之事遂以無徵。徐夢莘《三朝北盟會編》起政和，迄建炎，雖較他書爲賅備，而所錄事迹章疏，惟以有涉金人者爲主，餘則略焉。此書雖敘事少略，載文太繁，而一時朝政具有端委，多有史所不詳者，即以補李燾《長編》，亦無不可也。」《四庫全書總目》對此書評價頗高，惟著錄卷數不同，且所引《解題》之文較《四庫》本《解題》爲詳，文字亦異，未知所據。傅增湘《藏園群書題記》卷二〈史部〉一〈編年類〉有〈校靖康要錄跋〉曰：「此書一名《孝慈淵聖皇帝要錄》，始見於陳振孫《書錄解題》，爲書五卷，云：『所記自欽廟潛邸，迄靖康元年十二月事。』《文獻通考》同。《文淵閣書目》不著卷數，僅注云：『二冊。』《四庫》著錄本爲十六卷，然檢《浙江採進遺書錄》，載此書寫本三冊，不分卷。近人適園張氏《藏書志》載明代旋松書樓鈔本，乃祇二卷。其卷數多寡乃相懸如此，殊難索解。近時陸存齋得舊鈔十六卷本，刊入《十萬卷樓叢書》中，自爲之〈序〉，頗疑陳氏所見五卷者乃別是一本，以其紀事起訖既別，多寡又殊也。第予考適園所藏明鈔二卷本，有錢綺子文〈跋〉，其述此書起靖康元年正月，迄二年四月，與十六卷本固無以異，則相傳實祇此一本，展轉沿襲，遂有二卷、五卷、十六卷及不分卷之殊，標名亦有或作『靖康』，或作『孝慈淵聖皇帝』之異耳。《四庫提要》謂此書記事具有月日，載文具有首尾，決非草野之士不睹國史、日歷者所能作。意必乾道元年洪邁等撰進《欽宗實錄》成書之後，好事者撮其大綱以成此編，故以《要錄》爲名。陸氏存齋亦以書名全載謚法、廟號，可斷爲

《實錄》節本之證。按直齋言迄靖康元年十二月，考其時二帝尚未至虜營，至二年正月以後，殘毀汴京，立張邦昌，驅二帝及后妃宗族北去。此皆一代興亡大事，既以《要錄》爲名，不應城破以後戛然中止。意陳氏所見或不完之本也。以余觀之，此書載當時章奏特爲賅備，文字多有他書所不見者。即以蜀人章疏論之，如馮澥〈采公論榜朝堂〉、〈論王安石學術〉兩疏，爲《宋史》及《北盟彙編》所未載。其記述詳贍，本末燦陳，尤非《孤臣泣血》、《南渡》、《竊憤》諸錄詭名以竦觀聽者可同日而語。《提要》及陸氏謂撮節《實錄》而成，要爲近之。若其撰人時代，余別有說。……至撰書之人，自《直齋書錄》即不著其名氏，《浙江採進遺書錄》言，據卷末『五月一日今上即位』一行，疑爲高宗時人。適園明鈔本錢綺〈跋〉亦同。錢氏又據《東都事略・欽宗紀》載孝慈淵聖皇帝尊號，乃康王即位時所上，至紹興三十一年金人告喪，方定廟謚。今此書稱尊號而不稱廟謚，當爲紹興三十一年以前所作。已而知其說未爲愜當，又爲之說曰：『其時《實錄》尚未脩定，或是即稿本撮舉節目而成。』余謂此說非也。觀其排比月日，件繫文字，時事源流，翔實可據，與《日錄》、《時政記》相類，苟非當時士夫所親記，即是後人依據《實錄》以成書。至其標題靖康，著書人用本朝年號，固多有之。陸氏疑直齋、貴與皆宋人，不應改靖康之目，殊爲拘滯。即別題孝慈淵聖之稱，亦或出於臣工悲憤之忱，故沿用尊號以志思慕，固不必執此以斷撰述之出於何時也。顧余竊有所疑者，徐夢莘撰《三朝北盟彙編》，其〈自序〉在紹熙五年，其記欽宗一年之事，搜采遺聞，不遺餘力。今檢其引用書目，凡涉及靖康時事者，如朱邦基之《靖康錄》、沈良之《靖康遺錄》、李綱之《靖康傳信錄》、鄭望之之《靖康城下奉使錄》、孫偉之《靖康野史》、何烈之《靖康小史》，多全篇收入。即不知撰人之《靖康要盟錄》、《靖康事纂》、《靖康小雅》、《靖康皇族陷虜記》、《靖康總載》、《靖康小錄別錄》亦咸事甄采，可云網羅宏富，鉅細靡遺矣。乃獨於此煌煌鴻著，首尾完具者，乃無一語見錄，殊乖事理。余因此推之，撰書之人必在紹熙以後，其時《實錄》固已告成，朝士可得寓目，有志者追維虜禍，發憤而成此編，以爲和戰紛紜，因循誤國之炯戒。其載今上即位標題尊號，皆沿《實錄》之舊稱，正無庸斤斤爲之致辯者也。」傅氏所考此書之卷數及撰書人時代甚翔實，足補《四庫全書總目》之未逮。余嘉錫《四庫提要辨證》卷四〈史部〉二〈編年類〉「《靖康要錄》十六卷」條亦考曰：「《靖康要錄》十六卷，不著撰人名氏。陳振孫《書錄解題》曰：『《靖康要錄》五卷，不知作者。記欽宗在儲時及靖康一年之事，案日編次。凡政事、制度及詔誥之類，皆詳載焉。其與金國和戰諸事，編載尤詳』云云。是振孫之時，已莫知出誰手矣。嘉錫案：《書錄解題》卷五云：『《靖康要錄》五卷，不著撰人名氏。《通考》作不知誰撰。自欽廟潛邸，迄靖康元年十二月事。』《通考》卷一百九十七引同，並無『案日編次』以下云云。《書錄解題》亦由四庫館自《永樂大典》內輯出，不知《提要》此條所引何以多出數十字，此不可解也。」此余氏辨證《四庫全書總目》所引《解題》較《四庫》本多出數十字爲不可解。余氏續考曰：「今觀其書，記事具有月日，載文俱有首尾，決非草野之士不睹國史、日曆者所能作。考《書錄解題》又載《欽宗實錄》四十卷，乾道元年修撰洪邁等進。此必《實錄》既成之後，好事者撮其大綱以成此編，故以《要錄》名也。案：《書錄解題》卷四《欽宗實錄》條作『乾道四年，修撰洪邁等進。』《通考》卷一百九十四引同。此作元年者誤。考徐松所輯《宋會要》第七十冊〈職官類〉第十八『實錄院』條下云：『三年乾道三年也。五月廿日，起居舍人兼權中書舍人兼同修國史實錄院同修撰洪邁言：「得旨編修《欽宗實錄》、《正史》，案：《正史》者，謂當時並修《欽宗本紀》。除日曆所發到《靖康日曆》及汪藻所編《靖康要錄》，並一時野史雜說，與故臣家搜訪到文字外，緣歲月益久，十不存一。」《永樂大典》卷一萬六千六百五十引。云云。』是此書乃汪藻所撰，洪邁資之以修《欽宗實錄》。《提要》謂《實錄》既成之後，好事者抄撮之以成書，所考適得其反矣。《宋史》藻本傳載藻於紹興二年上言：『今踰二十年，無復日曆。乞許臣訪尋故家文書，纂集元符庚辰以來詔旨，爲日曆之備。』制可。八年，上所修書，自元符庚辰至宣和乙巳詔旨，凡六百六十五卷。今案《浮溪集》卷二〈乞修日曆狀略〉云：『臣昨待罪禁林，嘗于經筵面奏：太上皇帝、淵聖皇帝及陛下建炎改元至今三十餘年，並無日曆，乞詔有司纂述，未見施行。恭惟太上皇帝聰明睿哲之資，孝友溫恭之德，疇咨臣下，言必成文；裁決事機，動皆合道。在位二十餘年，未嘗刑一無罪，殺一不辜。涵養生靈，耕桑萬里，視唐、虞三代，無不及焉。淵聖皇帝恭儉憂勤，招延聽納。雖登至尊之日淺，而膏澤浹于人心。止緣姦臣誤朝，馴致遐狩。今若無書紀實，恐千載之後，徒見一朝陵遲禍亟，不知二聖積累之功深。茲事非輕，群臣當任其責。』又云：『臣政和中爲著作佐郎，修《太上皇帝日曆》，東觀凡例，臣預聞焉。今所領州，案藻時知湖州。又幸經兵火之餘，獨不殘毀，視諸故府，案牘具存。伏望睿慈，許臣郡政之餘，將本州所有御筆手詔賞功罰罪文字，截自元符庚辰至建炎己酉建炎三年。三十年間，分年編類，繕寫進呈，以備修日曆官採擇。』貼黃云：『臣契勘御筆手詔賞功罰罪文字，但見當時所頒命令，若除受、差遣、黜陟，與臣僚出處始終，則有所授箚或家集、行狀。今湖州土著及流寓士大夫家，未嘗被兵，藏書具在。如陛下從臣纂集，乞並賜移文于逐家，取上件文字，錄訖付還，庶幾粗成編帙，伏候敕旨。』詳讀此狀，則藻奏請修書之初意，乃欲上起元符，其書始自元符庚辰，即徽宗即位之年。下止建炎，舉徽、欽兩朝及中興初年之事迹，編爲一書，不僅錄徽宗一代已也。又欲並記朝廷之除授、差遣、黜陟，與臣僚之出處始終，則亦不止於纂集詔旨而已。蓋藻之修書，原以備日曆之用。日曆之體，以事繫日，以日繫月，見《宋會要》七十冊『實錄院』條，著作郎何掄上言。凡詔令謨訓、賞罰刑政、降授拜罷皆記之。見《宋會要》七十冊『國史日曆所』條，兵部尚書張叔椿上言。遇有臣僚薨卒，則爲之立傳。見《宋會要》五十三冊『日曆所』條，權秘書少監劉儀鳳上言。故藻欲於御筆手詔之外，詳考士大夫之家集、行狀，纂入於書，以供史官之採擇也。乃其書既修成，僅錄徽宗之詔旨，名《元符庚辰以來詔旨》，一名《徽宗皇帝詔旨》，見本集卷五諸謝表。不惟不及臣僚之事，且並欽宗一朝胥闕焉。此書之作，蓋以自續其《元符詔旨》，猶是乞修日曆狀之意也。故其書成，即藏之日曆所。見前引洪邁奏。書中言記事具有日月，載文俱有首尾，正是日曆之體，特不能爲諸臣立傳而已。夫元符至宣和僅錄詔旨，而靖康乃能繫年紀事，豈非以徽宗一朝事迹太繁，非一人之力所能辦；靖康則首尾僅一年，事皆目睹，雖經兵燹，文獻具存，故搜採易爲力歟？其後史臣採《元符詔旨》以修《徽宗實錄》，見《宋會要》七十冊『國史院』條，資政殿學士傅伯壽上言。採此書以修《欽宗實錄》，是其書爲一朝國史之所自出，誠非草野傳聞與夫抄撮實錄、日曆以成書者所得並日而談也。

宋王明清《玉照新志》卷五云：『靖康元年，虜人初犯京師，种師道爲宣撫使，李伯紀以右丞爲親征行營使。伯紀命大將姚平仲謀劫賊寨，數日前行路皆知之，虜先爲備。初出師，以爲功在頃刻，令屬官方允迪爲露布。忽報失利，上震驚，於是免伯紀，師道亦罷，復建和議。汪彥章《靖康詔旨》云方會之文，非也。』今考《靖康要錄》卷二云：『初，种師道爲宣撫使，李綱爲親征行營使。姚平仲謀劫寨，數日前行路皆知之，虜先爲備。二月一日出師，以爲功在頃刻矣。御營使司屬官方會封邱門草露布，按考之《要錄》卷一云：「大觀六年四月，以給事中方會為詹事。八月，方會罷。」則此時實有方會其人。考會，興化人，弟軫以劾蔡京流嶺外，京以鄉曲故，猶用會為待制。見《揮麈後錄》卷三。然詳審此處文義，蓋謂諸屬官方聚會於封邱門耳，本不以「方會」為人姓名。明清實誤讀而誤辨。忽馳報失利，上震驚。于是罷綱，解其職，俾待命浴室院。師道亦罷宣撫，以右丞蔡懋代之。復議講和。』其文與《玉照新志》所引相脗合。此書之爲汪藻所撰，又得一證，且知其一名《靖康詔旨》矣。《郡齋讀書志》卷六有藻所編《金人背盟錄》、此書七卷，藻所自著，見《玉海》卷四十七《三朝北盟會編》條下。《圍城雜記》、《避戎夜話》、《金國行程》、《南歸錄》、《朝野僉言》此五書為他人所撰，藻蓋合編之為叢書。等書；《書錄解題》卷五有《裔夷謀夏錄》七卷，《三朝北盟會編》卷首引書目有汪藻《裔夷謀夏錄》，一云《金人請盟叛盟本末》，則此書疑即《金人背盟錄》也。翰林學士新安汪藻撰。足見藻留心靖康時事，以搜集史料自任矣。王聞遠《孝慈堂書目》有《宋欽宗日錄》二卷，注云即《孝慈淵聖皇帝要錄》，蓋即此書之別名。雖卷數多寡不同，然有六冊四百十番，見自注。與今本葉數亦約略相當，今十萬卷樓刻本凡十六卷，五百二十二葉。知其必是一書也。」據余氏所考，則此書乃汪藻撰，又別名《靖康詔旨》，另名《宋欽宗日錄》也。

朝野僉言二卷

《朝野僉言》二卷，不著名氏。有〈序〉。建炎元年八月。《繫年錄》稱夏少曾，未詳何人。

廣棪案：《郡齋讀書志》卷第六〈雜史類〉著錄：「《金人背盟錄》七卷、《圍城雜記》一卷、《避戎夜話》一卷、《金國行程》一卷、《朝野僉言》一卷。右皇朝汪藻編。記金人叛契丹，迄於宣和乙巳犯京城。《圍城雜記》等五書，皆記靖康時事也。」案此書實非汪藻所撰，乃藻合其他四書而成編，皆記靖康時事。書已佚。陳樂素《三朝北盟會編考》九〈引用書雜考〉載：「《朝野僉言》，〈朝野僉言後序〉，《解題》卷五〈雜史類〉：『《朝野僉言》二卷，不著名氏，有〈序〉，建炎元年八月。《繫年要錄》稱夏少曾，未詳何人。』《會編》卷七零，《中興遺史》記靖康城陷，劉延慶父子斬關出奔事有云：『《朝野僉言》之書載其事甚明，至延慶子光世統兵，好事者諂奉之，乃改《朝野僉言》。後人覽《朝野僉言》，當求舊本。』陳規有〈朝野僉言後序〉，見《會編》卷一三九，首云：『規守順昌日，得靖康《朝野僉言》，載金人攻城始末。』規字元則，《會編》頗載其事迹，云沂州人；《宋史》卷三七七亦有傳，作密州安丘人，有云：『乾道八年（1172）詔刻規《德安守城錄》頒天下。』《提要・兵家類》：『《守城錄》四卷，宋陳規在德安禦寇事迹也。是書凡三種：首爲規所撰〈朝野僉言後序〉；次曰〈守城機要〉，亦規所作；次曰〈建炎德安守禦錄〉，乃湯璹所作。』」可供參考。

靖康傳信錄一卷

《靖康傳信錄》一卷，丞相李綱伯紀撰。丁未二月。

廣棪案：《讀書附志》卷上〈雜史類〉著錄：「《靖康傳信錄》三卷。右李忠定公綱爲尚書右丞，充親征行營使，及以知樞密院事，爲河北、河東路宣撫使時事也。」可供參證，惟所著錄此書卷數不同，意直齋所得乃不完之書。丁未，高宗建炎元年，是此書撰成於此年。綱字伯紀，邵武人。《宋史》卷三百五十八、三百五十九〈列傳〉第一百一十七、第一百一十八有傳。其〈傳〉曰：「綱負天下之望，以一身用捨爲社稷生民安危。雖身或不用，用有不久，而其忠誠義氣，凜然動乎遠邇。每宋使至燕山，必問李綱、趙鼎安否？其爲遠人所畏服如此。綱著有《易傳內篇》十卷、《外篇》十二卷，《論語詳說》十卷，文章、歌詩、奏議百餘卷，又有《靖康傳信錄》、《奉迎錄》、《建炎時政記》、《建炎進退志》、《建炎制詔表劄集》、《宣撫荊廣記》、《制置江右錄》。」其中所載正有此書。

靖康奉使錄一卷

《靖康奉使錄》一卷，鄭望之撰。

廣棪案：望之字顧道，彭城人。《宋史》卷三百七十三〈列傳〉第一百三十二有傳。其〈傳〉載：「靖康元年，金人攻汴京，假尚書工部侍郎，俾爲軍前計議使。既還，金人遣吳孝民與望之同入見。望之言金人意在金幣，且要大臣同議，迺命同知樞密院事李棁與望之再使。斡离不以朝廷受歸朝官及賜平州張覺手詔爲辭，遣蕭三寶奴偕棁等還，以書求割三鎮，欲得宰相交地，親王送大軍過河。時高宗在康邸，慷慨請行，遂與張邦昌乘筏渡濠，自午至夜分，始達金砦。又除望之戶部侍郎，同棁再至金營，仍以珠玉遺金人。金人扣留望之踰旬。會姚平仲夜劫砦不克，斡离不以用兵詰責諸使者，邦昌恐懼涕泣，王不爲動。金人遂不欲留王，更請肅王，乃以兵送望之詣國王砦詰問。會再遣宇文虛中持割地詔至，望之得還，因盛言敵勢強大，我兵削弱，不可不和。既而金兵退，朝廷以議和非策，罷望之提舉亳州明道宮。」此書當記望之奉使與金議和事。其書雖佚，猶可參考《宋史》而略悉其大概。

靖康拾遺錄一卷

《靖康拾遺錄》一卷，何烈撰。又名《草史》。

廣棪案：烈，《宋史》無傳。《宋史》卷三百七十八〈列傳〉第一百三十七〈衛膚敏〉載：「會膚敏知貢舉，有進士何烈對省試策，謬稱『臣』，諫官李處遯乞正考官鹵莽之罪，以集英殿修撰提舉洞霄宮。或謂膚敏在後省論事，爲黃潛善、汪伯彥所惡，故因事斥之。」烈之事迹，可考者僅此。《四庫全書總目》卷五十二〈史部〉八〈雜史類存目〉一著錄：「《靖康紀聞拾遺》一卷，浙江巡撫採進本。不著撰人名氏。案《文獻通考》載《靖康拾遺錄》一卷，何烈撰。又名《靖康小史》，又名《草史》，疑即是書也。考《東都事略》載靖康元年閏十一月癸巳，迎土牛以借春，不言其故。是書則謂去年十二月冬至，術者以爲大忌，因於是月借春。此類頗足以考故事。又《東都事略》載王雲以靖康元年二月使金，十月重使金。而是書則謂九月再遣雲使金，亦可以考異。惟是書大旨，在責宋不於太原未下之前，早割三鎭與金，致有青城之禍。考《宋史》載靖康元年十月，金人遣楊天吉、王汭來，欲割三鎭，朝廷以三鎭稅數遣王雲與汭行。則是下太原之後，金何嘗不仍以割三鎭要和，宋又何嘗不以三鎭稅數與之。然終無解於汾澤之攻陷，則此書割地請和之說，仍誤國之餘唾矣。」據《四庫全書總目》所考，則此書與不著撰人名氏之《靖康紀聞拾遺》一卷，乃同屬一書。

孤臣泣血錄三卷、拾遺一卷

《孤臣泣血錄》三卷、《拾遺》一卷，丁特起撰。

廣棪案：此書《四庫全書總目》卷五十二〈史部〉八〈雜史類存目〉一著錄：「《孤臣泣血錄》一卷，編脩汪如藻家藏本。舊本題宋太學丁特起撰。所紀自欽宗靖康元年十一月五日起，至高宗建炎元年五月一日即位止。載汴京失守，二帝播遷之事，徐夢莘《北盟會編》頗采之。《文獻通考》載其書三卷，又《補遺》一卷。此本僅存一卷。然首尾完具，年月聯貫，不似有所闕佚者，殆後人所合併耶？然其中稱范瓊爲高義，而於瓊殺吳革一事亦無貶詞，頗乖公論。特起不知何許人，又直書太學生丁特起上書者三，皆不似自述之語。前載特起〈自序〉，粗鄙少文，其敘事亦多俚語，豈當時好事者所爲，以特起上書有名，故以託之歟？此本爲明吳思所刊。前有思〈序〉，而附載汪旦復評語，語皆凡鄙，仍多舛誤。如吳革起兵謀反正句，實以當時僞楚僭號，故以反正爲文。乃誤讀正字屬下句，謂以謀反書革，乃特起之微詞，則其謬不足與辯矣。」是《四庫全書總目》疑此書乃好事者依託爲之，非丁特起所撰。然余嘉錫另有所考。《四庫提要辨證》卷五〈史部〉三〈雜史類存目〉一「《孤臣泣血錄》一卷」條曰：「嘉錫案：《北盟會編》卷一百引《小臣孤憤錄．總敘》云：『是年夏四月一日，太上皇帝、靖康皇帝北狩，五月一日上即位於南京，九月遂幸揚州。某待罪江上，得太學生丁特起所著《孤臣泣血錄》，又從諫官袁彥範得《痛定錄》、《武廣嘗膽錄》，已而復有人致李綱《傳信錄》及《太學擇術齋記》、《史略》者，乃取諸人所錄，編而次之。』是此書初出之時，著述之家已加援用，未嘗疑其依託，且不獨見採於徐夢莘而已。《會編》卷八十六引《遺史》趙甡之撰。曰：『邦昌命董逌諭諸生，慰勞備至，巡齋宣布邦昌之意。蓋自圍閉，諸生困於虀鹽，多有疾病，迨春尤甚，日死不下數十人者。邦昌具知，乃用撫諭之使，又命選醫官十人，於諸齋逐日看候，人人給藥餌之資。由是諸生感悅，故《泣血》等諸書，太學諸生所記，其間不無爲邦昌抆拭其事者。』是其敘事之不能盡符公論，時人固已言之矣。《建炎以來繫年要錄》於此書引用亦多，皆署名丁特起，然則非僞撰也。樓鑰《攻媿集》卷八十五〈先妣行狀〉云：『及見宣和盛時暨靖康間事，言之皆有端緒，如《痛定》、《泣血》等書，間能指其不然者。』可見其書在當時已盛行，雖閨房之中亦熟知其得失矣。《要錄》卷一云：『太學生徐揆與諸生丁特起等各爲書，欲遺二帥，留守司不許。特起，合肥人。』又卷九十二云：『紹興五年八月，貴州文學丁特起特差鼎州龍陽縣尉。』是特起之里貫仕履，皆有可徵，《提要》云不知何許人，失之不詳考也。《書錄解題》卷五云：『《孤臣泣血錄》三卷，《拾遺》一卷，丁特起撰。』今本只一卷，不知是否完本。」余氏所考甚詳贍，不惟考及此書之非僞撰，又考及特起其人其事，以證《四庫全書總目》謂「特起不知何許人」爲「失之不詳考」。上述辨證，均足補《解題》之所闕。

裔夷謀夏錄七卷

《裔夷謀夏錄》七卷，翰林學士新安汪藻彥章撰。

廣棪案：此書《郡齋讀書志》卷第六〈雜史類〉著錄書名作《金人背盟錄》七卷，曰：「右皇朝汪藻編。記金人叛契丹，迄於宣和乙巳犯京師。」《玉海》卷第四十七〈藝文．雜史〉亦載：「汪藻《金人背盟錄》七卷。」惟《宋史》卷二百三〈志〉第一百五十六〈藝文〉二〈傳記類〉著錄：「汪藻《裔夷謀夏錄》三卷。」又：「《裔夷謀夏錄》二卷，並不知作者。」明胡堯臣編《浮溪文粹》，末載孫覿撰〈汪氏墓誌銘〉曰：「公之文有《集》六十卷行於世，《裔夷謀夏錄》二卷、《青唐錄》三卷、《古今雅俗字》四十篇。」所載此書卷數均與《解題》不同，未知孰是？藻字彥章，饒州德興人，欽宗時拜翰林學士。《宋史》卷四百四十五〈列傳〉第二百四〈文苑〉二有傳。陳樂素《三朝北盟會編考》載：「《裔夷謀夏錄》，《書目》云：『一作《金人請盟叛盟本末》，汪藻撰。』藻字彥章，德興人，以文名于時；今尚存其《浮溪集》三十六卷，《解題》作六十卷，蓋《四庫提要》從《永樂大典》錄出，不全。《提要》著錄，推爲南渡後詞臣冠冕。卒於紹興二十四年。《裔夷謀夏錄》，晁《志》作《金人背盟錄》，云：『《金人背盟錄》一卷，汪藻編，記金人叛契丹，迄于宣和乙巳犯京城；多采《北遼遺事》。』即《亡遼錄》，見前。《解題》作七卷，見《解題》卷五〈雜史類〉。《玉海》亦作七卷，見《玉海》卷四七。〈宋志〉兩著錄，一作二卷，一作三卷，俱見《宋史》卷二零三。《長編紀事本末》簡稱爲《金盟本末》。據《本末》，尚有《青唐錄》，《宋史》卷二零三〈藝文志〉云，三卷。乃記崇寧、大觀年間熙河之役。然其重要史著當推《元符庚辰以來詔旨》一書。《繫年要錄》卷六零有云：『藻嘗于經筵面奏，乞命史官纂述三朝日曆，會朝廷多事，未克行。比出守湖，而湖州不被寇，元符後所受御筆手詔賞功罰罪等事皆全；藻因以爲張本，又訪諸故家士大夫以足之，凡六年乃成。』卷一二三又云：『紹興八年十一月丁未，汪藻上所編《元符庚辰至宣和乙巳詔旨》，終篇凡六百六十五卷。』又《朝野雜記甲集》卷四：『其書凡八百六十五卷，其後修《徽錄》，史官多仰之。』見『《徽宗實錄》』條。卷數不同。然《玉海》亦作八百六十五，見《玉海》卷四八。《宋史》本傳又作六百六十五，未知孰正也？其次，有現存之《靖康要錄》十六卷，《解題》著錄作五卷，不知作者。見《解題》卷五〈雜史類〉。《提要》著錄，亦不知作者。見〈史部・編年類〉。據近出之《宋會要輯稿》，乃知此書亦爲藻所編。見〈職官〉一八之六七。《提要》言『決非草野之士不睹國史、日曆者所能作』，良是；但又謂『必《實錄》既成之後，好事者撮其大綱，以成此編』。則恰相反，蓋洪邁之修《欽宗實錄》嘗參考此也。」可供參考。

陷燕記一卷

《陷燕記》一卷，賈子莊撰。記燕山初陷事。子莊，不知其名，蔡靖客也。

廣棪案：《宋人傳記資料索引》載：「蔡靖，宣和四年，知河間府；五年與詹度相易，知燕山府，後陷於金。」丁傳靖《宋人軼事彙編》卷十六載：「先是斡離不南寇，留蔡靖在燕，後自南歸，謂蔡曰：『太學有事可以說及。』蔡公曰：『念靖南歸好。』斡離不大怒，頭面發赤，曰：『特與他商量些好事，卻只要歸，好與蒙霜特姑。』原註：棍子敲殺也。又兩日謂蔡曰：『太學，忠臣也。但安心，將來和議了，便可隨肅王過去。』因酌酒三盞與蔡公飲之，名曰『過琖』，厚禮也。《三朝北盟會編》。」是蔡靖曾陷燕之證。子莊爲靖客，當隨從陷金而撰此書。陳樂素《三朝北盟會編考》九〈引用書雜考〉載：「《陷燕錄》，《書目》作《陷燕記》。《繫年要錄》引用亦稱《記》，見《繫年要錄》卷一。《解題》卷五〈雜史類〉：『《陷燕記》一卷，賈子莊撰，記燕山初陷事。子莊不知其名，蔡靖客也。』書名既同，所記亦同一事，特《會編》作許采，此作賈子莊。《繫年要錄》既引用許采之《陷燕記》，亦引用賈子莊之《陷燕記》同上，則顯爲兩書也。據《會編》卷二四沈琯《南歸錄》，知采乃蔡靖之妻兄。」可供參考。

南歸錄一卷

《南歸錄》一卷，直祕閣沈琯撰。亦記燕山事。

廣棪案：《通志》卷六十五〈藝文略〉第三〈使累〉第五〈雜史〉著錄：「《南歸錄》一卷，注：沈琯撰。」《郡齋讀書志》卷第六〈雜史類〉著錄：「《金人背盟錄》七卷、《圍城雜記》一卷、《避戎夜話》一卷、《金國行程》十卷、《南歸錄》一卷、《朝野僉言》一卷。右皇朝汪藻編。記金人叛契丹，迄於宣和乙巳犯京城。《圍城雜記》五書，皆記靖康時事也。」孫猛《郡齋讀書志校證》曰：「《遂初堂書目・本朝雜史類》有沈理《南歸錄》，『理』疑『琯』之誤，琯事具《嘉泰吳興志》卷十七。」均足參證。琯，《宋史》無傳。《嘉泰吳興志》卷十七載：「沈琯，字次律，德清人。宣和間任兩浙漕運。後奉使燕雲，會金人犯邊，郭藥師敗，被遣同李鄴往議和。琯逃歸，首陳虛實，請邀據之，不用，著《南歸錄》以攄忠憤。自號柯田山人終老。」可悉其奉使燕雲並撰此書以攄忠憤之用心。故《解題》云：「亦記燕山事。」陳樂素《三朝北盟會編考》九〈引用書雜考〉載：「《南歸錄》，《解題》卷五〈雜史類〉：『《南歸錄》一卷，直秘閣沈琯撰。記燕山事。』談鑰《吳興志》卷一七〈賢貴事實〉，德清縣：『沈琯，字次律。父彥明，叔彥聲，皆登第。琯少游學，深于《春秋》，爲文章尚氣節，尤好吟詠。後至燕雲提舉。郭藥師敗，粘罕勢甚熾，士大夫皆束手，琯獨毅然不屈，雖臨以刀刃，終不變。逃歸，詣闕獻策，不用，著《南歸錄》，以攄忠憤。遂還里中，自號柯田山人終老焉。子正度。』」可供參考。《郡齋讀書志》謂《南歸錄》爲「汪藻編」，蓋撰人仍是沈琯。

靖康錄一卷

《靖康錄》一卷，太學生朱邦基撰。

廣棪案：《宋史》卷二百三〈志〉第一百五十六〈藝文〉二〈傳記類〉著錄：「石茂良《避戎夜話》一卷，又《靖康錄》一卷。」〈宋志〉以此書爲石茂良撰。朱、石二人，生平事迹無可考。據《解題》同卷著錄之「《避戎夜話》一卷」條，僅知茂良吳興人，字太初，其餘未聞。

金人犯闕記一卷

《金人犯闕記》一卷，草茅方冠撰。

廣棪案：此書已佚，撰人亦不可考。《宋史》卷二十三〈本紀〉第二十三〈欽宗〉載：「（靖康元年十一月）閏月壬辰朔，金人攻善利門，統制姚仲友禦之。奇兵作亂，殺使臣，王宗濋斬數十人乃定。唐恪出都，人欲擊之，因求去，罷爲中太一宮使。以門下侍郎何㮚爲尚書右僕射兼中書侍郎。劉韐坐棄軍，降五官予祠。癸巳，京師苦寒，用日者言，借土牛迎春。朱伯友坐棄鄭州，降三官罷。西道總管王襄棄西京去。知澤州高世由以城降于金。燕瑛欲棄河陽，爲亂兵所殺。河東諸郡或降或破殆盡，都民殺東壁統制官辛亢宗。罷民乘城，代以保甲。粘罕軍至城下。甲午，時雨雪交作，帝被甲登城，以御膳賜士卒，易火飯以進，人皆感激流涕。金人攻通津門，數百人縋城禦之，焚其砲架五、鵝車二。驛召李綱爲資政殿大學士，領開封府。金人陷懷州，霍安國、林淵及其鈐轄張彭年、都監趙士㝢、張諶皆死之。乙未，金人入青城，攻朝陽門。馮澥與金人蕭慶、楊眞誥來。丙申，帝幸宣化門，以障泥乘馬，行泥淖中，民皆感泣。張叔夜數戰有功，帝如安上門召見，拜資政殿學士。金人執胡直孺，又陷拱州。丁酉，赤氣亙天。以馮澥爲尚書左丞。戊戌，殿前副都指揮使王宗濋與金人戰于城下，統制官高師旦死之。庚子，以資政殿學士張叔夜簽書樞密院事。金人攻宣化門，姚仲友禦之。辛丑，金人攻南壁，殺傷相當。壬寅，詔河北守臣盡起軍民兵，倍道入援。癸卯，金人攻南壁，張叔夜、范瓊分兵襲之，遙見金兵，奔還，自相蹈藉，溺隍死者以千數。甲辰，大雨雪。金人陷亳州。遣間使召諸道兵勤王。

乙巳，大寒，士卒噤戰不能執兵，有僵仆者。帝在禁中徒跣祈晴。時勤王兵不至，城中兵可用者惟衛士三萬，然亦十失五六。金人攻城急。丙午，雨木冰。丁未，始避正殿。己酉，遣馮澥、曹輔與宗室仲溫、士詠使金軍請和。命康王爲天下兵馬大元帥，速領兵入衛。辛亥，金人來議和，要親王出盟。壬子，金人攻通津、宣化門，范瓊以千人出戰，渡河冰裂，沒者五百餘人，自是士氣益挫。甲寅，大風自北起，俄大雨雪，連日夜不止。乙卯，金人復使劉晏來，趣親王、宰相出盟。丙辰，妖人郭京用六甲法，盡令守禦人下城，大啓宣化門出攻金人，兵大敗。京託言下城作法，引餘兵遁去。金兵登城，眾皆披靡。金人焚南薰諸門，姚仲友死于亂兵，宦者黃經國赴火死，統制官何慶言、陳克禮、中書舍人高振力戰，與其家人皆被害。秦元領保甲斬關遁，京城陷。衛士入都亭驛，執劉晏殺之。丁巳，奉道君皇帝、寧德皇后入居延福宮。命何㮚及濟王栩使金軍。戊午，何㮚入言，金人邀上皇出郊。帝曰：『上皇驚憂而疾，必欲之出，朕當親往。』自乙卯雪不止，是日霽。夜有白氣出太微，彗星見。庚申，日赤如火無光。辛酉，帝如青城。」讀之，猶可知金人犯闕之梗概。

汴都記一卷

《汴都記》一卷，無名氏。

廣棪案：汴都在開封，即宋之東京。惟此《記》已無可考。《玉海》卷第十六〈地理・京輔〉「宋朝四京」條載：「東京開封。唐汴州，梁爲東京，開平元年四月二十三日。後唐罷。晉復爲東京。天福三年十月。建隆二年七月壬申，以太宗爲開封尹；興國元年十月庚申，廷美爲尹；雍熙二年十月甲辰，陳王元僖；淳化五年九月壬申，襄王真宗。爲尹；宣和七年十一月戊午，皇太子爲牧；皇祐五年十二月壬戌，用賈昌朝議，以曹、陳、鄭、許、滑爲京畿路。為輔郡，置漕臣，王贄為之。楊大雅作〈皇畿賦〉，楊億作〈東〉、〈西京賦〉，周邦彥作〈汴都賦〉。宣和四年六月二十九日，李長民上〈廣汴都賦〉。宋敏求撰《東京記》二卷，載宮闕里巷事跡。紹興中，環中撰《汴都名實志》三卷。」所載有楊大雅〈皇畿賦〉諸作，而獨遺此篇，恐應麟撰《玉海》時已不之見矣。

靖康遺錄一卷

《靖康遺錄》一卷，太學生沈良撰。

廣棪案：此書與撰人均無可考。其書殆與何烈《靖康拾遺錄》及無名氏《靖康野錄》同類耶？

靖康野錄一卷

《靖康野錄》一卷，無名氏。

廣棪案：此書無可考。其書殆記靖康金人陷闕情事，與《靖康拾遺錄》、《靖康遺錄》同類。

避戎夜話一卷

《避戎夜話》一卷，吳興石茂良太初撰。

廣棪案：《宋史》卷二百三〈志〉第一百五十六〈藝文〉二〈傳記類〉著錄：「石茂良《避羌夜話》一卷。」應作「避戎」爲是。此書《四庫全書總目》卷五十二〈史部〉八〈雜史類存目〉一著錄：「《避戎夜話》一卷，兩浙總督採進本。廣棪案：「兩浙」疑作「兩江」。宋石茂良撰。按陳振孫《書錄解題》載茂良字太初，其爵里則振孫亦未詳，無可考也。是編載靖康元年十一月金人陷汴京事，蓋親在圍城之內，記所見聞，其中多言都統制姚友仲守禦東南兩壁之功。史不爲友仲立傳，然〈欽宗本紀〉頗采用之。徐夢莘《三朝北盟會編》第九十八卷引此書有云：『汴京城陷，僕逃難於鄉人王升卿舍館，夜論朝廷守禦之方。一話一言，莫不驗其文，摭其實，直而不訐。非所見聞，則略而不書』云云。蓋茂良自敘之詞。此本爲明末李蘅刊入《璅探》內者，檢勘並無此文，知爲刪節不全之本矣。尤袤《遂初堂書目》載有《靖康夜話》，疑即此書。晁公武《讀書志》列《金人背盟錄》七卷、《圍城雜記》一卷、《避戎夜話》一卷、《金國行程》十卷、《南歸錄》一卷、《朝野僉言》一卷，總注曰：『皇朝汪藻編。記金人叛契丹，迄於宣和乙巳犯京城。《圍城雜記》等五書，皆記靖康時事。』其意蓋謂《金人背盟錄》以下六書，皆靖康時人所作，藻合而編之耳。而其文義混淆，似乎六書皆出於藻，故有引是書爲汪藻作者。其實《書錄解題》載《朝野僉言》爲夏少曾作，《南歸錄》爲直秘閣沈琯作，此書爲茂良作，各有主名也。況汪藻未從北行，安得有《金國行程》乎？」所考足資參證。陳樂素《三朝北盟會編考》九〈引用雜書考〉載：「《避戎夜話》，《提要・雜史類存目》一：『《避戎夜話》一卷。宋石茂良撰。按《解題》載茂良字太初，其爵里則振孫亦未詳，無可考也。是編載靖康元年十一月金人陷汴京事，其中多言都統制姚友仲守禦東南兩壁之功，《欽宗本紀》頗采用之。』按茂良爲吳興人，建炎二年進士，見談鑰《吳興志》。《會編》卷一四六《秀水閒居錄》有云：『京師失守，徽宗，淵聖，皇族近屬，皆詣虜營。虜中亦議取后，淵聖因遣人入城取物，紙尾批廋辭與徐秉哲云：「趙氏注《孟子》，相度分付！」』其下注云：『邦昌請后入宮詔云：「遵少帝之玉音。」湖州士人石茂良在圍城居將官姚友仲家，嘗親見批字。』據《會編》，姚友仲于城破時爲亂兵所殺，而此批在城破之後，故此注實可疑；然謂茂良在圍城居姚家，則當非無據也。」亦可參考。

靖康小史一卷

《靖康小史》一卷，不著名氏。其末稱名曰烈，即何烈《草史》也。

廣棪案：據直齋此卷之前錄曰：「《靖康拾遺錄》一卷，何烈撰。又名《草史》。」則《靖康拾遺錄》、《草史》與此書應同屬一書。惟直齋似未將三書比勘而確定其說，僅以此書末稱名曰烈，則謂爲「即何烈《草史》」。而於此三書其他相同之處，未見列述，似非考據家所應有事。

痛定錄一卷

《痛定錄》一卷，不著名氏。

廣棪案：陳樂素《三朝北盟會編考》九〈引用書雜考〉載：「《痛定錄》，《解題》卷五〈雜史類〉：『《痛定錄》一卷，不著名氏。』《會編》題呂本中撰。本中字居仁，《宋史》卷三七六有傳，著述今存者尚不少，惟此錄不傳。《會編》卷一零六，孫覿〈辭中書舍人狀〉有云：『始則蔡攸黨人呂本中之流，作爲《痛定》等錄，文奸言以佐其父，又崇飾惡語以并中臣。』其爲本中撰無疑。」可供參考。

悲喜記一卷

《悲喜記》一卷，圍城中人作書與所親曰中美知府者，具述喪亂本末，自稱名曰暘，皆不知何人也。

嘗見一書，名《皇旒陷虜記》，中間載秘書少監趙暘與姚太守書云云，雖無「中美」之稱，恐即此書也。隨齋批注。

廣棪案：此書亦記金人陷汴時事，中有具述喪亂本末者，自稱名暘，而其作書與所親之人曰中美知府。隨齋以為此書即《皇旋陷虜記》，暘即秘書少監趙暘，中美知府即姚太守，雖書中無「中美」之稱，隨齋所言似可據。考暘乃趙蕃之祖，《宋史》無傳。然《宋史》卷四百四十五〈列傳〉第二百四〈文苑〉七〈張即之〉附〈趙蕃〉有其資料，曰：「趙蕃字昌父，其先鄭州人。建炎初，大父暘以秘書少監出提點坑冶，寓信州之玉山。蕃以暘致仕，恩補州文學。」是暘於高宗建炎初任秘書少監，則此書亦當撰於其時或稍後。《宋詩紀事》卷三十四「趙暘」條載：「暘字乂若。其先本杭人，徙鄭州及汴中。紹聖元年進士，累官直龍圖閣，提舉江州太平觀。過江，寓信州玉山，家焉。」所載暘生平宦履較詳悉。

建炎中興記一卷

《建炎中興記》一卷，耿延禧撰。

廣棪案：《玉海》卷第五十七〈藝文・記〉「《建炎中興記》」條載：「龍圖閣直學士耿延禧承詔著《建炎初繼統事迹》一卷。」是此書另名《建炎初繼統事迹》，《玉海》所記與《解題》所著錄者為同一書。《宋史藝文志史部佚籍考》上編〈已佚而無輯本者〉（五）〈故事類〉載：「《建炎中興記》一卷　宋耿延禧撰。延禧，南仲子，高宗建炎初出詞垣擢龍圖閣直學士，嘗使金國。事迹附見《宋史》（卷三五二）及《宋史新編》（卷一二二）《耿南仲傳》。……按：延禧奉詔撰《中興記》事，《宋史・高宗本紀》不載。李綱亦嘗奉詔編建炎元年（1127）五月一日以後至八月十八日事為《建炎時政記》三卷，今李書猶行世，耿書則未見也。」可供參考。

建炎中興日曆五卷

《建炎中興日曆》五卷，宰相新安汪伯彥廷俊撰。敘元帥開府，至南都踐極。

廣棪案：《郡齋讀書志》卷第六〈雜史類〉著錄：「《建炎日曆》五卷。右皇朝汪伯彥撰。記太上皇登極時事。」《郡齋讀書志》著錄書名時省「中興」二字。《宋史》卷一百二〈志〉第一百五十六〈藝文〉二〈編年類〉著錄：「汪伯彥《建炎中興日曆》一卷。」卷數與《解題》不同。《宋史藝文志史部佚籍考》上編〈已佚而無輯本者〉（二）〈編年類〉載：「《建炎中興日曆》一卷，宋汪伯彥撰。伯彥，字廷俊，祁門人，登進士第。高宗時擢右僕射，專權自恣，不能有所經畫，尋劾罷。帝後思之，拜檢校少傅，保信軍節度使。紹興十一年（1141）卒，諡忠定。有《文集》。事迹具《宋史》（卷四七三）、《宋史新編》（卷一八七）、《南宋書》（卷一二）等書。……按：《宋史・汪伯彥傳》云：『紹興九年（1139），伯彥上所著《中興日曆》五卷。』晁《志》、陳《錄》亦並作五卷，然則《宋史・藝文志》著錄乃殘本也。」可供參考。陳樂素《三朝北盟會編考》九〈引用雜書考〉載：「《建炎中興日曆》，汪伯彥撰。其上〈表〉云：『備奉紹興三年十月二十三日聖旨，命臣以大元帥府事迹首尾省記。』見《會編》卷一六五。而〈原序〉又云：『臣往者首尾待罪，今得以奉詔畢慮省記，參以斷編，而以事系之日，以日系之月，以月系之時，以時系之年。起自靖康元年冬十有一月十五日，至於建炎元年夏五月十日，采事摭實，編次成書，分為五卷，名曰《建炎中興日曆》。紹興四年四月二十二日上。』《玉海》卷四七〈藝文・編年〉「《建炎中興日曆》」條：『三年十月甲辰，詔汪伯彥、董耘、梁揚祖、耿延禧、高世則編類元帥府事迹，以付史館，用著作虞懸請也，其後悉以書聞。六年四月戊戌朔，史館修纂《皇帝大元帥府事迹》十卷上之。九年六月，汪伯彥上《建炎中興日曆》五卷，最備。』原序謂四年四月上，《會編》系于是年十二月，殆指達于朝之月也。《玉海》乃云九年六月，《宋史》本傳亦云：『紹興九年，汪伯彥上所著《中興日曆》五卷。拜檢校少傅，保信軍節度使。』然《繫年要錄》卷九三有云：『紹興五年九月戊子，史館奏乞將《宗澤行實》與汪伯彥等所編《元帥府事迹》，參照具錄並呈，斷自聖憲，付之史館。』是則當時汪編已上之證。《玉海》與《宋史》誤也。」最足參考。

呂忠穆答客問一卷

《呂忠穆答客問》一卷，宰相濟南呂頤浩元直撰。

廣棪案：頤浩字元直，其先樂陵人，徙齊州。高宗時拜少保、尚書左僕射、同中書門下平章事兼知樞密院事。卒贈太師，封秦國公，諡忠穆。《宋史》卷三百六十二〈列傳〉第一百二十一有傳。此書已佚，無可考。

呂忠穆勤王記一卷

《呂忠穆勤王記》一卷，左宣教郎臧梓撰。記建炎復辟事。

廣棪案：《宋史》卷二百三〈志〉第一百五十六〈藝文〉二〈故事類〉著錄：「臧梓《呂丞相勤王記》一卷。」與此應同屬一書。有關建炎復辟，頤浩勤王事，《宋史》卷三百六十二〈列傳〉第一百二十一〈呂頤浩〉記之頗詳，其〈傳〉曰：「建炎二年，金人逼揚州，車駕南渡鎮江，召從臣問去留。頤浩叩頭願且留此，爲江北聲援；不然，敵乘勢渡江，事愈急矣。駕幸錢塘，拜同簽書樞密院事、江淮兩浙制置使，還屯京口。金人去揚州，改江東安撫制置使兼知江寧府。時苗傅、劉正彥爲逆，逼高宗避位。頤浩至江寧，奉明受改元詔赦，會監司議，皆莫敢對。頤浩曰：『是必有兵變。』其子抗曰：『主上春秋鼎盛，二帝蒙塵沙漠，日望拯救，其肯遽遜位于幼冲乎？灼知兵變無疑也。』頤浩即遣人寓書張浚曰：『時事如此，吾儕可但已乎？』浚亦謂頤浩有威望，能斷大事，書來報起兵狀。頤浩乃與浚及諸將約，會兵討賊。時江寧士民洶懼，頤浩乃檄楊惟忠留屯，以安人心。且恐苗傅等計窮挾帝繇廣德渡江，戒惟忠先爲控扼備。俄有旨，召頤浩赴院供職。上言：『今金人乘戰勝之威，群盜有蜂起之勢，興衰撥亂，事屬艱難，豈容皇帝退享安逸？請亟復明辟，以圖恢復。』遂以兵發江寧，舉鞭誓眾，士皆感厲。將至平江，張浚乘輕舟迓之，相持而泣，咨以大計。頤浩曰：『頤浩曩諫開邊，幾死宦臣之手；承乏漕挽，幾陷腥羶之域。今事不諧，不過赤族，爲社稷死，豈不快乎？』浚壯其言。即舟中草檄，進韓世忠爲前軍，張俊翼之，劉光世爲游擊，頤浩、浚總中軍，光世分軍殿後。頤浩發平江，傅黨託旨請頤浩單騎入朝。頤浩奏：『所統將士，忠義所激，可合不可離。』傅等恐懼，乃請高宗復辟。師次秀州，頤浩勉勵諸將曰：『今雖反正，而賊猶握兵居內。事若不濟，必反以惡名加我，翟義、徐敬業可監也。』次臨平，苗傅等拒戰。頤浩被甲立水次，出入行陣，督世忠等破賊，傅、正彥引兵遁。頤浩等以勤王兵入城，都人夾道聳觀，以手加額。」其事大抵若是。故此書雖佚，讀《宋史・呂頤浩傳》，猶略知其事之恍惚。據《宋史》，頤浩卒於紹興九年（1139），賜謚忠穆，則此書必成於此年之後。至撰人臧梓，《宋史》無傳。《宋會要輯稿》第九十五冊〈職官〉六〇之二九則載：「（紹興）五年五月十八詔：『嚴州壽昌縣令臧梓，特與改合入宮，候任滿日再任。』以治績顯著，民惜其去，故有是命。」是臧梓紹興五年（1135）五月十八日前仍任嚴州壽昌縣令。嚴州壽昌，今浙江壽昌縣。同書第八十冊〈職官〉四〇之八載：「（紹興六年）四月四日，荊湖南路安撫制置大使兼知潭州呂頤浩言：『乞制參謀、參議、主管機宜文字各一員，幹辦公事五員，並從本司舉辟。今乞辟佐朝奉郎、提舉洪州玉隆觀傅崧卿充參謀官，降授左朝請郎、主管台州崇道觀王次翁充參議官，左朝奉大夫、主管台州崇道觀范醇充主管機宜文字，右朝散郎、主管台州崇道觀王治，左宣教郎、知嚴州壽昌縣臧梓，武顯大夫、閤門宣贊舍人王繪並充幹辦公事。』從之。」是紹興六年（1136），臧梓以左宣教郎、知嚴州壽昌縣，改充呂頤浩幹辦公事。同書第一百冊〈職官〉七〇之二七載：「（紹興十二年十二月）二日，直祕閣、前知秀州方滋落職。以臣僚言：『滋爲江東茶鹽提舉，所部縣宰臧梓姦贓，爲監司所發，滋獨蔽之。嘉興知縣不法，有越訴於臺者，滋不容不知；知而縱之，實又蔽之。』故有是命。」是梓於紹興六年（1136）充頤浩幹辦公事，未幾則有嘉興知縣之調任，然以姦贓爲監司所發，則梓殆非廉吏矣。惟其前治壽昌縣則以「治績顯著」聞，橘踰淮北爲枳，何其遷變之速也。嘉興，即今浙江省嘉興縣。今據《宋會要輯稿》，考出臧梓之生平、宦歷如此。

渡江遭變錄一卷

《渡江遭變錄》一卷，丞相上蔡朱勝非藏一撰。記苗、劉作難至復辟事。

廣棪案：此書記苗傅、劉正彥作難及高宗復辟事，書已佚，惟《宋史》卷三百六十二〈列傳〉第一百二十一〈朱勝非〉記此事頗詳，曰：「（建炎）三年，上自鎮江南幸，留勝非經理。未幾，命爲控扼使，已而拜宣奉大夫、尚書右僕射兼御營使。故事：命相進三官，勝非特遷五官。會王淵簽書樞密院事兼御營司都統制，內侍復用事恣橫，諸將不悅。於是苗傅、劉正彥與其徒王鈞甫、馬柔吉、王世修謀，誣淵結宦官謀反。正彥手斬淵，分捕中官，皆殺之，擁兵至行宮門外。勝非趨樓上，詰專殺之由。上親御樓撫諭，傅、正彥語頗不遜，勝非乃從皇太后出諭旨。傅等請高宗避位，太后抱皇子聽政，太后不可。傅顧勝非曰：『今日正須大臣果決，相公何無一言耶？』勝非還告上曰：『王鈞甫乃傅等腹心，適語臣云：「二將忠有餘，而學不足。」此語可爲後圖之緒。』於是太后垂簾，高宗退居顯忠寺，號睿聖宮。勝非因請降赦以安傅等。又奏：『母后垂簾，須二臣同對，此承平故事。今日事機有須密奏者，乞許臣僚獨對，而日引傅徒二人上殿，以弭其疑。』太后語上曰：『賴相此人，若汪、黃在位，事已狼籍矣。』王鈞甫見勝非，勝非問：『前言二將學不足，如何？』鈞甫曰：『如劉將手殺王淵，軍中亦非之。』勝非因以言撼之曰：『上皇待燕士如骨肉，那無一人效力者乎？人言燕、趙多奇士，徒虛語耳。』鈞甫曰：『不可謂燕無人。』勝非曰：『君與馬參議皆燕中名人，嘗獻策滅契丹者。今金人所任多契丹舊人，若渡江，禍首及君矣，盍早為朝廷協力乎？』鈞甫唯唯。王世修來見，勝非諭之曰：『國家艱難，若等立功之秋也。誠能奮身立事，從官豈難得乎？』世修喜，時往來道軍中情實。擢世修為工部侍郎。傅、正彥乞改年號及移蹕建康，勝非以白太后，因議恐盡廢其請，則倉卒變生，乃改元明受，以詔示世修曰：『已從若請矣。』傅等欲挾上幸徽、越，勝非諭之以禍福而止。傅聞韓世忠起兵，取其妻子為質。勝非紿傅曰：『今當啓太后召二人慰撫，使報知平江，諸君益安。』傅許諾。勝非喜曰：『二凶眞無能為也。』諸將將至，傅等懼，勝非因謂之曰：『勤王之師未進者，使是間自反正耳。不然，下詔率百官六軍請上還宮，公等置身何地乎？』即召學士李邴、張守作百官章及太后手詔。四月朔，勝非率百官詣睿聖宮，親掖上乘馬還宮。苗傅請以王世修為參議，勝非曰：『世修已為從官，豈可復從軍？』上既復辟，勝非曰：『臣昔遇變，義當即死，偷生至此，欲圖今日之事耳！』乃乞罷政。」勝非字藏一，蔡州人。高宗建炎時為丞相。

建炎復辟記一卷

《建炎復辟記》一卷，無名氏。

廣棪案：《四庫全書總目》卷五十二〈史部〉八〈雜史類存目〉一著錄：「《建炎復辟記》一卷，江蘇巡撫採進本。不著撰人名氏。《書錄解題》亦不知為何人作。但稱其敘苗傅、劉正彥始末，文頗繁冗。末敘世忠戰功特詳，疑即韓氏客所為。理或然歟？」可供參考。陳樂素《三朝北盟會編考》九〈引用雜書考〉載：「《建炎復辟記》，《提要・雜史類存目》一：『《建炎復辟記》一卷，不著撰人名氏。《解題》亦不知為何人作。但稱其敘苗、劉事始末，文頗繁冗；末敘世忠戰功特詳，疑即韓氏客所為。理或然歟？』按《繫年要錄》引用有兩《復辟記》：一為朱勝非撰，一為張浚撰。（俱見卷二一）苗、劉之變，《會編》引用《秀水閒居錄》及《建炎復辟記》；而《閒居錄》甚長，佔兩卷，或即朱撰《復辟記》而附於《閒居錄》者也。至其下所題《復辟記》，未知誰撰。〈宋志〉有張浚《建炎復辟平江實錄》一卷，見《宋史》卷二零三〈傳記類〉。當即《繫年要錄》所引用。」可供參證。

建炎通問錄一卷

《建炎通問錄》一卷，宣教郎傅雱撰。建炎初，李丞相綱所進。

廣棪案：《四庫全書總目》卷五十二〈史部〉八〈雜史類存目〉一著錄：「《建炎通問錄》一卷，浙江范懋柱家天一閣藏本。宋傅雱撰。雱，始末未詳。考李心傳《建炎以來繫年要錄》載：『建炎元年六月，宣議郎傅雱特遷宣教郎，充大金通問使。』此《錄》即所述奉使之事。《文獻通考》載此書，稱宣教郎傅雱撰。建炎初，李丞相所進；蓋李綱以書上於朝也。書終以館伴李侗之語，其文未畢。《北盟會編》一百十卷所載，闕處亦同，蓋後人從徐氏書中錄出也。」陳樂素《三朝北盟會編考》九〈引用雜書考〉載：「《建炎通問錄》，《解題》卷五〈雜史類〉：『《建炎通問錄》一卷，宣教郎傅雱撰。建炎初，李丞相綱所進。』《提要・雜史類存目》一：『《建炎通問錄》一卷，傅雱撰。雱，始末未詳。考《繫年要錄》載：建炎元年六月，宣議郎特遷宣教郎，充大金通問使。此《錄》即所述奉使之事。書終以館伴李侗之語，其文未畢。《北盟會編》一百十卷所載，闕處亦同，蓋後人從徐氏書中錄出也。』據《繫年要錄》，雱為清江人，（見建炎元年五月）奉使歸後，于建炎三年七月以考功員外郎主管機宜文字，隨張浚入陝；建炎四年三月，權湖北制置使。後以孔彥舟叛，坐久在彥舟軍中，責監興化軍商稅；至紹興二年八月停官，英州羈管。流竄幾七年，至紹興九年正月乃許自便。紹興二十六年正月，自左朝散大夫遷知韶州；二十七年五月罷；二十八年十月卒。」均足資參證。

北狩聞見錄一卷

《北狩聞見錄》一卷，幹當龍德宮曹勛功顯撰。勛扈從北狩，以徽廟御札，間道走行在所，以建炎二年七月至南京。

廣棪案：《四庫全書總目》卷五十一〈史部〉七〈雜史類〉著錄：「《北狩聞見錄》一卷，兩江總督採進本。宋曹勛撰。勛字功顯，陽翟人。宣和五年進士。南渡後，官至昭信軍節度使。事迹具《宋史》本傳。是編首題保信軍承宣使、知閤門事、兼客省四方館事臣曹勛編次，蓋建炎二年七月初至南京所上。其始於靖康二年二月初七日，則以徽宗之入金營，惟勛及姜堯臣、徐中立、丁孚四人得在左右也。所記北行之事，皆與諸書相出入。惟述密賚衣領御書及雙飛蛺蝶金環事，則勛身自奉使，較他書得自傳聞者節次最詳。末附徽宗軼事四條，亦當時所並上者。紀事大都近實，足以證《北狩日記》諸書之妄。且與高宗繼統之事尤為有關，雖寥寥數頁，實可資史家之考證也。」陳樂素《三朝北盟會編考》九〈引用雜書考〉載：「《北狩聞見錄》，《提要・雜史類》：『《北狩聞見錄》一卷，曹勛撰，陽翟人。是編首題保信軍承宣使、知閤門事、兼客省四方館事臣曹勛編次。蓋建炎二年七月初至南京所上。其始于靖康二年二月初七日，則以徽宗之入金營，惟勛及姜堯臣、徐中立、丁孚四人得在左右也。所記北行之事，皆與諸書相出入。末附徽宗軼事四條，紀事大都近實，雖寥寥數頁，實可資史家之考證。』曹勛著述今之尚存者，尚有《松隱文集》三十九卷。（〈宋志〉作四十卷，蓋現存本缺第十四卷也。）《宋史》有傳云其卒於淳熙元年（1174）。按其《集》卷三三，〈題親書金剛經後〉末言：『乾道四年（1168），歲在戊子，時年七十一。』則卒年七十七，而建炎二年南歸時乃三十一歲也。」均可供參證。《宋史》卷三百七十九〈列傳〉第一百三十八〈曹勛〉載：「曹勛字公顯，陽翟人。父組，宣和中以閤門宣贊舍人爲睿思殿應制，以占對開敏得幸。勛用恩補承信郎，特命赴進士廷試，賜甲科，爲武吏如故。靖康初，爲閤門宣贊舍人、勾當龍德宮，除武義大夫。從徽宗北遷，過河十餘日，謂勛曰：『不知中原之民推戴康王否？』翌日，出御衣書領中曰：『可便其眞，來救父母。』并持韋賢妃、邢夫人信，命勛間行詣王。又諭勛：『見康王，第言有清中原之策悉舉行之，毋以我爲念。』又言：『藝祖有誓約藏之太廟，不殺大臣及言事官，違者不祥。』勛自燕山遁歸。建炎元年七月，至南京，以御衣所書進入。高宗泣以示輔臣。勛建議募死士航海入金國東京，奉徽宗由海道歸，執政難之，出勛于外凡九年，不得遷秩。」可知此書撰作之背景。至勛之官職，《解題》作「幹當龍德宮」，《宋史》作「勾當龍德宮」。其實一也。蓋原作「勾當」，以避高宗諱構嫌名，改作「幹當」。

北狩行錄一卷

《北狩行錄》一卷，蔡鞗、王若沖撰。

廣棪案：《四庫全書總目》卷五十二〈史部〉八〈雜史類存目〉一著錄：「《北狩行錄》一卷，浙江吳玉墀家藏本。舊本題宋蔡鞗撰。鞗，蔡京之子，尙茂德帝姬，靖康元年從徽宗北行者也。然是書卷末云：『北狩未有行紀。太上語王若沖曰：「一自北遷，於今八年。所履風俗異事不爲不多，深欲記錄，未得其人。詢之蔡鞗，以爲學問文采無如卿者，爲予記之。」』云云。則是此書爲若沖所作。惟是《宋史・藝文志》亦以此書爲蔡鞗撰，疑不能明。或鞗述其事，而若沖潤色其文歟？馬端臨《文獻通考》載是書，亦並列二人之名。是時去靖康僅百餘年，當尙見舊本。獨其以『鞗』爲『絛』，則爲刊本之誤。按《宋史》，鞗於是時久已流竄嶺南，未當從徽宗入金也。書中多諛頌徽宗之詞，在當時臣子之言自不得不爾，未足爲異。惟稱『太上紹述神考之志，未嘗忘懷。適有貨王安石《日錄》者，欣然以絹十匹易之』云云。則絛等堅護紹述之局，至敗亡而不變，爲可恨耳。書中稱：『徽宗在金嘗得《春秋》，披覽不倦。凡理亂興廢之蹟、賢君忠臣之行，莫不采摭其華實，探涉其源流，鉤纂樞要而編節之，改歲籥而成書。』並稱：『太上賦詩寄淵聖，用親仁善鄰事，曰此出《春秋》。』然則徽宗嘗刪纂《左傳》，勒爲一書矣。此則古來志經籍者所未及，朱彝尊《經義考》中亦未引及，是亦可資異聞矣。」可供參考。惟《四庫全書總目》所考有誤。余嘉錫《四庫提要辨證》卷五〈史部〉三〈雜史類存目〉一「《北狩行錄》一卷」條辨之曰：「嘉錫案：余曾將《宋史·藝文志》徧檢數過，並無此書，不知《提要》何以云然？《通考》卷一百九十七雖作蔡條、王若沖撰，然《書錄解題》卷五正作蔡絛、王若沖，則《通考》條字，自是傳寫之誤。宋熊克《中興小歷》卷十七云：『是歲紹興三年。道君在五國城，一日諭王若沖曰：「一自北遷，於今八年，所履風俗異事多矣，深欲著錄，未有其人，詢之蔡絛，以爲無如卿者，高居山東躬耕之餘，爲予記之。善惡必書，不可隱晦，將爲後世之戒。」』與本書合。又卷十八云：『甲子，紹興五年夏四月也。道君皇帝崩于五國城。先是，道君嘗命隨行王若沖錄北遷事迹，未克成書。丙寅，淵聖命若沖以謂先王嘉言善行，不可無紀，乃許隨行官吏，各具見聞，送若沖編修，仍令蔡絛提點。未幾書成，即所謂《太上道君北狩行錄》是也。』提點猶之監修，其銜名當居纂修之上，諸本或題蔡絛，或並題二人之名者以此，《提要》以爲絛述其事而若沖潤色之者，非也。《宋會要》第六十四冊〈職官〉七云：『徽宗政和五年二月十四日，內侍王若沖管勾左右春坊事。』《靖康要錄》卷十五云：『御批令王若沖、邵章成按當作邵成章。衛護皇太子赴宣德門議事。』《北盟會編》卷六十五云：『侍御史胡舜陟上言，今大臣皆非其人，唐恪、聶昌尤務爲奸，恪之智慮，但長於交結內侍，盧端、王若沖，與之密交。』書中敘事有內侍王若沖，則其人蓋宦官之能文者。」所考足正《四庫全書總目》之失，又可補其所未及。案：絛，《宋史翼》卷四十〈列傳〉第四十〈姦臣〉有傳。

戊申維揚錄一卷

《戊申維揚錄》一卷，無名氏。

廣棪案：此書已佚。戊申，建炎二年（1128）。維揚即揚州。《宋史》卷二十五

〈本紀〉第二十五〈高宗〉二載：「二年春正月丙戌朔，帝在揚州。」此書殆記錄高宗是年在揚州事。

維揚過江錄一卷

《維揚過江錄》一卷，尚書左丞葉夢得少蘊撰。

廣棪案：此書已佚，無可考。夢得字少蘊，蘇州吳縣人。《宋史》卷四百四十五〈列傳〉第二百四〈文苑〉七有傳。其〈傳〉曰：「逮高宗駐蹕揚州，遷翰林學士兼侍讀，除戶部尚書。陳待敵之計有三：曰形、曰勢、曰氣而已。形以地理、山川爲本，勢以城池、芻粟、器械爲重，氣以將帥、士卒爲急。形固則可恃以守，勢強則可資以立，氣振則可作以用，如是則敵皆在吾度內矣。因請上南巡，阻江爲險，以備不虞。又請命重臣爲宣總使，一居泗上，總兩淮及東方之師以待敵；一居金陵，總江浙之路以備退保。疏入不報。既而帝駐蹕杭州，遷尚書左丞，奏監司、州縣擅立軍期司被掊斂民財者宜罷。」是夢得力主高宗「南巡阻江爲險，以備不虞」。此書即記高宗由揚州渡江而駐蹕杭州事。維揚即揚州。

己酉航海記一卷

《己酉航海記》一卷，中書舍人李正民撰。又名《建炎居邠記》。

廣棪案：莊仲方《南宋文範作者考》上載：「正民字方叔，揚州人。徽宗政和二年進士。南渡，官至中書舍人、徽猷閣待制，歷官吏、禮二部侍郎，予祠歸。正民知陳州時，嘗爲金人所獲，不屈。和議成得還，長於制誥，有《己酉航海錄》、《大隱集》。」考己酉爲建炎三年。《宋史》卷二十五〈本紀〉第二十五〈高宗〉二載：「（建炎三年十二月）丙子，帝至明州。……壬午，定議航海避兵。……己丑，帝乘樓船次定海縣。……戊戌，金人犯越州，安撫使李鄴以城降。……庚子，移幸溫、台。」同書卷二十六〈本紀〉第二十六〈高宗〉三載：「（建炎）四年春正月甲辰朔，御舟碇海中。……丙午，帝次台州章安鎮。己酉，遣小校自海道如虔州問安太后。……辛酉，發章安鎮。壬戌，雷雨又作。甲子，泊溫州港口。乙丑，以中書舍人李正民爲兩浙、湖南、江西撫諭使，詣太后問安。……辛未，命臣僚條具兵退之後措置之策、駐蹕之所。是月，……金人犯邠州，曲端遣涇原路副總管吳玠拒戰，敗之于彭原。」是建炎二年己酉，金人南侵，高宗乘樓船出海避難，此書殆記其事。時李正民以中書舍人而爲兩浙、湖南、江西撫諭使，隨侍御側，故此書應爲實錄。陳樂素《三朝北盟會編考》九〈引用書雜考〉載：「《己酉航海記》，《書錄解題》卷五〈雜史類〉：『《己酉航海記》一卷，中書舍人李正民撰。又名《建炎居邠記》。』《提要．雜史類存目》一：『《己酉航海記》一卷，宋李正民撰。亦曰《乘桴記》。』正民字方叔，揚州人，政和二年進士，高宗時官至中書舍人、徽猷閣待制。建炎三年（1129）己酉七月，高宗在金陵，聞金兵深入，遂趨平江，歷越州、明州，十二月乘舟航海，避兵台、溫之間。正民時以中書舍人從行，按日記駐蹕之所，蓋起居注體也。正民尋奉使通問隆祐宮，故所記止于四年正月二十一日，並非完稿。《北盟會編》卷一百三十四，王明清《揮麈三錄》第一卷，皆全載其文。又〈別集類〉十著錄其《大隱集》十卷，略舉其事迹云：『正民，《宋史》無傳，事迹始末不可考。惟據《航海記》所述，知其高宗時爲中書舍人，嘗奉使通問隆祐太后而已。今以《集》中諸表考之，則在朝嘗爲給事中，禮部、吏部侍郎；在外嘗知吉州、筠州、洪州、湖州、溫州、婺州、淮寧府，揚歷頗久，晚予宮祠以歸。又考《三朝北盟會編》載紹興十二年（1142）五月金元帥來書云：「汴梁留守孟庾、陳州太守李正民及畢良史者，比宙議使蕭毅等回，具言江南嘗尋訪此人，今并委沿邊官司發遣前去。」六月，金人放東京留守孟庾、知陳州李正民還云云。見《會編》卷二〇八。是正民于知陳州時，嘗爲金人所獲，以和議成得還。《集》中〈南歸詩〉所云「淪身絕域久睽孤，投老歸來鬢髮疏」者，蓋即此事。特孟庾以東京附金，歸後高宗棄不復用，而正民屢更任使，終始弗替。則其在金朝當猶未至于失節；特史文闕略，不得其詳耳。』按李正民，史雖無傳，但《繫年要錄》頗載之。爲定之孫。定，江都人，元豐間爲御史中丞。正民，建炎三年七月二十四日由尚書左司員外郎遷中書舍人。十二月中，帝航海，從行者惟御史中丞趙鼎、右諫議大夫富直柔、權戶部侍郎葉份、中書舍人李正民、綦崇禮，太常少卿陳戩六人。四年正月二十二日，正民以江浙湖南撫諭使朝隆祐皇太后于虔州。是年五月，試給事中；十一月試尚書吏部侍郎。紹興元年六月，移禮部侍郎；十一月知吉州。其知淮寧府，則在紹興九年十一月十八日。十年四月，金分四道南侵，（《會編》與《宋史》作五月）命使持詔遍抵諸郡，并分兵隨之。正民與知興仁府李師雄皆降。至十二年六月，以和議成，放還，以舊官見。十三年十二月，提舉江州太平觀。二十一年二月卒。」足供參考。

建炎假道高麗錄一卷

《建炎假道高麗錄》一卷，楊應誠撰。取道遼東，奉使金虜，不達而還。

廣棪案：此書已佚。應誠，《宋史》無傳。惟《宋史》卷四百八十七〈列傳〉第二百四十六〈外國〉三〈高麗〉載：「高宗即位，慮金人通於高麗，命迪功郎胡蠡假正宗少卿為高麗國使以間之。蠡之回，史失書。二年，浙東路馬步軍都總管楊應誠上言：『由高麗至女眞，路甚徑，請身使三韓，結雞林以圖迎二聖。』乃以應誠假刑部尚書充高麗國信使。浙東帥臣翟汝文奏言：『應誠欺罔，為身謀耳。若高麗辭以金人亦請問津以窺吳、越，其將何辭以對？萬一辱命，取笑遠夷，願毋遣。』應誠聞之，遂與副使韓衍、書狀官孟健由杭州浮海以行。六月抵高麗，諭其王楷以所欲為，楷曰：『大朝自有山東路，盍不由登州往？』應誠曰：『以貴國路徑耳。』楷有難色，已而命其門下侍郎傅佾至館中，果對如翟汝文言。應誠曰：『女眞不善水戰。』佾曰：『彼常於海道往來，況女眞舊臣本國，今反臣事之，其強弱可見矣。』居數日，復遣其中書侍郎崔洪宰、知樞密院金富軾持前議不變，謂：『二聖今在燕雲，大朝雖盡納土，未必可得，何不練兵與戰？』終不奉詔。應誠留兩月餘，不得已見楷於壽昌門，受其拜表而還。十月至闕，入對言狀，上以楷負國恩，怒甚。尚書右丞朱勝非曰：『彼鄰金人，與中國隔海，利害甚明。曩時待之過厚，今安能責其報也。』右僕射黃潛善曰：『以巨艦載精兵數萬，徑擣其國，彼寧不懼。』勝非曰：『越海興師，燕山之事可為近鑒。』上怒解。十一月，楷遣其臣尹彥頤奉表謝罪，詔以二聖未歸，燕設不宜用樂，乃設幕殿門外，命客省官吳得興伴賜酒食，命中書舍人張澂押伴，如禮遣還。」讀後，猶可知此事之梗概。其時應誠任浙東路馬步軍都總督，假刑部尚書充高麗國信使。《解題》失載其官銜。

紹興講和錄二卷

《紹興講和錄》二卷，無名氏。

廣棪案：此書已佚。惟南宋與金人議和，其事在紹興八、九年之際。《宋史》卷二十九〈本紀〉第二十九〈高宗〉六載：「（紹興八年五月）丁未，金國使烏陵思謀、石慶充與王倫等偕來。……秋七月乙酉朔，復命王倫及藍公佐奉迎梓宮。……八月戊午，詔：『日者遣使報聘鄰國，期還梓宮。尚慮邊臣未諭，遂弛戒備，以疑眾心。其各嚴飭屬城，明告部曲，臨事必戒，無忘扞禦。』……丁丑，金國使張通古、蕭哲與王倫偕來。……戊寅，樞密使王庶乞免簽書和議文字，累疏求去。不許。……十一月……戊戌，王倫入見。己亥，復以倫為國信計議使，中書舍人蘇符副之，符辭以疾。……辛丑，詔：『金國遣使入境，欲朕屈己就和，命侍從、臺諫詳思條奏。』從官張燾、晏敦復、魏矼、曾開、李彌遜、尹焞、梁汝嘉、樓炤、蘇符、薛徽言，御史方廷實皆言不可。……辛亥，以樞密院編修官胡銓上書直諫，斥和議，除名，昭州編管；壬子，改差監廣州都鹽倉。……（十二月）戊辰，王倫言金使稱『詔諭江南』，其名不正。秦檜以未見國書，疑爲封冊。帝曰：『朕嗣守祖宗基業，豈受金人封冊。』癸酉，館職胡珵、朱松、張擴、凌景夏、常明、范如圭上書，極論不可和。甲戌，以端明殿學士韓肖冑簽書樞密院事。乙亥，命肖冑等命金國奉表謝使。丙子，張通古、蕭哲至行在，言先歸河南地，徐議餘事。以監察御史施廷臣爲侍御史，權吏部尙書張燾、侍郎晏敦復以廷臣主和議而升用，執奏不行。御史中丞勾龍如淵、右諫議大夫李誼、殿中侍御史鄭剛中凡再至都堂，及宰執議取國書。丁丑，詔：『金國使來，盡割河南、陝西故地，通好于我，許還梓宮及母兄親族，餘無需索，令尙書省榜諭。』庚辰，帝不御殿，以方居諒陰，難行吉禮，命秦檜攝冢宰，受書以進。……是歲，始定都于杭。九年春正月壬午朔，帝在臨安。丙戌，以金國通和，大赦。……丙申，金主詔諭河南諸州以割地歸我之意。……戊戌，以王倫爲東京留守，郭仲荀爲副。……（三月）丙申，王倫受地于金，得東西南三京、壽春、宿亳曹單州及陝西、京西之地。兀朮還祁州。己亥，分河南三路，廢拱州。……甲辰，僞齊知開封府鄭億年上表待罪，召赴行在。丁未，正僞齊所改州縣名。」可悉南宋君臣與金人講和梗概。此書殆記錄此事。惟《四庫全書總目》卷五十二〈史部〉八〈雜史類存目〉一著錄有王繪撰《紹興甲寅通和錄》一卷，與此則非同一書。陳樂素《三朝北盟會編考》五〈書目有名而未見引用者〉載：「《紹興講和錄》，《繫年要錄》卷一四六有云：『按《紹興講和錄》有金國主書三，烏珠書七（烏珠即兀朮，四庫本從《永樂大典》錄出，改此。）』此等書散見于《繫年要錄》卷一二四至卷一四六之間。所謂金國主書，《會編》無之。若兀朮書，《繫年要錄》始見于卷一四一，云：『紹興十一年（1141）九月乙卯，時金國都元帥宗弼以書來。』注載其書。此即《會編》卷二零六之金人元帥第一書也。（惟《繫年要錄》繫于九月，原書亦稱九月，《會編》卻繫于八月。）自此以下，《繫年要錄》所載往來書共十六通，其中十三通，《會編》有之，見卷二零六至卷二零八。（細目詳于後）《繫年要錄》卷一四二之《皇朝答書》、《皇朝講和誓書》及卷一四六之《皇朝又書》，《會編》不載。而兀朮第五書，則《要錄》及《會編》均無之，或原佚也。于此可知此皆引用《紹興講和錄》者也。」可供參考。

亂華編三十三卷

《亂華編》三十三卷，知盱眙軍東平劉荀子卿編。其前有〈小序〉數語云：「方敬塘 廣棪案：盧校本「敬塘」為「敬瑭」。**割幽、燕遺契丹之日，孰知為本朝造禍之原哉？逮王安石創新法為闢國之謀，又孰知紹述者召禍之酷哉？」所集雜史、傳記近三十種。**

廣棪案：《宋元學案》卷四十一〈衡麓學案〉「衡麓門人．知軍劉先生荀」條載：「劉荀，字子卿，清江人。嘗從胡致堂于新州，又從張橫浦于南安，凡有得二公諸言，皆筆之，名曰《思問記》。淳熙中，知餘干縣，未滿，適周益公必大入相，以先生爲首薦，改判德安，知盱眙軍，所著有《政規》四十卷、《明本》三卷、《座右記》三卷、《文源》八卷、《痴兒錄》五卷、《德安守禦》三卷、《都梁記問》八卷、《邊防指掌圖》三卷、《南北聘使錄》三卷。參《江西通志》。梓材謹案：先生本東平人，所著《明本》，一作《明本釋》。書中稱『先忠肅公』，蓋忠肅摯之後，與子駒芮為兄弟行。又稱：『昔嘗問學于胡衡麓、張橫浦二侍郎，莫不畢四端、五典以示誨。』子駒見《元誠學案》。」可資參證。惟《亂華編》則未見記錄，殆此書已佚，無可考。

荀，忠肅丞相諸孫也。

案：忠肅丞相即劉摯，《宋史》卷三百四十〈列傳〉第九十九有傳。摯子跂，能文章。是則荀乃跂之子。

元祐黨籍列傳譜述一百卷

《元祐黨籍列傳譜述》一百卷，龔頤正撰。以諸臣本傳及誌、狀、家傳、遺事之類集成之。其事跡微晦，史不可見者，則采拾諸書為之補傳，凡三百九人，其闕者四人而已。淳熙中，史院取其書以修《四朝國史》。洪邁奏乞甄錄，補和州文學，後賜出身。詳見〈編年類〉。

廣棪案：《解題》卷四〈編年類〉著錄：「《續稽古錄》一卷，祕書丞歷陽龔頤正養正撰。以續司馬光前錄，而序述繁釀。其記紹熙甲寅事，歸功於韓侂胄。頤正本名敦頤，避崇陵諱改焉。嘗撰《元祐黨籍譜傳》得官。韓氏用事時，賜出身入館，非端士也。此書正以右韓也。」此即所謂「詳見〈編年類〉」者。《玉海》卷第五十八〈藝文．傳〉「《元祐建中列傳譜述》」條載：「元祐黨籍建中上書，邪等名在兩籍者三百九人。和州布衣龔端頤，原之曾孫。訪求闕遺，成《列傳譜述》一百卷。書於編者三百五人，不可得而詳者四人而已。淳熙十四年三月十八日修國史，洪邁請甄錄，從之，授端頤上州文學。」足資參證。惟《玉海》著錄書名作《元祐建中列傳譜述》，與《解題》不同，未知孰是。又撰人姓名作「龔端頤」，疑誤。「龔端頤」或應作「龔頤端」，「端」猶「正」也，字倒乙耳。頤正，《宋史》無傳。《南宋館閣續錄》卷七〈官聯〉一「丞・嘉泰以後六人」條載：「龔頤正，字養正，和州歷陽人，淳熙十四年，史官薦聞特命官。元年賜第，十一月除，是月致仕。」

頤正，給事中原之曾孫也。

案：頤正曾祖原，字深之，《宋史》卷三百五十三〈列傳〉第一百一十二有傳。

紹興正論二卷

《紹興正論》二卷，〈序〉稱瀟湘野夫，不著名氏。錄文武官不附和議及忤秦檜得罪者。

廣棪案：《讀書附志》卷上〈雜史類〉著錄：「《紹興正論》一卷。右編錄秦檜當國，羅織諸賢，或死於市朝，或死於囹圄，或死於貶所，或流落於魑魅之區累赦不移，或棲遲於林泉之下屏迹不出者，一百一十八人姓名，與其獲罪之因。但云瀟湘樵夫序，不知其爲誰也。」《四庫全書總目》卷六十一〈史部〉十七〈傳記類存目〉三著錄：「《紹興正論》一卷，江蘇巡撫採進本。舊本題湘山樵夫撰，不著名氏。敘列張浚、趙鼎、胡銓、胡寅、連南夫、張戒、常同、呂本中、張致遠、魏矼、張絢、曾開、李彌遜、晏敦夫、王庶、毛叔度、范如圭、汪應辰、許忻、方廷實、韓訓、陳鼎、許時行、李光、洪皓、沈正卿、張燾、陳康伯、陳括、陳剛中三十人。皆以不附和議而貶謫者。每人之下，略具事實。少者一二語，多亦不過三四行。案《書錄解題》載《紹興正論》二卷，註曰：『〈序〉稱瀟湘野夫，不著名氏。錄文武官不附和議及忤秦檜得罪者。』又載《紹興正論小傳》二十卷，則『樓昉以《正論》中姓名，仿《元祐黨傳》爲之』。所謂二卷者，似即此書。而書名及撰人之號皆大同小異，卷數亦不相符，其故則莫得而詳矣。」均足資參證。惟《四庫全書總目》謂「舊本題湘山樵夫撰」，衡以《讀書附志》所載，則應作「瀟湘樵夫」爲合。陳樂素《三朝北盟會編考》九〈引用書雜考〉載：「《紹興正論》，趙《附志》卷五上〈雜史類〉：『《紹興正論》一卷，編錄秦檜當國，羅織諸賢，或死于市朝，或死于囹圄，或死于貶所，或流落于魑魅之區累赦不移，或棲遲于林泉之下屏迹不出者，一百一十八人姓名，與其獲罪之因。但云瀟湘樵夫序，不知其爲誰也。』《解題》著錄作二卷。見《解題》卷五〈雜史類〉。《宋史》同趙《附志》，亦作一卷，而曰《紹興名臣正論》。見《宋史》卷二零三〈藝文志・傳記類〉。惟《提要・傳記類存目》三云：『《紹興正論》一卷，舊本題湘山樵夫撰，敘列張浚、趙鼎、胡銓等三十人，皆以不附和議而貶謫者。每人之下略具事實，少者一二語，多亦不過三、四行。《解題》書名及撰人號，皆大同小異，卷數亦不相符，故莫得而詳矣。』按《提要》所舉書名、撰人、內容及被貶者姓名，完全與《會編》同，其爲從《會編》錄出之本無疑。《會編》原爲節文，『湘山』與『瀟湘』未知孰正；卷數則《解題》與趙《附志》亦異，至《提要》之卷數，不過錄出者撰造耳。」可供參考。

紹興正論小傳二十卷

《紹興正論小傳》二十卷，宗正寺主簿鄞樓昉暘叔撰。以《正論》中姓名，倣《元祐黨傳》為之。

廣棪案：《宋元學案》卷七十三〈麗澤諸儒學案〉「東萊門人・軍守樓迂齋先生昉、樓先生昺合傳」條載：「樓昉，字暘叔，號迂齋，鄞縣人。與弟昺俱以文名，雲濠案：先生弟字季文。從東萊于婺。嘗以其學教授鄉里，從遊者數百人。李悅齋學士、王厚齋尚書，其高弟也。後守興化軍卒。梓材謹案：李悅齋為紹興庚戌進士，厚齋尚書以嘉定癸未生，相去三十四年，且其父溫州已是幼從迂齋，尚書未必再及樓門。王厚齋云云，當是王厚齋尚書之父之訛脱耳。」《宋人傳記資料索引》載：「樓昉，字暘叔，號迂齋，鄞人。少從呂祖謙學，與弟昺俱以文名。紹熙四年進士，授從事郎，遷宗正簿，有直諒聲。後以朝奉郎守興化軍卒，贈直龍圖閣。昉爲文汪洋浩博，從學者凡數百人，有《中興小傳》、《宋十朝綱目》、《東漢詔令》、《崇古文訣》。」可知昉生平官履，然均未著錄昉撰有此書，蓋有所闕略也。惟劉兆祐《宋史藝文志史部佚籍考》上編〈已佚而無輯本者〉（三）〈別史類〉載：「《中興小傳》一零零篇，宋樓昉撰。……考《文獻通考》（卷一九七）著錄《紹興正論小傳》二十卷，云：『宗正寺主簿鄞樓昉（暘叔）撰。以《正論》中姓名，仿《元祐黨傳》爲之。』書名與〈宋志〉所著錄者雖有小異，疑爲一書。」恐不足據。蓋《中興小傳》與《紹興正論小傳》二書，書名既不同，卷篇亦有差別，足見非同屬一書。至昉此書殆爲襲頤正《元祐黨籍列傳譜述》而作，《解題》謂「《元祐黨傳》」者，乃省稱襲書之名耳。

三朝北盟會編二百五十卷

《三朝北盟會編》二百五十卷，直祕閣清江徐夢莘商老撰。輯諸書二百餘家，分上、中、下。上為政、宣二十五卷，中為靖康七十五卷，下為炎、興百五十卷。

廣棪案：《讀書附志》卷上〈編年類〉著錄：「《三朝北盟集編》二百五十卷、《集補》五十卷。右朝散大夫、充荊湖北路安撫司參議官徐夢莘編集。上帙起政和七年七月庚寅，終宣和七年十二月庚申；中帙起宣和七年十二月庚申，終靖康二年四月丁亥；下帙起建炎元年五月庚寅，終紹興三十二年四月丁亥。《集補》則補其遺也。」著錄較《解題》略詳。《玉海》卷第四十七〈藝文・雜史〉「《三朝北盟集編》」條載：「徐夢莘收羅野史及他文書，多至二百餘家，爲編年之體，會粹成書，傳聞異辭者又從而訂正之，號《三朝北盟集編》。自政和七年海上之盟，迄逆亮之斃，上下四十五載，具列事實、制敕、詔誥、國書、奏疏、記序、碑誌之文，成二百五十卷。又《綱目》一冊。慶元二年下臨江軍鈔錄以進，十一月除直祕閣，後又得未見之書，再編《集補》三帙。」是此書之書名，《讀書附志》與《玉海》皆稱《集編》。此書夢莘有〈序〉，曰：「嗚呼！靖康之禍，古未有也。夷狄爲中國患久矣，昔在虞、周，猶不免有苗、玁狁之征。漢、唐以來，如冒頓之圍平城、佛狸之臨瓜步、頡利之盟渭上，此其盛者。又其甚，則屠各陷洛、耶律入汴而已。而皆乘草昧淩遲之時，未聞以全治盛世，遭此其易且酷也。揆厥造端，誤國首惡，罪有在矣；迨至臨難，不無恨焉。當其兩河長驅而來，使有以死捍敵；青城變議之日，使有以死拒命；尙可挫其兇燄而折其姦鋒。惜乎伏節死義之士僅有一二，而婾生嗜利之徒，雖近臣名士，俯首承順惟恐其後；文吏武將，望風降走，比比皆是。使彼公肆凌籍，知無人焉故也，尙忍言之哉！縉紳草茅，傷時感事，忠憤所激，據所聞見，筆而爲記錄者，無慮數百家，然各有所同異，有所疑信。深懼日月浸久，是非混淆，并臣子大節，邪正莫辨，一介忠義，湮沒不傳。於是取諸家所及詔敕、制誥、書疏、奏議、記傳、行實、碑誌、文集、雜著，事涉北盟者，悉取銓次，起政和七年登州航海通好之初，終紹興三十二年逆亮犯淮敗盟。建炎三年三月辛巳五日癸未之日，繫以日月，以政、宣爲上帙，靖康爲中帙，建炎、紹興爲下帙，總名爲《三朝北盟集編》，盡四十有六年，分二百五十卷。其辭則因元本之舊，其事則集諸家之說，不敢私爲去取，不敢妄立褒貶，參考折衷，其實自見，使忠臣義士、亂臣賊子善惡之蹟，萬世之下不至而淹沒也。自成一家之書，以補史官之闕，此《集編》之本志也。若夫事不主此，皆在所略；嗣有所得，續繫於後。如洪內翰邁《國史》，李侍郎燾《長編》并四《繫錄》，已上太史氏，茲不重錄云。閼逢攝提格紹熙五年十二月嘉平日，朝散大夫、充荊湖北路安撫司參議官、賜緋袋臣徐夢莘謹序。」可悉其撰作之旨，亦知此書原名爲《三朝北盟集編》也。《四庫全書總目》卷四十九〈史部〉五〈紀事本末類〉著錄：「《三朝北盟會編》二百五十卷，左都御史張若淮家藏本。宋徐夢莘撰。夢莘字商老，臨江人。紹興二十四年進士，爲南安軍教授，改知湘陰縣。官至知賓州，以議鹽法不合，罷歸。事跡具《宋史・儒林傳》。夢莘嗜學博聞，生平多所著述，史稱其恬於榮進，每念生靖康之亂，思究見顛末，乃網羅舊聞，薈粹同異，爲《三朝北盟會編》。自政和七年海上之盟，迄紹興三十一年，上下四十五年。凡敕制、誥詔、國書、書疏、奏議、記序、碑志，登載靡遺。帝聞而嘉之，擢直祕省云云。今其書鈔本尙存，凡上、中、下三帙。上爲政、宣二十五卷，中爲靖康七十五卷，下爲炎、興一百五十卷。其起迄年月，與史所言合。所引書一百二種，雜考私書八十四種，金國諸錄十種，共一百九十六種，而文集之類尙不數焉，史所言者殊未盡也。凡宋、金通和用兵之事，悉爲詮次本末。年經月緯，案日臚載，惟靖康中帙之末有〈諸錄雜記〉五卷，則以無年月日可繫者，別加編次，附之於末。其徵引皆全錄原文，無所去取，亦無所論斷。蓋是非並見，同異互存，以備史家之采擇，故以《會編》爲名。然自汴都喪敗，及南渡立國之始，其治亂得失，循文考證，比事推求，已皆可具見其所以然，非徒餖飣瑣碎已也。雖其時說部糅雜，所記金人事跡往往傳聞失實，不可盡憑。又當日臣僚劄奏，亦多夸張無據之詞。夢莘概錄全文，均未能持擇。要其博贍淹通，南宋諸野史中，自李心傳《繫年要錄》以外，未有能過之者，固不以繁蕪病矣。」足供參證。今人陳樂素撰有《徐夢莘考》及《三朝北盟會編考》二書，考證綦詳，可參閱。

北盟集補五十卷

《北盟集補》五十卷，夢莘以前詮載不盡者五家，續編次於中、下二帙，以補其闕。靖康、炎興各為二十五卷。

廣棪案：《讀書附志》卷上《編年類》著錄：「《三朝北盟集編》二百五十卷、《集補》五十卷。……《集補》則補其遺也。」《玉海》卷第四十七〈藝文・雜史〉「《三朝北盟集編》」條載：「後又得未見之書，再編《集補》三帙。」《四庫全書總目》卷四十九〈史部〉五〈紀事本末類〉著錄：「《三朝北盟會編》二百五十卷，……考夢莘成書後，又以前載不盡者五家，續編次於中、下二帙，以補其闕。靖康、炎興各爲二十五卷，名曰《北盟集補》。今此本無之，殆當時二本各行，故久而亡佚歟？」案《玉海》作《集補》三帙，誤。蓋《集補》所補資料，僅在中、下二帙，即《解題》所謂「靖康、炎興各爲二十五卷」者也；而於上帙政、宣部分，一無所補。

中興十三處戰功錄一卷

《中興十三處戰功錄》一卷，參政眉山李壁季章撰。中興以來，禦寇立功惟此十三處，編為一書，所謂司勳藏其貳者也。開禧乙丑，北事將作，其書成。

廣棪案：壁，《宋史》作「壁」，字季章，眉之丹稜人，燾少子。《宋史》卷三百九十八〈列傳〉第一百五十七壁本傳曰：「寧宗即位，徙著作佐郎兼刑部郎，權禮部侍郎兼直學士院。時韓侂冑專國，建議恢復，宰相陳自強請以侂冑平章國事，遂召壁草制，同禮部尚書蕭達討論典禮，命侂冑三日一朝，序班丞相上。壁受命使金，行次揚州，忠義人朱裕挾宋師襲漣水，金人憤甚，壁乞梟裕首境上，詔從其請。壁至燕，與金人言，披露肝膽，金人之疑頓釋。壁歸，侂冑用師意方銳，壁言：『進取之機，當重發而必至，毋輕出而茍沮。』既而陳景俊使北還，贊舉兵甚力，錢象祖以沮兵議忤侂冑，得罪貶。壁論襄陽形勢，深以腹心爲憂，欲待敵先發，然後應之，侂冑意不懌。於是四川、荊、淮各建宣撫而師出矣。壁度力不能回，乃入奏：『自秦檜首倡和議，使父兄百世之讎不復開於臣子之口。今廟謀未定，士氣積衰，苟非激昂，曷克丕應。臣愚以爲宜亟貶秦檜，示天下以讎恥必復之志，則宏綱舉而國論明，流俗變而人心一，君臣上下奮勵振作，拯潰民於殘虐，湔祖宗之宿憤。在今日舉而措之，無難矣。』疏奏，秦檜坐追王爵。議者謂壁不論檜之無君，而但指其主和，其言雖公，特以迎合侂冑用兵之私而已。」又曰：「壁嗜學如飢渴，群經百氏搜抉靡遺，於典章制度尤綜練。爲文雋逸，所著有《鴈湖集》一百卷、《涓塵錄》三卷、《中興戰功錄》三卷、《中興奏議》若干卷、《內外制》二十卷、《援毫錄》八十卷、《臨汝閑書》百五十卷。壁父子與弟𡐓皆以文學知名，蜀人比之三蘇云。」是壁之著作中實有此書，惟作三卷，此書殆爲「迎合侂冑用兵」而作。開禧乙丑，即寧宗開禧元年（1205），次年五月丁亥，則下詔伐金，故《解題》云「北事將作」也。

建炎以來朝野雜記甲乙集共四十卷

《建炎以來朝野雜記》甲乙集共四十卷，李心傳撰。上自帝系、帝德、朝政、國典，下及見聞瑣碎，皆錄之。蓋南渡以後野史之最詳者。

廣棪案：《讀書附志》卷上〈雜史類〉著錄：「《朝野雜記》甲集二十卷，乙集二十卷。右李心傳微之所編中興以來之事也。《繫年錄》蓋倣於此。」《四庫全書總目》卷八十一〈史部〉三十七〈政書類〉一著錄：「《建炎以來朝野雜記》四十卷，兩淮鹽政採進本。宋李心傳撰。心傳有《建炎以來繫年要錄》，已著錄。心傳長於史學，凡朝章國典，多所諳悉。是書取南渡以後事跡，分門編類。甲集二十卷，分〈上德〉、〈郊廟〉、〈典禮〉、〈制作〉、〈朝事〉、〈時事〉、〈故事〉、〈雜事〉、〈官制〉、〈取士〉、〈財賦〉、〈兵馬〉、〈邊防〉十三門。乙集二十卷，少〈郊廟〉一門，而末卷別出〈邊事〉，亦十三門。每門各分子目。雖以『雜記』爲名，其體例實同會要，蓋與《建炎以來繫年要錄》互相經緯者也。甲集成於嘉泰二年，乙集成於嘉定九年，書前各有〈序〉。周密《齊東野語》嘗論所載趙師羼犬吠，乃鄭斗所造以報撻武學生之憤；許及之屈膝，費士寅狗竇，亦皆不得志報私讎者撰造醜詆。所謂韓侂胄僭逆之類，悉無其實云云。蓋掇拾群言，失眞者固亦不免。然於高、孝、光、寧四朝禮、樂、刑、政之大，以及職官、科舉、兵、農、食、貨，無不該具，首尾完贍，多有馬端臨《文獻通考》、章俊卿《山堂考索》及《宋史》諸〈志〉所未載。故《通考》稱爲南渡以來野史之最詳者。王士禎《居易錄》亦稱其大綱細目，粲然悉備，爲史家之巨擘，言宋事者當必於是有徵焉。其書在宋有成都辛氏刊本，并冠以《國史》本傳，暨宣取《繫年要錄》指揮數通，今惟寫本僅存。案張端義〈貴耳三集序〉稱心傳告以《朝野雜記》丁、戊二集將成，則是書尚不止於甲、乙二集。而《書錄解題》及《宋史》本傳均未之及，殆以晚年所輯書，雖成而未出，故世不得見歟？」可供參證。《宋史》卷二百三〈志〉第一百五十六〈藝文〉二〈故事類〉著錄：「李心傳《建炎以來朝野雜記》十一卷，又《朝野雜記》甲集二十卷，乙集二十卷。」〈宋志〉所載之十一卷，疑即丁、戊集也，否則無庸於其下另著錄甲、乙集，其間必有不同者。惜書已佚，無從稽考矣。心傳字微之，《宋史》卷四百三十八〈列傳〉第一百九十七〈儒林〉八有傳。

西陲泰定錄九十卷

《西陲泰定錄》九十卷，李心傳撰。記吳曦叛逆以及削平本末，起嘉泰辛酉，迄嘉定辛未，為三十七卷。其後蜀事益多，又增修至辛巳之冬，通為九十卷。仍頗用太史公〈年表〉例，併記國家大政令、邊防大節目。首尾二十年。

廣棪案：嘉泰、嘉定均寧宗年號。嘉泰辛酉爲元年（1201），嘉定辛巳爲四年（1211），嘉定辛未爲十四年（1221），由嘉泰辛酉至嘉定辛未，「首尾二十年」，《解題》所述不誤。此書已佚，惟吳曦叛逆及被削平本末，可考《宋史》卷四百七十五〈列傳〉第二百三十四〈叛臣〉上〈吳曦〉。《宋人傳記資料索引》載：「吳曦，德順隴干人，挺子。慶元中官武寧軍承宣使，韓侂冑謀開邊，曦潛蓄異志，因附侂冑求還蜀，遂命曦爲四川宣撫副使，兼知興州；未幾，兼陝西河東招撫使。曦獻關外階、成、和、鳳四州於金，求封爲蜀王，因僭王位於興州，遣人至成都治宮殿，將徙居之。興州合江倉官楊巨源倡義討逆，斬其首獻於朝。」可知其梗概。又《宋史》卷四百三十八〈列傳〉第一百九十七〈儒林〉八心傳本傳載：「所著成書，有《高宗繫年錄》二百卷、《學易編》五卷、《誦詩訓》五卷、《春秋考》十三卷、《禮辨》二十三卷、《讀史考》十二卷、《舊聞證誤》十五卷、《朝野雜記》四十卷、《道命錄》五卷、《西陲泰定錄》九十卷、《辨南遷錄》一卷、詩文一百卷。」是心傳確撰有此書。

典故類第八

貞觀政要十卷

《貞觀政要》十卷，唐吳兢撰。前題「衛尉少卿兼修國史」，按《新》、《舊書》列傳，兢未嘗為此官，而書亦不記歲月。但其首稱「良相侍中安陽公、中書令河東公」，亦未詳為何人。《館閣書目》云：「神龍中所進。」當攷。

廣棪案：《新唐書》卷五十八〈志〉第四十八〈藝文〉二〈雜史類〉著錄：「吳兢《貞觀政要》十卷。」晁公武《郡齋讀書志》卷第六〈雜史類〉著錄：「《貞觀政要》十卷。右唐吳兢撰。兢以唐之極治，貞觀爲最，故採時政之可備勸戒者上之於朝，凡四十篇。」足資參證。此書兢有〈序〉曰：「有唐良相曰侍中安陽公、中書令河東公，以時逢聖明，位居宰輔；寅亮帝道，弼諧王政；恐一物之乖所，慮四維之不張。每克己勵精，緬懷故實，未嘗有乏。太宗時化政，良足可觀，振古而來，未之有也。至於垂世立教之美，典謨諫奏之詞，可以弘闡大猷，增崇至道者，爰命不才，備家甄錄，體制大略，咸發成規。於是綴集所聞，參詳舊史，撮其指要，舉其宏綱；詞兼質文，義在懲勸，人倫之紀備矣，軍國之政存焉。凡一帙一十卷，合四十篇，名曰《貞觀政要》。庶乎有國有家者，克遵前軌，擇善而從，則可久之業益彰矣，可大之功尤著矣。豈必祖述堯舜，憲章文武而已哉！其篇目次第列之于左。唐衛尉少卿、兼修國史、修文館學士吳兢撰。」《解題》所謂「前題衛尉少卿兼修國史」，及「但其首稱良相侍中安陽公、中書令河東公」云云者，即據此〈序〉。《玉海》卷第四十九〈藝文・政要寶訓・聖政〉「唐《貞觀政要》」條載：「〈志・雜史〉：『吳兢《貞觀政要》十卷，《太宗勳史》一卷。』《書目》：『兢於《太宗實錄》外，唐太宗與群臣問對之語，以備觀戒爲政要，凡四十篇，十卷。始〈君道〉、〈政體〉、〈任賢〉、〈求諫〉，終於〈謹終〉。』〈表〉云：『比見朝野七庶論及國家政教者，咸云若陛下之聖明，克邁太宗之故事，則不暇遠求上古之術，必致太平之業。』〈序〉云：『有唐良相曰侍中安陽公源乾曜、中書令河東公張嘉貞，爰命下才，備加甄錄。〈君道〉、〈政體〉一，〈任賢〉、〈求諫〉、〈納諫〉二，〈君臣〉、〈鑒戒〉、〈論擇官〉上下、〈論封建〉三，〈太子諸王定分〉、〈尊師傅〉、〈教戒太子〉、〈規諫太子〉四，〈仁義論〉、〈忠義〉、〈孝友〉、〈公平〉、〈誠信〉五，〈儉約〉、〈謙遜〉、〈仁惻〉、〈謹所好〉、〈謹言語〉、〈杜讒邪〉、〈論悔過〉、〈論奢縱〉、〈論貪鄙〉六，〈崇儒學〉、〈文史〉、〈禮樂〉七，〈務農〉、〈刑法〉、〈赦令〉、〈辨興亡〉、〈貢賦〉八，〈謹征伐〉、〈議安邊〉九，〈行幸〉、〈田獵〉、〈災祥〉、〈謹終〉十，凡十卷四十篇。既以魏徵〈論爲君之道〉爲首，又以徵〈論克終之道〉爲末。蓋太宗時，惟徵爲善諫，上有所問，必指近事以爲據，而不爲泛濫迂闊激訐之言，太宗樂聞而喜從之。治幾成、康，徵功爲多。』按兢表上是書，史缺歲月。兢〈序〉有曰：『有唐良相曰侍中安陽公，中書令河東公，命加甄錄。』以〈表〉攷之，乾曜，嘉貞，開元八年五月始拜是官。按〈本紀〉開元八年，乾曜為侍中，張嘉貞為中書令。十一年而嘉貞貶，十五年乾曜罷。至九年九月，張說亦相。若二公並相之時，蓋可知矣。其上於開元八年九年歟！」據《玉海》所考，則《解題》謂「良相侍中安陽公，中書令河東公，亦未詳爲何人」者，實乃指源乾曜、張嘉貞也。開元八年，乾曜爲侍中，嘉貞爲中書令，二人並相，則此書必表進於開元十一年嘉貞被貶之前。《解題》謂：「《館閣書目》云：『神龍中所進。』」其說乏據。蓋神龍，中宗年號，下距兢撰此書之時甚遠。兢，《舊唐書》卷一百二〈列傳〉第五十二，《新唐書》卷一百三十二〈列傳〉第五十七有傳。《舊唐書》本傳載：「吳兢，汴州浚儀人也。勵志勤學，博通經史。宋州人魏元忠、亳州人朱敬則深器重之。及居相輔，薦兢有史才，堪居近侍，因令直史館，修國史。累月，拜右拾遺、內供奉。神龍中，遷右補闕，與韋承慶、崔融、劉子玄撰《則天實錄》成，轉起居郎。俄遷水部郎中，丁憂還鄉里。開元三年服闋，抗疏言曰：『臣修史已成數十卷，自停職還家，匪忘紙札，乞終餘功。』乃拜諫議大夫，依前修史。俄兼修文館學士，歷衛尉少卿、左庶子。居職殆三十年，敘事簡要，人用稱之。末年傷於太簡，《國史》未成。十七年，出爲荊州司馬，制許以史稿自隨。中書令蕭嵩監修國史，奏取兢所撰《國史》，得六十五卷。累遷台、洪、饒、蘄四州刺史，加銀青光祿大夫，遷相州長史，封襄垣縣子。天寶初改官名，爲鄴郡太守，入爲恆王傅。兢嘗以梁、陳、齊、周、隋五代史繁雜，乃別撰《梁》、《齊》、《周史》各十卷，《陳史》五卷，《隋史》二十卷，又傷疎略。兢雖衰耗，猶希史職，而行步傴僂，李林甫以其年老不用。天寶八年，卒於家，時年八十餘。兢卒後，其子進兢所撰《唐史》八十餘卷，事多紕繆，不逮於壯年。兢家聚書頗多，嘗目錄其卷第，號《吳氏西齋書目》。」考瞿鏞《鐵琴銅劍樓藏書目錄》卷九〈雜史類〉載：「《貞觀政要》十卷，明刊本。題唐衛尉少卿，兼修國史，修文館學士吳兢撰。陳氏《書錄》云：『《新》、《舊書・列傳》，兢未嘗爲此官，而書亦不記歲月。』案：《舊唐書・兢傳》實載此官，惟不載是書耳。」瞿氏所考甚當，《解題》誤。

魏鄭公諫錄五卷

《魏鄭公諫錄》五卷，唐尚書吏部郎中琅琊王綝撰。綝，字方慶，以字行。相武后，其為吏部當在高宗時。《館閣書目》作王琳，誤也。所錄魏公進諫奏對之語，又名《魏文貞公故事》。廣棪案：盧校注：「末八字疑《通攷》所益，〈唐志〉自有王方慶《文貞公事錄》，在〈故事門〉。」

廣棪案：《新唐書》卷五十八〈志〉第四十八〈藝文〉二〈雜傳記類〉著錄：「王方慶《魏文貞故事》十卷。」又〈故事類〉著錄：「王方慶《文貞公事錄》一卷。」〈新唐志〉所著錄方慶二書，其書名、卷數均與此書不同，疑非同屬一書。《玉海》卷第六十一〈藝文・奏疏〉「唐《魏徵諫事》」條載：「〈志・雜家〉：『《魏徵諫事》五卷。』〈舊志〉同。〈別集〉：『《徵集》二十卷。又《時務策》五卷。』《書目》：『《時務策》一卷，凡答問百篇。』《中興書目》：『《唐魏鄭公諫錄》五卷。吏部郎中王綝撰。集證諫太宗一百三十事。』〈序〉曰：『採一作雜。聽人謠，參詳國典，以成此《錄》。自諫詔免租賦，至太宗臨朝詔群臣。』〈魏徵傳〉：『凡二百餘奏，無不剴切當帝心。諫累十餘萬言，至君子小人，反復言之。上疏言十漸，帝曰：「以所上疏列爲屏障，兼錄付史官，使萬世知君臣之義。」』」足資參證。《四庫全書總目》卷五十七〈史部〉十三〈傳記類〉一亦著錄此書，曰：「《魏鄭公諫錄》五卷，浙江鮑士恭家藏本。唐王方慶撰。方慶名綝，以字行。其先自丹陽徙咸陽。武后時，官至鸞臺侍郎、同鳳閣鸞臺平章事。終於太子左庶子，封石泉縣公，謚曰貞，事跡具《新唐書》本傳。此書前題尚書吏部郎中，蓋高宗時所居官，而本傳不載，則史文脫略也。〈傳〉稱方慶博學練朝章，著書二百餘篇，此乃所錄魏徵事跡。《唐書・藝文志》以爲《魏徵諫事》，司馬光《通鑑書目》以爲《魏元成故事》，標題互異。惟洪邁《容齋隨筆》作《魏鄭公諫錄》，與此相合。方慶在武后時，嘗以言悟主，召還廬陵。後建言不斥太子名，以示復位之漸，皆人所難能。蓋亦思以伉直自見者，故於徵諫爭之語，摭錄最詳。司馬光《通鑑》所記徵事，多以是書爲依據。其未經採錄者，亦皆確實可信，足與正史相參證。」是此書有功於史學可知。綝，以字行。《舊唐書》卷八十九〈列傳〉第三十九、《新唐書》卷一百一十六〈列傳〉第四十一有傳。惟《宋史》卷二百三〈志〉第一百五十六〈藝文〉二〈故事類〉著錄仍作「王綝《魏鄭公諫議》五卷」，蓋蹈《中興館閣書目》之誤也。

翰林盛事一卷

《翰林盛事》一卷，唐剡尉常山張著處晦撰。紀儒臣盛事，自武德中迄于天寶。首載張文成七登科者，即著之祖也。

廣棪案：《郡齋讀書志》卷第七〈職官類〉著錄：「《翰林盛事》一卷。右唐張著撰。記唐朝儒臣美事，凡三十八。」《玉海》卷第一百六十七〈宮室‧院〉上「翰林院」條載：「《中興書目》：『……《翰林盛事》一卷，唐張著撰。記儒臣盛事，凡三十有八條。』」足資參證。著，兩《唐書》無傳。文成即張鷟，鷟，《舊唐書》卷一百四十九〈列傳〉第九十九、《新唐書》卷一百六十一〈列傳〉第八十六均附其孫〈張薦〉。《舊唐書‧張薦傳》載：「張薦字孝舉，深州陸澤人。祖鷟字文成，聰警絕倫，書無不覽。爲兒童時夢紫色大鳥，五彩成文，降于家庭。其祖謂曰：『五色赤文，鳳也；紫文，鸑鷟也，爲鳳之佐，吾兒當以文章瑞於明廷。』因以爲名字。初登進士第，對策尤工，考功員外郎騫味道賞之曰：『如此生，天下無雙矣！』調授岐王府參軍。又應下筆成章及才高位下、詞標文苑等科。鷟凡應八舉，皆登甲科。再授長安尉，遷鴻臚丞。凡四參選，判策爲銓府之最。員外郎員半千謂人曰：『張子之文如青錢，萬簡萬中，未聞退時。』時流重之，目爲『青錢學士』。然性褊躁，不持士行，尤爲端士所惡，姚崇甚薄之。開元初，澄正風俗，鷟爲御史李全交所糾，言鷟語多譏刺時，坐貶嶺南。刑部尚書李日知奏論，乃追敕移於近處。開元中，入爲司門員外郎卒。鷟下筆敏速，著述尤多，言頗詼諧。是時天下知名，無賢不肖，皆記誦其文。天后朝，中使馬仙童陷默啜，默啜謂仙童曰：『張文成在否？』曰：『近自御史貶官。』默啜曰：『國有此人而不用，漢無能爲也。』新羅、日本東夷諸蕃，尤重其文，每遣使入朝，必重出金貝以購其文，其才名遠播如此。」此書所記，有文成「凡應八舉，皆登甲科」者。《解題》既謂文成「即著之祖也」，則薦者，乃著之兄耶？

衣冠盛事一卷

《衣冠盛事》一卷，唐武功蘇特撰。

廣棪案：《新唐書》卷五十八〈列傳〉第四十八〈藝文〉二著錄：「蘇特《唐代衣冠盛事錄》一卷。」與此乃屬同一書。《宋史》卷二百三〈志〉第一百五十六〈藝文〉卷二〈傳記類〉著錄：「蘇特一作時。《唐代衣冠盛事錄》一卷。」〈宋志〉謂特「一作時」，恐誤。蓋特子循，《舊五代史》卷六十〈唐書〉三十六〈列傳〉第十二有傳。〈循傳〉曰：「蘇循，父特，陳州刺史。循，咸通中登進士第，累歷臺閣。昭宗朝，再至禮部尚書。」是循乃懿宗至昭宗間人。至特之任陳州刺史，或在宣，懿宗時也。

李司空論事一卷

《李司空論事》一卷，廣棪案：盧校注：「晁《志》有《李司空論諫集》，乃其甥夏侯孜所編，蔣偕為〈序〉。」**唐大中史官蔣偕錄。司空者，李絳深之，元和宰相也。**

廣棪案：《郡齋讀書志》卷第十七〈別集類〉上著錄：「《李絳論諫集》七卷，右唐李絳深之也。贊皇人。貞元八年進士，中宏詞科，補渭南尉。六年，進中書侍郎、平章事。大和初，爲山南西道節度使。四年，南蠻入寇，爲亂兵所害。絳儀質魁偉，以直道進退，望冠一時，賢不肖太分，屢爲讒邪所中。平生論諫數十百事，其甥夏侯孜所編，大中史官蔣偕爲〈序〉。」孫猛《郡齋讀書志校證》曰：「《李絳論諫集》七卷，《經籍考》卷七十四題作《李司空論諫集》七卷。按絳《集》始見於〈新唐志〉卷四，作李絳《論事集》二卷，後世諸目著錄多異。《崇文總目》卷五作李絳《論》三卷，《書錄解題》卷五作《李司空論事》一卷，《玉海》卷六十一引《中興書目》作《李司空論事集》七卷，《遂初堂書目・集部・章奏類》作唐李絳《論事集》，〈宋志〉卷二〈故事類〉作《李司空論事》七卷，〈別集類〉又見《李司空論事》，作十七卷，又著錄《李絳文集》六卷，《四庫全書總目》卷五十七〈傳記類〉著錄本舊題《李深之文集》六卷，館臣以爲當標題曰《李相國論事集》，其解題云：『前有大中五年偕〈自序〉，稱「今中執法夏侯公授余以公平生所論諫，凡數十事。其所爭皆磊磊有直臣風概，讀之令人激起忠義，始自內廷，終於罷相，次成七篇，著之東觀，目爲《李相國論事集》」云云。其說本明，此本標題，殆後人所妄改歟？』據此，《讀書志》標題亦非蔣偕所編原題。」是此書其書名與卷數，諸家所著錄多有不同，惟其書名若據蔣偕所爲〈序〉，亦與《解題》有所不同也。《玉海》卷第六十一〈藝文・奏疏〉「唐《李絳論事集》」條曰：「〈李絳傳〉：『所論事萬餘言，其甥夏侯孜授蔣偕，次爲七篇。』〈志・別集〉：『《李絳論事集》三卷，蔣偕集。又《集》二十卷，劉禹錫為〈序〉。』《書目》：『《李司空論事》七卷，元和中論諫共數百事，大中中史官蔣偕編次。〈志〉云：三卷，數不同者，〈志〉之誤也。元豐中郭逢原爲〈後序〉，書凡七卷。偕之〈序〉及〈列傳〉俱以爲七篇，篇即卷也。偕〈序〉謂生平論諫凡數十百事，今存於世者曰《李司空論事集》七卷，凡七十事云。

卷一之三，總二十七事。卷四之七，揔四十有三事。』」是則此書書名應作《李司空論事集》，卷數爲七卷。《解題》作一卷。應爲七卷之誤；否則，直齋所藏者乃不完本也。絳，《舊唐書》卷一百六十四〈列傳〉第一百一十四、《新唐書》卷一百五十二〈列傳〉第七十七有傳。《新唐書・絳傳》載：「大中初，詔史官差第元和將相，圖形凌煙閣，絳在焉，獨留中。絳所論事萬餘言，其甥夏侯孜以授蔣偕，次爲七篇。」所記可與《解題》及盧校注相參證。夏侯孜，字好學，亳州譙人。《舊唐書》卷一百七十七〈列傳〉第一百二十七有傳，《新唐書》卷一百八十二〈列傳〉第一百七附〈劉瑑〉。蔣偕，《舊唐書》卷一百四十九〈列傳〉第九十九、《新唐書》卷一百三十二〈列傳〉第五十七附其父〈蔣乂〉。

太和辨謗略三卷

《太和辨謗略》三卷，唐宰相李德裕撰。初，憲宗命令狐楚等為《元和辨謗略》十卷，錄周、秦、漢、魏迄隋忠賢罹謗事迹。德裕等刪其繁蕪，益以唐事，裁成三卷，太和中上之。集賢學士裴潾為之〈序〉。元和書今不存，《邯鄲書目》亦止有前五卷。

廣棪案：《郡齋讀書志》卷第六〈雜史類〉著錄：「《大和辨謗略》三卷，右唐李德裕撰。先是，唐次錄周、秦迄隋忠賢罹讒謗事，德宗覽之不悅。後憲宗以爲善，命令狐楚等廣之，成十卷。至大和中，文成上之。」同書卷第十〈儒家類〉著錄：「《大和辨謗略》三卷。右唐李德裕撰。先是，唐次撰《辨謗略》三卷。至大和中，文宗詔德裕、裴潾等續益唐事，刪爲三卷，上之。」《玉海》卷第五十五〈藝文・著書雜著〉「唐《元和辨謗略》」條載：「〈唐次傳〉：『建中初及進士第，歷侍御史，竇參數薦之。參敗，出爲開州刺史，積十年不遷。韋皋鎮蜀，表爲副使。德宗諭皋罷之，次身在外，抑不得伸，以爲古忠臣賢士罹毀被謗至殺身，君且不悟者，因采獲其事，爲《辨謗略》三篇上之。帝益怒曰：「是乃以古昏主方我。」改夔州刺史。憲宗立，召還，授禮部郎中，知制誥、中書舍人。憲宗雅惡朋比傾陷者，嘗覽《辨謗略》，善之，謂學士沈傳師曰：「凡君人者，宜所觀省。次編錄未盡，卿可廣其書。」傳師乃與令狐楚、杜元穎論次，起周迄隋，增爲十篇，號《元和辨謗略》。』」〈志・儒家〉：『唐次《辨謗略》三卷。《元和辨謗略》十卷。令狐楚、沈傳師、杜元穎撰。裴潾《大和新修辨謗略》三卷。』《會要》：『元和十二年十月，翰林學士沈傳師等奏《元和辨謗略》兩部，各十卷。一部進上，一部請付史館。從之。』〈崔群傳〉:『元和十四年三月，帝嘗語宰相:「聽受之際，不亦難乎！比詔學士集前世事爲《辨謗略》，以自儆鑒，其要云何？」群對曰:「無情，曲直辨之至易；有情，則欺僞難審也。故孔子有『眾好眾惡，浸潤膚受』之說。以其難辨也。若陛下擇賢而任，待之以誠，糾之以法，則人自歸正，誰敢以欺　。」帝韙其言。』《中興書目》:『唐集賢殿學士裴潾撰。舊有十卷，以其繁冗刪去，止三卷。載自古被誣之事，起周公至狄仁傑。又《大和辨謗錄》三卷。案:《崇文總目》:「李德裕等撰。」憲宗時命傳師、楚等撰《元和辨謗錄》十卷，大和中，德裕以其文繁，刪爲三卷。』〈舊紀〉:『元和十二年十月癸酉，內出《元和辨謗略》案卷付史館。』唐次〈元和辨謗略序〉曰:『似信而詐，似忠而非，便便可以動心，捷捷可以亂聽。豈止鶺鴒鵰卉、薏苡惑珠者哉！虞舜有堲讒之命，我皇有辨謗之書，千古一心，同垂至理。將備乙夜之觀，則聖慮先辨，謗何由興。上自周漢，下洎隋朝，勒成十卷。』」均足與《解題》相參證。孫猛《郡齋讀書志校證》曰:「《大和辨謗略》三卷，『大和』原作『太和』，今正。衢本卷十〈儒家類〉重出，解題微異，可參看。臥雲本『辨』作『辯』，袁本附趙希弁〈二本四卷考異〉云:『《太和辨謗略》三卷，袁本入〈史類〉，衢本入〈集類〉。』疑趙氏所見衢本此書入〈集部〉。按〈新唐志〉卷三〈儒家類〉著錄《辨謗略》三條:唐次《辨謗略》三卷，《元和辨謗略》十卷，云:『令狐楚、沈傳師、杜元穎撰。』裴潾《大和新修辨謗略》三卷。據《新唐書》卷八十九〈唐次傳〉云:『次身在外，抑不得伸，以爲古忠臣賢士罹毀被謗至殺身，君且不悟者，因采獲其事，爲《辨謗略》三篇上之。帝（按指德宗）益怒。曰:「是乃以古昏主方我。」改夔州刺史。』是唐次撰書在德宗時。《玉海》卷五十五「《唐元和辨謗略》」條引有其書序文。又據〈唐次傳〉:『憲宗立，雅惡朋比傾陷者，嘗覽次書而善之，遂命沈、令狐、杜三人廣其書，起周至隋，增爲十篇，號《元和辨謗略》。』此書成於元和十二年十二月，見《唐會要》卷三十六〈修撰〉。至大和中，裴潾又據元和書裁成三卷，《玉海》卷五十五引《中興書目》云:『唐集賢殿學士裴潾撰，舊有十卷，以其繁冗，刪去。止三卷，載自古被誣之事，起周公至狄仁傑。』《讀書志》著錄當即大和書，據〈新唐志〉、《中興書目》，當署裴潾名。然《崇文總目》卷二，《書錄解題》卷五〈典故類〉亦題德裕撰，蓋以書由德裕進御故耳。《書錄解題》云裴潾爲之〈序〉，是。疑今《李衛公會昌一品集補遺》所載〈太和新修辨謗略序〉亦潾所爲。《辨謗略》三書，前人往往相混淆，故梳理其撰編始末，辯證如上。」據孫猛所考，此書應稱《大和辨謗略》，凡三卷。其前有唐次撰《辨謗略》三篇，在德宗時；繼有沈傳師、令狐楚、杜元穎廣其書爲十篇，號《元和辨謗略》，書成於元和十二年；《大和辨謗略》三卷乃裴潾撰並序，因德裕進御，故《解題》諸書乃題德裕撰耳。孫氏所考甚允恰。裴潾，《舊唐書》卷一百七十一〈列傳〉第一百二十一、《新唐書》卷一百一十八〈列傳〉第四十三有傳。至其爲此書撰〈序〉，則曰：「臣聞行險而言上者，非謂謗也，是實之所招也；蹈仁而被誣者，非己所召，是盜之所憎也。夫理身絕嫌，人臣止謗之術；膚受不納，人君辨謗之明。然則，正者邪之所仇，直者曲之所矯，有能爲不才所忌，有功爲無庸所嫉，四者苟立，四謗必隨。況僞必亂眞，佞實似智，鑠金之口，不謀而同唱。成雷之蚊，未響而先合。以群陰而蔽孤陽，以眾比而排獨立，結其禍患，咸本謗言，莫不朽中於隱伏之微，善成於疑似之際，忠賢被之，無以自辨，亦良可哀哉！伏惟皇帝陛下，體乾坤簡易之德，合日月無私之照，視聽自天，神明其化；惡淫哇之亂聽，疾紫色之眩目；塈其讒說，常詠格言。臣等將順天聰，綴輯舊典，發東觀藏書之室，得《元和辨謗》之文，辭過萬言，書成十卷。以其廣而寡要，繁則易蕪，方鏡情僞之源，尤資詳略之當。遂再加研考，所以理昔賢被誣之狀，表前王善鑒之明。實願視則倚衡，居則宥坐，絕其根卉，永杜其來。必也視之於未形，鑒之於無象，方夏后〈盤盂〉之誡，比周王〈玉几〉之銘，測深慮遠，取爲殷鑑。使播揚有所消其象，萋菲無以成其文，忠臣得納其誠，武臣得盡其力矣。於是徵之周、秦，覃及聖代，必極精簡，有合箴規，特立新編，裁成三卷，謹繕寫封進。臣等上奉宸謀，竭其鑽仰，敢不虔序聖旨，冠於篇首云。」讀之，可深悉此書撰作之旨。

秦傳玉璽譜一卷

《秦傳玉璽譜》一卷，題博陵崔逢修，協律郎嚴士元重修，河中少尹魏德謨潤色。館臣案：《文獻通攷》、《宋史・藝文志》俱作魏德謨，原本作「德譽」，誤，今改正。

廣棪案：《玉海》卷第八十四〈車服・印璽綬〉「至道《玉璽記》」條：「《書目》：『《玉璽譜》一卷，博陵崔逢修，嚴士元重修，皇朝魏損潤色。敘秦傳國璽歷代傳授得失本末，迄于乾德五年。』」《宋史》卷二百二〈志〉第一百五十五〈藝文〉一〈小學類〉著錄：「崔逢《玉璽譜》一卷，嚴士元重修，宋魏損潤色。」是「魏德謨」，《玉海》引《中興館閣書目》，及〈宋志〉均作「魏損」，與館臣案語不同，未知館臣何所據而言？《玉海》同卷同條又載：「秦璽者，李斯之魚蟲篆也。其圍四寸，至漢謂之傳國璽，迄于獻帝，所寶用者秦璽也。歷代皆用其名。永嘉之亂，沒于劉、石；永和之世，復歸江左者，晉璽也。晉有天下，自刻璽。其文曰：『受命于天，皇帝壽昌。』本書與〈輿服志〉以為秦璽，誤矣。太元之末，得自西燕，更涉六朝，至于隋代者，慕容燕璽也。隋更謂之神璽。劉裕北伐，得之關中，歷晉暨陳，復爲隋有者，姚秦璽也。文與秦同。開運之亂，沒于耶律，女眞獲之，以爲大寶者，石晉璽也。唐璽亡於從珂。天福三年七月，以『受天明命，惟德允昌』為文；四年，製皇帝神寶。蓋在當時皆誤以爲秦璽，而秦璽之亡則已久矣。紹聖三年冬，咸陽民段義得璽，議者以爲秦璽。受寶之禮昉于此。」據是，可略悉秦傳玉璽流傳至北宋紹聖之概況。崔逢、嚴士元、魏德謨，《宋史》均無傳，事迹無可參考。

國璽傳一卷、傳國璽記一卷

《國璽傳》一卷、《傳國璽記》一卷。《傳》，無名氏所記，止唐肅宗。《記》，稱嚴士元，與前大同小異。

廣棪案：《玉海》卷第八十四〈車服・印璽綬〉「至道《玉璽記》」條載：「至道中，鄭文寶爲《玉璽記》一卷，首圖璽文，次載傳授本末。仁宗朝，晏殊進《玉璽傳記》及梁蕭受〈命寶賦〉。《傳》一卷，不載撰人名氏。」《玉海》謂「《傳》一卷，不載撰人名氏」者，或即此《國璽傳》一卷也。至《傳國璽記》一卷，是否即鄭文寶之《玉璽記》一卷，《解題》謂「稱嚴士元」，乃未定之辭。惜書已佚，無從深考矣。

玉璽雜記一卷

《玉璽雜記》一卷，徐景撰。乾元元年七月記。〈唐志〉有徐景《玉璽正錄》，即此書也。

廣棪案：《新唐書》卷五十八〈志〉第四十八〈藝文〉二〈雜傳記類〉著錄：「徐景《玉璽正錄》一卷。」又同書〈儀注類〉著錄：「徐令言《玉璽正錄》一卷。」《玉海》卷第八十四〈車服・印璽綬〉「至道《玉璽記》」條載：「〈唐志・儀注類〉：『紀僧眞《玉璽譜》一卷，姚察《傳國璽》十卷，徐令言《玉璽正錄》一卷。〈六典注〉有徐令言《玉璽記》。』」是則徐景字令言，疑此書或稱《玉璽正錄》，或簡稱《玉璽記》。景，兩《唐書》無傳。

楚寶傳一卷

《楚寶傳》一卷，杜確撰。肅宗乾元二年，楚州尼真如獻寶事。

廣棪案：此書〈兩唐志〉、〈宋志〉、《郡齋讀書志》均未著錄。杜確，兩《唐書》無傳。《全唐文》卷四百五十九「杜確」載：「確，代宗時人。」收確所撰〈許公墓誌銘〉、〈岑嘉州集序〉二文。〈岑嘉州集序〉文末記岑參身後事，云：「旋軫有日，犯軷俟時；吉往凶歸，嗚呼不祿。歲月逾邁，殆三十年。嗣子佐公，復纂前緒，亦以文采，登名翰場，有公遺文，貯之筐篋。以確接通家餘烈，忝同聲後輩，受命編次，因令繕錄。區分類聚，勒成八卷。倘後之詞人有所觀覽，亦由聆廣樂者，識清商之韻；游名山者，仰翠微之色，足以瑩徹心府，發揮高致焉。京兆杜確序。」是杜確乃長安人，曾編次次《岑嘉州集》者。

八寶記一卷

《八寶記》一卷，無名氏。大觀二年。

廣棪案：《玉海》卷第八十四〈車服・印璽綬〉「大觀八寶・九寶」條載：「神宗正是典禮，詔侍臣作天子皇帝六璽，追琢未就。崇寧五年，有獻玉印方寸者，以龜為紐。其文曰：『承天福，延萬億，永無極。』遂以九字爲文，命工更刻。螭紐方盤，上圓下方，名爲鎭國寶。又作受命寶，皆方四寸有奇，篆以蟲魚。帝自爲記，并元豐六璽，通爲八寶。鎮國，受命二寶，寶而不用，藏之內府。詔曰：『獲全玉於異域，得妙工於編氓。』大觀元年遂黜『皇祐鎭國』、『元符受命』二寶不用。二年正月壬子朔，御大慶殿，受八寶。置符寶郎四員，隸門下省。二員以中人掌寶於禁中，內外各二員。親製〈八寶九鼎記〉。後又從于闐得大玉，踰二尺，又制定命寶赤螭紐，文曰：『範圍天地，幽贊神明，保合太和，萬壽無疆。』篆以魚蟲，其寶九寸，檢亦如之。合前八寶爲九，以九寶爲稱。乾元用九之義。政和八年正月甲申朔，受定命寶，皆赦天下。宣和四年十一月丙辰朔，修飾舊寶璽，用之郊禋，則輦官奉寶輿導駕，九寶爲五重，前列香案，定命受命，及天子寶在左，鎭國及皇帝寶在右，行禮則陳於宮架之前。」八寶者，天子皇帝六璽，與鎭國寶、受命寶也。讀《玉海》所載，可知此《記》之梗概。大觀，徽宗年號；二年，歲次戊子。此《記》正此年作。

唐文宗朝備問一卷

《唐文宗朝備問》一卷，不著名氏。雜錄唐朝典故。

廣棪案：《新唐書》卷五十八〈志〉第四十八〈藝文〉二〈史錄・雜傳記類〉著錄：「《文宗朝備問》一卷。」《崇文總目》卷二〈傳記類〉下著錄：「《文宗朝備問》一卷，〈唐志〉、《書錄解題》並不著撰人。」錢東垣輯釋本。《秘書省續編到四庫闕書目》卷二〈子類・小說〉著錄：「《唐文宗備問》一卷。輝按：〈新唐志〉入〈史部・雜傳類〉，《崇文目》入〈傳記類〉，陳《錄》入〈故事類〉。」葉德輝考證本。均與《解題》同。惟葉德輝考證略誤，蓋此書〈新唐志〉入〈史錄・雜傳記類〉，而《解題》入〈史錄・典故類〉也。

通典二百卷

《通典》二百卷，唐宰相京兆杜佑君卿撰。採《五經》、群史、歷代沿革廢置、群士論議，迄於天寶，凡為八門，曰〈食貨〉、〈選舉〉、〈職官〉、〈禮〉、〈樂〉、〈兵刑法〉、廣棪案：盧校本無「兵」字。**〈州郡〉、〈邊防〉。貞元中表上之，李翰為之〈序〉。初，劉秩為《政典》三十五篇，佑以為未盡，廣而成之。**

廣棪案：《郡齋讀書志》卷第十四〈類書類〉著錄：「《通典》兩百卷。右唐杜佑撰。先是，劉秩采經史，自黃帝迄唐天寶末制度沿革廢置，論議得失，倣《周禮》六官法，爲《政典》 三十五篇。房琯稱才過劉向。佑以爲未盡，因廣之，參以新禮，爲二百篇，以〈食貨〉、〈選舉〉、〈職官〉、〈禮〉、〈樂〉、〈刑法〉、〈州郡〉、〈邊防〉八門，分類敘載，世稱該洽。凡三十六年成書，德宗時上之。」《玉海》卷第五十一〈藝文・典故〉「唐《通典》」條載：「〈志・類書類〉：『杜佑《通典》二百卷。』〈杜佑傳〉：『佑資嗜學，雖貴，猶夜分讀書。先是劉秩摭百家，侔六官法爲《政典》三十五篇，房琯稱其才過劉向，佑以爲未盡，因廣其缺，參益新禮，爲二百篇，自號《通典》，奏之。優詔褒美，儒者服其書約而詳。』《會要》：『貞元十九年二月，淮南節度使杜佑撰《通典》二百卷，上之。其書凡九門，敘〈食貨〉十二篇，〈禮〉百篇，〈樂〉七篇，〈兵〉六篇，〈刑〉七篇，〈州縣〉十四篇，〈邊防〉十六篇，識者知其必登公輔之位。』〈舊紀〉：『貞元十七年十月庚戌，淮南節度使杜佑進《通典》、凡九門、二百卷。』今《通典》，〈食貨〉十二卷、〈選舉〉六卷、〈職官〉十二卷、〈禮〉一百卷、〈樂〉七卷、〈兵〉十五卷、〈刑〉八卷、〈州縣〉十四卷、〈邊防〉十六卷。貞元十年表上。《中興舊目》云：『《通典》貞元十年撰，以事分類。』左補闕李翰〈序〉曰：『凡八門，勒成二百卷。非聖之書不取，事非經國不錄。』佑自敘曰：『所纂《通典》，實採群言，徵諸人事。夫理道之先，在乎行教化；教化之本，在乎足衣食。〈洪範〉八政，一食，二貨，夫子曰：「既富而教。」斯之謂矣。夫行教化在乎設職官，設職官在乎審官才，審官才在乎精選舉。制禮以端其俗，立樂以和其心，此先哲王致治之大方也。故職官設，然後興禮樂焉；教化隳，然後用刑罰焉；列州郡，俾分領焉；置邊防，遏戎敵焉。是以食貨爲之首，選舉次之，職官又次之，禮又次之，樂又次之，刑又次之。大刑用〈甲兵〉十五卷，其次〈五刑〉八卷。州郡又次之，邊防末之。或覽之者，庶知篇第之旨也。本初纂錄止於天寶之末，其有要須議論者，亦便及以後之事。』」《四庫全書總目》卷八十一〈史部〉三十七〈政書類〉一亦著錄此書，曰：「《通典》二百卷，內府藏本。唐杜佑撰，佑字君卿，京兆萬年人。以蔭補濟南參軍事。歷官至檢校司徒，同中書門下平章事，加太保，致仕。謚安簡。事蹟具《唐書》本傳。先是劉秩倣《周官》之法，摭拾百家，分門詮次，作《政典》三十五卷。佑以爲未備，因廣其所闕，參益新禮，勒爲此書。凡分八門，曰〈食貨〉、曰〈選舉〉、曰〈職官〉、曰〈禮〉、曰〈樂〉、曰〈兵刑〉、曰〈州郡〉、曰〈邊防〉。每門又各分子目。〈自序〉謂既富而教，故先〈食貨〉。行教化在設官，任官在審才，審才在精選舉，故〈選舉〉、〈職官〉次焉。人才得而治以理，乃興禮樂，故次〈禮〉、次〈樂〉。教化隳則用刑罰，故次〈兵〉、次〈刑〉。設州郡分領，故次〈州郡〉，而終之以〈邊防〉。所載上溯黃、虞 ，迄於唐之天寶。肅、代以後，間有沿革，亦附載註中。其中如〈食貨門〉之賦稅，載《周官·貢賦》，而太宰所掌九貢之法失載。載北齊租調之法，河清三年令民十八受田輸租調，而露田之數失載。錢幣不載陳永定元年制四柱錢法，榷酤不載後周榷酒坊法。〈選舉門〉不載齊明帝時制，士人品第有九品之科，小人之官復有五等法。考績不載宋、齊間治民之官，以三年、六年爲小滿遷換法。〈職官門〉如《周禮》地官有舍人、上士二人掌平宮中之政，乃云中書舍人魏置。又《隋書》大業時改內史監爲內書監，乃僅云改內史侍郎爲內書侍郎。又集賢殿書院載梁有文德殿藏書，不知宋已有總明觀藏書之所。似此之類，未免間有挂漏。〈兵門〉所列諸子目，如分『引退取之』、『引退佯敗取之』爲二門；分『出其不意』、『擊其不備』、『攻其不整』爲三門；未免稍涉繁冗。而火獸、火鳥之類，尤近於戲劇。〈州郡門〉分九州以敘沿革，而信都郡冀州當屬兗，而誤屬冀。又極詆《水經》及酈道元《水經注》爲僻書，詭誕不經。未免過當。〈邊防門〉所載多數萬里外重譯乃通之國，亦有僅傳其名不通朝貢者。既不臨邊，亦無事於防，題曰〈邊防〉，名實亦舛。然其博取五經、群史，及漢魏六朝人文集、奏疏之有裨得失者，每事以類相從。凡歷代沿革，悉爲記載，詳而不煩，簡而有要，元元本本，皆爲有用之實學，非徒資記問者可比，考唐以前之掌故者，茲編其淵海矣。至其各門徵引《尚書》、《周官》諸條，多存舊詁。如〈食貨門〉引《尚書》『下土墳壚』注，謂『壚，疏也』，與孔疏所引《說文》『黑剛土也』互異。又『瑤琨篠簜』注，『篠，竹箭；簜，大竹』，亦傳、疏所未備。〈職官門〉引《周官》太宰之屬有『司會逆群吏之治而聽其會計』，註云：『逆謂受也，受而鉤考之，可知得失多少。』較賈公彥《疏》頗爲明晰。似此之類，尤頗有補於經訓。宋鄭樵作《通志》，與馬端臨作《文獻通考》，悉以是書爲藍本。然鄭多泛雜無歸，馬或詳略失當，均不及是書之經核也。」均足與《解題》相參證。至李翰之〈序〉，其全文曰：「儒家者流，博而寡要，勞而少功，何哉？其患在於習之不精，知之不明，入而不得其門，行而不由其道。何以徵之？夫五經、群史之書，大不過本天地，設君臣，明十倫、五教之義，陳政刑、賞罰之柄，述禮樂、制度之統，究治亂、興亡之由，立邦之道盡於此矣。非此典者，謂之無益世教，則聖人不書，學者不覽，懼冗煩而無所從也。先師宣尼，祖述堯舜，憲章文武；七十子之徒，宣明大義；三代之道，百世可師。而諸子云云，猥復制作，由其門則其教已備，反其道則其人可誅。而學者以多閱爲廣見，以異端爲博聞，是非紛然，澒洞茫昧，而無條貫，或舉其中而不知其本，原其始而不要其終，高談有餘，待問則泥。雖驅馳百家，日誦萬字，學彌廣而志彌惑，聞越多而識愈疑。此所以勤苦而難成，殆非君子進德修業之意也。今《通典》之作，昭昭乎其警學者之群迷歟？以爲君子致用在乎經邦，經邦在乎立事，立事在乎師古，師古在乎隨時，必參古今之宜，窮終始之要，始可以度其古，終可以行於今，問而辨之，端如貫珠；舉而行之，審如中鵠。夫然，故施於文學可爲通儒，施於政事可建皇極。故採五經、群史，上自黃帝，至于有唐天寶之末，每事以類相從，舉其始終，歷代沿革廢置，及當時群士論議得失，靡不條載。附之於事，如人支脈散綴於體，凡有八門，號曰《通典》。非聖人之書，乖聖人微旨不取焉，惡煩雜也；事非經國禮法程制亦所不錄，棄無益也。若使學者得而觀之，不出戶知天下，未從政達人情，罕更事知時變，爲功易而速，爲學精而要。其道直而不徑，其文甚詳而不煩，推而通，放而準，語備而理盡，例明而事中，舉而措之，如指諸掌，不假從師聚學，而區以別矣。非聰明獨見之士，孰能修之？淮南元戎之佐，曰尚書主客郎京兆杜公君卿，雅有遠度，志於邦典，篤學好古，生而知之，以大曆之始實纂斯典，累年而成。

杜公亦自爲序引，各冠篇首，或前史有闕，申高見發明，以示勸戒，用存景行。近代學士多有撰集，其最著者《御覽》、《藝文》、《玉燭》之類，網羅古今，博則博矣，然率多文章之事、記問之學，至於刊列百度，緝熙王猷，至精至粹，其道不雜，比於《通典》，非其倫也。於戲！今之人賤近而貴遠，昧微而睹著，得之者甚鮮，知之者甚稀，可爲長太息也。翰嘗有斯志，約乎舊史，圖之不早，竟爲善述者所先，故頗詳旨趣而爲之〈序〉，庶將來君子，知吾道不誣也。唐左補闕李翰序。」杜佑，《舊唐書》卷一百四十七〈列傳〉第九十七、《新唐書》卷一百六十六〈列傳〉第九十一有傳。李翰，《舊唐書》卷一百九十下〈列傳〉第一百四十下附〈蕭穎士〉、《新唐書》卷二百三〈列傳〉第一百二十八〈文藝〉下附〈李華〉有傳。劉秩，《舊唐書》卷一百二〈列傳〉第五十二附其父〈劉子玄〉、《新唐書》卷一百三十二〈列傳〉第五十七附其父〈劉子玄〉有傳。

續通典二百卷

《續通典》二百卷，翰林學士承旨大名宋白太素等撰。咸平三年奉詔，四年九月書成。起唐至德初，迄周顯德末。王欽若言杜佑《通典》上下數千載，為二百卷，而其中四十卷為開元禮。今之所載二百餘年，亦如前書卷數，時論非其重複。

廣棪案：章如愚《群書考索》卷十八〈類書類〉載：「皇朝宋白等承詔撰《續通典》二百卷，起唐至德初，迄周顯德末，以補杜佑《通典》之缺。先咸平中，李沆奏請續修《通典》，故以命白焉。《中興書目》。」《宋史》卷二百七〈志〉第一百六十〈藝文〉六〈類事類〉著錄：「宋白、李宗諤《續通典》二百卷。」是此書乃宋、李等人同撰。《宋史》卷四百三十九〈列傳〉第一百九十八〈文苑〉一〈宋白〉載：「宋白字太素，大名人。……端拱初，加禮部侍郎，又知貢舉。白凡三掌貢士，頗致譏議，然所得士如蘇易簡、王禹偁、胡宿、李宗諤輩，皆其人也。」疑蘇、王等人或亦參與修《續通典》。李宗諤，《宋史》卷二百六十五〈列傳〉第二十四附其父〈李昉〉。宗諤字昌武，〈傳〉謂宗諤「嘗預修《續通典》、《大中祥符封禪汾陰記》、《諸路圖經》，又作《家傳》、《談錄》，並行于世」，與〈宋志〉所載足相參證。至王欽若，《宋史》卷二百八十三〈列傳〉第四十二有傳。其〈傳〉未載欽若論杜佑《通典》事。紀昀撰〈欽定續通典提要〉云：「按《宋史・藝文志》有宋白《續通典》二百卷，今其書已亡。陳振孫《書錄解題》載其咸平三年奉詔，四年九月書成。起唐至德初，迄周顯德末。又謂杜典上下數千載爲二百卷，而宋書所載二百餘年，亦如前書卷數，時論非其重複，則其大概可想見矣！」紀氏評騭宋白《續通典》之論，殆據王欽若也。

國朝通典二百卷

《國朝通典》二百卷，不著名氏，或言魏鶴山所為，似方草創未成書也。凡通典、會要，前〈志〉及《館閣書目》 皆列之類書。按通典載古今制度沿革，會要專述典故，非類書也。

廣棪案：此書「似方草創未成書」，故公私書目多未見著錄。《宋史》卷四百三十七〈列傳〉第一百九十六〈儒林〉七〈魏了翁〉載了翁「所著有《鶴山集》、《九經要義》、《周易集義》、《易舉隅》、《周禮井田圖說》、《古今考》、《經史雜抄》、《師友雜言》」，而未載此書，故直齋謂「或言魏鶴山所爲」，乃疑而莫決之辭也。至通典、會要類書籍，《新唐書・藝文志》著錄劉秩《政典》三十五卷、杜佑《通典》二百卷、蘇冕《會要》四十卷、《續會要》四十卷，皆列於〈子錄・類書類〉，《中興館閣書目》著錄《通典》二百卷，《唐會要》一百卷，皆列於〈子部・類書家〉，均不適當，殊不若《解題》收入〈史錄・典故類〉爲精審也。

唐會要一百卷

《唐會要》一百卷，司空平章事晉陽王溥齊物撰。初，唐德宗時，蘇冕撰四十卷；武宗朝，崔鉉續四十卷；至是溥又采宣宗以降故事，共成百卷，建隆二年正月上之。按〈唐志〉，蘇冕《會要》四十卷；《續會要》四十卷，楊紹復等撰，崔鉉監修。而《會要》稱杭州刺史蘇弁與兄冕纂國朝故事為是書。弁聚書至二萬卷，次集賢、芸閣。弁字元容，武功人，武后宰相良嗣之從孫。冕仕為京兆士曹，弁判度支，以腐粟給邊坐貶，冕亦廢。

廣棪案：《新唐書》卷五十九〈志〉第四十九〈藝文〉三〈類書類〉著錄：「蘇冕《會要》四十卷。《續會要》四十卷，楊紹復、裴德融、崔瑑、薛逢、鄭言、周膚敏、薛廷望、于珪、于球等撰，崔鉉監修。」《郡齋讀書志》卷第十四〈類書類〉著錄：「《唐會要》一百卷，右皇朝王溥撰。初，唐蘇冕敘高祖至德宗九朝沿革損益之制。大中七年，詔崔鉉等撰次德宗以來事，至宣宗大中七年，以續冕書。溥又采宣宗以後事，共成百卷，建隆二年正月奏御，文簡事備，太祖覽之而嘉之，詔藏於史閣，賜物有差。」《玉海》卷第五十一〈藝文・會要〉「《唐會要》」條載：「〈志・類書類〉：『蘇冕《會要》四十卷，貞元中，杭州刺史蘇弁與兄冕續國朝故事為是書。弁先聚書至二萬卷，皆手自刊正，至今言蘇氏書次於集賢、芸閣。《續會要》四十卷，楊紹復、裴德融、崔瑑、薛逢、鄭言、周膺敏、薛廷望、于珪、于球等撰，崔鉉監修。』《會要》云：『大中七年十月，左僕射崔鉉上。修撰官楊紹復等賜物有差。』《中興書目》云：『記德宗以後至大中六年事迹，補蘇冕前錄之缺。』」《四庫全書總目》卷八十一〈史部〉三十七〈政書類〉一著錄：「《唐會要》一百卷，浙江汪啓椒家藏本。宋王溥撰。溥字齊物，并州祁人，漢乾祐中登科進士第一；周廣順初，拜端明殿學士；恭帝嗣位，官右僕射；入宋，仍故官，進司空同平章事，監修國史，加太子太師，封祁國公，卒謚康定。事蹟具《宋史》本傳。初，唐蘇冕嘗次高祖，至德宗九朝之事，為《會要》四十卷。宣宗大中七年，又詔楊紹復等次德宗以來事，為《續會要》四十卷，以崔鉉監修。段公路《北戶錄》所稱《會要》，即冕等之書也。惟宣宗以後記載尚闕，溥因復採宣宗至唐末事續之，為《新編唐會要》一百卷。建隆二年正月奏御，詔藏史館。書凡分目五百十有四，於唐代沿革損益之制，極其詳核。官號內有識量、忠諫、舉賢、委任、崇獎諸條，亦頗載事蹟。其細瑣典故，不能概以定目者，則別為〈雜錄〉，附於各條之後。又間載蘇冕駁議，義例該備，有裨考證。今僅傳鈔本，脫誤頗多。八卷題曰〈郊儀〉，而所載乃南唐事。九卷題曰〈雜郊儀〉，而所載乃唐初奏疏，皆與目錄不相應。七卷、十卷亦多錯入他文。蓋原書殘闕，而後人妄摭竄入以盈卷帙。又一別本所闕四卷亦同，而有補亡四卷，採摭諸書所載唐事，依原目編類，雖未必合溥之舊本，而宏綱細目，約略粗具，猶可以見其大凡。今據以錄入，仍各註補字於標目之下，以示區別焉。」均足與《解題》相參證。蘇弁、蘇冕，《舊唐書》卷一百八十九下〈列傳〉第一百三十九下〈儒學〉下、《新唐書》卷一百三〈列傳〉第二十八附〈蘇世長〉，《解題》所載弁、冕事迹，與兩《唐書》同。崔鉉，《舊唐書》卷一百六十三〈列傳〉第一百一十三、《新唐書》卷一百六十〈列傳〉第八十五附其父〈崔元略〉。《舊唐書》本傳載：「鉉字台碩，登進士第，……大中三年，召拜御史大夫，尋加正議大夫、中書侍郎、同平章事。累遷金紫光祿大夫，守左僕射、門下侍郎、太清宮使、弘文館大學士、博陵縣開國公，食邑三千戶。七年，以館中學士崔瑑、薛逢等撰《續會要》四十卷，獻之。」大中，唐宣宗年號。是鉉之獻《續會要》在宣宗時，《解題》作「武宗朝」，實誤。王溥字齊物，并州祁人。《宋史》卷二百四十九〈列傳〉第八有傳。其〈傳〉曰：「溥好學，手不釋卷，嘗集蘇冕《會要》及崔鉉《續會要》，補入闕漏，爲百卷，曰《唐會要》。」與《解題》同。

五代會要三十卷

《五代會要》三十卷，王溥撰。

廣棪案：《郡齋讀書志》卷第十四〈類書類〉著錄：「右皇朝王溥等撰。采梁至周典故，纂次成秩，建隆初上之。」《玉海》卷第五十一〈藝文・會要〉「《五代會要》」條載：「溥又采梁開平至周顯德事蹟爲《五代會要》三十卷，乾德元年即建隆四年。七月甲寅上之。掇君臣事迹以類詮次，詔付史館。」足資參證。惟此書呈上之年，《郡齋讀書志》謂「建隆初上之」，《玉海》謂「乾德元年七月甲寅上之」，而《四庫全書總目》二卷八十一〈史部〉三十七〈政書類〉一更謂：「《五代會要》三十卷，兩江總督採進本。宋王溥撰。五代干戈俶擾，百度陵夷，故府遺規，多未暇修舉。然五十年間法制典章，尙略具於累朝實錄。溥因檢尋舊史，條分件繫，類輯成編。於建隆二年與《唐會要》並進，詔藏史館。」以上二說，未知孰是。

六朝國朝會要三百卷

《六朝國朝會要》三百卷，監修國史華陽王珪禹玉撰。始，仁宗命纂修，自建隆至慶曆四年，成八十五卷。熙寧三年，珪為學士承旨，乞續修至熙寧十年，總二十一類，八百五十五門，館臣案：《文獻通考》作「總一十一類，八百五十八門」。**舊書亦略增損，為三百卷。**

廣棪案：《郡齋讀書志》卷第十四〈類書類〉著錄：「《六朝國朝會要》三百卷。右神宗朝以《會要》止於慶曆，命王珪續之。起於建隆之元，迄於熙寧十年，通舊增損成是書，總二十一類，八百五十五門。其間禮樂政令之大綱，儀物事爲之細目，有關討論，顧無不載，文簡事詳，一代之典備矣。」《玉海》卷第五十一〈藝文・會要〉「慶曆《國朝會要》，元豐增修五朝」條載：「天聖八年七月丁巳，詔史官修《國朝會要》。明道二年十二月癸巳，命參政宋綬看詳修纂。康定元年四月己亥，命綬同提舉編修。景祐四年六月甲申，命史館檢討王洙編修。慶曆四年四月己酉，修國史；章得象上《新修國朝會要》一百五十卷。一本云編修官王洙纂建隆以來，止慶曆三年，凡八十五年。以編修官王洙兼直龍圖閣，賜三品服。制度沿革小大畢錄。《會要》止修至慶曆三年，後事莫述。熙寧三年九月十六日。翰林學士王珪請續修慶曆四年以後，止熙寧三年。時編修院修國史，詔於崇文院修纂。仍詔增修至十年，凡三十四年。珪以舊書尚有遺事，所載頗多史文，因略加增損，凡十二年乃成。一本云：熙寧十年十二月戊子，命李德芻、陳知彥修《會要》，於崇文院置局。先是命王存、林希。元豐四年九月己亥，宰臣王珪上之。〈表〉云：『禮樂政令之大綱，儀物事為之細目，帝后以底臣庶，朝廷施于蠻夷，有關討論，顧無不載。信疊矩重規之盛，便遺訓故實之求。薈萃之書，舉綱撮要。』續慶曆四年，止熙寧十年，通舊增損，成三百卷，總二十一類，別爲八百五十五門。文簡事詳，紀載有法，後莫能及。編修李德芻、陳知彥遷秩。一本云：『元豐四年八月二十五日，進呈於延和殿。』」均足與《解題》相參證，惟《玉海》所載較詳備。《宋史》卷二百七〈志〉第一百六十〈藝文〉六〈類事類〉著錄：「《宋六朝會要》三百卷，章得蒙編、王珪續。」即此書也，惟「蒙」乃「象」之訛。此書《郡齋讀書志》與《玉海》均謂「總二十一類」，《通考》作「總一十一類」，其首「一」字乃「二」之訛。王珪字禹玉，成都華陽人，《宋史》卷三百一十二〈列傳〉第七十一有傳。

政和重修國朝會要百十卷

《政和重修國朝會要》百十卷，先是王禹玉監修，自建隆至熙寧，凡三百卷。崇寧中重修，僅成《吉禮》百十卷，政和進呈。餘四類，編治垂成，宣和庚子罷局，遂成散漫。紹興間，少蓬程俱申請就知桂州許中家借抄之。許中嘗與崇寧修書，故存此本，得以備中禁之採錄。今重修本題「淮康軍節度使充禮制局詳議官蔡攸等奉敕重修」。

廣棪案：此書乃崇寧中重修，僅成《吉禮》百十卷，乃一未完成之書，以政和進呈，故稱今名。許中既與崇寧修書，家存此本，紹興間程俱申請就其家借抄。《玉海》卷第五十一〈藝文・典故會要〉「乾道《續四朝會要》」條載：「紹興三年四月，靜江守臣許中上《政和重修會要》一百十卷。」即此事。吳廷燮《南宋制撫年表》卷下：「紹興二年（1132），許中，七月庚申再任靜江府。見《要錄》。三年（1133），許中，七月辛巳罷。見《要錄》。」是許中上此書應在紹興三年七月辛巳罷官之前。《玉海》謂事在紹興三年四月，應符史實。又靜江即桂州，乃今廣西桂林，《解題》稱「知桂州」，《玉海》稱「靜江守」，均同。《玉海》同條又載：「乾道五年四月戊子，秘書少監汪大猷言：『蔡攸所修自元豐至政和《吉禮》，妄有刪改，欲再刪定，以《續會要》爲名。』從之。」所言足與《解題》相參證。蓋攸曾奉敕重修此書。程俱字致道，衢州開化人。紹興初任祕書少監，即《解題》所謂「少蓬」也，《宋史》卷四百四十五〈列傳〉第二百四〈文苑〉七有傳。蔡攸字居安，蔡京長子。《宋史》卷四百七十二〈列傳〉第二百三十一〈姦臣〉二附〈蔡京〉。〈傳〉謂：「崇寧三年，自鴻臚丞賜進士出身，除祕書郎，以直秘閣、集賢殿修撰編修《國朝會要》，二年間至樞密直學士。」即《解題》所記事。

續會要三百卷

《續會要》三百卷，監修仙井虞允文并甫等上。自紹興十年編修，起元豐元年，迄靖康之末。乾道六年書成。

廣棪案：《玉海》卷第五十一〈藝文・典故會要〉「乾道《續四朝會要》」條載：「紹興三年四月，靜江守臣許中上《政和重修會要》一百十卷。九年，詔館職續編。三十一年正月庚寅，上曰：『會要乃祖宗故事之統轄，不可缺，宜自元豐後續爲之。舊書分門有法，不必改。』壬寅，命館職自元豐元年以後編次。乾道五年四月戊子，秘書少監汪大猷言：『蔡攸所修自元豐至政和吉禮，妄有刪改，欲再刪定，以《續會要》爲名。』從之。六年五月己未，宰臣虞允文上之，斷自神宗之初，訖于靖康之末，凡六十年，總二百卷，分二十一類，六百六十六門。綴集於散亡之餘，十僅得其六七。命宰臣提舉，閱再歲乃成書。」是《玉海》所記稍詳，多補《解題》之未及。惟此書《玉海》作二百卷，《宋史》卷二百七〈志〉第一百六十〈藝文〉卷六〈類事類〉著錄：「《續會要》三百卷，虞允文等撰。」似應作三百卷爲合。允文，《宋史》卷三百八十三〈列傳〉第一百四十二有傳。〈傳〉謂：「允文字彬甫，隆州仁壽人。」仙井即隆州，在四川仁壽縣治。《解題》所記與《宋史》實同。

中興會要二百卷

《中興會要》二百卷，監修晉江梁克家叔子等上。乾道六年，既進《續會要》，有旨自建炎元年續修，止紹興三十二年。九月成書。

廣棪案：《玉海》卷第五十一〈藝文・典故會要〉「乾道《中興會要》」條載：「乾道九年七月，自建炎初元續修，成書二百卷。八月丙申，右相梁克家等上之，進呈於垂拱殿。九月，祕書少監陳騤請名曰《中興會要》。自建炎元年至紹興三十二年六月十一日。」《玉海》所記，與《解題》所著錄者足相發明。大抵此書撰自乾道六年既進《續會要》後，至九年七月修成，八月丙申梁克家上。《解題》謂「九月成書」，「九月」實乃「九年」之誤。克家字叔子，泉州晉江人。《宋史》卷三百八十四〈列傳〉第一百四十三有傳。

國朝會要總類五百八十八卷

《國朝會要總類》五百八十八卷，李心傳所編，合三書為一。刻於蜀中，其板今在國子監。

廣棪案：心傳，《宋史》卷四百三十八〈列傳〉第一百九十七〈儒林〉八載：「李心傳字微之，宗正寺簿舜臣之子也。慶元元年薦於鄉，既下第，絕意不復應舉，閉戶著書。晚因崔與之、許奕、魏了翁等合前後二十三人之薦，自制置司敦遣至闕下，爲史館校勘，賜進士出身，專修中興四朝帝紀。甫成其三，因言者罷，添差通判成都府。尋遷著作佐郎，兼四川制置司參議官。詔無入議幕，許辟官置局，踵修《十三朝會要》。端平三年成書，召赴闕，爲工部侍郎。」《宋史》本傳所載之《十三朝會要》，即《解題》著錄之書也。惟心傳端平三年（1236）編成此書前，已有張從祖於嘉定元年（1208）類輯《會要》而成《總類國朝會要》五百八十八卷，心傳所編者卷數與之同。張書，《讀書附志》卷上〈類書類〉有著錄，惟欠載撰人姓名，《讀書附志》曰：「《總類國朝會要》五百八十八卷。右《總類國朝會要》，由建隆而至乾道也。始仁宗命章得象編，起建隆，止慶曆，爲一百五十卷。神宗又命王珪續編慶曆四年以後至熙寧末，凡三十四年，通前爲三百卷。徽宗詔王覿、曾肇續編元豐至元符。尋又詔起治平四年，止崇寧五年，凡四十二年。然二書皆弗克成。政和末，有司獨上《吉禮》三類，總一百五十卷，蓋通章得象、王珪所編者，益以熙寧後事也。紹興九年，詔館職續編，至三十一年又降趣旨。孝宗命宰相提舉，閱再歲乃成。自神宗之初，至于靖康之末，凡六十年，總三百卷。厥後中興，乾道踵而成之。此集則合十一朝爲一書也。然中多節略而始末不全者。」惟《玉海》卷第五十一〈藝文・典故會要〉「嘉定《國朝會要》」條亦載之，曰：「淳熙七年十月九日，祕書少監汝愚言：『《國朝會要》、《續會要》、《中興會要》、《今上會要》，分爲四書，去取不同，詳略各異，請合而爲一，俾辭簡事備，勢順文貫。』從之。將作少監張從祖類輯《會要》，自國初至孝廟爲一書，凡二百二十三冊，五百八十八卷。嘉定元年四月十六日，詔祕省寫進，三年六月十六日上之。」《玉海》所記不惟足與《讀書附志》相參證，亦補其未逮。是張、李所編之書，書名雖相近，卷數亦相同，惟實分屬二書，不容相混。今人王德毅〈兩宋十三朝會要纂修考〉一文於張、李二書亦有所考證，王文曰：「（十一）《總類國朝會要》和《國朝會要總類》，淳熙七年十月九日，祕書少監趙汝愚奏：『《國朝會要》、《續會要》、《中興會要》、《今上會要》，分爲四書，去取不同，詳略各異，請合爲一。俾辭簡事備，勢順文貫。』從之。後由張從祖纂輯而成，於嘉定三年六月謄寫進呈。《南宋館閣續錄》卷四說：『先是嘉定元年三月，尚書省箚子進張幼公箚子：「切念先父將作少監從祖嘗摭《國朝會要》纂輯成書，上自國初，至於孝廟，凡五百八十八卷，望朝廷特賜敷奏，付祕書省繕寫上進。」奉聖旨令祕書省取索謄寫進呈。至是書寫裝褫畢，備得旨就令會要所承受官傳進，其副本藏於史庫。』這五百八十八卷《會要》，分裝二百二十三冊，自太祖至孝宗，凡十一朝。趙希弁《郡齋讀書附志》卷五上說：『此集則合十一朝爲一書也。然中多節略而始末不全者。』雖然彙集歸一，本末粗具，然而並不完善，難以令人滿意，更有待負史學重望的專家重修了。《國朝會要總類》亦五百八十八卷，陳振孫《直齋書錄解題》卷五說：『李心傳所編，合三書爲一，刻於蜀中，其版今在國子監。』《宋史》卷四三八本傳云：『添差通判成都府，尋遷著作佐郎，兼四川制置司參議官，詔無入議幕，許辟官置局，踵修《十三朝會要》，端平三年成書。』所謂合三書爲一，未知指那三書，張從祖是合四書爲一的，僅至孝宗，尚有光宗、寧宗《兩朝會要》。如將這兩朝史事按門類歸入張氏之書中，而不必再釐正卷第，亦極易爲，而且方便，正符合所謂合三書爲一之說。然心傳是南宋繼李燾而起的史學大家，當不至如此因漏就簡。那麼這一問題，就頗費考了。」王文足資參考。據王文，則《解題》所謂「合三書爲一」者，乃指合張從祖所編之《總類國朝會要》、《光宗會要》、《寧宗會要》爲一，而成此《國朝會要總類》。心傳，蜀人，故書刻於蜀。直齋於理宗淳祐四年（1244）至九年（1249）間任國子司業，故可悉心傳所刻書「其板今在國子監」。

三朝寶訓三十卷

《三朝寶訓》三十卷，翰林學士李淑等撰。天聖五年，監修國史青社王曾孝先奏，乞用唐吳兢《貞觀政要》故事，取三朝聖語、政事及臣僚奏對不入正史者，別為一書，與《國史》、《實錄》並行。至十年書成，詔以「寶訓」為

名。其後進讀於邇英、延義。今《館閣書目》以為二十卷，富弼所上者。非也，乃《政要》爾。

廣棪案：《玉海》卷第四十九〈藝文‧政要寶訓〉「天聖《三朝寶訓》」條載：「天聖五年十月乙酉，監修史王曾言：『唐史官吳兢於正史、實錄外，錄太宗與群臣問對之語，爲《貞觀政要》，今欲采太祖、太宗、眞宗實錄、日曆、時政記、起居注，其間事迹不入正史者，別爲一書，與正史並行。』從之。六年五月，曾奏委李淑修纂，宋綬、馮元看詳。九年二月，淑又奏直集賢院王舉正同修。十年正月，即明道元年。敕以《三朝寶訓》爲名。明道元年二月癸卯書成，凡三十卷。監修國史呂夷簡詣承明殿上進，賜編修官王舉正、李淑、章服參詳，馮元、夏竦監修，呂夷簡第賜器幣。寶元二年十二月二十日，詔侍讀學士李淑就資善堂刪整《三朝寶訓》，以備來春進讀。閏十二月，淑乞令丁度同修。詔可。康定元年四月十八日，淑又言《寶訓》欲先讀第一卷，政體聽斷事外，卻取第十三卷以後將帥邊防夷狄事進讀，庶幾戎備邊政蚤得敷啓。寶元二年十一月六日，以皇子生宴，輔臣、宗室于太清樓觀《三朝寶訓》，賜御詩，又出《天人祥異書》。慶曆初，命侍臣即邇英、延義二閣與前史更讀。」所載足與《解題》相參證。至富弼所上書，乃名《三朝太平寶訓》，凡二十卷。《玉海》同卷「慶曆《三朝太平寶訓》亦曰《祖宗故事》，亦曰《太平故事》」條載：「《中興書目》：『《三朝太平寶訓》二十卷。《三朝政要釋明策備》。門類始於〈賞罰〉，終於〈延諫臣〉。一云〈納直諫〉。其間典法深大，今世不能遵守者，於逐事之後各釋其意。意相類者止釋一事，明白者不復釋。紹興八年七月，呂源為增釋，上之。慶曆三年九月，樞密副使富弼請考祖宗故事可行者爲書，言欲選官置局，將三朝典故，及久來諸司所行可用文字，分門類聚，編成一書。置在二府，俾爲模範，得以遵守。上嘉其奏。丙戌，命史館檢討王洙，集賢校理余靖、歐陽修，秘閣校理孫甫等同編，命弼領之，名曰《太平故事》。四年九月上之。凡九十六門，二十卷。弼爲〈序〉。凡三朝賞罰之權、威德之本、責任將帥之術、升黜官吏之法、息費強兵之制、禦戎平寇之略、寬民恤災之惠、睦親立教之本、御臣防患之機、察納諫諍之道，率編錄焉。」是《解題》稱其書爲《政要》，似未盡允恰。

三朝訓鑑圖十卷

《三朝訓鑑圖》十卷，學士李淑、楊偉等修纂。慶曆八年，偉初奉旨檢討三朝事迹，乞與淑共編，且乞製〈序〉。皇祐元年書成。頃在莆田，有售此書者，

亟求觀之，則已為好事者所得，蓋當時御府刻本也。卷為一冊，凡十事，事為一圖，飾以青赤。亟命工傳錄，凡字大小、行廣狹、設色規模，一切從其舊，斂衽鋪觀，如生慶曆、皇祐間，目睹聖作明述之盛也。按《館閣書目》載此書，云「繪采皆闕」。至《續書目》乃云：「得其全。」未知果當時刻本乎？抑亦摹傳也？

廣棪案：《玉海》卷第五十六〈藝文・圖〉「慶曆《三朝訓鑒圖》」條載：「慶曆八年八月庚辰，知制誥楊億被旨檢討三朝事迹，乞與內翰李淑同編纂，凡得祖宗故實事大體重者百條，爲十通，命待制高克明等設色其上。十月庚辰，御製序賜名，其〈序〉略曰：『太祖以神武肇基，太宗以英文紹復，思皇眞考，對越靈期，莫不兢業以臨朝機，憂勤而靖王略，總御臣之威柄，謹制世之令謨。朕明發聳慕，夕惕嚴祗，申詔信史，論次舊聞，得祖宗之故實事大體重者百條，繪采綴語，釐爲十通，設色在上，各載綱源，執簡嗣書，兼資義解，几杖勒銘。』圖取正酌古垂範，保邦守成，然而稽之先民，孰若稽之往訓。皇祐元年二月纂成進呈。十一月庚寅朔御崇政殿，召近臣及臺諫、館閣、宗室觀之。一云：『召觀於迎陽門。』當以崇政者為是。又鏤板印染，賜大臣宗室。其圖始於親征，下澤潞，平惟楊，終於眞宗禁中觀稼，飛山觀礮，凡百條。書曰：『皇祖有訓，鑒于先王成憲命名之義，允協於此。』舊目缺其圖，又誤以仁宗御製〈後序〉冠于卷首。」《續書目》：『采繪俱全。』《書目》：『《三朝訓鑒圖》十卷，李淑撰。仁宗御製〈序〉、今繪采皆闕。』光掩鑒古，輝映無逸。」可與《解題》相參證。《解題》謂：「頃在莆田，有售此書者，亟求觀之。」考直齋於寶慶三年（1227）至紹定元年（1228）充興化軍通判。興化軍治莆田，是直齋得見此書之御府刻本，殆在上述兩年之間。

三朝政要二十卷

《三朝政要》二十卷，宰相河南富弼彥國撰。慶曆三年，弼為樞副，上言選官置局，以三朝典故分門類聚，編成一書，以為模範。命王洙、余靖、孫甫、歐陽修同共編纂。四年書成，名《太平故事》，凡九十六門，每事之後各釋其意。至紹興八年，右朝議大夫呂源得舊印本，刊正增廣，名《政要釋明策備》，上之於朝。《館閣書目》指《政要》為《寶訓》，非也。

廣棪案：衢本《郡齋讀書志》卷第六〈雜史類〉著錄：「《三朝聖政錄》十卷，右皇朝富弼上言：『乞選官置局，將三朝典故，編成一書。』即命王洙、余靖、孫甫、歐陽修編修，分別事類，成九十六門。」與此爲同一書，惟卷數則不同，《郡齋讀書志》袁本作《三朝政要》二十卷。《玉海》卷第四十九〈藝文・政要寶訓〉「慶曆《三朝太平寶訓》」條載：「慶曆三年九月，樞密副使富弼請考祖宗故事可行者爲書，言欲選官置局，將三朝典故及久來諸司所行可用文字，分門類聚，編成一書。置在二府，俾爲模範，得以遵守。上嘉其奏。丙戌，命史館檢討王洙，集賢校理余靖、歐陽修，秘閣校理孫甫等同編，命弼領之，名曰《太平故事》。四年九月上之。凡九十六門，二十卷，弼爲〈序〉。凡三朝賞罰之權，威德之本，責任將帥之術，升黜官吏之法，息費強兵之制，禦戎平寇之略，寬民恤災之惠，睦親立教之本，御臣防患之機，察納諫諍之道，率編錄焉。」則此書又名《三朝太平寶訓》。孫猛《郡齋讀書志校證》曰：「《三朝聖政錄》十卷，袁本作《三朝政錄》二十卷。《書錄解題》卷五〈典故類〉著錄《三朝政要》二十卷，云：『宰相河南富弼彥國撰。慶曆三年，弼爲樞副，上言：「選官置局，以三朝典故分門類聚，編成一書，以爲模範。」命王洙、余靖、孫甫、歐陽修同共編纂。四年書成，名《太平故事》，凡九十六門，每事之後各釋其意。至紹興八年，右朝議大夫呂源得舊印本，刊正增廣，名《政要釋明策備》，上之於朝。《館閣書目》指《政要》爲《寶訓》，非也。』《山堂考索・前集》卷十六、《玉海》卷四十九俱引《中興書目・三朝太平寶訓》，其解題大體與《書錄解題》相同，唯如陳氏言，誤綴《三朝太平寶訓》題下。《三朝政錄》，《玉海》云又稱《祖宗故事》。《遂初堂書目・國史類》有《祖宗故事》，〈宋志〉卷二〈故事類〉有王洙《祖宗故事》二十卷，《通志・藝文略》卷三〈雜史類〉有《太平故事》二十卷，殆亦即此書，是此書一書數名，俱二十卷。」孫氏所考不誤。然則《解題》謂：「《館閣書目》指《政要》爲《寶訓》，非也。」所考反不確當矣。

兩朝寶訓二十卷

《兩朝寶訓》二十卷，禮部郎中長樂林希子中編進，用天聖故事也。元豐六年表上。

廣棪案：《玉海》卷第四十九〈藝文・政要寶訓〉「元豐《兩朝寶訓》」條載：「元豐五年六月八日戊午，宰臣王珪言：『天聖中修《眞宗正史別錄》、《三朝寶訓》，以備省覽。今當修仁、英《兩朝寶訓》。』詔吏部郎曾肇、著作佐郎林希編修。至六年四月十九日書成，凡二十卷。希上之，賜銀、絹二百。紹興六年五月，希子虞以副本來上。始於〈孝德〉，終於〈治吏〉，分七十六門。」所記較《解題》爲翔實。希，《宋史》卷三百四十三〈列傳〉第一百二有傳。其〈傳〉曰：「林希字子中，福州人。舉進士，調涇縣主簿，爲館閣校勘、集賢校理。神宗朝，同知太常禮院。皇后父喪，太常議服淺素，希奏：『禮，后爲父降服期。今服淺素，不經。』及遣使高麗，希聞命，懼形於色，辭行。神宗怒，責監杭州樓店務。歲餘，通判秀州，復知太常禮院，遷著作佐郎、禮部郎中。元豐六年，詔修《兩朝寶訓》，上之。元祐初，歷秘書少監、起居舍人、起居郎，進中書舍人。言者疏其行誼浮僞，士論羞薄，不足以玷從列。以集賢殿修撰知蘇州，更宣、湖、潤、杭、亳五州，加天章閣待制。」是希曾任著作佐郎，又任禮部郎中。《解題》、《玉海》均不誤。

仁皇訓典六卷

《仁皇訓典》六卷，翰林侍講范祖禹撰。元祐八年經筵所上。凡三百十七條，大略亦用「寶訓」體。

廣棪案：《玉海》卷第四十九〈藝文・政要寶訓〉「元祐《仁皇訓典》」條載：「《書目》：『六卷，凡三百一十七事。』國史修撰范祖禹採仁宗聖政數百事編錄成書，名《仁宗訓典》。元祐七年進，凡六卷。范祖禹作〈序〉，云：『祖宗以聖繼聖，其治尙仁，而仁宗得其粹焉。古者爲書以勸戒人君，唐吳兢作《貞觀政要》，仁宗命史臣編《三朝寶訓》，神宗亦論次兩朝事，陛下又命臣以神宗之訓，上繼五朝，以備邇英進講。臣竊惟仁宗，言爲謨訓，動爲典則，實守成之規矩，致治之準繩，謹錄天禧以來，迄于嘉祐五十年之事，凡三百十有七篇，爲六卷，名曰《仁宗訓典》。首〈上性〉、〈至孝〉，次〈卻繖〉、〈扇卜〉、〈廟門〉，次錄〈囚徒〉，終於〈仁民〉、〈愛物〉。此書惟紀述仁政大略，學問之事爲別錄，具于〈帝學篇〉。元祐七年十一月癸巳上。』一本云：『元祐七年十二月辛亥乞撰錄成書，八年正月十九日進。』《長編》同。〈序〉亦云：『八年正月上。建炎四年七月己巳詔范沖上之，并〈帝學〉。』」是此書范祖禹〈序〉作「元祐七年十一月癸巳上」，《續資治通鑑長編》作「八年正月十九日進」，《解題》則依《長編》也。祖禹字淳甫，一字夢得，《宋史》卷三百三十七〈列傳〉第九十六附從祖〈范鎭〉。其〈傳〉謂祖禹「拜翰林學士，以其叔百祿在中書，改侍講學士。百祿去，復爲之」；故《解題》稱祖禹爲「翰林侍講」。〈傳〉又曰：「祖禹嘗進《唐鑑》十二卷、《帝學》八卷，《仁宗政典》六卷。而《唐鑑》深明唐三百年治亂，學者尊之，目爲

『《唐鑑》公』。」是《宋史》稱此書爲《仁宗政典》，未得其當也，應作《仁皇訓典》爲是。

歷代年號并宮殿等名一卷

《歷代年號並宮殿等名》一卷，丞相饒陽李昉明叔在翰苑時所纂。

廣棪案：《郡齋讀書志》卷八〈地理類〉著錄：「《歷代宮殿名》一卷，翰林承旨李昉等纂。歷代及僭僞宮殿、門闕、樓觀、園苑、池館名，無不畢錄。」《玉海》卷第一百五十八〈宮室・宮四〉「開寶《歷代宮殿名》」條載：「《書目》：『一卷，開寶中，翰林學士李昉承詔，以前代宮殿、池苑、臺觀、門闕名號見於載籍者，集爲一篇，上之。』古者天子之居，總言宮。其別名皆曰堂，明堂是也。《詩》言『自堂徂基』，《禮》言『天子之堂』，初未有稱殿者。《秦紀》言『作阿房、甘泉前殿』，疑起於秦時。」是《歷代宮殿名》本自爲一書。《宋史》卷二百三〈志〉第一百五十六〈藝文〉二〈別史類〉著錄：「李昉《歷代年號》一卷。」又同書卷二百四〈志〉第一百五十七〈藝文〉三〈地理類〉著錄：「李昉《歷代宮殿名》一卷。」是《年號》與《宮殿名》分作二書，各爲一卷。《解題》既將二書合併，應作二卷，今作一卷者，恐誤。昉字明遠，深州饒陽人。《宋史》卷二百六十五〈列傳〉第二十四有傳。其〈傳〉曰：「宋初，加中書舍人。……開寶二年召還，復拜中書舍人。……三年知貢舉。五年復知貢舉。……明年五月復拜中書舍人、翰林學士。」則此書昉開寶六年（973）拜翰林學士時所纂。

朝制要覽五十卷

《朝制要覽》五十卷，屯田郎中宋咸撰。此書傳於陸放翁氏，放翁書其後曰：「先君會稽公晚歲喜觀，間為子弟講論因革，率至夜分。」會稽公者，其父宰元鈞也。其書作於嘉祐中，皆國初故實，觀之使人有感焉。

廣棪案：《玉海》卷第六十九〈禮儀・禮制下〉「嘉祐《朝制要覽》」條載：「《書目》：『十五卷，凡四十門。嘉祐中，宋咸撰。載朝廷制作、有司儀式。』」《宋史》卷二百三〈志〉第一百五十六〈藝文〉二〈故事類〉著錄：「宋咸平《朝制要覽》十五卷。」是此書應作十五卷，《解題》作五十卷，誤；而〈宋志〉撰人作宋咸平，亦誤。咸字貫之，福建建陽人。《宋史翼》卷二十三〈列傳〉第二十三〈儒林〉一有傳。至《解題》謂「此書傳於陸放翁氏」。劉兆祐《宋史藝文志史部佚籍考》上編〈已佚而無輯本者〉（五）〈故事類〉考之曰：「《朝制要覽》一五卷，宋宋咸撰。……考《渭南文集》（卷二七）載〈跋朝制要覽〉，云：『先君會稽公晚歲喜觀此書，間為子弟講論因革，率至夜分。先君捐館舍三十四年，統得此於故廬，伏讀悲哽，敬識卷末。』此〈跋〉書于淳熙八年（1181），然則此書殆亡于宋、元之際。」游父宰，《宋史》無傳。《宋人傳記資料索引》載：「陸宰（1088～1148），字元鈞，山陰人，佃子。以朝請大夫直秘閣。紹興間建秘閣，求天下遺書，首命紹興府錄宰家書，凡萬三千卷。紹興十八年卒，年六十一。有《春秋後傳補遺》一卷。」游字務觀，晚號放翁，越州山陰人。《宋史》卷三百九十五〈列傳〉第一百五十四有傳。

景德會計錄六卷

《景德會計錄》六卷，丞相吳郡丁謂謂之撰。時為三司使。〈序〉言：「歲收兩京十七路帳籍四萬四百有七，日入疾徐事一千五百，文移倍之。倣李吉甫《國計簿》、賈耽《國要圖》，總其目得四十，列為六卷，一〈戶賦〉，二〈郡縣〉，三〈課入〉，四〈歲用〉，五〈祿食〉，六〈雜記〉。」大抵取景德中一年為準。

廣棪案：《郡齋讀書志》卷第八〈儀注類〉著錄：「《景德會計錄》六卷。右皇朝丁謂謂之撰。謂景德中纂三司戶口稅賦之入，及兵食吏祿之費，會計天下每歲出納羸虧之數，李吉甫《元和國計圖》之類是也。書成奏御。」《玉海》卷第一百八十五〈食貨・會計〉「《景德會計錄》」條載：「景德四年七月丙子，權三司使丁謂言：『戶部狀景德三年戶口數，總户七百四十一萬七千五百七十，口一千六百二十八萬二百五十四。比咸平六年，計增五十五萬三千四百一十戶，二百萬二千二百一十四口。賦入之數，總六千三百七十三萬一千二百二十九貫石匹斤。比咸平六年，計增三百四十六萬五千二百九。切以版圖之設，生齒必登，所以一其租庸，辨其眾寡。前朝丁黃之數，悉載縑緗；國家幅員萬里，阜成兆民。惟國用之缺書，由有司之曠職。臣今以景德三年民賦戶口之籍，較咸平六年，具上史館，望歲較其數以聞。』從之。三年十二月，三司使丁謂始立比較轉運之法。八月丁巳，丁謂上《景德會計錄》，詔獎之，以其書付祕閣。凡六卷，一〈戶賦〉，二〈郡縣〉，三〈課入〉，四〈歲用〉，五〈祿食〉，六〈雜記〉。眾務之劇，莫先會府。歲收兩京十七路圖籍四萬四千百一十七，日入事一千五百，移文廣棪案：應作「文移」。倍之。十二月詔諸道軍儲之數，籍於密院。初咸平五年四月壬午，詔三司置籍，較天下户口之數。《中興書目》:『共六門，總四十目。集戶賦、郡縣、課入、歲用、祿食出納之數，以一歲爲準。』張方平曰:『慶曆五年，諸路鹽酒商稅歲課，比《景德會計錄》增三數倍以上。』」均足與《解題》相參證。《解題》謂:「大抵取景德中一年爲準。」據《玉海》，則知所取爲準之年乃景德三年也。丁謂字謂之，後更字公言，蘇州長洲人。《宋史》卷二百八十三〈列傳〉第四十二有傳。其〈傳〉謂:「景德四年，契丹犯河北。……明年，召爲右諫議大夫，權三司使。上《會計錄》，以景德四年民賦戶口之籍，較咸平六年之數，具上史館，請自今以咸平籍爲額，歲較其數以聞。詔獎之。」是《宋史》則言「以景德四年民賦戶口之籍」爲準，較以《玉海》所載，則恐乃「景德三年」之訛也。

皇祐會計錄六卷

《皇祐會計錄》六卷，樞密信都田況元均權三司使時所撰。倣景德之舊，取一歲最中者為準。又為〈儲運〉一篇，以補其闕。

廣棪案:《郡齋讀書志》卷第八〈儀注類〉著錄:「《皇祐會計錄》六卷。右皇朝田況元鈞撰。況兩爲三司使，謂『夏戎阻命之後，增兵比之景德幾一倍，加之吏員益繁，經費日侈，民力甚疲。乃約丁謂《會計錄》，以皇祐財賦所入多於景德，而其出又多於所入，著成此書上之，庶幾朝廷稽祖宗之舊，省浮費以裕斯民』云。」《玉海》卷第一百八十五〈食貨·會計〉「《皇祐會計錄》」條載:「《書目》:『田況撰，六卷，每卷別爲題辭。』皇祐二年，田況爲三司使，約《景德會計錄》，以今財賦所入多於景德；其歲所出又多於所入。因撰《皇祐會計錄》，略依丁謂所述，集成六卷。一〈戶賦〉、二〈課入〉、三〈經費〉、四〈儲運〉、五〈祿賜〉、六〈雜記〉，其出入之數，取一年最中者爲準。如謂所錄郡縣、疆理，復以宮館、祠宇附焉；此皆不取。至於糧芻運餽，國之大計，特爲〈儲運〉一篇補其缺。上嘉之。況爲三司使，金穀利害，纖悉備舉，議者謂三司使自陳恕、李士衡之後，惟況稱職。崔伯易曰:『以皇祐之書，較景德之《錄》，雖增田三十四萬餘頃，反減賦七十一萬餘斛。』」足資參證。況字元鈞，其先冀州信都人。《宋史》卷二百九十二〈列傳〉第五十一有傳。其〈傳〉謂況「遷給事中，召爲御史中丞。既至，權三司使，加龍圖閣學士、翰林學士。況鉤考財賦，盡知其出入，乃約《景德會計錄》，以今財賦所入，多於景德，而歲之所出，又多於所入。因著《皇祐會計錄》上之。以禮部侍郎爲三司使。至和元年，擢樞密副使，遂爲樞密使。以疾，罷爲尚書右丞、觀文殿學士兼翰林侍讀學士，提舉景靈宮，遂以太子少傅致仕。卒，贈太子太保，謚宣簡。」可補《解題》之未及。

春明退朝錄三卷

《春明退朝錄》三卷，龍圖閣直學士常山宋敏求次道撰。所記多故實。其父宣獻公綬居第在春明坊，如晁氏稱昭德也。

廣棪案：《郡齋讀書志》卷第十三〈小說類〉著錄：「《春明退朝錄》三卷。右皇朝宋敏求次道撰。多記國朝典故。其〈序〉曰：『熙寧三年，予奉朝請於春明里，因纂所聞也。』」《讀書附志》卷上〈雜說類〉著錄：「《春明退朝錄》五卷。右宋常山公敏求所錄也。《郡齋讀書志》云：『《春明退朝錄》三卷。』希弁所藏一本三卷，又一本五卷，凡多七十有八條云。」是此書分三卷、五卷兩種，五卷本較三卷本多七十八條也。敏求父綬，字公垂，趙州平棘人。卒贈司徒兼侍中，謚宣獻。《宋史》卷二百九十一〈列傳〉第五十有傳。其〈傳〉曰：「綬性孝謹清介，言動有常。為兒童時，手不執錢。家藏書萬餘卷，親自校讎，博通經史百家，其筆札尤精妙。朝廷大議論，多綬所裁定。楊億稱其文沈壯淳麗，曰：『吾殆不及也。』及卒，帝多取所書字藏禁中。初郊祀，綬攝太僕卿。帝問儀物典故，占對辨洽，因上所撰《鹵簿圖》十卷。」可見綬為人之一斑。敏求字次道，龍圖閣直學士，《宋史》附〈宋綬〉。

先朝政範一卷

《先朝政範》一卷，直集賢院徂徠石介守道編進。自〈任將〉至〈悔過〉凡十二篇。

廣棪案：《秘書省編到四庫闕書目》卷二〈子類・雜家〉著錄：「孫甫《先朝政範》一卷。闕。」葉德輝考證本。是此書或作孫甫撰。甫字之翰，許州陽翟人。《宋史》卷二百九十五〈列傳〉第五十四有傳。其〈傳〉曰：「是歲，詔三館臣僚言事。甫進十二事，按祖宗故實，校當世之治有所不逮者，論述以為諷諫，名《三聖政範》。改右正言。」是此書另名《三聖政範》，甫進十二事，每事為篇，凡十二篇。石介字守道，袞州奉符人。《宋史》卷四百三十三〈列傳〉第一百九十一〈儒林〉二有傳。其〈傳〉未記《先朝政範》之撰作事，故疑《解題》有誤。《玉海》卷第四十九〈藝文・聖政〉「慶曆《三聖政範》」載：「慶曆中，詔三館臣僚言事，秘閣校理孫甫撰《三聖政範》以進，凡十三事一本作《三朝政事》十三篇以進。皆治體之要。大略以祖宗故事，校當世治有所不逮者，論述為諷諫。仁宗嘉納之，改右正言，知諫院。」證之《解題》與《宋史》，疑《玉海》之「十三事」應爲「十二事」，「十三篇」應爲「十二篇」。《玉海》同卷〈藝文・聖政〉「《三朝聖政錄》」條又載：「嘉州判官石介撮取太祖、太宗、眞宗三聖之政爲書，凡十九條。始〈君道〉、〈英斷〉，〈謹惜名器〉，終〈戒貪吏〉，每篇末自爲贊，以申諷諭。〈序〉曰：『唐吳兢爲《貞觀政要》，臣竊效之，作《三朝聖政錄》。』韓琦爲〈序〉，謂：『上以述列聖之美，次以達一人之聽。』」綜《玉海》所載，是此書乃孫甫撰，石介所撰者爲《三朝聖政錄》，直齋不免有誤。

尊號錄一卷

《尊號錄》一卷，丞相安陸宋庠公序撰。大意以為「徽號夸詡非古，而我祖宗往往謙遜不居，猶願超然遠覽，盡屏前號」。其愛君以德歟？至神宗遂卻不受，至於今行之。

廣棪案：《讀書附志》卷上〈類書類〉著錄：「《尊號錄》一卷。右宋元憲公所編也。自漢至於仁宗，有序有評有贊。龍圖閣學士、提舉寶籙宮宋康年進。」《玉海》卷第五十八〈藝文・錄〉「熙寧《聖朝徽名錄》」條載：「宋庠《尊號錄》一卷，自漢至仁宗。有序、評、贊。」足與《解題》相參證。《宋史》卷二百三〈志〉第一百五十六〈藝文〉二〈故事類〉著錄：「宋祥《尊號錄》一卷。」「祥」乃「庠」之訛。庠字公序，安州安陸人。《宋史》卷二百八十四〈列傳〉第四十三有傳。其〈傳〉載：「庠自應舉時，與祁俱以文學名擅天下，儉約不好聲色，讀書至老不倦。善正訛謬，嘗校定《國語》，撰《補音》三卷。又輯《紀年通譜》，區別正閏，爲十二卷。《掖垣叢志》三卷、《尊號錄》一卷、《別集》四十卷。」是此書確爲庠所撰。

輔弼名對四十卷

《輔弼名對》四十卷，天禧中前進士劉顏編。自漢迄五代為四十門。

廣棪案：《郡齋讀書志》卷第七〈職官類〉著錄：「《輔弼名對》四十卷、《目錄》一卷。右皇朝劉顏撰。纂西漢迄五代群臣應對之名者。汲黯有『天子置公卿輔弼之臣，寧令從諛承意，陷主不誼』之言，顏取以名其書。天聖初，馮元爲侍講，上之。顏嘗爲令，坐事免，由是詔復其官。」所考較《解題》爲詳明。惟《崇文總目》卷二〈職官類〉著錄：「《輔弼召對》四十卷，劉顏撰。繹按：《讀書後志》、《書錄解題》、《通志略》，『召對』並作『名對』。《通攷》與此同，又重出一部，亦作『名』。」錢東垣輯釋本。則此書或稱《輔弼召對》，疑「召」、「名」字形相近，故《崇文總目》誤之矣。顏，《宋史》卷四百三十二〈列傳〉第一百九十一〈儒林〉二載：「劉顏字子望，彭城人。少孤好古，學不專章句。師事高弁。舉進士第，以試祕書省校書郎，知龍興縣，坐法免。久之，授徐州文學。居鄉里，教授數十百人。採漢、唐奏議爲《輔弼名對》。馮元、劉筠、錢易、滕涉、蔡齊上其書，除任城主簿。歲饑，發大姓所積粟，活數千人。李迪知袞州、青州，皆辟爲從事。卒，著《儒術通要》、《經濟樞言》復數十篇。石介見其書，歎曰：『恨不在弟子之列。』子庠，自有傳。」《宋史》卷二百七〈志〉第一百六十一〈藝文〉六〈類事類〉亦著錄：「劉顏《輔弼名對》四十卷。」

青社賑濟錄一卷

《青社賑濟錄》一卷，丞相富文忠公弼，青州捄荒施行文牘也。

廣棪案：弼字彥國，河南人。《宋史》卷三百一十三〈列傳〉第七十二有傳。其〈傳〉曰：「夏竦不得志，中弼以飛語。弼懼，求宣撫河北，還，以資政殿學士出知鄆州。歲餘，讒不驗，加給事中，移青州，兼京東路安撫使。河朔大水，民流就食。弼勸所部民出粟，益以官廩，得公私廬舍十餘萬區，散處其人，以便薪水。官吏自前資、待缺、寄居者，皆賦以祿，使即民所聚，選老弱病瘠者廩之，仍書其勞，約他日爲奏請受賞。率五日，輒遣人持酒肉飯糗慰藉，出於至誠，人人爲盡力。山林陂澤之利可資以生者，聽流民擅取。死者爲大冢葬之，目曰『叢冢』。明年，麥大熟，民各以遠近受糧歸，凡活五十餘萬人，募爲兵者萬計。帝聞之，遣使褒勞，拜禮部侍郎。弼曰：『此守臣職也。』辭不受。前此，救災者皆聚民城郭中，爲粥食之。蒸爲疾疫，及相蹈藉，或待哺數日不得粥而仆，名爲救之，而實殺之。自弼立法簡便周盡，天下傳以爲式。」此《錄》當即弼加給事中，移青州，兼京東路安撫使時記青社賑濟及救荒施行之文牘也。《宋史》卷二百三〈志〉第一百五十六〈藝文〉二〈故事類〉著錄：「富弼《救濟流民經畫事件》一卷。」疑與此同屬一書。

元豐問事錄二卷

《元豐問事錄》二卷，光祿寺丞李德芻撰。德芻，邯鄲李淑之子，元豐中為詳定官制檢討文字，詔旨所問奏藁，錄為此書。

廣棪案：《宋史》卷二百九十一〈列傳〉第五十〈李若谷〉載：「李若谷字子淵，徐州豐人。……子淑。」所附〈李淑〉載：「淑字獻臣，子壽朋、復圭。」然未載有子德芻。《解題》此條足補《宋史》之闕。劉攽《彭城集》卷二十〈制誥〉「〈秘書省校書郎李德芻可集賢校理依舊充校書郎制〉」條載：「秘書外府、麗正內殿，圖籍之所聚集，儒藝之所游處。有志之士，不以留滯爲恨；宿宮之人，必用課最而進。由外至內，實爲峻遷。爾夙聯校讎，綿茲歲月，惟才與久，皆當甄錄。貼以職名，未離舊守，其以進用爲榮，而無留滯之念。」是德芻升集賢殿校理，而仍充秘書省校書郎。蘇頌《蘇魏公文集》卷三十三〈外制〉「〈大理評事李德芻可光祿寺丞〉」條載：「敕具官某，考課之法，豈所以待俊異之倫。然官久不遷，則能者何勸。以爾文雅修潔，善承世風，仕于京司，蔚有美稱。姑用四載之陟，稍進一官之榮，益懋遠圖，以光慶閥。可。」是德芻以大理評事而遷光祿寺丞也。德芻生平宦歷，可考者如此。至此書情事，則無法多考矣。

官制局紀事一卷

《官制局紀事》一卷，李德芻奉旨編。錄置局以來命官等事。

廣棪案：此書無可考，《解題》謂「錄置局以來命官等事」。考《宋史》卷一百六十三〈志〉第一百一十六〈職官〉三〈吏部〉載：「元豐官制行，六曹尙書、侍郎爲長貳，郎官理郡守以上資任者爲郎中，通判以下資序者爲員外郎。除授皆視寄祿官，高一品以上者爲『行』，下一品者爲『守』，下二品以下者爲『試』，品同用者不用行、守、試，餘職準此。」足證神宗元豐時曾設局行官制。其他相關資料，《宋史・職官志》尙多，足資參考。

中書備對十卷

《中書備對》十卷，太常丞檢正戶房公事管城畢仲衍夷仲撰。凡一百二十五門，附五十八事。

廣棪案：《郡齋讀書志》卷第七〈職官類〉著錄：「《中書備對》十卷。右皇朝元豐三年畢仲衍承詔編次。〈序〉曰：『《周官》所謂會要者，正今日中書所宜有，自漢迄唐，莫知議此。今編成十卷，凡一百二十五門，附五十八事。』李清臣嘗與許將書云：『《備對》乃吳正憲公居宰路，以聖問多出意表，故令中書掾畢君爲之。其時預有畫旨，諸司遇取會不許濡滯。如此尚歷數年乃就，後雖有改革，然事亦可概見也。』」《玉海》卷第五十一〈典故會要〉「元豐《中書備對》」條載：「元豐三年八月戊子，檢正畢仲衍奏：『《周官》冢宰歲終令百官府正其治，受其會，而詔王廢置，小宰受群吏之要，宰夫以八職待王之詔令，可謂約而詳。漢、唐莫克議此，故有錢穀決獄不克對者，創自盧意，俾加纂集，一本云：「元年閏正月，命檢正畢仲衍編修《中書備對》。」凡爲一百二十五門，附五十八事，分爲六卷，事目多者分上、中、下，共爲十卷。』八月十二日庚子。詔寫一本納執政，分令諸房揭貼。上以此書乃臣備君問，不當奏御，詔納執政。……《書目》：『《中書備對》十卷，畢仲衍承詔編次國家內外官制、諸道賦入、禮儀法律等，凡二百二十五門。』宰相吳充以聖問多出意表，請為此書。」《郡齋讀書志》與《玉海》所載，可悉此書撰作之背景，並補《解題》之未及。惟《玉海》所引《中興館閣書目》謂此書「凡二百二十五門」，「二百」應作「一百」。至畢仲衍字夷仲，《宋史》卷二百八十一〈列傳〉第四十附其曾祖〈畢士安〉。其〈傳〉謂仲衍「舉進士第，調沈丘令。歐陽修、呂公著薦之，入司農爲主簿，升丞。吳充引爲中書檢正」。與《讀書志》、《玉海》合。惟又謂仲衍「撰《中書備對》三十卷，士大夫家爭傳其書」則卷數不合。考《宋史》卷二百三〈志〉第一百五十六〈藝文〉二〈故事類〉著錄：「畢仲衍《中書備對》十卷。」是《宋史》仲衍本傳之「三十卷」，乃「十卷」之誤。

呂申公掌記一卷

《呂申公掌記》一卷，丞相申國呂公著晦叔撰。在相位所記人材已用、未用名姓，及事當行、已行條目。

廣棪案：公著字晦叔，元祐四年薨，贈申國公，故此書名「呂申公」。《宋史》卷三百三十六〈列傳〉第九十五有傳。其〈傳〉謂公著於「元祐元年，拜尚書右僕射兼中書侍郎。三省並建，中書獨爲取旨之地。乃請事于三省者，與執政同進呈，取旨而各行之。又執政官率數日一聚政事堂，事多決於其長，同列莫得預。至是，始命日集，遂爲定制。與司馬光同心輔政，推本先帝之志，凡欲革而未暇，與革而未定者，一一舉行之。民讙呼鼓舞，咸以爲便。光薨，獨當國，除吏皆一時之選」。是公著在相位，甚善選用人材也。此書應元祐間作。其〈傳〉又謂公著「與人交，出於至誠，好德樂善，見士大夫以人物爲意，必問其所知與其所聞，參互考實，以達于上。……神宗嘗言其於人材不欺，如權衡之稱物」。則此書蓋公著爲選用人材而作之記也。其書既記人材之已用者，又記未用者；且記爲相時事之當行者，與已行者。條目分明，則公著用心輔政，勤於任事可知矣。惜此書已佚，其他公私書目亦未有著錄之者。《宋史》卷二百八〈志〉第一百六十二〈藝文〉七〈別集類〉著錄：「《呂申公試卷》一卷。」則用以科舉考試，與此非同一書也。

元祐榮觀集五卷

《元祐榮觀集》五卷，左朝奉大夫權太學正汪浹撰。記元祐六年視學本末，并群臣所上詩、賦、頌、表之類。張舜民芸叟為之〈序〉。

廣棪案：《玉海》卷第一百十三〈學校・視學〉「元祐幸太學、《榮觀集》」條載：「元祐六年十月十五日庚午，朝獻景靈宮，退幸國子監，詣文宣王殿行釋奠禮，一獻再拜。幸太學，御崇化堂，召宰臣、執政官、親王，賜坐。監官侍立，學生坐東西廡。侍講吳安詩執經，祭酒豐稷講〈無逸〉終篇。國子監進書籍，凡七十部軸，上命留《論語》、《孟子》各一部，遂幸武成王廟，肅揖酌獻，賜稷三品服，學官賜帛。先是八月戊子朔，學士范百祿請視學，故有是舉。《書目》有《元祐幸大學儀》一卷。《書目》：『元祐六年十月庚午，釋奠大學。禮成，學正汪浹記視學始末，及以詩章、賦頌、奏記類爲《榮觀集》五卷。』可與《解題》相參證。浹，《宋史》無傳。《宋史》卷二百三〈志〉第一百五十六〈藝文〉二〈故事類〉著錄：「汪浹《榮觀集》五卷。」又同書卷二百九〈志〉第一百六十二〈藝文〉八〈總集類〉著錄：「汪浹《元祐榮觀集》五卷。」〈宋志〉乃將一書作兩處著錄。舜民字芸叟，邠州人。《宋史》卷三百四十七〈列傳〉第一百六有傳。舜民有《畫墁集》一百卷，久佚。《四庫》館臣據《永樂大典》輯得八卷。舜民所撰此書〈序〉，不在《四庫全書》本中。

泰陵故事二十卷

《泰陵故事》二十卷，不著名氏。皆敘宣仁臨朝九年中制誥、表章、奏議之屬。

廣棪案：泰陵，即永泰陵之省稱。《宋史》卷十八〈本紀〉十八〈哲宗〉二載：

「(元符三年)四月己未,上謚曰欽文睿武昭孝皇帝,廟號哲宗。七月丁卯,以謚號冊寶奏告天地、宗廟、社稷。八月壬寅,葬于永泰陵。」《泰陵故事》二十卷,即敘哲宗朝故事。〈哲宗本記〉又載:「哲宗以沖幼踐阼,宣仁同政。」宣仁者,英宗之后。《宋史》卷二百四十二〈列傳〉第一〈后妃〉上有〈英宗宣仁聖烈高皇后〉。其〈傳〉曰:「英宗宣仁聖烈高皇后,亳州蒙城人。……神宗立,尊爲皇太后,居寶慈宮。……元豐八年(1085),帝不豫,浸劇。宰執王珪等入問疾,乞立延安郡王爲皇太子,太后權同聽政,帝頷之。……哲宗嗣位,尊爲太皇太后。…….臨政九年,朝廷清明,華夏綏定。…….元祐八年(1093)九月,屬疾崩,年六十二。」是此書乃記宣仁聖烈高皇后元豐八年至元祐八年臨政九年中之制誥、表章、奏議也。惜書已散佚,無法詳悉矣。

四明尊堯集一卷

《四明尊堯集》一卷,司諫延平陳瓘瑩中撰。專辨王安石《日錄》之誣僭不孫,與配食坐像之為不恭。瓘初在諫省,未以安石為非,合浦所著《尊堯集》,猶回隱不直,末乃悔之,復為此書。以謂蔡卞專用《日錄》以修《神宗實錄》,薄神考而厚安石,尊私史而壓宗廟,以是編類其語,得六十五條,總而論之。坐此羈管台州。

廣棪案:瓘字瑩中,南劍州沙縣人。《宋史》卷三百四十五〈列傳〉第一百四有傳。其〈傳〉曰:「瓘嘗著《尊堯集》,謂紹聖史官專據王安石《日錄》改修神宗史,變亂是非,不可傳信;深明誣妄,以正君臣之義。張商英爲相,取其書;既上,而商英罷,瓘又徙台州。宰相遍令所過州出兵甲護送;至台,每十日一徙告;且命凶人石悈知州事,執至庭,大陳獄具,將脅以死。瓘揣知其意,大呼曰:『今日之事,豈被制旨邪!』悈失措,始告之曰:『朝廷令取《尊堯集》爾。』瓘曰:『然則何用許。使君知「尊堯」所以立名乎?蓋以神考爲堯,主上爲舜,助舜尊堯,何得爲罪?時相學術淺短,爲人所愚。君所得幾何,乃亦不畏公議,干犯名分乎?』悈慚,揖使退。所以窘辱之百端,終不能害。宰相猶以悈爲怯而罷之。在台五年,乃得自便。纔復承事郎,帝批進目,以爲所擬未當,令再敘一官,仍與差遣,執政持不行。卜居江州,復有譖之者,至不許輒出城。旋令居南康,纔至又移楚。瓘平生論京、卞,皆披擿其處心,發露其情慝,最所忌恨,故得禍最酷,不使一日少安。宣和六年卒,年六十五。瓘謙和不與物競,閑居矜莊自持,語不苟發。通於《易》,數言國家大事,後多驗。靖康初，詔贈諫議大夫。……紹興二十六年，高宗謂輔臣曰：『陳瓘昔爲諫官，甚有讜議。近覽所著《尊堯集》，明君臣之大分，合於《易》天尊地卑及《春秋》尊王之法。王安石號通經術，而其言乃謂「道隆得駿者，天子當北面而問焉」，其背經悖理甚矣。瓘宜特賜謚以表之。』謚曰忠肅。」足與《解題》相參證。

尊堯錄八卷

《尊堯錄》八卷，延平羅從彥仲素撰。從彥師事楊時，而李侗又師從彥，所謂南劍三先生者也。從彥當靖康初，以為本朝之禍，起於熙、豐不遵祖宗故事，故採四朝事為此《錄》，及李沆、寇準、王旦、王曾、杜衍、韓琦、范仲淹、富弼、司馬光、程顥名輔巨儒十人言行，附於其後。末有〈別錄〉一卷，專載司馬光論王安石、陳瓘論蔡京奏疏，欲上之朝，不果。嘉定中，太守劉允濟得其書奏之，且為版行。

廣棪案：《玉海》卷第五十八〈藝文・錄〉：「嘉定《聖宋遵堯錄》」條載：「八卷，羅從彥撰。采祖宗故實可垂法後世者，纂錄辨釋。嘉定七年，南劍守臣劉允濟上之。」《玉海》所記，雖不及《解題》詳盡，然云「嘉定七年」，又云劉允濟爲「南劍守臣」，皆足補《解題》之闕略。從彥字仲素，南劍人。《宋史》卷四百二十八〈列傳〉第一百八十七有傳。其〈傳〉亦謂從彥「嘗采祖宗故事爲《遵堯錄》，靖康中，擬獻闕下，會國難不果。」與《解題》所記同。惟其書名作《遵堯錄》，較以《解題》有「起於熙、豐不遵祖宗故事」之語，則應作《遵堯錄》爲是。允濟，《宋史》無傳。陳耆卿《嘉定赤城志》卷三十三載：「劉允濟，字全之，黃巖人，允迪弟。淳熙五年進士，歷太常寺主簿，知南劍州，提舉福建常平，以中奉大夫提舉崇禧觀。」是允濟確曾知南劍州，與《玉海》所載合。

本朝事實三十卷

《本朝事實》三十卷，右承議郎李攸撰。館臣案：《文獻通考》作「李攸」。**雜錄故事，不成條貫統紀。**廣棪案：盧校注：「趙希弁《志》三十五卷。攸字好德，瀘州人。今四庫館搜輯尚有二十卷。」

廣棪案：《郡齋讀書志》卷第八〈儀注類〉著錄：「《本朝事實》三十卷。右皇朝李攸編次。雜纂國朝事儀注爲多。」與《解題》略同。《讀書附志》卷上〈類書類〉著錄：「《本朝事實》三十五卷。右莫詳編者姓氏。祖宗世次、登極紀元詔書、聖學、御製、郊廟、道釋、玉牒、公主、官職、爵邑、勛臣配享、宰執拜罷、科目儀注、兵刑律曆、籍田財用、削平僭僞、陞降州縣、經略夷狄之類，具載本末，又如〈聖德頌〉、〈旌忠碑〉之類皆載之。」此書實乃李攸所撰，《讀書附志》謂「莫詳編者姓氏」，則未細考；至著錄作三十五卷，亦誤。攸，《宋史》無傳，傅增湘《宋蜀文輯存作者考》載：「李攸字好德，蜀人。爲承議郎，政和初編輯《西山圖經》、《九域志》等書。紹興四年，張浚自川陵宣撫使入朝，約與俱，以家事辭。有《宋朝事實》。」所載《宋朝事實》即此書，蓋《四庫全書》據《永樂大典》輯此書，乃改題《宋朝事實》。

皇朝治迹統類七十三卷

《皇朝治迹統類》七十三卷，眉山彭百川叔融撰。略用袁樞《通鑑本末》條例，為前集四十卷；中興後事，為後集三十三卷。

廣棪案：《讀書附志》卷上〈類書類〉著錄：「《太平治迹統類》四十卷、《中興治迹統類》三十五卷。右倣《通鑑紀事本末》條例，統而類之。事撮其綱，辭舉其要，上自藝祖，而下至於孝宗，凡二百門云。眉山彭百川編集。」《宋史》卷二百三〈志〉第一百五十六〈藝文〉二〈故事類〉著錄：「彭百川《治迹統類》四十卷，又《中興治迹統類》三十卷。」是《讀書附志》與〈宋志〉所著錄《中興治迹統類》之卷數均與《解題》不同。百川此書後散佚，現僅存前集三十卷。《四庫全書總目》卷五十一〈史部〉七〈雜史類〉著錄：「《太平治迹統類》前集三十卷，江蘇巡撫採進本。宋彭百川撰。百川字叔融，眉山人。是書凡八十八門，皆宋代典故。《文獻通考》載前集四十卷，又後集三十三卷，載中興以後事。此本乃朱彝尊從焦竑家藏本鈔傳，但有前集不分卷數，又中間訛不勝乙。彝尊〈跋〉謂焦氏本卷帙次第，爲裝釘者所亂，傭書人不知勘正，別用格紙鈔錄，以致接處文理不屬。初，紹興中，江少虞作《皇朝事實類苑》，李攸又作《皇朝事實》，與百川此書，皆分門隸事。少虞書采摭雖富，而俳諧瑣事一一兼載，體例頗近小說。攸書於典制特詳，記事頗略。惟此書於朝廷大政，及諸臣事迹，條分縷析，多可與史傳相參考。雖傳寫久訛，而規模終具。闕其斷爛之處，而取其可以考見端委者，固與李心傳《建炎以來朝野雜記》，均一代記載之林矣。」據此，可知此書殘存之端倪。百川，《宋史》無傳。魏了翁《鶴山大全集》卷五十九〈跋〉有〈跋丹稜彭君墓誌銘〉，曰：「丹稜彭百川，始欲以紹熙之元，葬其親于墓之左。其宗人洋川，通守亙，嘗爲之〈銘〉。尋牽於陰陽拘畏之說，乃改卜。逮嘉定之二年十二月壬午，蔡始食月日，既與銘牾，則俾予識其末。嗚呼！自義理不競，封窆大事，乃盡操之巫史。鴻生學士，豈無尙論古制，習聞儒先者，而人所共疑，稍獨異，則紛然以爲是闊於人情。往往以緩者爲審，速者爲簡。彭君之葬，自庚戌迄今，一爲所怵，動至二十年，亦以不敢獨異耳。彭君飭身嗜學，卒老布韋，百川之通贍，當有以卒其志者。」是魏了翁亦稱百川通贍也。

皇朝事類樞要二百五十卷

《皇朝事類樞要》二百五十卷，蜀人張和卿編集。為一百五十門。蓋舉子答策之具也。

廣棪案：許肇鼎《宋代蜀人著作存佚錄》「縣籍不明作者及其著作」著錄：「張和卿，始末不詳。《皇朝事類樞要》二百五十卷〔《宋朝事類樞要》〕，佚。見《直齋書錄解題》卷五、《文獻通考》卷二百一、《國史經籍志・史類》；《蜀中廣記》卷九十二作《宋朝事類樞要》二百五十卷。」是此書及其作者均無法多考。

東家雜記二卷

《東家雜記》二卷，右朝議大夫孔傳撰。歷代追崇先聖故事，及孔林古跡。傳，蓋先聖四十七世孫也。

廣棪案：《郡齋讀書志》卷第九〈傳記類〉著錄：「《東家雜記》二卷。右皇朝孔傳撰。孔子四十七代孫也。纂其家舊聞軼事於此書。」與《解題》同。此書孔傳有〈序〉，曰：「先聖沒，逮今一千五百餘年，傳世五十。或問其族，則內求而不得；或審其家，則舌舉而不下。爲之後者，得無愧乎？傳竊嘗推原譜牒，參考載籍，則知鄭有孔張出於子孔、衛有孔達出於姬姓，蓋本非子氏之後而徙居於魯者，皆非吾族。若乃歷代褒崇之典，累朝班賚之恩，寵數便蕃，固可以枚陳而列數，以至驗祖壁之遺書，訪闕里之陳迹，荒墟廢址，淪沒於春蕪秋草之中者有之，故老世傳之，將使聞見之所未嘗者，如接於耳目之近。於是纂其軼事，綴所舊聞，題曰《東家雜記》，好古君子得以覽觀焉。時巨宋紹興甲寅三月辛亥，四十七代孫、右朝議大夫知撫州軍州事，兼管內勸農使、仙源縣開國男、食邑三百戶、借紫，孔傳謹序。」《解題》、《郡齋讀書志》所述，皆據傳〈序〉隱括。依〈序〉所言，則此書殆成於紹興四年（1134）甲寅三月。《四庫全書總目》卷五十七〈史部〉十三〈傳記類〉一著錄：「《東家雜記》二卷，浙江范懋柱家天一閣藏本。宋孔傳撰。傳字世文，至聖四十七代孫。建炎初，隨孔端友南渡，遂流寓衢州。紹興中，官至右朝議大夫，知撫州軍州事，兼管內勸農使，封仙源縣開國男。是編成於紹興甲辰。上卷分九類。曰姓譜，曰先聖誕辰諱日，曰母顏氏，曰娶亓官氏，曰追封謚號，曰歷代崇封，曰嗣襲封爵沿改，曰改衍聖公，曰鄉官。下卷分十二類。曰先聖廟，曰手植檜，曰杏壇，曰後殿，曰先聖小影，曰廟柏，曰廟中古碑，曰本朝御製碑，曰廟外古蹟，曰齊國公墓，曰祖林古蹟，曰林中古碑。其時去古未遠，舊蹟多存，傳又生長仙源，事皆目睹，故所記特爲簡核。」可悉此書上下二卷分類之梗概。

長樂財賦志十六卷

《長樂財賦志》十六卷，知漳州長樂何萬一之撰。往在鄞學，訪同官薛師雍子然，几案間有書一編，大略述三山一郡財計，而累朝詔令申明沿革甚詳。其書雖為一郡設，於天下實相通。問所從得，薛曰：「外舅陳止齋修《圖經》，欲以為『財賦』一門，後緣卷帙多，不果入。」因借錄之，書無標目，以意命之曰《三山財計本末》。及來莆田，為鄭寅子敬道之，鄭曰：「家有何一之《長樂財賦志》，豈此耶？」復借觀之，良是。其間亦微有增損，末又有〈安撫司〉一卷，併鈔錄，附益為全書。

廣棪案：此書不可考。萬字一之，《宋史》無傳。《南宋館閣錄．官聯》上「著作郎」條載：「淳熙以後八人：何萬，字一之，長樂人。木待問榜進士及第。治《易》兼詩賦。四年正月除，是年六月罷。」又「秘書郎」條載：「淳熙以後七人：何萬，二年三月除，三年正月爲著作佐郎。」又「著作佐郎」條載：「淳熙以後六人：何萬，三年正月除，四年正月爲著作郎。」是萬於淳熙二年（1175）三月除秘書郎，三年（1176）正月除著作佐郎，四年（1177）正月除著作郎。至萬乃木待問榜進士，其年爲隆興元年（1163），《解題》卷十八〈別集類〉下著錄：「《鼎錄》三卷，《時議》一卷，三山何萬一之撰。隆興元年進士，仕爲都司，知漳州。」足相參證。是知萬除秘書郎前，曾任都司及知漳州，其事應在隆興元年後，淳熙二年前。薛師雍字子然，乃直齋掌教鄞學之同官。有關師雍之事迹，拙著《陳振孫之生平及其著述研究》曾考之，曰：「師雍，字子然，與直齋同官，蓋亦任鄞學教授矣，以其與直齋有學術往還，故特於學術友朋項下考之。《宋史》、《宋史翼》等均無師雍之傳，故其生平無法詳考。《解題》此條既載師雍稱陳止齋爲『外舅』，則必止齋之壻也。考止齋即陳傅良，《宋史》卷四百三十四〈列傳〉第一百九十三〈儒林〉四有傳。師雍之爲止齋壻，《止齋文集》卷之五十二蔡幼學所撰〈宋故寶謨閣待制致仕贈通議大夫陳公行狀〉有云：『公諱傅良，字君舉，姓陳氏。……女七人：長適迪功郎、新光化軍司理參軍潘子順，先卒；次適從政郎、福州連江縣丞薛師雍；次適迪功郎、新處州儒學教授林子熙；次適迪功郎、新福州連江縣尉徐沖；次適進士張紹；次適進士張疇；次未行。……嘉定元年十一月日，學生、朝議大夫、試尚書吏部侍郎兼侍講、兼直學士院蔡幼學狀。』觀是，則師雍確爲止齋次女之壻，嘉定元年戊辰（1208）之前即以從政郎任福州連江縣丞，而至嘉定十一年戊寅（1218）前後，則與直齋同官鄞縣教授。」至鄭寅，《宋史》無傳。《宋元學案》卷四十六〈玉山學案〉「鄭氏家學・直閣鄭先生寅」條載：「鄭寅，字子敬，忠惠子也。累官知吉州。召對，以言濟王冤狀忤權臣，黜。端平初，召爲左司郎，兼權樞密副都承旨。首請爲濟王立廟，又力陳三邊無備，宿患未除，正紀綱，抑僥倖，裁濫賞，汰冗兵，以張國勢。出知漳州，進直寶章閣。先生博習典故，得其外王父玉山之傳，李燔、陳宓皆重之。」玉山即汪應辰也。〈安撫司〉一卷，無可考。

內治聖監二十卷

《內治聖監》廣棪案：盧校注：《通考》「監」作「鑑」。**二十卷，起居舍人兼嘉王府贊讀清江彭龜年子壽撰。取列聖修身齊家教子、訓齊宗室、防制外戚宦官暬御等事，以紹熙五年表上之。光宗稱善，且曰：「祖宗家法最善，漢、唐所不及也。」**

廣棪案：《讀書附志》卷上〈類書類〉著錄：「《內治聖監》二十卷。右彭忠肅公龜年爲起居舍人兼皇子嘉王府直講日所進也。上自九重后妃世子，旁及宗藩戚里，下至官寺胥史，以類紀之，而外廷百司庶府不與焉。公字子壽，清江人，自號止堂。」《玉海》第卷一百三十〈官制・訓皇族〉「紹熙《內治聖鑒》」條載：「五年正月，右史彭龜年直前奏事，且進《內治聖鑒》二十卷，奏以祖宗家法，集爲此書。光宗曰：『祖宗家法最善，漢、唐所不及，待外戚尤嚴。』龜年曰：『此書宦官女子之防尤嚴，恐不得進御。』光宗曰：『不至是。』其目則略循《會要》之舊，其事則多本《長編》之書。名臣奏議亦錄。間其所見，又爲論著。」均可與《解題》相參證。《宋史》卷二百三〈志〉第一百五十六〈藝文〉二〈故事類〉著錄：「彭龜年《內治聖鑑》二十卷、《光宗聖政》三十卷。」是此書書名另作《內治聖鑑》，蓋監、鑑，古字通。龜年字子壽，臨江軍清江人。《宋史》卷三百九十三〈列傳〉第一百五十二有傳。其〈傳〉曰：「（龜年）尋除起居舍人，入謝，光宗曰：『此官以待有學識人，念非卿無可者。』龜年述祖宗之法，爲《內治聖鑑》以進。光宗曰：『祖宗家法甚善。』龜年曰：『臣是書大抵爲宦官、女謁之防，此曹若見，恐不得數經御覽。』光宗曰：『不至是。』他日，龜年奏：『臣所居之官，以記注人君言動爲職，車駕不過宮問安，如此書者又數十矣，恐非所以示後。』有旨幸玉津園，龜年奏：『不奉三宮，而獨出宴遊，非禮也。』又言：『陛下誤以臣充嘉王府講讀官，正欲臣等教以君臣、父子之道。臣聞有身教，有言教，陛下以身教，臣以言教者也，言豈若身之切哉！』是龜年固有所爲而撰此書者，蓋欲勸光宗致敬於壽皇孝宗也。

高宗聖政草一卷

《高宗聖政草》一卷，陸游在隆興初奉詔修《高宗聖政》，草創凡例多出其手，未成而去，私篋不敢留藁。他日追記得此，錄之而書其後，凡二十條。

廣棪案：《玉海》卷第四十九〈藝文・政要寶政聖政〉「乾道《光堯聖政》」條載：「隆興元年三月十六日，令編類聖政所修纂《光堯壽聖太上聖政》，凡大號令、大政事合遵行者並編類，每月投進。以淩景夏有請也。乾道二年閏九月二十九日己巳，日曆所上《聖政》六十卷。十月癸酉恭進，前期設次于德壽宮，其日皇帝詣德壽宮，以《聖政》冊北鄉躬進，凡九百五條。又御製〈序〉。〈序〉曰：『夙寤晨興，兢兢業業；惟大猷是經，舊章是循。』」是此書本六十卷，乾道二年閏九月日曆所上，凡九百五條。《宋史》卷二百三〈志〉第一百五十六〈藝文〉二〈故事類〉著錄：「《高宗聖政》六十卷。」與《玉海》同。《宋史》卷三百九十五〈列傳〉第一百五十四〈陸游〉載：「陸游字務觀，越州山陰人。……孝宗即位，遷樞密院編修官，兼編類聖政所檢討官。」是直齋所得者乃陸游追記之本，僅二十條，遠非原書六十卷、九百五條之舊。

高宗孝宗聖政編要二十卷

《高宗孝宗聖政編要》二十卷，《高宗聖政》五十卷，《孝宗聖政》五十卷，乾道、淳熙中所修，皆有御製〈序〉。此二帙，書坊鈔節，以便舉子應用之儲者也。

廣棪案：《玉海》卷第四十九〈藝文・政要寶訓聖政〉「乾道《光堯聖政》」條載：「隆興元年三月十六日，令編類聖政所修纂《光堯壽聖太上聖政》，凡大號令、大政事合遵行者並編類，每月投進。以淩景夏有請也。乾道二年閏九月二十九日己巳，日曆所上《聖政》六十卷。十月癸酉恭進。前期設次于德壽宮，其日皇帝詣德壽宮，以《聖政》冊北鄉躬進，凡九百五條。又御製〈序〉。〈序〉曰：『夙寤晨興，兢兢業業，惟大猷是經，舊章是循。』」是《高宗聖政》六十卷，孝宗御製〈序〉。《解題》作五十卷，誤。《玉海》同卷「紹熙《孝宗聖政》」條載：「淳熙十六年二月二十九日有旨，令編類《壽皇聖政》。紹熙三年十二月四日上，五十卷。御製〈序〉。十二月壬寅進呈，癸卯詣宮恭進，凡六百四十一條，五十冊。〈序〉曰：『寶章玉冊，希闊之典。備於三宮，廟謨宸斷。溫厚之辭，被於百辟。而詠歌休威，摹寫功德之人，又徧天下。豈惟史臣，將夫人能記之；豈惟今日，將後世亦能記之。亦越成書，是訓是式；率舊因餘，庶幾底乂。文王演《易》，周公系辭，父作子述，切所慕焉。』」是《孝宗聖政》五十卷，淳熙十六年令編，紹熙三年上，光宗御製〈序〉。《宋史》卷二百三〈志〉第一百五十六〈藝文〉二〈故事類〉著錄：「《高宗聖政編要》二十卷，乾道、淳熙中修。」是〈宋志〉「高宗」下闕「孝宗」二字。〈宋志〉著錄之二十卷，與《解題》同，蓋「書坊鈔節，以便舉子應用之儲者也」。

孝宗聖政十二卷

《孝宗聖政》十二卷，亦書坊鈔節，比前為稍詳。

廣棪案：《玉海》卷第四十九〈藝文・政要寶訓聖政〉「紹熙《孝宗聖政》」條謂此書原五十卷。《宋史》卷二百三〈志〉第一百五十六〈藝文〉二〈故事類〉著錄：「崔立《孝宗聖政》五十卷。」是〈宋志〉以此書爲崔立撰。立，《宋史》卷四百二十六〈列傳〉第一百八十五〈循吏〉有傳，謂立字本之，眞宗時人。是〈宋志〉誤矣。其實此書乃陳傅良等撰。《止齋先生文集》卷四十〈序〉

有〈奉詔擬進至尊壽皇聖帝聖政序〉，曰：「臣聞乾坤之文不著，無以見太極，而太極非有待於文也；虞夏之〈書〉不作，無以見堯舜，而堯舜非有蘄於〈書〉也。恭惟至尊壽皇聖帝，以妙道治身，參之三才而無間；以篤行事親，質之六藝而無缺。以深仁厚澤幸斯世，極之根荄，鱗羽而無不被，宜配雅頌，宜襲《春秋》。而臨御二十八年之間，凡施凡設，歸美高廟，金石之刻無傳，名山大川之藏未睹也。……是用申命大臣，總領眾作，起初潛，至於內禪，掇其最，凡得六百四十一條，爲五十卷。一言一動，皆足以經天緯地，垂裕無極，猗歟盛哉！昔者文王演《易》，周公繫辭，父作子述，臣慕焉。於是親序此書之意，以附篇首，上之慈庭，副在禁中。紹熙三年十二月二日嗣皇帝臣謹序。」是其證。

會稽和買事宜錄七卷

《會稽和買事宜錄》七卷，浙東帥鄱陽洪邁景盧、提舉常平三山鄭湜補之集。初承平時，預買令下，守越者無遠慮，凡一路州縣所不受之數，悉受之，故越之額特重，以匹計者十四萬六千九百，居浙東之半。人戶百計規免，皆詭為第五等戶，而四等以上戶之害日益甚。於是有為畝頭均科之說者，帥鄭丙少嘉、憲邱崇廣棪案：盧校本改「崇」為「密」。**宗卿、張詔君卿頗主之，由淳熙十一年以後略施行，而議者多以捌科五等戶為不便。參政李彥穎秀叔、尚書王希呂仲行先後帥越皆言之，而王晝八事尤力。會光廟亦以為貽貧弱之害，戶部尚書葉翥叔羽奏乞先減四萬四千餘匹，止以十萬為額，而後議均敷。詔從之，仍令侍從集議，皆乞闕併詭挾。**館臣案：《文獻通考》「闕」字作「關」，誤。**遂詔邁、湜措置。既畢，以施行次第類成此書，時紹熙元年也。**

廣棪案：《宋史》卷二百三〈志〉第一百五十六〈藝文〉二〈故事類〉著錄：「洪邁《會稽和買事宜錄》七卷。」與此同。《宋史》卷三百七十三〈列傳〉第一百三十二〈洪皓〉附子〈邁〉載：「洪邁字景盧，皓季子也。……紹熙改元，進煥章閣學士，知紹興府。過闕奏事，言新政宜以十漸爲戒。上曰：『浙東民困於和市，卿往，爲朕正之。』邁再拜曰：『誓盡力。』邁至郡，覈實詭戶四萬八千三百有奇，所減絹以匹計者，略如其數。」即指此事。劉兆祐《宋史藝文志史部佚籍考》上編〈已佚而無輯本者〉（五）〈故事類〉載：「《會稽和買事宜錄》七卷，宋洪邁撰。……按：宋行預買之制，謂之和買。考《能改齋漫錄》云：『本朝預買紬絹，謂之和買絹。』其制或謂始於祥符初，王旭知潁州，時大饑，出府錢十萬緡與民，約曰來年蠶熟，每貫輸一縑，謂之和買，自爾爲例。或謂太宗時馬元方爲三司判官，建言方春之絕時，預給庫錢貸之，至夏秋令輸絹於官，預買紬絹。此制行之，日久弊端漸生。《文獻通考》引直齋陳氏曰（傅良）：『和預員始於太平興國七年（982），然折錢未有定數，……今之困民，莫甚於折帛，而預和市尤爲無名之斂。然建炎初行折帛亦止二貫，戶部每歲奏乞指揮，未爲常率，四年爲三貫省，紹興二年爲三貫五百省，四年爲五貫二百省，五年七貫省，七年八貫省，至十七年有旨稍損其價，兩浙紬絹每匹七貫文，內和買六貫五百文，綿每兩四百文，江東路紬絹每匹六貫文，則科折之重，至此極矣！不可不務寬之也。』」可供參證。惟兆祐稱傅良爲「直齋陳氏」，未知何據。鄭湜字溥之，一字補之，《宋史》無傳。《宋元學案》卷九十七〈慶元學案〉「曾任待制以上者十三人」條載：「鄭湜，字溥之。福州人。光宗即位，爲秘書郎。因轉對首，乞盡事親之道，以全帝王之大孝。慶元初，權直學士院時，趙忠定汝愚罷相，去知福州。先生草制，坐無貶辭免。參《姓譜》。」惟未載及湜任提舉常平事。考《南宋館閣續錄．官聯》「秘書郎」條載：「淳熙五年以後二十四人：鄭湜，字溥之，三山人，乾道二年蕭國梁榜同進士出身，治詩賦。十六年三月除，七月爲浙東提舉。」是則湜之除秘書郎乃在淳熙十六年三月，《宋元學案》謂在「光宗即位」時，誤；而湜之爲浙東提舉常平則在淳熙十六年七月，即洪邁知紹興府前一年也。

劉忠肅救荒錄五卷

《劉忠肅救荒錄》五卷，王居仁撰。淳熙乙未，樞密劉珙共父帥江東救荒本末，嘉定乙亥真景元刻之漕司，以配富鄭公《青社》之編，而以劉公〈行狀〉、〈諡議〉附錄於後。

廣棪案：《宋史》卷二百三〈志〉第一百五十六〈藝文〉二〈故事類〉著錄：「劉珙《江東救荒錄》五卷。」〈宋志〉著錄，與此實同屬一書，惟所著錄撰人名氏不同。珙字共父，諡忠肅。《宋史》卷三百八十六〈列傳〉第一百四十五有傳。其〈傳〉載：「淳熙二年，移知建康府、江東安撫使、行宮留守。會水且旱，首奏蠲夏稅錢六十萬緡、秋苗米十六萬六千斛。禁止上流稅米遏糴，得商人米三百萬斛。貸諸司錢合三萬，遣官糴米上江，得十四萬九千斛。籍主客戶高下，給米有差。又運米村落，置場平價振糶，貸者不取償。起是年九月，盡明年四月，闔境數十萬人，無一人捐瘠流徙者。」正記此事。《宋史》之「淳熙二年」，即《解題》之「淳熙乙未」也。《宋史藝文志史部佚籍考》上編〈已佚而無輯本者〉（五）〈故事類〉亦著錄此書，曰：「《江東救荒錄》五卷，題宋劉珙撰。……按：振孫謂此書王居仁撰，居仁生平無考，殆幕府中人也。陳《錄》又謂此書眞景元所刻，今檢德秀《眞文忠公文集》，中載〈紹定江東荒政錄序〉及〈跋江西趙漕救荒錄〉，而無此書序跋。《青社》之編，即富弼慶曆中鎭青州時救濟流民經畫事件也。」考居仁事迹，見《宋元學案》卷七十一〈嶽麓諸儒學案〉「進士王先生居仁」條，曰：「王居仁，字習隱，常寧人也。嘗與龔蓋卿同學于南軒，登進士。補。」《宋人傳記資料索引》亦載：「王居仁，字習隱，常寧人。游張栻之門，深有造詣。既登進士，即隱居不仕。妻卓氏（1172～1249）。淳祐九年卒，年七十八。」是則兆祐謂「居仁生平無考」，殆非是。是此書撰人仍應據《解題》作「王居仁撰」，直齋應有所本也。

西漢會要七十卷、東漢會要四十卷

《西漢會要》七十卷、《東漢會要》四十卷，武學博士清江徐天麟仲祥撰。以二史所載漢家制度、典章，散於紀、傳、表、志者，倣唐以來「會要」體，分門編纂，其用力勤矣。其言：「范蔚宗《志》藁，為謝儼蠟以覆車，劉昭因蔚宗遺緒，注而補之。」夫既曰蠟以覆車，安得復有遺緒？蓋未考昭之所著，廣棪案：張宗泰《魯巖所學集》卷六〈四跋書錄解題〉：「《西漢會要》下『蓋未考昭之所注』，訛作『著』。」**實司馬紹統《續漢書志》也。仲祥，乙丑進士，世有史學。其世父夢莘商老著《北盟會編》，**館臣案：著《北盟會編》者乃徐夢莘，原本作「夢華」，誤。今改正。**父得之思叔為《左氏國紀》，兄筠孟堅作《漢官考》，皆行於世。**

廣棪案：《宋史》卷二百七〈志〉第一百六十〈藝文〉六〈類事類〉著錄：「徐天麟《西漢會要》七十卷。」然未著錄《東漢會要》四十卷。天麟，《宋史》卷四百三十八〈列傳〉第一百九十七〈儒林〉八附其伯父〈徐夢莘〉。其〈傳〉曰：「天麟字仲祥，開禧元年進士。調撫州教授，歷湖廣總領所幹辦公事、臨安府教授、浙西提舉常平司幹官，主管禮兵部架閣、宗學諭、武學博士。輪對，言人主當持心以敬。奉祠仙都觀，通判惠、潭二州，權英德府，權發遣廣西轉運判官。所至興學明教，有惠政。著《西漢會要》七十卷、《東漢會要》四十卷、《漢兵本末》一卷、《西漢地理疏》六卷、《山經》三十卷。既謝官，作亭蕭灘之上，畫嚴子陵像而事之。」是天麟確曾任武學博士，開禧元年乙丑進士，且以史學世其家者。至徐夢莘商老著《北盟會編》，得之思叔著《左氏國紀》事，〈徐夢莘傳〉載：「夢莘恬於榮進，每念生於靖康之亂，四歲而江西阻訌，母襁負亡去，得免。思究其顚末，乃網羅舊聞，會粹同異，爲《三朝北盟會編》二百五十卷，自政和七年海上之盟，訖紹興三十一年完顏亮之斃，上下四十五年，凡曰敕、曰制、誥、詔、國書、書疏、奏議、記序、碑志，登載靡遺。帝聞而嘉之，擢直秘閣。夢莘平生多所著，有《集補》，有《會錄》，有《讀書記志》，有《集醫錄》，有《集仙錄》，皆以『儒榮』冠之。其嗜學博文，蓋孜孜焉死而後已者。開禧元年秋八月卒，年八十二。夢莘弟得之，從子天麟。得之字思叔，淳熙十年舉進士。部使者以廉吏薦，以通直郎致仕。安貧樂分，不貪不躁。著《左氏國紀》、《史記年紀》，《作具敝篋筆略》、《鼓吹詞》、《郴江志》。」筠，《宋史》無傳，《宋元學案》卷五十三〈止齋學案〉「知州徐先生筠」條載：「徐筠，字孟堅，清江人。進士，知金州。《周禮微言》十卷，記其所聞于止齋者。嘗述止齋之言曰：『《周禮》綱領有三，養君德，正紀綱，均國勢。鄭氏註誤有三，以漢儒之書釋《周禮》，以司馬法之兵制釋田制，以漢官制之襲秦者比《周官》。』補。」《宋人傳記資料索引》亦載，「徐筠字孟堅，清江人，得之長子。登淳熙十一年進士，累官知金州。著有《周禮微言》十卷、《漢官考》四卷，《姓氏源流考》七十八卷、《修水志》十卷。」是筠乃得之長子，天麟長兄，曾撰《漢官考》四卷者。天麟所撰此兩《會要》，《四庫全書總目》卷八十一〈史部〉三十七〈政書類〉一著錄曰：「《西漢會要》七十卷，浙江汪啓淑家藏本。宋徐天麟撰。天麟字仲祥，臨江人。開禧元年進士，調撫州教授。歷武學博士，通判惠、潭二州，權知英德府。事蹟附見《宋史・徐夢莘傳》。〈傳〉稱天麟爲通直郎得之之子、夢莘之從子。晁公武《郡齋讀書志》則稱爲夢莘之子。考樓鑰《攻媿集》有〈西漢會要序〉，曰：『徐思叔爲《左氏國紀》，其兄秘閣商老爲《北盟錄》。已而思叔之子孟堅著《漢官考》。次子仲祥又作《漢會要》。』商老，夢莘之字。思叔，得之之字也。然則史不誤而晁氏誤矣。其書仿《唐會要》之體，取《漢書》所載制度典章見於紀、志、表、傳者，以類相從，分門編載。其無可隸者，亦依蘇冕舊例以〈雜錄〉附之。凡分十有五門，共三百六十七事。嘉定四年，具表進之於朝，有旨付尙書省，藏之秘閣。班固書最稱博贍，於一代禮樂刑政，悉綜括其大端。而理密文繁，驟難得其體要。天麟爲之區分別白，經緯本末，一一犁然，其詮次極爲精審。惟所採祇據本史，故於漢制之見於他書者概不採掇，未免失之於隘。又如『輿服門』中於司馬相如、揚雄諸賦鋪張揚厲之語，一概摘入，殊非事實，亦爲有乖義例。然其貫串詳洽，實未有能過之者。昔人稱顏師古爲《漢書》功臣。若天麟者，固亦無媿斯目矣。」「臨江」即「清江」，今江西省清江縣。《四庫全書總目》又著錄：「《東漢會要》四十卷，浙江范懋柱家天一閣藏本。宋徐天麟撰。天麟官撫州教授時，既奏進《西漢會要》。後官武學博士時，續成此書，於寶慶二年復奏進之。其體例皆與前書相合，所列亦十五門，分三百八十四事。惟《西漢會要》不加論斷，而此書則間附以案語，及雜引他人論說。蓋亦用蘇冕《駮議》之例也。東漢自光武中興，明、章嗣軌，皆汲汲以修舉廢墜爲事。典章文物，視西京爲盛。而當時載筆之士，如《東觀紀》及華嶠、司馬彪、袁宏之類，遺編斷簡亦間有留傳。他若《漢官儀》、《漢雜事》、《漢舊儀》諸書，爲傳注所徵引者，亦頗犁然可考。故東漢一代故事，較西漢差爲詳備。天麟據范書爲本，而旁貫諸家，悉加裒次。其分門區目，排比整齊，實深有裨於考證。中間如獻帝子濟陰王熙、山陽王懿、濟北王邈、東海王敦，雖爲曹氏所置，旋即降爲列侯。然既以封建立國，自當著之帝系皇子條下，以表其實。乃因范書無傳，遂削而不書，未免闕漏。又天麟〈自序〉中稱劉昭因范氏遺緒，註補八志，而不知其爲司馬彪《續漢書志》，實非范書。晁公武已譏之，則亦偶然失檢。然其大體詳密，即稍有踳駮，固不足以爲累也。其書世所傳者皆據宋本傳鈔，第三十七、三十八兩卷全闕。三十六、三十九兩卷亦各佚其半，無可考補，今亦並仍之焉。」《四庫全書總目》所考，有《解題》所未及者，迻錄之以供參證。

漢制叢錄三十二卷

《漢制叢錄》三十二卷，館臣案：《宋史·藝文志》作二十卷，《文獻通考》作三十三卷。**袁夢麟應祥撰。以二漢所記典故，分門編類，凡二十五門。**

廣棪案：《宋史》卷二百三〈志〉第一百五十六〈藝文〉二〈故事類〉著錄：「袁夢麟《漢制叢錄》二十卷。」《宋史藝文志史部佚籍考》上編〈已佚而無輯本者〉（五）〈故事類〉載：「《漢制叢錄》二〇卷，宋袁夢麟撰。夢麟，字應祥，爵里待考。……按：〈宋志〉此書二十卷，陳《錄》三十二卷，《通考》三十三卷，〈宋志〉所載殆非完本。」可供參考。

平陽會四卷

《平陽會》四卷，通直郎知平陽縣汪季良子駰撰。平陽號難治，為淛東「三

陽」之冠，季良治有聲。迺以一邑財計，自兩稅而下，為二十一篇，終於歲會，旁通沿革，本末大略備矣。又為〈外篇〉五條，如「砧基副本」、「催科檢放」及「書手除科敷」之類，以為此財用所從出也。季良，端明應辰之孫，佳士且能吏也。得年不永，士論惜之。

廣棪案：季良字子駟，汪應辰之孫。應辰字聖錫，信州玉山人，端明殿學士。《宋史》卷三百八十七〈列傳〉第一百四十六有傳。〈傳〉末載：「子達，繼登進士第，仕至吏部尚書，端明殿學士。」是汪達乃季良之父。考平陽，《中國古今地名大辭典》載：「漢回浦縣地，後漢章安縣地，三國吳爲安陽縣地，晉置始陽縣，尋改曰橫陽，隋省入永嘉縣，唐復置橫陽縣，五代梁時，吳越改曰平陽，元升爲州，明復降爲縣，屬浙江溫州府，清因之，今屬浙江甌海道。」是季良以通直郎知平陽縣，其縣治屬今浙江甌海道也。惜此書已散佚，季良治平陽之財計，無可考矣。

唐昌計二卷

《唐昌計》二卷，館臣案：「計」字，《文獻通考》作「記」。知昌化縣趙希垔克家撰。

廣棪案：此書無可考。《文獻通考》作《唐昌記》二卷。考唐昌，縣名，《中國古今地名大辭典》載：「唐昌縣，唐置，改曰周昌，尋復故。五代梁改曰歸化，後唐復故，晉改曰彭山，漢又復故。宋改永昌，又改崇寧，即今四川崇寧縣治。」是唐昌乃今四川崇寧縣。希垔即希堙，垔、堙，古今字。希垔，《宋史》無傳。據《解題》知曾任昌化縣知縣。《中國古今地名大辭典》載：「昌化縣，漢於潛地。唐置唐山縣，五代時吳越改曰金昌，後唐復曰唐山，後晉改橫山，又改吳昌。宋改昌化，明、清皆屬浙江杭州府，今屬浙江錢塘道。」是宋之昌化縣，即今浙江錢塘道。檢許應龍《東澗集》卷六〈制〉有〈趙希堙改知嘉興府制〉，是知希堙後又改任嘉興府知府。應龍，理宗時人。該〈制〉云：「雲川之政，方以最聞。避寵引嫌，毅然求去。勉從雅志，爰錫明綸。以爾公族之英，安恬有守，甫登朝列，出典輔藩，節用愛人，正身率下，絲毫無擾，田里相安。剡奏丐閑，已嘗諭旨，俾令終秩，云胡不留。需次嘉禾，以全高節，益培遠業，庸副予知。」是希堙與宋室同宗，〈制〉稱爲「公族之英」，故頗受理宗倚重也。

職官類第九

漢官儀一卷、續補一卷

《漢官儀》一卷、《續補》一卷，後漢軍謀校尉汝南應劭仲遠撰。按〈唐志〉有《漢官》五卷、《漢官儀》十卷。今惟存此一卷，載三公官名及名姓、州里而已。其全書亡矣，李埴季允嘗續補一卷。

廣棪案：《漢官儀》一書，原十卷。《隋書》卷三十三〈志〉第二十八〈經籍〉二〈史・職官〉著錄：「《漢官儀》十卷，應劭撰。」《新唐書》卷五十八〈志〉第四十八〈藝文〉二〈職官類〉著錄：「應劭《漢官》五卷、《漢官儀》十卷。」是其證。惟此書至宋世，則僅存一卷。《崇文總目》卷二〈職官類〉著錄：「《漢官儀》一卷，應劭撰。繹按：〈隋志〉、〈唐志〉、〈通志略〉並十卷。《書錄解題》與此同，云：『今惟存此一卷。』」案：《玉海》卷第五十一〈藝文・典故〉「《漢官禮儀故事》」條載：「〈應劭傳〉：『時始遷都於許，舊章堙沒，書記罕存，劭慨然歎息，乃綴集所聞，著《漢官禮儀故事》，凡朝廷制度、百官典式，多劭所立。』〈唐志〉：『應劭《漢官》五卷、《漢官儀》十卷。』《中興書目》：『今存一卷，載光武以來三公百官名氏。李壆續補一卷。』……《續漢書》：『應劭著《中漢輯敘》、《漢官儀》及《禮儀故事》凡十一種，百三十六卷。朝廷制度、百官典式，所以不亡者，由劭記之。』」同書卷第一百十九〈官制・官名〉「《漢官儀》」條載：「〈應劭傳〉：『建安二年，時遷都於許，舊章湮沒。劭乃綴緝所聞，著《漢官禮儀故事》，凡朝廷制度、百官典式，多劭所立。又論當時行事，著〈中漢輯序〉；撰《風俗通》，以辨物類名號，釋時俗嫌疑。凡所著述，百三十六篇。』詳見〈禮制〉。〈隋志〉：『應劭《漢官儀》十卷。〈唐志〉同。又有應劭注《漢官》五卷、韋昭《官儀職訓》一卷，亡。』〈漢志〉注多引《漢官儀》，又有《漢書目錄》。《中興書目》：『一卷，載光武以來，三公百官名氏爵里。』今《漢官儀》存一卷，李壆補續一卷。」《玉海》所記，足與《解題》相參證。應劭，《後漢書》卷四十八〈列傳〉第三十八附〈應奉〉。其〈傳〉曰：「劭字仲遠，少篤學，博覽多聞。」又曰：「（建安）二年，詔拜劭爲袁紹軍謀校尉。時始遷都於許，舊章堙沒，書記罕存。劭慨然歎息，乃綴集所聞，著《漢官禮儀故事》，凡朝廷制度、百官典式，多劭所立。」是此書全名應作

《漢官禮儀故事》。李埴，《宋史》無傳。《宋人傳記資料索引》載：「李埴（1161～1238），字季允，號悅齋，丹稜人，燾第七子。紹熙元年進士，知常德府，以安靜爲治。時蜀患未靖，潰卒內訌，臯繕兵訓戒，盜不敢犯。改知夔州，召爲禮部侍郎，以持論侃直，出爲沿江制置副使，兼知鄂州，復與諸司爭曲直，不相能，罷去。後累遷刑部尚書、資政殿學士，知成都府。嘉熙二年卒，年七十八。謚文肅。有《悅齋集》、《皇宋十朝綱要》。」可知其生平概況。《宋史》卷二百三〈志〉第一百五十六〈藝文〉二〈史鈔類〉著錄：「李臯《續帝學》一卷。」〈傳記類〉著錄：「李臯《趙鼎行狀》三卷。」又同書卷二百四〈志〉第一百五十七〈藝文〉三〈儀注類〉著錄：「李臯《公侯守宰士庶通禮》三十卷。」惟闕續補《漢官儀》一卷。

漢官典儀一卷、續補一卷

《漢官典儀》一卷、《續補》一卷，漢衛尉蔡質撰。雜記官制及上書謁見禮式。〈隋志〉有《漢官典職儀式》二卷，今存一卷，李埴亦補一卷。其續者皆出於史中採拾。

廣棪案：《隋書》卷三十三〈志〉第二十八〈經籍〉二〈史・職官〉著錄：「《漢官典職儀式選用》二卷，漢衛尉蔡質撰。梁有荀攸《魏官儀》一卷、韋昭《官儀職訓》一卷，亡。」《新唐書》卷五十八〈志〉第四十八〈藝文〉二〈職官類〉著錄：「蔡質《漢官典儀》一卷。」是此書全名應爲《漢官典職儀式選用》，原二卷，至〈新唐志〉著錄已稱作「《漢官典儀》」，且僅存一卷。《解題》謂：「〈隋志〉有《漢官典職儀式》二卷。」其下闕「選用」二字。《玉海》卷第六十八〈禮儀・禮制〉上「《漢舊儀》」條載：「〈隋志・職官類〉：『蔡質《漢官典職儀式選用》二卷。』〈唐志・職官類〉：『蔡質《漢官典儀》一卷。』《書目》：『《漢官典儀》一卷，衛尉蔡質撰。記漢官位序、職掌及上書、謁見儀式。本二卷，缺一卷。李臯補之。』」同書卷第一百十九〈官制・官名〉「《漢官典儀》」條載：「〈唐志〉：『蔡質《漢官典儀》一卷。』〈隋志〉：『《漢官典職儀式選用》二卷，衛尉蔡質撰。』〈蔡邕傳〉注：『質字子文，著《漢職儀》。邕之叔父。』」《玉海》所記，可補《解題》之未及者。質，《後漢書》無傳。《後漢書》卷六十下〈列傳〉第五十下〈蔡邕〉載：「初，邕與司徒劉郃素不相平，叔父衛尉質又與將作大匠（楊）〔陽〕球有隙。球即中常侍程璜女夫也，璜遂使人飛章言邕，質數以私事請託於郃，郃不聽，邕含隱切，志欲相中。於是詔下尚書，召邕詰狀。邕上書自陳曰：『臣被召，問以大鴻臚劉郃前為濟陰太守，臣屬吏張宛長休百日，郃為司隸，又託河內郡吏李奇為州書佐，及營護故河南尹羊陟、侍御史胡母班，郃不為用致怨之狀。臣征營怖悸，肝膽塗地，不知死命所在。竊自尋案，實屬宛、奇，不及陟、班。凡休假小吏，非結恨之本。與陟姻家，豈敢申助私黨？如臣父子欲相傷陷，當明言臺閣，具陳恨狀所緣。內無寸事，而謗書外發，宜以臣對與郃參驗。臣得以學問特蒙褒異，執事秘館，操管御前，姓名貌狀，微簡聖心。今年七月，召詣金商門，問以災異，齎詔申旨，誘臣使言。臣實愚戇，唯識忠盡，出命忘軀，不顧後害，遂譏刺公卿，內及寵臣。實欲以上對聖問，救消災異，規為陛下建康寧之計。陛下不念忠臣直言，宜加掩蔽，誹謗卒至，便用疑怪。盡心之吏，豈得容哉？詔書每下，百官各上封事，欲以改政思譴，除凶致吉，而言者不蒙延納之福，旋被陷破之禍。今皆杜口結舌，以臣為戒，誰敢為陛下盡忠孝乎？臣季父質，連見拔擢，位在上列。臣被蒙恩渥，數見訪逮。言事者因此欲陷臣父子，破臣門戶，非復發糾姦伏，補益國家者也。臣年四十有六，孤特一身，得託名忠臣，死有餘榮，恐陛下於此不復聞至言矣。臣之愚冗，職當咎患，但前者所對，質不及聞，而衰老白首，橫見引逮，隨臣摧沒，并入阬埳，誠冤誠痛。臣一入牢獄，當為楚毒所迫，趣以飲章，辭情何緣復聞？死期垂至，冒昧自陳。願身當辜戮，匄質不并坐，則身死之日，更生之年也。惟陛下加餐，為萬姓自愛。』於是下邕、質於洛陽獄，劾以仇怨奉公，議害大臣，大不敬，棄市。事奏，中常侍呂強愍邕無罪，請之，帝亦更思其章，有詔減死一等，與家屬髡鉗徙朔方，不得以赦令除。（楊）〔陽〕球使客追路刺邕，客感其義，皆莫為用。球又賂其部主使加毒害，所賂者反以其情戒邕，故每得免焉。居五原安陽縣。」是質亦不免為人小所陷。

漢官舊儀三卷

《漢官舊儀》三卷，館臣案：《隋書・經籍志》、《唐書・藝文志》俱作四卷。**漢議郎東海衛宏敬仲撰。或云胡廣。按宏本傳作《漢舊儀》四篇，以載西京雜事，不名《漢官》。今此惟三卷，而又有《漢官》之目，未知果當時本書否？〈唐志〉亦無「官」字，舊在〈儀注類〉，以其載官制為多，故著於此。**館臣案：陳氏因是書有《漢官》之名，疑非衛宏作。又疑以為胡廣作。考《漢書》注中頗有稱「胡廣曰」者，與《漢舊儀》互引，其文亦絕不相合。惟〈廣傳〉載廣詩、賦、銘、頌及《解詁》二十二篇，而史注所引別有《漢書解詁》之名，蓋即廣所作。而《舊儀》之出衛宏手，當無疑也。其稱

《漢官舊儀》者，或後人因其所載官制而妄加之耳。

廣棪案：此書爲衛宏所撰。書名初無「官」字。《後漢書》卷七十九下〈儒林列傳〉第六十九下載：「衛宏字敬仲，東海人也。……宏作《漢舊儀》四篇，以載西京雜事。」《隋書》卷三十三〈志〉第二十八〈經籍〉二〈儀注〉著錄：「《漢舊儀》四卷，衛敬仲撰。」《新唐書》卷五十八〈志〉第四十八〈藝文〉二〈儀注類〉著錄：「衛宏《漢舊儀》四卷。」是其證也。蓋此書原爲四篇，故《隋書》、《新唐書》均著錄作四卷，蓋以篇爲卷耳。《玉海》卷第六十八〈禮儀・禮制〉上「《漢舊儀》」條載：「〈儒林傳〉：『衛宏好古學，光武以爲議郎。宏作《漢舊儀》四篇，以載西京雜事。』〈隋志〉：『《漢舊儀》四卷，衛敬仲撰。〈唐志〉同，〈儀注類〉第一四卷。梁有衛敬仲《漢中興儀》一卷。亡。』《中興書目》：『今存者三卷，非宏全書。』《崇文目》同。」是此書今存三卷者，已佚一卷，故《中興書目》謂「非宏全書」。至直齋疑此書或胡廣撰。館臣案中已辨其誤。蓋廣所撰者乃《漢書解詁》，非《漢舊儀》也。《四庫全書總目》卷八十二〈史部〉三十八〈政書類〉二亦著錄此書，乃據《永樂大典》輯得，僅存一卷。《四庫全書總目》云：「《漢官舊儀》一卷、《補遺》一卷。《永樂大典》本。案《永樂大典》載《漢官舊儀》一卷，不著撰人名氏。考梁劉昭注《續漢書・百官志》引用《漢官儀》，則曰應劭。引用《漢舊儀》則不著其名。《隋書・經籍志》、《唐書・藝文志》作四卷。《宋史・藝文志》作三卷。《書錄解題》始作《漢官舊儀》，注曰：『衛宏撰，或云胡廣。宏本傳作《漢舊儀》四篇，以載西京雜事，不名「漢官」。今惟此三卷，而又有「漢官」之目。未知果當時本書否？』今案《永樂大典》此卷，雖以「漢官」標題，而篇目自皇帝起居、皇后親蠶，以及璽綬之等、爵級之差，靡不條繫件舉，與〈宏傳〉所云西京雜事相合。又《前》、《後漢書》注中凡引用《漢舊儀》者，並與此卷所載相同，則其爲衛氏本書更無疑義。或後人以其多載官制，增題『官』字歟？原本轉相傳寫，節目淆亂，字句舛訛，殆不可讀。茲據班、范正史，綜覈參訂，以讞其疑。其原有注者，略仿劉昭注〈百官志〉之例，通爲大書，稱本注以別之。又考《前》、《後漢書》紀、志注中，別有徵引《舊儀》數條、並屬郊天、祫祭、耕籍、飲酎諸大典，此卷俱未採入。蓋流傳既久，脫佚者多。謹復蒐擇甄錄別爲一篇，附諸卷尾，以補本書之未備云。」則此書乃衛宏撰，當成定讞。〈隋志〉、〈新唐志〉均入〈儀注類〉，《解題》「以其載官制爲多」，乃著錄於〈職官類〉，此乃直齋之卓識。而《四庫全書總目》又收入〈政書類〉，則此書之歸類，凡三變矣。

唐六典三十卷

《唐六典》三十卷，題御撰，李林甫等奉敕注。按韋述《集賢記注》：「開元十年，起居舍人陸堅被旨修《六典》，上手寫白麻紙凡六條，曰理、教、禮、政、刑、事典，廣棪案：盧校本作『曰理典、教典、禮典、政典、刑典、事典』。**令以類相從，撰錄以進。張說以其事委徐堅，思之歷年，未知所適。又委毋煚、余欽、韋述，始以令式入六司，象《周禮》六官之制，其沿革並入注，然用功艱難。其後，張九齡又以委苑咸，二十六年奏草上。至今在書院，亦不行。」**館臣案：《唐書・藝文志》張說以其事委徐堅，經歲無規制，乃命毋煚、余欽、咸廙業、孫季良、韋述參撰。及蕭嵩知院，加劉鄭蘭、蕭晟、盧若虛。張九齡知院，加陸善經。李林甫代九齡，加苑咸。委苑咸者，乃李林甫也。至云二十六年奏草上，考《新》、《舊唐書》，九齡以二十四年罷知政事，尋謫荊州。程大昌謂書成於九齡為相之日，當在二十四年。林甫注成奏進，當在二十七年。故是書卷首止列李林甫，而不及九齡也。 廣棪案：盧校本「亦不行」下有「用」字。**今案《新書・百官志》皆取此書，即太宗貞觀六年所定官令也。〈周官〉六職視《周禮》六典，已有邦土、邦事之殊，不可考證，〈唐志〉內外官與周制迥然不同，而強名「六典」可乎？善乎范太史祖禹之言曰：「既有太尉、司徒、司空，而又有尚書省，是政出於二也；既有尚書省，而又有九寺，是政出於三也。」本朝裕陵好觀《六典》，元豐官制盡用之，中書造命，門下審覆，尚書奉行，機事往往留滯，上意頗以為悔云。**

廣棪案：《郡齋讀書志》卷第七〈職官類〉著錄：「《唐六典》三十卷。右唐玄宗撰，李林甫、張說等注。以三公、三師、三省、九寺、五監、十二衛等，列其職司官佐，敘其秩品，以擬《周禮》。雖不能悉行於世，而諸司遵用，殆將過半。觀《唐會要》，請事者往往援據以爲實。韋述以爲書雖成，而竟不行。過矣。然識者謂自唐、虞至周，有六官而無寺監；自秦迄陳，有寺監而無六官；獨此書兼之，故官皆複重也。」《玉海》卷第五十一〈藝文・典故〉「《唐六典》」條載：「〈志・職官類〉：『《六典》三十卷，開元十年，起居舍人陸堅被詔集賢院修《六典》。玄宗手寫六條，曰理典、教典、禮典、刑典、政典、事典。張說知院，委徐堅，經歲無規制；乃命毋煚、余欽、咸廙業、孫季良、韋述參撰。始以令式象《周禮》六官爲制。十九年三月，蕭嵩知院，加劉鄭蘭、蕭晟、盧若虛。張九齡知院，加陸善經。李林甫代九齡，加苑咸。二十六年書成。』《集賢注記》云：『二十六年奏草上，詔下，有司百寮表賀。至今在書院，亦不行用。』〈韋述傳〉：『張說既領集賢院，薦述爲直學士。先是，詔修《六典》，徐堅造意，歲餘未成。疑曰：「吾更修七書，而《六典》歷年未有所適。」及蕭嵩之引述撰定，始以令式象《周禮》六官，官領其屬，事歸於職，規制遂定。』〈賀知章傳〉：『張說爲麗正殿修書使，薦知章、徐堅、趙冬曦入院撰《六典》。』《會要》：『開元二十六年二月，中書令張九齡撰《六典》三十卷成，百官稱賀。』九齡二十三年已罷中書令，當考。大要：書三十卷，歷十六年，知院四人，參撰官十二人。內自省、臺、寺、監，外逮鎭戍、嶽瀆、關津，上自三師、三公，至令、丞、曹、掾、簿、尉。貞元二年定班序，每班以尚書省爲首，及監察涖祭。元和元年十二月，高郢奏警嚴，及牛僧孺奏升諫議爲三品，皆據《六典》。會昌六年九月，博士胡德章議案《開元六典》，敕曰：『法以〈周官〉，作爲《唐典》。』《通典》以三師、三公、門下、中書兩省為先。《會要》亦以兩省為首，惟《六典》準《周禮》六官，以尚書省居上。宋朝熙寧十年九月，命劉摯等校《六典》。元豐元年正月成，上之。三年，禁中鏤板，以摹本賜近臣及館閣。曾鞏曰：『其本原設官，因革之詳，上及唐、虞，以至開元。其文不煩，其實甚備，可謂善述作者。此書其前有〈序〉，明皇自撰。篇首皆曰御撰，李林甫等注。』第四十篇則曰張九齡等奉敕撰。」《郡齋讀書志》與《玉海》所記，足與《解題》相參證。《四庫全書總目》卷七十九〈史部〉三十五〈職官類〉亦著錄此書，曰：「《唐六典》三十卷，浙江汪汝瑮家藏本。唐元宗明皇帝御撰，李林甫奉敕註。其書以三師、三公、三省、九寺、五監、十二衛，列其職司官佐，敘其品秩，以擬《周禮》。《書錄解題》引韋述《集賢記註》曰：『開元十年，起居舍人陸堅被旨修是書，帝手寫白麻紙六條，曰理、教、禮、政、刑、事，令以類相從，撰錄以進。張說以其事委徐堅，思之經歲莫能定。又委毋煚、徐欽、韋述，始以令式入六司，其沿革並入註中。後張九齡又委苑咸，二十六年奏草上。迄今在直院，亦不行用。』程大昌《雍錄》則曰：『唐世制度，凡最皆在《六典》，或曰書成未嘗頒用。今案《會要》，則牛僧孺奏升諫議爲三品，用《六典》也。貞元二年定著朝班次序，每班以尚書省官爲首，用《六典》也。又其年竇參論祠祭當以監察涖之，亦援《六典》也。此類殆不勝述。草制之官，每入院，必首索《六典》，則時制盡在故也。』二說截然不同。考《呂溫集》有〈代陳相公請刪定施行六典開元禮狀〉一篇，稱：『宣示中外，星紀六周。未有明詔施行，遂使喪祭冠昏家，猶疑禮之等威名分，國靡成規。請於常參官內選學藝優敏者三五人，就集賢院各盡異同，量加刪定。然後特降德音，明下有司』云云。與韋述之言相合，唐人所說，當無訛誤。大昌所引諸事，疑當時討論典章，亦相引據。而公私科律則未嘗事事遵用，如明代之《會典》云爾。范祖禹《唐鑑》論其『既有太尉、司徒、司空，又有尚書省，是政出於二也。既有尚書省，又有九寺，是政出於三也。蓋自唐、虞至周，有六官而無寺監。自秦迄陳，有寺監而無六官。獨此書兼之，故官多重複』。今考是書，如林甫註中以諸州祥瑞預立條格，以待奏報之類，誠爲可嗤。然一代典章釐然具備，祖禹之所論，或以元豐官制全祖是書，有所激而云然歟？又《唐會要》載開元二十三年九齡等撰是書，而《唐書》載九齡以開元二十四年罷知政事，則書成時九齡猶在位。後至二十七年，林甫乃註成獨上之。宋陳騤《館閣錄》載『書局有經修經進、經修不經進、經進不經修三格』。說與九齡皆所謂經修不經進者，卷首獨著林甫，蓋即此例。今亦姑仍舊本書之，不復追改焉。」亦足資參考。其中所論，有補《解題》之未及。林甫，《舊唐書》卷一百六〈列傳〉第五十六，《新唐書》卷二百二十三上〈列傳〉第一百四十八上〈姦臣〉上有傳。

元和百司舉要二卷

《元和百司舉要》二卷，唐宰相趙郡李吉甫弘憲撰。首稱：「文班八十四司，四百六十員；武班二十六司，一百八十員，都計六百四十員。」末稱：「在京文武官及府縣，總三千七百九十九員。」意者當時實數也。

廣棪案：《新唐書》卷五十八〈志〉第四十八〈藝文〉二〈職官類〉著錄：「李吉甫《元和百司舉要》一卷。」是此書〈新唐志〉作一卷，《崇文總目》卷二〈職官類〉同。錢東垣輯釋本。《玉海》卷第五十一〈藝文‧典故〉「唐《百司舉要》」條載：「〈志‧職官類〉：『李吉甫《元和百司舉要》一卷。』元和八年二月，宰臣吉甫上。《書目》：『一卷，取唐興以來百官名品集成此書。』《舊史》：『纂《六典》諸職爲《百司舉要》一卷，奏上之。』」是則此書應爲一卷，《解題》所著錄作二卷，疑誤。此書亦稱《百司舉要》，《宋史》卷二百三〈志〉第一百五十六〈藝文〉二〈故事類〉著錄：「李吉甫《百司舉要》一卷。」書名無「元和」二字。吉甫，《舊唐書》卷一百四十八〈列傳〉第九十八有傳、《新唐書》卷一百四十六〈列傳〉第七十一附其父〈李栖筠〉。《舊唐書》本傳謂吉甫「纂《六典》諸職爲《百司舉要》一卷，奏上，行於代」。參其所著錄之卷數，亦足判《解題》作二卷實誤。

具員故事十卷

《具員故事》十卷，唐鳳閣舍人梁載言撰。以唐官具員附之歷代事迹，蓋後人《職林》、《職官分紀》之類所從始也。或稱《職總聯珠》，《崇文總目》又作《具員事迹》。《中興書目》惟有七卷，三卷闕。館臣案：《唐書・藝文志》：「梁載言《具員故事》十卷，又《具員事迹》十卷。」乃二書也。

廣棪案：《新唐書》卷五十八〈志〉第四十八〈藝文〉二〈職官類〉著錄：「梁載言《具員故事》十卷，又《具員事迹》十卷。」是《故事》與《事迹》乃分屬兩書，直齋判二者爲一，誤也。《玉海》卷第五十一〈藝文・典故〉「唐《具員故事》」條載：「〈志〉：『梁載言撰，十卷。』《書目》：『《具員故事》七卷，鳳閣舍人梁載言紀唐朝官號、歷代沿革事迹。』《崇文目》十卷，三卷今缺。」是《中興館閣書目》亦將《崇文總目》所著錄之《具員事迹》，與《具員故事》混爲一書。《宋史》卷二百三〈志〉第一百五十六〈藝文〉二〈職官類〉著錄：「梁載言《具員故事》十七卷。」其作十七卷者，如非爲十卷之誤，則乃作七卷之誤。載言，《舊唐書》卷一百九十中〈列傳〉第一百四十中〈文苑〉中附〈劉憲傳〉，曰：「梁載言，博州聊城人。歷鳳閣舍人，專知制誥。撰《具員故事》十卷、《十道志》十六卷，並傳於時。中宗時爲懷州刺史。」惟未載載言有《具員事迹》十卷。

官品纂要十卷

《官品纂要》十卷，唐樂安任戩撰。以官品令為主，而階職、勳爵隨品具列，歷代沿革頗著其要。戩舉進士不第，為此書當太和丁未。

廣棪案：《新唐書》卷五十八〈志〉第四十八〈藝文〉二〈職官類〉著錄：「任戩《官品纂要》十卷。」《崇文總目》卷二〈職官類〉錢東垣輯釋本。著錄同。《玉海》卷第一百二十七〈官制・官數〉「《官品纂要》」條載：「〈志〉：『任戩《官品纂要》十卷。』《書目》同。」〈新唐志〉所載卷數與《解題》、《中興館閣書目》均同。劉兆祐《宋史藝文志史部佚籍考》上編〈已佚而無輯本者〉（六）〈職官類〉載：「《官品纂要》一〇卷，唐任戩撰。戩，樂安人，始末待考。……按：唐之刑書有四：曰律、令、格、式。令者尊卑貴賤之等數，國家制度也。杜預〈律序〉云：『令以事成制。』《唐六典》云：『令以設範立制。』大抵令所以存事制及設範立制者也。然則官品令者，所以定官職之尊卑貴賤者也。唐代之官品令，初定於太宗朝。《貞觀政要》云：『元年（627），量定員位，所置文武總六百四十員。』《舊唐書・曹確傳》云：『確執奏曰：「臣覽貞觀故事，太宗初定官品令，文武官共六百四十三員。」』貞觀中刊定《唐令》三十卷，《官品令》，殆即其中一種。《官品令》歷朝皆有刊訂，於其官制名號、品爵勳階，增損不一，然相去不遠。今《通典》（四十）〈職官〉二十二載開元二十五年（737）《大唐官品令》。此外，敦煌寫本中有《唐天寶官品令》一種，今在巴黎國立圖書館，編號伯二五〇四，金毓黻撰有〈敦煌寫本唐天寶官品令考釋〉，於其內容考之甚詳。凡此皆可以藉見唐初官品令之內容，任氏此書之內容，亦可以想見也。」可資參考。

御史臺記十二卷

《御史臺記》十二卷，唐殿中侍御史南陽韓琬茂貞撰。自唐初迄開元五年，御史姓名、行事及官制沿革，皆詳著之。第八卷為琬著傳，九卷以後為右臺。右臺創於武后，廢於中宗，歲月蓋不久也。末有雜說五十七條。

廣棪案：《新唐書》卷五十八〈志〉第四十八〈藝文〉二〈職官類〉著錄：「韓琬《御史臺記》十二卷。」《郡齋讀書志》卷第七〈職官類〉著錄：「《御史臺記》十二卷。右唐韓琬撰。載唐初至開元御史臺中制度故事，以大夫、中丞、侍御史、殿中監察、主簿、錄事，分門載次名氏行事。著〈論〉一篇，敘御史正邪得失、進擢誅滅之狀，附卷末以爲世戒。」《玉海》卷第五十七〈藝文・記、志〉「唐《御史臺記》」條載：「〈志・職官類〉：『韓琬，十二卷，韋述，十卷，李建《御史臺故事》三卷。』杜易簡《御史臺雜注》五卷。《集賢注記》：『宋州司馬韓琬上《續史記》一百三十卷、《南征記》十卷、《御史臺記》十二卷。』《書目》：『韓琬十二卷，載唐初至開元御史臺中制度故事，以大夫、中丞、侍御史、殿中監察、主簿、錄事，分門載次名（氏）行事，著〈論〉一篇，敘御史正邪得失，附卷末以爲世戒。《嘉祐御史臺記》五十卷，馮潔己撰。臺有記，始於武后時姚庭筠，其後韓琬、韋述嗣有紀者。嘉祐中，王疇命潔己續之。自建隆之元，迄嘉祐八年，凡一百四年，分門載名氏行事。潔己，拯之子。為〈敘傳〉兩篇，述其父事附於後。』」均足與《解題》相參證。是御史臺有記，非始於韓琬，琬蓋繼武后時姚庭筠而嗣有作者。此書《遂初堂書目》著錄作《御史臺記事》十二卷，「事」乃衍文。琬，《新唐書》卷一百一十二列傳第三十七附其父〈韓思彥〉。

御史臺故事三卷

《御史臺故事》三卷，唐朝集使洺州錄事參軍李結撰。

結本名構，避光堯御諱。隨齋批注。

廣棪案：此條有隨齋批注，曰：「結本名構，避光堯御諱。」指避宋高宗諱也。《新唐書》卷五十八〈志〉第四十八〈藝文〉二〈職官類〉著錄：「李構《御史臺故事》三卷。」《宋史》卷二百三〈志〉第一百五十六〈藝文〉二〈故事類〉著錄同。足證隨齋批注不誤。李構，兩《唐書》無傳。

御史臺記五卷

《御史臺記》五卷，不知何人作。記本朝御史臺事，至崇、觀間。

廣棪案：《郡齋讀書志》卷第七〈職官類〉著錄：「《新御史臺記》，右皇朝宋聖寵編。崇寧中，聖寵爲察官，續韓琬書，咸用其規式，所異者，不爲諸人立傳，於儀制、敕、令、格、式爲詳。後人續至紹興九年。」《玉海》卷第五十七〈藝文·記、志〉「唐《御史臺記》」條載：「宋聖寵《新御史臺記》，崇寧中續韓琬書，用其規式。所異者不爲諸人立傳，於儀制、令式爲詳。」《解題》所著錄或即此書。聖寵，《宋史》無傳。《宋會要輯稿》第一百二十冊〈選舉〉三三載：「（大觀元年）九月十五日，朝請郎、司農卿宋聖寵，直龍圖閣，知應天府。」另慕容彥逢《摛文堂集》卷四〈制〉有〈吏部員外郎宋聖寵可右司員外郎制〉，可略悉其宦歷。

集賢注記三卷

《集賢注記》三卷，唐集賢院學士京兆韋述撰。敘置院始末、學士名氏及院中故事。

廣棪案：《新唐書》卷五十八〈藝文〉二〈職官類〉著錄：「韋述《集賢注記》三卷。」《郡齋讀書志》卷第七〈職官類〉著錄：「《集賢注記》二卷。右唐韋述撰。述在集賢四十年，天寶丙申摭院中故事，修撰書史之次及孝明時學士名氏，頗善敘事。」《玉海》卷第四十八〈藝文·記注〉「唐《集賢注記》」條載：「〈志·職官類〉：『韋述，三卷。』《書目》：『二卷，學士韋述紀置院經始，及開元、天寶中學士名氏，皆隨文注釋。』今本二卷。乾道九年六月，洪遵以太清樓本校之，僅可讀。韋述自登書府，至天寶十五載，凡四十年，緬想同時彫亡已盡，後來賢彥多不委書院本末，歲月漸久，或慮湮沈，敢因東觀之暇，聊記置院經始，及前後學士名氏，事皆親睹，不敢遺隱，時丙申歲二月也。注：麗正殿在東宮正殿崇政殿之北，光天殿之南。述以開元五年冬，敕就秘書省撰《續王儉七志》，及刊校四庫書籍。八年，入麗正殿校勘。十三年三月，授集賢院學士。自開元十三年四月，迄天寶十五載二月，集賢院修撰、校理、待制及文學、直等總五十九人。開元十三年四月，至天寶十四載，集賢院學士、直學士三十三人。」」同書卷第一百六十七〈宮室・院〉上「《集賢注記》」條載：「〈藝文志・職官類〉：『韋述《集賢注記》三卷。』述自登書府，至天寶十五載，凡四十年，因紀置院經始，及前後學士名氏，時丙申歲二月也。」《郡齋讀書志》及《玉海》所載，均較《解題》爲詳贍。惟此書，〈新唐志〉、《解題》作三卷，《中興館閣書目》、《郡齋讀書志》作二卷。疑作二卷者，書有殘闕也。述，《舊唐書》卷一百二〈列傳〉第五十二，《新唐書》卷第一百三十二〈列傳〉第五十七有傳。《舊唐書》本傳載述「(開元）二十七年轉國子司業，停知史事。俄而復兼史職，充集賢學士」。又謂：「史才博識，以述爲最。所撰《唐職儀》三十卷、《高宗實錄》三十卷、《御史臺記》十卷、《兩京新記》五卷，凡著書二百餘卷，皆行於代。」此書乃述任集賢院學士時撰，惜已散佚。洪邁《容齋隨筆》卷三「唐人告命」條載：「唐人重告命，故顏魯公自書告身，今猶有存者。韋述《集賢注記》記一事尤著，漫載於此：『開元二十三年七月制：「加皇子、榮王已下官爵，令宰相及朝官工書者，就集賢院寫告身以進。」于是宰相張九齡、裴耀卿、李林甫，朝士蕭太師嵩、李尚書暠、崔少保琳、陳黃門希烈、嚴中書挺之、張兵部均、韋太常陟、褚諫議庭誨等十三人，各寫一通，裝縹進內。上大悅，賜三相絹各三百匹，餘官各二百匹。』以《唐書》考之，是時十三王並授開府儀同三司，詔詣東宮尚書省，上曰：『百官集送有司供帳設樂，悉拜王府官屬。』而不書此事。」另《玉海》卷第一百六十七〈宮室・院〉上「《集賢注記》」條載：「《集賢注記》：『開元十三年三月，因奏《封禪儀注》，敕學士等賜宴集仙殿。群臣賦詩，上製〈詩序〉。時預坐者：宰臣源乾曜、侍中張說、學士徐堅，至馮朝隱等。時櫻桃新熟，徧賜坐。上飲以酴醾清酤之酒，簾內出彩箋，令群臣賦詩焉。』」《容齋隨筆》與《玉海》所引者，蓋述書之佚文也。

史館故事錄三卷

《史館故事錄》三卷，不著名氏。凡為六門，曰敘事、史例、編修、直筆、曲筆，而終之以雜錄。末稱「皇朝廣順」，則是周朝史官也。

廣棪案：鄭樵《通志・藝文略》卷三〈職官〉著錄：「《史館故事錄》三卷。注云：『五代周史官所錄。』」《郡齋讀書志》卷第七〈職官類〉著錄：「《史館故事》三卷。右不題撰人姓氏。記史館雜事，分六門，迄於五代。李獻臣以爲後周史官所著。按其書以廣順年事爲皇朝，獻臣之說尤信。」《郡齋讀書志》所記書名缺「錄」字，應爲同一書。李獻臣即李淑，淑撰《邯鄲圖書志》，《郡齋讀書志》所記獻臣之說，或據《邯鄲圖書志》也。《玉海》卷第一百六十五〈宮室・館〉「四館」條載：「《書目》：『《史館故事錄》三卷，纂輯歷代史官建置史筆之體。卷末云「廣順末」，當是周史臣撰。』」是《通志》等三書所記，足與《解題》相發明。廣順，五代後周太祖年號。故此書當是後周太祖廣順年間史官所撰，其書殆「記史館雜事」，「迄於五代」。

翰林志一卷

《翰林志》一卷，唐學士李肇撰。

廣棪案：《郡齋讀書志》卷第七〈職官類〉著錄：「《翰林志》一卷。右唐李肇撰。纂唐世翰林院中供奉、儀則、制誥、書詔之式。其後云：『睿聖文武皇帝裂海岱十二州爲三道之歲。』蓋憲宗元和十四年也。」《四庫全書總目》卷七十九〈史部〉三十五〈職官類〉著錄：「《翰林志》一卷，兩江總督採進本。唐李肇撰。案肇所作《國史補》，結銜題尚書左司郎中。此書結銜則題翰林學士、左補闕。王定保《摭言》又稱肇爲元和中中書舍人。《新唐書・藝文志》亦云肇爲翰林學士，坐薦柏耆，自中書舍人左遷將作少監。以唐官制考之，蓋自左司改補闕，入翰林，後爲中書舍人，坐事左遷。《國史補》及此書，各題其作書時官也。唐時，翰林院在銀臺門內、麟德殿西重廊之後，爲待詔之所。《新唐書・百官志》謂『乘輿所在，必有文詞經學之士，下至卜醫、伎術之流，皆直於別院，以備燕見者』，是也。韋執誼《翰林院故事》亦謂『其地乃天下以藝能伎術見召者之所處』。蓋其始本以延引雜流，原非爲文學侍從而設。至明皇置翰林待詔供奉，與集賢院學士分掌制誥，其職始重。後又改爲學士，別置學士院，謂之東翰林院。於是舊翰林院雖尚有以伎能入直，如德宗時術士桑道茂之類，而翰林之名，實盡歸於學士院。歷代相沿，遂爲儒臣定職。肇此書成於元和十四年，〈唐〉、〈宋藝文志〉皆著於錄。其記載賅備，本末燦然，於一代詞臣職掌最爲詳晰。宋洪遵輯《翰苑群書》已經收入，今以言翰林典故者莫古於是書，故仍錄專本，以存其朔焉。」均足資參證。肇，兩《唐書》無傳。《全唐文》卷七百二十一「李肇」載：「肇，元和七年，試太常寺協律郎，遷司勛員外郎。」元和，唐憲宗年號。是肇乃憲宗時人。

承旨學士院記一卷

《承旨學士院記》一卷，唐承旨河南元積微之撰。專載承旨姓名，自貞元二十一年鄭絪，至元和十五年杜元穎，并積為十二人。末又有李德裕、李紳、韋處厚三人，蓋後人所益也。

廣棪案：《玉海》卷第五十一〈藝文・典故〉「唐《翰林故事》」條載：「《書目》：『……《承旨學士院記》一卷，元稹撰。《記》云：「以十一賢名氏書坐隅。」今名氏皆缺。』」是《中興館閣書目》引此《記》作十一人，而《解題》謂「并稹爲十二人」。兩書所言若合符契。同書卷第一百六十七〈宮室・院〉上「唐學士院」條載：「元稹《承旨院記》：『憲宗以永貞元年即位，始命鄭公絪爲之，位在諸學士上，居在東第一閣。乘輿奉郊廟，得乘廄馬自浴殿由內朝以從。揚雞竿，布大澤則丹鳳之西南隅外。賓客進見，於麟德則止，直禁中以俟。凡大誥令、大廢置、丞相之密畫、內外之密奏，上所注意者，莫不專對，他人無得而參。十七年間，由鄭至杜十一人，而九參大政。稹雜居九丞相、二名卿之後。長慶元年八月十日記。』元稹又云：『院密通銀臺，每旦開門，使勘契開鏁。院中有急命，即鈴索自搖。』」可參證。稹字微之，河南人。《舊唐書》卷一百六十六〈列傳〉第一百一十六、《新唐書》卷一百七十四〈列傳〉第九十九有傳。

翰林學士記一卷

《翰林學士記》一卷，唐侍講學士萬年韋處厚德載撰。

廣棪案：《玉海》卷第五十一〈藝文・典故〉「唐《翰林故事》」條載：「《書目》：『……《翰林學士記》一卷，長慶元年韋處厚撰。論得人之意。』」可資參考。處厚字德載，京兆人。《舊唐書》卷一百五十九〈列傳〉第一百九、《新唐書》卷一百四十二〈列傳〉第六十七有傳。

翰林院故事一卷

《翰林院故事》一卷，唐學士京兆韋執誼撰。

廣棪案：《玉海》卷第五十一〈藝文·典故〉「唐《翰林故事》」條載：「《書目》：『《翰林故事》一卷，貞元二年學士韋執誼撰。述貞觀以來翰苑建置沿革。記云：『自立此院，連飛繼鳴者逾三十人。因以官秩、名氏次敘爲故事。』今是書名氏皆缺。」是《中興館閣書目》著錄此書，其翰林名氏皆缺矣。又《中興館閣書目》著錄此書，書名無「院」字。《玉海》卷一百六十七〈宮室·院〉上「翰林院」條載：「韋執誼《翰林院舊事》：『學士自建置以來，秩序未立，庭覲之際，各趨本列。洎興元元年始有別，敕令朝服班次，與諸司官知制誥例同。』」疑爲此書之佚文。「舊事」即「故事」。《祕書省續編到四庫闕書目》卷一〈史類·職官〉、葉德輝考證本。《宋史》卷二百三〈志〉第一百五十六〈藝文〉二〈故事類〉著錄書名、卷數與《解題》同。執誼，《舊唐書》卷一百三十五〈列傳〉第八十五、《新唐書》卷一百六十八〈列傳〉第九十三有傳。

翰林學士院舊規一卷

《翰林學士院舊規》一卷，唐學士馮翊楊鉅文碩撰。雜記院中事例及文書格式，其祠祭、祝版、社稷、宗廟，上至天地，用「伏惟尚饗」；嶽、瀆而降，只曰「尚饗」。此例今人皆莫之知，則施之尊卑無別矣。鉅，宰相收之子，其為學士在昭宗時。

廣棪案：《新唐書》卷五十八〈藝文〉二〈職官類〉著錄：「楊鉅《翰林學士院舊規》一卷。字文碩，收子也。昭宗時翰林學士、吏部侍郎。」《玉海》卷第一百六十七〈宮室·院〉上「翰林院」條載：「《翰林舊規》一卷，光化中，學士楊鉅雜載學士召試格及書詔之體，宿直、假寧之例。」所載可與《解題》相參證。光化，昭宗年號。此書，《宋史》卷二百三〈志〉第一百五十六〈藝文〉二〈故事類〉著錄亦作「楊鉅《翰林舊規》一卷」。鉅，《舊唐書》卷第一百七十七〈列傳〉第一百二十七、《新唐書》卷一百八十四〈列傳〉第一百九均附其父〈楊收〉。《舊唐書》載：「鉅，乾寧初以尚書郎知制誥，召充翰林學士，拜中書舍人、戶部侍郎，封晉陽男，食邑三百戶。從昭宗東遷，為左散騎常侍，卒。」可略悉其生平。

重修翰林壁記一卷

《重修翰林壁記》一卷，唐學士丁居晦撰。開元二年也。所記姓名迄於咸通，而獨無天寶、大曆學士，為不可曉。

廣棪案：《玉海》卷第一百六十七〈宮室・院〉上「翰林院」條載：「《中興書目》：『《翰林內誌》一卷，集韋執誼《翰林故事》，李肇《志》，韋處厚、丁居晦、杜元穎《壁記》，元稹《記》，韋表微《學士新樓記》爲一書，集者不知名。』」是《翰林內誌》書中收有丁氏此《記》。惟丁《記》原撰於開成二年，其《記》曰：「尚書元稹《承旨學士廳記》，舊題在東廡之右，歲月滋久，日爍雨潤，牆屋罅缺，文字昧沒，不稱深嚴之地。院使郭公、王公皆以茂器精識，參掌院事，顧是言曰：『吾儕釐務，罄盡心力，細大之事，人謂無遺，而茲獨未暇，使眾賢名氏翳不光耀，失之不治，後誰治之。』遂占工賦程，不日而成，口峭學平，粉繪耀明，玉粹雲輕，隨顧而生，貫列豪英，千千萬齡，無缺無傾。工告休命，予紀完葺之美，舊記所載，今皆不書。開成表號之二年五月十四日記。」是此《記》署年爲「開成表號之二年五月十四日」，開成，唐文宗年號，《解題》作「開元二年」，乃直齋之失愼也。至《解題》謂「獨無天寶、大曆學士」之說亦誤。岑仲勉《郎官石柱題名新考訂》二〈翰林學士壁記注補・重修承旨學士壁記丁居晦〉云：「然天寶、大曆自有學士，不過今題名以『開元後』統天寶，『寶應後』統大曆，讀之者不察，遂謂天寶、大曆無學士，此吠影吠聲之談也。」是則《解題》此條所述，頗多舛訛。

金坡遺事三卷

《金坡遺事》三卷，學士吳越錢惟演希聖撰。題名自建隆至天聖四年，凡四十七人；自開元而下，合三百一十五人。其他典故，視前記詳矣。

廣棪案：《郡齋讀書志》卷第七〈職官類〉著錄：「《金坡遺事》三卷，右皇朝錢惟演撰。載國朝禁林雜儀式事迹，並學士名氏。文元公述眞宗禮待儒臣三事，附於卷末。」孫猛《郡齋讀書志校證》曰：「按文元公乃公武五世祖晁迥，迥因惟演寄示遺事，別作眞宗待遇恩禮三則，爲《別書金坡遺事》一卷，見《書錄解題》卷六，〈宋志〉卷二〈故事類〉。今惟演書尚有殘本，商務印書館本《說郛》卷七十七止載兩條，而《宋朝事實類苑》所引有數十條，迥書則不存矣。」《郡齋讀書志》及孫氏《校證》所述，足與《解題》相參證。惟演字希聖，吳越王錢俶之子，《宋史》卷三百一十七〈列傳〉第七十六有傳。其〈傳〉曰：「惟演出於勳貴，文辭清麗，名與楊億、劉筠相上下。於書無所不讀，家儲文籍侔秘府。尤喜獎勵後進。……所著《典懿集》三十卷，又著《金坡遺事》、《飛白書敘錄》、《逢辰錄》、《奉藩書事》。」可見其博識。此書，《宋史》卷二百三〈志〉第一百五十六〈藝文〉二〈故事類〉著錄作「錢惟演《金陵遺事》三卷」，「陵」字誤，應作「坡」。《玉海》卷第五十七〈藝文・記、志〉「《淳化續翰林志》」條載：「天聖四年三月十五日，錢惟演爲《金坡遺事》三卷。太宗御札、御詩及銘共九首；眞宗詩六首，標於上篇，終以雜記。晁迥別書三事附焉。」足補《解題》所未及。

別書金坡遺事一卷

《別書金坡遺事》一卷，學士澶淵晁迥昭遠撰。因錢惟演寄示《遺事》，別書真宗待遇恩禮三則於後。 館臣案：「別書」以下原本闕，今據《文獻通考》補入。

廣棪案：《宋史》卷二百三〈志〉第一百五十六〈藝文〉二〈故事類〉著錄：「晁迥《別書金坡遺事》一卷。」劉兆祐《宋史藝文志史部佚籍考》上編〈已佚而無輯本者〉（五）〈故事類〉著錄：「《別書金坡遺事》一卷，宋晁迥撰。迥，字昭遠，澶州清豐人。太平興國進士。眞宗時，累官工部尚書、集賢院學士。仁宗即位，遷禮部尚書，累請老，以太子少保致仕，卒年八十四，諡文元。著有《禮部考試進士敕》、《昭德新編》、《法藏碎金錄》、《耄智餘書》、《晁文元公道院集要》等，事迹具《宋史》（卷三〇五）、《宋史新編》（卷八四）、《東都事略》（卷四六）、《皇宋書錄》（卷中）、《宋學士年表》等書。……按：天聖四年（1026），錢惟演撰《金坡遺事》三卷（按：《玉海》作二卷），載宋朝翰林雜事儀式及學士名氏，題名自建隆至天聖四年，凡四十七人。今錢書尚殘存，晁書則不傳矣。」足資參證。

翰苑雜記一卷

《翰苑雜記》一卷，學士饒陽李宗諤昌武撰。

廣棪案：此書《秘書省續編到四庫闕書目》卷一〈史類・職官〉、葉德輝考證本。《中興館閣書目・史部・故事類》、趙士煒輯考本。《宋史》卷二百三〈志〉第一百五十六〈藝文〉二〈故事類〉均著錄作「李宗諤《翰林雜記》一卷」，書名與《解題》略不同。《玉海》卷第五十七〈藝文・記、志〉「《淳化續翰林志》」條載：「《書目》：『……《翰林雜記》一卷，學士李宗諤集翰苑規制、恩例，著爲定式。祥符中上之。』」是此書應作《翰林雜記》，《玉海》所載，足補《解題》之未及。宗諤字昌武，李昉之子。《宋史》卷二百六十五〈列傳〉第二十四附〈李昉〉。其〈傳〉載：「大中祥符初，從封泰山，改工部郎中。二年，始建昭應宮，命副丁謂，爲同修宮使。三年，知審官院，屬祀汾陰后土，命爲經度制置副使，同權河中府事。禮成，優拜右諫議大夫。嘗侍宴玉宸殿，上謂曰：『聞卿至孝，宗族頗多，長幼雍睦。朕嗣守二聖基業，亦如卿之保守門戶也。』又曰：『翰林，清華之地，前賢敭歷多有故事，卿父子爲之，必周知也。』宗諤嘗著《翰林雜記》，以紀國朝制度，明日上之。」可知此書撰作背景。

續翰林志一卷、次續志一卷

《續翰林志》一卷、《次續志》一卷，學士承旨梓潼蘇易簡太簡撰。以續李肇之書。其子耆又以其父遭遇恩禮之盛，續於其後。

廣棪案：《玉海》卷第五十七〈藝文・記、十志〉「《淳化續翰林志》」條載：「淳化二年十月辛巳，翰林承旨蘇易簡獻《續唐李肇翰林志》二卷，詔藏史館。仍賜詩二章，又『飛白玉堂』四字以賜。〈唐志・職官類〉：『李肇《翰林志》一卷。』……《書目》：『《次續翰林志》一卷，蘇耆撰。摭易簡所不及載者一十九事，附當時名人詩。』」足與《解題》相參證。惟《玉海》謂《續翰林志》二卷，《宋史》卷二百三〈志〉第一百五十六〈藝文〉二〈故事類〉著錄亦謂「蘇易簡《續翰林志》二卷」，疑此書應作二卷爲是，《解題》誤。易簡字太簡，梓州銅山人。《宋史》卷二百六十六〈列傳〉第二十五有傳。其〈傳〉曰：「易簡外雖坦率，中有城府。由知制誥入爲學士，年未滿三十。屬文初不達體要，及掌誥命，頗自刻勵。在翰林八年，眷遇夐絕倫等。李沆後入，在易簡下，先參知政事，故以易簡爲承旨，錫賚均焉。太宗遵舊制，且欲稔其名望而後正台輔，易簡以親老急於進用，因亟言時政闕失，遂參大政。」又曰：「易簡性嗜酒，初入翰林，謝日飲已微醉，餘日多沈湎。上嘗戒約深切，且草書〈勸酒〉二章以賜，令對其母讀之，自是每入直不敢飲。及卒，上曰：『易簡果以酒死，可惜也。』易簡常居，雅善筆札，尤善談笑，旁通釋典，所著《文房四譜》、《續翰林志》及《文集》二十卷，藏於秘閣。三子：曰宿、曰壽、曰耆，大中祥符間皆祿之以官云。」可知其仕履及著述梗概。耆乃易簡季子，《宋史翼》卷二〈列傳〉第二載：「蘇耆字國老，父易簡，《宋史》有傳。耆以父任，累官陝西轉運。嘉祐中，洛陽大旱，百姓飢殍，京東轉運司無以爲賑。洛陽留守移書求粟二十萬斛，耆移文陝府，如數與之，仍奏於朝。時同官謂陝西沿邊之地屯軍甚多，若有餘，止可以實邊郡。耆曰：『天災流行，《春秋》有恤鄰之義；生民皆繫於君，無內外之別，奈何知其垂亡，而不以奇贏賑恤耶？苟罪餽運，必不以此相累。』《嘉祐名臣傳》。」惟漏記耆曾撰《次續翰林志》一書。

翰苑群書三卷

《翰苑群書》三卷，學士承旨鄱陽洪遵景嚴撰。自李肇而下十一家及〈年表〉、〈中興後題名〉共為一書，而以其所錄〈遺事〉附其末，總為三卷。

廣棪案：《讀書附志》卷上〈職官類〉著錄：「《翰苑群書》三卷。右唐李肇《翰林志》、元稹《承旨學士院記》、韋處厚《翰林學士記》、韋執誼《翰林院故事》、楊鉅《翰林學士院舊規》、《皇朝禁林讌會集》爲一卷；錢惟演《金坡遺事》、晁迥《別書金坡遺事》、李宗諤《翰苑雜記》爲一卷；蘇易簡《續翰林志》、蘇耆《次續翰林志》、《學士年表》、《翰苑題名》、《翰苑遺事》爲一卷。」是《讀書附志》所記，足與《解題》相參證。遵於此書有〈序〉，曰：「翰苑，秩清地禁，沿唐迄今，爲薦紳榮。遵世蒙國恩，父子、兄弟接武而進，實爲千載幸遇。曩嘗粹〈遺事〉一篇，竭來建鄴，以家舊藏李肇、元稹、韋處厚、韋執誼、楊鉅、丁居晦，洎我宋數公，凡有紀于此者，并刊之木，仍以《國朝年表》、《中興題名》附。乾道九年二月七日，番陽洪遵書於清猗閣。」是此書編就於宋孝宗乾道九年二月也。惟《宋史》卷二百三〈志〉第一百五十六〈藝文〉二〈故事類〉著錄：「洪邁《漢苑群書》三卷。」〈宋志〉所著錄撰者之名及書名均誤。

遵後至簽樞，父皓、兄适、弟邁，四人入翰苑，可謂盛矣。

案：《宋史》卷三百七十三〈列傳〉第一百三十二〈洪皓〉載：适「乾道元年五月，遷翰林學士」；遵「孝宗即位，拜翰林學士承旨兼侍讀」；邁則於紹興三十二年春三月「假翰林學士，充賀（金主）登位使」；至皓入翰苑，其本傳乏載。遵之簽樞，《宋史・遵傳》載：「知隆興元年貢舉，拜同知樞密院事。」《解題》所記或指此。《宋史・皓傳》論曰：「皓留北十五年，忠節尤著，高宗謂蘇武不能過，誠哉！然竟以忤秦檜謫死，悲夫！其子适、遵、邁相繼登詞科，文名滿天下，适位極台輔，而邁文學尤高，立朝議論最多，所謂忠義之報，詎不信夫！」可與《解題》相參證。

翰林遺事一卷

《翰林遺事》一卷，洪遵撰。已見上錄諸書所未及者。

廣棪案：此即《翰苑群書》最末之卷。《解題》此云「已見上錄諸書」者，即指《郡齋讀書志》所記之李肇《翰林志》、元稹《承旨學士院記》、韋處厚《翰林學士記》、韋執誼《翰林院故事》、楊鉅《翰林學士院舊規》、《皇朝禁林讌會集》、錢惟演《金坡遺事》、晁迥《別書金坡遺事》、李宗諤《翰林雜記》、蘇易簡《續翰林志》、蘇耆《次續翰林志》等十一種，及《學士年表》、《翰苑題名》諸書。諸書有所未及，則遵撰《遺事》以補之。

掖垣叢志三卷

《掖垣叢志》三卷，丞相安陸宋庠公序撰。時為正字。

廣棪案：《郡齋讀書志》卷第七〈職官類〉著錄：「《掖垣叢志》二卷。右皇朝宋庠撰。景祐中，李宗諤始取國初掌誥名氏刻之於石，自爲〈紀序〉，庠因之成此書。王禹玉頗譏其疎略。裴廷裕載舍人上事，知印宰相壓角，至今傳之爲故事，而庠書闕焉。」所考較《解題》爲詳。惟此書《郡齋讀書志》作二卷，疑誤。《宋史》卷二百八十四〈列傳〉第四十三〈宋庠〉載：「庠，天聖初舉進士，開封試禮部皆第一，擢大理評事，同判襄州。召試，遷太子中允，直史館，歷三司戶部判官，同修起居注，再遷左正言。」是《宋史》漏記庠任正字。其〈傳〉又曰：「庠自應舉時，與祁俱以文學名擅天下，儉約不好聲色，讀書至老不倦。善正訛謬，嘗校定《國語》，撰《補音》三卷。又輯《紀年通譜》，區別正閏，爲十二卷。《掖垣叢志》三卷、《尊號錄》一卷、《別集》四十卷。」是此書應作三卷。《宋史》卷二百三〈志〉第一百五十六〈藝文〉二〈故事類〉著錄：「宋祥《尊號錄》一卷，又《掖垣叢志》三卷。」〈宋志〉之宋祥，乃宋庠之誤。

職林二十卷

《職林》二十卷，集賢院學士錢唐楊侃撰。咸平二年所序。有胡昉者，明道二年作〈後序〉，增益事實七百四十五條，而以「新續」標之。

廣棪案：《玉海》卷第一百十九〈官制・官名〉「咸平《職林》」條載：「咸平中，諫議大夫楊侃撰，二十卷。集歷代沿革，自三公至東宮官，善惡成敗，各編其事，爲一百五十二門。明道中，校書郎胡昉又采唐事七百四十五條附于末。」所記可與《解題》相參證。《宋史》第二百〈志〉第一百五十六〈藝文〉二〈職官類〉著錄：「楊侃《職林》三十卷。」《宋志》作三十卷者，殆併胡昉所續而言耶？胡昉，《宋史》無傳。《歐陽文忠公集》卷八十〈制〉有〈太常博士知秀州嘉興胡昉轉秘書丞制〉，可知昉不惟任校書郎，且以太常博士知秀州，後又轉秘書丞也。

侃，端拱進士，晚為知制誥，避真宗舊諱，更名大雅。

案：《宋史》卷三百〈列傳〉第五十九〈楊大雅〉載：「楊大雅字子正，唐靖恭諸楊虞卿之後。……進士及第，歷新息、鄢陵縣主簿，改光祿寺丞，知新昌縣，徙知潯州，監在京商稅，再遷秘書丞。咸平中，交趾獻犀，因奏賦，召試，遷太常博士。久之，又上書自薦，獻所爲文，復召試。直集賢院，出知筠、袁二州，提舉開封府界諸縣鎮事，爲三司鹽鐵判官，知越州，提點淮南路刑獄。還，考試國子監生，坐失薦，迭降監陳州酒。徙知常州，判三司都磨勘司、戶部勾院。遷集賢殿修撰，知應天府。還，糾察在京刑獄，以兵部郎中知制誥。大雅初名侃，至是，避眞宗藩邸諱，詔改之。居二歲，拜右諫議大夫、集賢院學士，知亳州，卒。」所載官歷較《解題》爲詳。

歐陽公，其壻也，《集》中有〈墓誌〉。

案：《四庫全書》本《文忠集・年譜》載：「景祐元年甲戌，公年二十八。……是歲再娶諫議大夫楊公大雅女。」是歐陽修乃楊侃壻。惟次年九月，則楊侃卒。《歐陽修全集・居士外集》卷第十一〈墓誌銘〉有〈諫議大夫楊公墓誌銘〉，曰：「府君，杭州錢塘人，其譜曰漢太尉震之後。世出弘農，其後微遠，不能譜錄。府君之九代祖隱朝，始復得次序。曰隱朝生燕客，燕客生堪，而猶爲弘農人。堪生承休，是謂皇高祖。唐天祐元年，爲刑部員外郎。副給事中鄭祁使吳越，冊錢鏐爲王。楊行密亂江淮，道阻不克歸，遂留杭州，始分弘農之籍，籍錢塘。初，承休之行也，挈其子巖以俱。巖仕吳越國，位至丞相，是謂皇曾祖。生尙書職方員外郎諱鄘，是謂皇祖。生贈禮部尙書諱蟦，是謂皇考。府君幼失其父，有志節，不群諸兒，母元夫人獨愛之。夫人之喪尙書也，內外之姻，未嘗有見其笑者。府君生十歲，作〈雪賦〉一篇，始爲之笑。及長，尤好學，日必誦書數萬言，或晝夜不息。臨食，至失匕筯。已而病其目，元夫人奪藏其書，府君盜之，亡鄰家以讀。大宋受命，太宗皇帝即位之三年，吳越忠懿王朝京師，以其地納籍有司。吳越國除，隨其皇祖以族行，寓宋州。三舉進士。端拱二年，中乙科，歷蔡州新昌縣令，遷著作佐郎，知德州。爲政有治迹，詔書褒之。咸平三年，交趾獻馴犀，府君以祕書丞監在京商稅院，因奏〈犀賦〉，眞宗嘉之。召試學士院，遷太常博士。賦，一時文士爭相傳誦。不及明年，又上書自薦，獻所爲文二十餘萬言。乃直集賢院，知袁、筠二州，提點開封府界諸縣，入爲三司鹽鐵判官，知越州，提點淮南刑獄，爲宰相王文穆公不悅，以事罷之。卒坐考試國子監生，貶監陳州榷酒。踰年，得知常州，復入三司，判磨堪司。丁元夫人憂，服除，判戶部勾院，比自薦及是，二十七年矣。然少孤能自立，力勤苦爲文章，履其身以儉約，不妄自爲進取。其官業行己之一方，一皆自信於聖人之道，不肯少顧時之人所爲，而時之人亦以有德君子名之。故其直集賢院者二十七年，不遷官。由太常博士纔至刑部郎中，有出其後者，往往至榮顯。或有笑其違世自守以質朴，諷使少改其爲者。府君歎曰：『吾不學乎世，學乎聖人。由是以至此，吾之所有，不敢以薦於人。而嘗自獻于天子矣。今欲孰附以進邪？』其信道深篤，不可屈曲如此。天聖四年，以久次遷集賢修撰，出知應天府，同糾察在京刑獄，轉兵部郎中。六年，年六十五，老矣，始召以知制誥。府君與穎川陳從易，皆以好古有文行知名。然二人者，皆久不用，遂以老，既而一日並用之。是時學者稍相習，務媮竄爲文章，在位稍以爲患，皆以謂天子用耆老，將有意矣。而又下詔書，敕學者禁浮華，使近古道，然後以謂用二人。皆不無意矣，而皆恨其晚也。居二歲，拜右諫議大夫、集賢院學士。出知亳州，於州封虢珞縣男，食邑三百戶。明道二年四月十日，以疾卒於州之正寢，年六十有九。其病將卒，猶不廢學。有文三十卷，曰《大隱集》；又五卷，曰《西垣集》。嗚呼！畜其學以老，不克用，獨見於文章，然其文卒待一施於朝廷，遂位榮顯。既貴，贈其皇考禮部尚書，母太原郡太君。其婦曰漳南縣君張氏，後夫人南陽郡君，亦張氏。蔭其男，長曰洎，明州觀察支使。次曰濬，江陰軍司理參軍。次曰泳、漸、沆、渢，皆將作監主簿。既終，又蔭二孫，某官。其餘慶之及者三世，則夫守道者未必果不遇也。噫！楊氏嘗以族顯於漢，爲三公者四世。漢之亂，更魏涉晉，戕賊於夷胡，而漢之大人苗裔盡矣。比數百歲，下而及唐，然楊氏之後，獨在大和、開成之間曰汝士者，與虞卿魯士漢公，又以名顯於唐。居靖恭坊楊氏者，大以其族著。唐之亂，極於懿、僖、昭三宗。下更五姓，天下瘡裂，焚蕩剪薙，而唐之名臣之後盡矣。又幾百年至于今，然楊氏之後獨在，及府君又大顯。始震嘗有德於漢，而死以無辜，君子悼震曰不幸，然孰知夫世不昌且久歟？而府君又畜其德，則孰知其後世又不然歟？於其葬也，是宜銘。銘，蓋所以使後世之有考也。府君卒後若干年，以景祐二年某月某日，葬杭州某縣某鄉；漳南縣君，先府君二十六年以亡，及是合葬，自有誌。府君初名侃，後避眞宗皇帝舊名，改曰大雅，字子正，銘曰：『楊氏之先，自震有聞。有盛有衰，世惟厥人。由漢迄今，更難冒亂。歷時千年，而世三顯。府君之顯，不彰于初。其久不渝，卒克以敷。弘農之分，遂播南土。嗚呼！德則承其先，而葬也塋于祖。』」是侃之〈墓誌〉，. 歐陽公撰也。

職官分紀五十卷

《職官分紀》五十卷，富春孫逢吉彥同撰。大抵本《職林》而增廣之，其條例精密，事實詳備矣。

廣棪案：《玉海》卷一百十九〈官制・官名〉「元祐《職官分記》」條載：「《書目》:『《職官分紀》五十卷，元祐中孫逢吉撰。編類前代至本朝百官沿革故事，僅一千門。逢吉字彥同。』」可資參證。逢吉，《宋史》無傳，《宋人傳記資料索引》載：「孫逢吉，嚴陵人。有《職官分紀》、《山經》。」考嚴陵即富春也。

秦少游序之，元祐七年也。

案：少游〈職官分紀序〉曰：「職官之書尙矣，前世士大夫所著，如《漢官儀》、《魏官儀》、《唐六典》之類，幾廿家；而附見於類書中者，如《御覽》、《通典》、《會要》之類，又十餘家。咸平中，華陰楊侃始採諸家之書，次爲《職林》，凡二十卷，號稱精博，而斷自五代以前，不及本朝之事。元豐中，朝廷刺《六典》之文，傳有司之議，建文昌之府，立寄祿之格，制度炳然一新，可謂甚盛之舉也。而因時撰次，尙少其人。富春孫彥同雅意斯事，間因暇日，取《職林》而廣之，具載新制，而又增門目之亡缺，補事實之遺漏，凡五十卷，號《職官分紀》，而古今之事於是備焉。或曰：『君子之學當志其遠矣，大者，楊氏之書，弊精神於名物，固已惑矣；孫氏又從而廣之，不亦大惑與？』余竊以爲不然。何則？昔方九皋知千里之馬，而不知牝牡、驪黃，以皋爲善觀天機則可，使皋爲天子諸侯之有司則憊矣，此其所以爲黃老家之言也。儒者則異於是，不以內廢外，不以精忘粗，故上達天機之妙，而不堪天子諸侯有司之則。紀官之事，仲尼嘗學於郯子矣，何獨於二子而疑之。彥同嗜學好古，晚而不衰，有志士也，讀其書可以知其爲人。元祐七年六月望日，秘書省校對黃本舊籍、高郵秦觀敘。」可參證。

官制、學制各一卷

《官制》、《學制》各一卷，司馬光撰。

廣棪案：《宋史》第二百三〈志〉第一百五十六〈藝文〉二〈職官類〉著錄：「司馬光《官制遺稿》一卷。」此應即爲《解題》所著錄《官制》一書。《學制》一書則無可考。惟《玉海》卷第一百十二〈學校・學校〉下「元祐《國子監敕令格式》」條載：「《書目》：『《崇寧學制》一卷，御製。』」未知徽宗御製此書，其與光書異同如何？光，《宋史》卷三十六〈列傳〉第九十五有傳。

唐職林三十卷

《唐職林》三十卷，石埭尉維揚馬永錫明叟撰。以《唐六典》為主，而附以新史所載事實，頗采傳記、歌詩之屬。政和乙未天台左譽序。

廣棪案：此書無可考，其撰人，《宋史》無傳。考《宋會要輯稿》第六十冊〈職官〉三之二七載：「（元豐三年）十一月八日，侍御史知雜事何正言：『中書吏王冕、馬永錫不當扶宰臣王珪升慈聖光獻太后神御殿階。』詔：『王冕、馬永錫各罰銅八斤。』」是馬永錫於神宗元豐三年曾任中書吏。左譽，《宋史》無傳。《宋詩紀事》卷三十八「左譽」條載：「譽字與言，天台人。大觀三年進士，仕終湖州通判。《玉照新志》：『左與言，天台名士也。錢唐幕府樂籍有名姝張穠者，色藝妙天下，君頗顧之，如「盈盈秋水，淡淡春山」，及「帷雲剪水，滴粉搓酥」，皆爲穠作。當時都人有「曉風殘月柳三變」、「滴粉搓酥左與言」之對。俶擾之後，穠委身于立勳大將家，易姓章，疏封大國。紹興中，覓官行闕，暇日訪西湖兩山間，忽逢車輿甚盛，中睹一麗人，褰簾顧君而顰曰：「如今若把菱花照，猶恐相逢是夢中。」視之乃穠也。君醒然悟入，即拂衣東渡，一意空門。』」可略悉譽生平概況。此〈序〉乃譽政和乙未所撰，即徽宗政和五年（1115）也。惜未見，未知《全宋文》有收之否？

朝集院須知一卷

《朝集院須知》一卷，無名氏錄承平時京朝官得替回朝見禮式。

廣棪案：此書無可考。《祕書省續編到四庫闕書目》卷一〈史類・儀注〉著錄：「《朝堂須知》一卷。」葉德輝考證本。疑屬同一書。

皇宋館閣錄五卷

《皇宋館閣錄》五卷，不著名氏，所記止於元祐。《中興館閣書目》云：「秘閣校理宋匪躬撰。」又云：「共八門，原十五卷，存十一卷。」今本止五卷，不見門類，前三卷又混而為一，意未必全書也。

廣棪案：本書原稱《館閣錄》，宋匪躬撰。《玉海》卷第一百六十五〈宮室・館〉「四館」條載：「《書目》：『《館閣錄》十一卷，祕閣校理宋匪射載興國訖元祐中館閣故事，共八門，元十五卷，今爲十一卷。』」足資參證。《宋史》卷二百三〈志〉第一百五十六〈藝文〉二〈故事類〉著錄：「宋匪躬《館閣錄》十一卷。」是此書存十一卷，而直齋所藏者止五卷。匪躬，《玉海》作「匪射」，誤。《宋史》無傳，余嘗撰〈宋匪躬小考〉，考其生平及宦歷頗詳。該文收入拙著《碩堂文存五編》中。其後余另撰〈宋匪躬四考〉，分考匪躬之取名、著作、家世與宦歷，載《中國俗文化研究》第三輯。

蓬山志五卷

《蓬山志》五卷，祕書少監劍川羅畸疇老撰。凡十五門，崇寧四年序。

廣棪案：《玉海》卷一百六十五〈宮室・館〉「四館」條載：「《書目》：『《蓬山志》五卷，崇寧四年，祕書少監羅畸撰。編次館閣故實近事，爲十五門，上之。』」足與《解題》相參證。《宋史》卷二百三〈志〉第一百五十六〈藝文〉二〈故事類〉著錄：「羅畸《蓬山記》五卷。」書名略異。疇，《宋史》無傳。劉兆祐《宋史藝文志史部佚籍考》上編〈已佚而無輯本者〉（五）〈故事類〉載：「《蓬山記》五卷，宋羅畸撰。畸，字疇老，沙縣人，熙寧進士，坐忤使者投檄歸。紹聖間歷兵部郎中、秘書少監。崇寧中辟雍成，命詞臣賦詩頌，畸頌居第一，以右文殿修撰出知廬州、福州卒。著有《文海》、《道山集》、《祕閣祕錄》等。事迹具《北宋經撫年表》。……按蓬山即翰林學士院也，說見《職官分紀》。」所考畸之生平甚翔實。余另有〈羅畸生平事迹雜考〉，載《二〇〇二年漢學研究國際學術研討會論文集》，後收入拙著《碩堂文存五編》中，較劉考尤詳。

麟臺故事五卷

《麟臺故事》五卷。中書舍人信安程俱致道撰。中興之初，復置館職，俱為

少蓬，采摭舊聞，參考裁定條上。既略施行，而為書十有二篇以進。俱在承平時，凡三入省，故其見聞為詳。

廣棪案：《郡齋讀書志》卷第七〈職官類〉著錄：「《麟臺故事》五卷。右皇朝程俱撰。紹興初復館職，俱首入館，纂集舊聞，成十二篇。予所藏書斷自南渡之前，獨此書以載官制後事爲詳，故錄之。」《玉海》卷第五十一〈藝文・典故〉「紹興《麟臺故事》」條載：「紹興元年九月十九日，秘書少監程俱上《麟臺故事》五卷。十二篇。」同書卷第一百六十五〈宮室・館〉「四館」條載：「《書目》：『《麟臺故事》五卷，紹興元年祕書少監程俱撰。時復置祕書省，俱采撰三館舊聞，及法令因革，別爲十二門上之。』」足資參證。此書《四庫全書總目》卷七十九〈史部〉三十五〈職官類〉亦著錄，曰：「《麟臺故事》五卷，《永樂大典》本。宋程俱撰。俱，字致道，衢州開化人。舉進士，試南宮第一。廷試中甲科。歷官徽猷閣待制，封新安縣伯。事迹具《宋史・文苑傳》。《玉海》載：元祐中宋匪躬作《館閣錄》，紹興元年程俱上《麟臺故事》，淳熙四年陳騤續爲《館閣錄》。蓋一代翰林故實，具是三書。今宋《錄》已亡。陳《錄》僅存，而亦稍訛闕。是書則自明以來惟《說郛》載有數條，別無傳本。今考《永樂大典》徵引是書者特多，排比其文，猶可成帙。其書多記宋初之事，典章文物，燦然可觀。蓋紹興元年初復祕書省，首以俱爲少監。故俱爲是書，得諸官府舊章，最爲詳備。如《東都事略・邢昺傳》，載由侍讀學士遷工部侍郎，不著加中散大夫。〈宋綬傳〉，載召試中書，不著遷大理評事。《宋史・韓琦傳》，載由通判淄州入直集賢院，不著爲太常寺丞及太子中允。〈王陶傳〉，載爲太子中允，不著編校昭文館書籍。〈孫洙傳〉亦不著洙嘗爲於潛令及編校祕閣書籍，而皆見於是書。又如《玉海》引〈謝泌傳〉，泌上言，請分四庫書籍，人掌一庫，事在端拱初。而其一百六十八卷又載此事於天聖五年，前後自相剌謬。據此書所載，則在咸平之初。又《續通鑑長編》，載咸平二年七月甲寅，幸國子監，還幸崇文院，而此日之後又有癸丑。則是月之內不容先有甲寅，顯然牴牾。據是書乃是七月甲辰。如此之類，凡百餘條，皆足以考證異同，補綴疎略，於掌故深爲有裨。原書《文獻通考》作五卷。今所裒錄，仍符此數，疑當時全部收之。《通考》又稱凡十二篇，而不詳其篇目。其見於《永樂大典》者，有〈官聯〉、〈職掌〉、〈廩祿〉三門，皆與陳騤書標題相合。疑騤書即因俱舊目修之。今即以騤之篇目分隸諸條，莫不一一條貫，無所齟齬。亦可謂神明煥然，頓還舊觀矣。騤《錄》載〈曝書會〉、〈餞會〉、及〈大宴學士院〉三條，俱云出《麟臺故事》。然引其事不載其詞，殆姚廣孝等排纂之時，刊除重複，誤削前而存後。當時編輯無緒，即此可見一端，今亦無從補入。惟俱《北山集》中載有〈後序〉一篇，並附錄之，以存其舊焉。」是《四庫全書》本乃據《永樂大典》輯錄而成，惟其書仍有闕略。《愛日精廬藏書志》卷十八〈史部・職官類〉著錄：「《麟臺故事》三卷，抄本。從吳門黃氏藏本傳錄。宋紹興元年七月，朝請郎、試秘書少監程俱記。伏讀《欽定四庫全書總目》云：『是書自明以來自《說郛》所載數條外，別無傳本。惟《永樂大典》所載頗爲繁夥，排比條貫，猶可成書。原本五卷，十有二篇，今篇名散見於《永樂大典》中者曰〈沿革〉、曰〈省舍〉、曰〈儲職〉、曰〈修纂〉、曰〈職掌〉、曰〈選任〉、曰〈官聯〉、曰〈恩榮〉、曰〈祿廩〉，祇存其九。謹依類裒輯，仍爲五卷』云云。此本凡三卷，闕四、五兩卷，蓋不完本也。卷一曰〈官聯〉、曰〈選任〉，卷二曰〈書籍〉、〈御製御書〉、附曰〈校讎〉，卷三曰〈修纂〉、曰〈國史〉，凡六篇。與武英殿聚珍本命篇敘次，多有異同。又篇名見《永樂大典》者凡九，而此本所載〈書籍〉、〈校讎〉、〈國史〉不與焉，合之恰十有二篇，俱足以資參考。前有〈紹興元年尚書省劄〉一通，中如『凡十有二篇，及繕寫成二冊』等字俱缺，又改分爲五卷，爲三卷，併於每卷塡上中下字，蓋影寫者欲泯其不全之迹，故不惜多方作僞耳。原本末頁有錢叔寶〈題識〉云：『隆慶元年八月十日，蘇州府前杜氏書鋪收。』蓋從錢磬室藏本傳錄者。」據是，則知《四庫全書》本雖據《永樂大典》輯錄，其書尙闕〈書籍〉、〈校讎〉、〈國史〉三篇也。吳門黃丕烈藏本雖僅三卷，而其中所有，正足補《四庫》本之闕。

中興館閣錄十卷、續十卷

《中興館閣錄》十卷、《續》十卷，祕書監天台陳騤叔進撰。淳熙中，騤長蓬山，與同僚錄建炎以來事為此書。

廣棪案：《玉海》卷第一百六十五〈宮室・館〉「四館」條載：「《書目》：『《中興館閣錄》十卷，淳熙中，秘書監陳騤載建炎以來三館沿革故實，及官聯、廩祿、職掌等事，以補《麟臺故事》之闕。《續錄》十卷。』」丁丙《善本書室藏書志》卷十三〈史部〉八著錄：「《中興館閣錄》十卷、《續錄》十卷，盧抱經寫校本。《館閣錄》，宋陳騤撰。《續錄》，無撰人名氏。騤字叔進，台州臨海人，紹興二十四年進士第一。慶元初，官知樞密院事，並參知政事。忤韓侂胄，提舉洞霄宮，卒，諡文簡。《宋史》有傳。」案：騤傳見《宋史》卷三百九十三〈列傳〉第一百五十二。

李燾仁父為之〈序〉。

案：燾〈序〉曰：「《中興館閣錄》十卷，淳熙四年秋，天台陳騤叔晉與其僚所共編集也。上世官修其方，故物不坻伏；後世弗安厥官，其方莫修，職業因以放失。夫方云者，書也。究其本原事迹，及朝夕所當思營者悉書之，法術具焉。使居是官者奉以周旋，雖百世可考爾。《周官》三百六十，官各有書；小行人適四方，則物爲一書，多至五書，蓋古之人將有行也，舉必及三，惟始衷終，依據審諦，則其施設，斯可傳久。彼狡焉滅棄典籍，縱意自如，幸闕六龍駐蹕臨安，踰四十年，三省、樞密院制度尚稽復舊，惟三館、祕閣，巋然傑出，非百司比。自唐開元韋述所集《記注》；元祐間，宋宣獻之孫匪躬作《館閣錄》；紹興改元，程俱致道作《麟臺故事》；宋氏皆祖韋氏，而程氏《故事》并國初，它則多闕，蓋未知其有宋《錄》也，惜最後四卷俄空焉。余屢蒐采弗獲，欲補又弗暇，每每太息。今所編集，第斷自建炎以來，凡物巨細，靡有脫遺，視程氏誠當且密，官修其方，行古道者，不當如是耶？昏忘倦游，喜見此書，乃援筆爲之〈序〉。李燾仁父。」

《續錄》者，後人因舊文增附之。館臣案：《續錄》乃嘉定三年館閣重行編次，後人次第補錄，迄於咸淳者。　廣棪案：盧校本「之」字下有「耳」字。

案：〈續錄序〉曰：「《中興館閣錄》，淳熙四年成書，其後附錄者多訛舛缺略。嘉定三年十月重行編次，是正訛舛，其缺略者增補之，名曰《館閣續錄》。逐卷之末不題卷數，貴在他日可以旋入。繼今每於歲杪，分委省官，取歲中合載事，略加刪潤，刊於卷末。前錄凡例，其目有九，今並從其舊云。」可悉《續錄》撰作梗概。

續史館故事一卷

《續史館故事》一卷，著作佐郎曲阿洪興祖慶善撰。記國朝史館事迹，以續舊編。

廣棪集：《玉海》卷第一百六十五〈宮室・館〉「四館」條載：「《書目》：『《續史館故事錄》一卷，著作佐郎洪興祖編次開寶訖建炎中史館職任廢置、恩賜事迹。續周代之書。』」《宋史》卷二百三〈志〉第一百五十六〈藝文〉二〈故事類〉著錄：「洪興祖《續史館故事錄》一卷。」是此書《玉海》所引《中興館閣書目》，及〈宋志〉著錄之書名均多一「錄」字。劉兆祐《宋史藝文志史部佚籍考》上編〈已佚而無輯本者〉（五）〈故事類〉載：「《續史館故事錄》一卷，宋洪興祖撰。興祖，字慶善，鎮江丹陽人。少讀《禮》，至〈中庸〉，頓悟性命之理，績文日進。紹興中，與孔端明、張炳、周林四人俱召試，帝覽策曰：『興祖讜直，當第一。』遂除祕書省正字，出典州郡，興學闢荒，所至有治績。忤秦檜，編管昭州，卒，年六十六。興祖好古博學，自少至老，未嘗一日去書，著有《易古經考異釋疑》，《尚書口義發題》、《論語說》、《韓子年譜》、《聖賢眼目》、《語林》、《楚辭補注》、《楚辭考異》、《韓文年譜》、《韓文辨證》、《杜詩辨證》等。事迹具《宋史》（卷四三三）、《宋史新編》（卷一六四）、《南宋書》（卷六三）、《京口耆舊傳》（卷四）及《南宋館閣續錄》等書。……所謂『舊編』者，當指五代周史官所撰《史館故事錄》三卷一書也，〈宋志〉已著錄。」兆祐所考甚當。

祖宗官制舊典三卷

《祖宗官制舊典》三卷，直龍圖閣東萊蔡惇元道撰。館臣案：元道原本作「元通」，今據《宋史・藝文志》校改。**大略以為元豐用官階寄祿，雖號正名，而流品混淆，爵位輕濫，故以祖宗舊典與新制參稽並**廣棪案：盧校本「並」為「互」。**考，而論其得失。元道，文忠公參政齊之侄孫，而翰林學士延慶之子，渡江卒於涪陵。尹和靖焞嘗題其墓。**

廣棪案：《宋史》卷二百三〈志〉第一百五十六〈藝文〉二〈職官類〉著錄：「蔡元道《祖宗官制舊典》三卷。」是〈宋志〉著錄撰人姓名正作元道。惟《讀書附志》卷上〈職官類〉著錄：「《祖宗官制舊典》三卷。右東萊蔡元道所編也，其子興宗敘於後，云：『追紀祖宗舊典，凡設官任職、治民理財之要，與夫分別流品、謹惜名器之道，合七十七門云。』」是《讀書附志》亦云此書蔡元道所編。館臣不悉據成書更早之《讀書附志》，而僅據〈宋志〉下案語，未云盡當也。《讀書附志》所載，足與《解題》相參證。《玉海》卷一百十九〈官制・官名〉「紹興《祖宗官制舊典》」條載：「三卷，紹興間蔡元道纂。以元豐改制，號爲名正，爵位浸輕，品流淆雜，故著是書。每官先述舊典，而後及新官得失，以存祖宗制官之意。」亦可與《解題》相發明。元道，《宋史》無傳。蔡齊，《宋史》卷二百八十六〈列傳〉第四十五有傳，延慶則附〈齊傳〉。〈齊傳〉載：「蔡齊字子思，其先洛陽人也。……卒，年五十二，贈兵部尚書，諡曰文忠。……始齊無子，以從子延慶爲後。」〈延慶傳〉載：「延慶字仲遠，中進士第，通判明州。……召知開封府，拜翰林學士。」與《解題》所載同。至尹焞題元道墓，《四庫全書》本《和靖集》無此篇，未悉《全宋文》有補收否？

官制舊典正誤一卷

《官制舊典正誤》一卷，無名氏。

廣棪案：《玉海》卷一百十九〈官制·官名〉「紹興《祖宗官制舊典》」條載：「又有《官制正誤》，補蔡氏所不及，仍正其誤。」劉兆祐《宋史藝文志史部佚籍考》上編〈已佚而無輯本者〉（六）〈職官類〉載：「《祖宗官制舊典》三卷，宋蔡惇撰。……按：陳《錄》又有無名氏《官制舊典正誤》一卷，知蔡氏之書不免疏誤之處也。」兆祐所見與《玉海》同。

國朝官制沿革一卷

《國朝官制沿革》一卷，黃琮元禮撰。

廣棪案：《讀書附志·拾遺》著錄：「《國朝官制沿革》一卷。右黃元禮琮所編也。」《玉海》卷一百十九〈官制·官名〉「紹興《祖宗官制舊典》」條載：「《官制沿革》，黃琮撰。」所著錄均與《解題》同。琮，《宋史》無傳。《宋會要輯稿》第五十一冊〈儀制〉一一之一二載：「（紹興五年），右朝奉大夫知澧州黃琮，五月贈兩官。」是琮曾任右朝奉大夫及澧州知州。《宋人傳記資料索引》載：「黃琮字子方，莆田人。元符三年登第，初爲長溪尉，遭父艱，邑令以千緡爲賻，辭，徒步扶櫬歸。遷閩清，捐俸代民輸租，有『閩清清過伯夷』之謠。移同安，與陳鱗、翁谷號三循吏。」惟此黃琮字子方，元符人；《解題》所載則字元禮，參以《玉海》及《宋會要輯稿》所記，則爲紹興時人；二者決非同一人也。

職官記一卷

《職官記》一卷，大理少卿張縯季長撰。專載新舊遷轉之異，亦以寄祿為未然也。以上三家皆附蔡氏書後。縯，蜀人。

廣棪案：《讀書附志·拾遺》著錄：「《職官記》一卷。右三晉張縯所編也。其說謂：『元豐官制名實正矣，惟是祖宗因官制以別流品之意，當時初不講明及之，故寄祿之階，條理未盡。若參以舊典，則得失可見。遂先立元豐寄祿新格，以祖宗舊官遷轉之法，參列於後云。』」可與《解題》相參證。《玉海》卷第一百十九〈官制·官名〉「紹興《祖宗官制舊典》」條載：「《職官記》，張縯撰。趙曄萃三書為三卷。」考《玉海》謂「趙曄萃三書爲三卷」者，即指以無名氏《官制舊典正誤》一卷、黃琮《國朝官制沿革》一卷，及此書萃爲三卷也。此三書皆附蔡惇《祖宗官制舊典》三卷之後。惟《玉海》著錄撰人作張演，與《解題》不同，應作縯爲是。縯，《宋史》無傳，陳騤《南宋館閣錄》卷八〈官聯〉下〈正字〉載：「張縯，字季長，唐安人。木待問榜進士出身。治詩賦。（乾道）九年九月除，淳熙元年十一月丁憂。」是縯，孝宗時人。唐安在四川，故《解題》謂縯蜀人也。

陸務觀與之厚善。

案：《渭南文集》卷四十一〈祭文〉有〈祭張季長大卿文〉，曰：「嗚呼！世之定交有如某與季長者乎？……」，可見二人友誼之厚善。〈祭文〉文長不錄。

官制新典十卷

《官制新典》十卷，熊克撰。其書以元豐新制為主，而元祐之略加通變，崇、政之恣為紛更，皆具列焉。

廣棪案：《玉海》卷一百十九〈官制・官名〉「元祐修《官制》」條載：「元祐八年十二月二日乙巳，〈本紀〉甲寅。左僕射呂大防言：『乞倣《唐六典》置局修《官制》一書，以爲國朝大典。』詔於祕書省置局，令范祖禹、王欽臣編修，宋匪躬、晁補之檢討。紹聖元年五月詔罷之。崇寧元年六月二十九日癸丑，詔史院以神宗所定官制，依《唐六典》修成一書。政和三年八月修，參照官制格目，凡九百餘冊。又修中書門下省官制格。」此與《解題》所載者或同屬一事。克字子復，建寧建陽人。《宋史》卷四百四十五〈列傳〉第二百四〈文苑〉七有傳。其〈傳〉謂：「克博聞強記，自少至老，著述外無他嗜。尤淹習宋朝典故，有問者，酬對如響。」是克固能撰此《官制新典》也。

聖朝職略二十卷

《聖朝職略》二十卷，熊克撰。倣馬永錫《唐職林》，考其廢置因革，亦頗采故事，摘舊制誥中語附焉。其書猶草創未成，蓋應用之具也。

廣棪案：此克草創未成之書，其書乃倣馬永錫《唐職林》而撰。《唐職林》三十卷，《解題》卷六〈職官類〉著錄。馬永錫，《宋史》無傳，其事迹已見本類《唐職林》條。

宰輔拜罷錄二十四卷

《宰輔拜罷錄》二十四卷，史館修撰范沖元長等撰。起建隆元年，止紹興六年。宰相自范質至張浚，執政自趙普至折彥質，各記除授年月、訓詞，亦略敘在位本末於後。

廣棪案：《宋史》卷二百三〈志〉第一百五十六〈藝文〉二〈職官類〉著錄：「范沖《宰輔拜罷錄》二十四卷。」著錄與此同。《宋史藝文志史部佚籍考》上編〈已佚而無輯本者〉（六）〈職官類〉載：「《宰輔拜罷錄》二四卷，宋范沖撰。……按：《通志・藝文略》有《宋宰輔拜罷錄》二十四卷，不著撰人，當爲一書，鄭氏偶疏也。」兆祐所按不誤。沖字元長，登紹聖進士第。紹興中，爲宗正少卿兼直史館。《宋史》卷四百三十五〈列傳〉第一百九十四〈儒林〉五有傳。《玉海》卷一百二十〈官制・三公宰相〉「乾道左右丞相」條載：「前輩記自建隆元年至元祐五年，一百三十年，宰相凡五十人。自元祐五年至紹興六年，四十六年，凡二十八人。」所記建隆至紹興宰輔拜罷起止，與此書同，則此書所記宰輔，凡七十八人矣。又《玉海》同卷同條載：「自建隆至靖康，宰相凡七十二人；執政凡二百三十一人。」是則由欽宗靖康，至高宗紹興六年，宰相共六人。而由建隆元年至紹興六年，執政則凡二百三十一人以上。

國朝相輔年表一卷、續一卷

《國朝相輔年表》一卷、《續》一卷，同知太常禮院開封陳繹和叔撰。自建隆庚申迄治平丙午。《續》自丁未迄紹興十四年，稱臣易記，而不著姓，當是李易也，時方自給事中奉祠，其曰「私題臣繹之次」者，其書蓋未必上，而私續之云爾。自後接於嘉定，則後人所益也。

廣棪案：《玉海》卷一百二十〈官制・三公宰相〉「乾道左右丞相」條載：「《續目》：『《國朝相輔年表》一卷，起建隆庚申，訖治平丙午，〈序〉曰：「臣繹上。」《續年表》起治平丁未，迄紹興十四年，〈序〉曰：「臣易記。」皆不著姓。又自紹興十四年，至嘉定六年，終不著纂者名氏。』」可與《解題》相參證。繹字和叔，開封人。《宋史》卷三百二十九〈列傳〉第八十八有傳。惟《宋史》未載繹同知太常禮院。李易，《宋史》無傳。《宋詩紀事》卷四十三「李易」條曰：「易字順之，江都人。建炎二年，高宗駐蹕維揚，策進士爲第一，授簽書江陰軍判官。紹興元年，爲太常博士，轉工部員外郎，爲太常少卿，遷中書舍人，改直祕閣，知揚州，官至敷文閣待制，提舉江州太平觀，卒於秀州。」可知其宦歷梗概。惟《宋詩紀事》未記及易任給事中。張擴《東窗集》卷九〈制〉有〈李易除給事中制〉一文，則《解題》謂易撰《續表》「時方自給事中奉祠」者，固不誤也。

職源五十卷

《職源》五十卷，大理司直金華王益之行甫撰。亦簡牘應用之書，而專以今日見行官制為主。蓋中興以後，於舊制多所併省故也。

廣棪案：《宋史》卷二百三〈志〉第一百五十六〈藝文〉二〈職官類〉著錄：「王益之《漢官總錄》十卷，又《職源》五十卷。」益之，《宋史》無傳。《宋人傳記資料索引》載：「王益之字行甫，金華人，師古子。淳熙十四年進士，仕至大理司直。熟於兩漢掌故，有《兩漢年紀》、《漢官總錄》、《職源》等書。」是益之乃孝宗時人。

元輔表一卷

《元輔表》一卷，龔頤正撰。專錄宰相，不及執政。

廣棪案：《玉海》卷第一百二十〈官制・三公宰相〉「乾道左右丞相」條載：「《書目》有《宰輔年表》一卷。建隆至治平，不知作者。」未知與《元輔表》同一書否？頤正，《宋史》無傳。《宋人傳記資料索引》載：「龔頤正字養正，本名敦頤，避諱改名頤正，和州歷陽人，後家吳中，原曾孫。光宗時爲國史檢討官，歷宗正丞。有《芥隱筆記》，考證博洽，而舛謬處亦時有之。《元祐黨籍列傳譜述》，《續釋常談》。」惜未嘗記及此書。

漢官考六卷

《漢官考》六卷，知金州清江徐筠孟堅撰。以《百官表》官制為主，而紀、傳及注家所載，皆輯而錄之。

廣棪案：《宋史》卷二百三〈志〉第一百五十六〈藝文〉二〈職官類〉著錄：「徐筠《漢官考》四卷。」與《解題》所記卷數不同。《宋史藝文志史部佚籍考》上編〈已佚而無輯本者〉（六）〈職官類〉載：「《漢官考》四卷，宋徐筠撰。筠，字孟堅，清江人，登淳熙十一年（1184）進士，嘗知金州。有《姓氏源流考》、《修水志》等。事迹具《宋元學案》（卷五三）。……按：《百官表》即《漢書》所載者也。注家者，殆指王隆《漢官解詁》（三卷），應劭《漢官注》（五卷）、《漢官儀》（十卷），蔡質《漢官典儀》（一卷）諸書也。」兆祐所考甚是。

漢官總錄十卷

《漢官總錄》十卷，王益之撰。大較亦如前書。

廣棪案：直齋言益之此書，與徐筠《漢官考》相近。《宋史藝文志史部佚籍考》上編〈已佚而無輯本者〉（六）〈職官類〉載：「《漢官總錄》一〇卷，宋王益之撰。益之，字行甫，金華人，官大理司直，著有《職源》（五〇卷）及《西漢年紀》（三〇卷）等，蓋能熟於漢代掌故者也。按：宋徐筠輯《百官表》及紀、傳、注家所載官制，爲《漢官考》六卷，此書大較如徐書也。說見《直齋書錄解題》。」兆祐所考與鄙見同。

縣法一卷

《縣法》一卷，北京留守溫陵呂惠卿吉甫撰。曰法令、詞訟、刑獄、簿歷、催科、給納、災傷、盜賊、勸課、教化，凡十門。為縣之法，備於此矣。雖今古事殊，而大體不能越也。惠卿，小人之雄，於材術固優，然法令居首，而教化乃居其末，不曰俗吏，而謂之何哉？

廣棪案：《宋史》卷二百四〈志〉第一百五十七〈藝文〉三〈刑法類〉著錄：「呂惠卿《新史吏部式》二卷，又《縣法》十卷。」是書既分十門，蓋以每門爲一卷，合爲十卷，故應依〈宋志〉作十卷爲是。惠卿字吉甫，泉州晉江人，《宋史》卷四百七十一〈列傳〉第二百三十〈姦臣〉一有傳。其〈傳〉曰：「惠卿起進士，爲眞州推官。秩滿入都，見王安石，論經義，意多合，遂定交。熙寧初，安石爲政，惠卿方編校集賢書籍，安石言於帝曰：『惠卿之賢，豈特今人，雖前世儒者未易比也。學先王之道而能用者，獨惠卿而已。』及設制置三司條例司，以爲檢詳文字，事無大小必謀之，凡所建請章奏皆其筆。」此書或熙寧初惠卿助安石行新政時撰。其〈傳〉又載：「司馬光諫帝曰：『惠卿憸巧非佳士，使安石負謗於中外者皆其所爲。安石賢而愎，不閑世務；惠卿爲之謀主，而安石力行之，故天下並指爲姦邪。近者進擢不次，大不厭眾心。』帝曰：『惠卿進對明辨，亦似美才。』光曰：『惠卿誠文學辨慧，然用心不正，願陛下徐察之。江充、李訓若無才，何以能動人主？』帝默然。」是溫公亦謂惠卿「用心不正」，「憸巧非佳士」也。直齋所論，誠與溫公同調。

縣務綱目二十卷

《縣務綱目》二十卷，贛陽劉鵬撰。凡四十四門，四百七十餘事。其說不止於作縣，而事關縣務者為多焉。元符庚辰敘。

廣棪案：《宋史》卷二百五〈志〉第一百五十八〈藝文〉四〈雜家類〉著錄：「劉鵬《縣務綱目》二十卷。」與《解題》同。此書蓋序於哲宗元符三年庚辰（1100）也。鵬，《宋史》無傳。《宋會要輯稿》第一百四十九冊〈食貨〉五七之一八載：「（紹興六年）五月一日，荊湖南路安徽制置大使兼知潭州呂頤浩言：『被旨令廣西提刑韓璜收糴米三萬石般發前來賑濟，已節次催促，至今並無顆粒到來，望將上件米斛委韓璜催督水軍至湖南，卻委本路運使分撥州軍交卸，以濟饑民。』詔令劉鵬、向伯奮急速般發。」是劉鵬曾奉詔運糧濟飢事。此事亦載同書第一百五十冊〈食貨〉五九之二七，又見同書第一百五十九冊〈食貨〉六八之五九。惟紹興六年（1136），上距元符三年（1100），已三十七年矣。

作邑自箴十卷

《作邑自箴》十卷，李元弼持國撰。

廣棪案：《宋史》卷二百四〈志〉第一百五十七〈藝文〉三〈刑法類〉著錄：「李元弼《作邑自箴》一卷。」〈宋志〉作一卷，應爲十卷之誤。張金吾《愛日精廬藏書志》卷十八〈史部・職官類〉著錄：「《作邑自箴》十卷，抄本。從陳君子準藏本傳錄。宋李元弼撰。述爲政之要，蒞論民之方，極爲核備。雖篇帙無多，而條目詳盡，區晝分明，固司牧者之式也。末卷曰登途須知，曰備急藥方，亦行路所必需者。《直齋書錄解題》、《文淵閣書目》、《世善堂書目》俱著錄。末頁有『淳熙己亥中元』、『浙西提刑司刊』兩行，蓋從宋刊本影寫者。」瞿鏞《鐵琴銅劍樓藏書目錄》卷第十二〈史部〉五〈職官類〉著錄：「《作邑自箴》十卷，影鈔宋本。宋李元弼撰并序。是書論爲政之要。自一至四卷，分正己、治家、處事三門，凡一百三十餘條。其下四卷，列規矩一門，百有餘條。第九卷爲判狀、印板。第十卷爲登途須知、備急藥方。作於政和中，刊於淳熙中。傳本甚稀，見《直齋書錄》、《文淵閣書目》。卷末有『淳熙己亥中元浙西提刑司刊』一條。每半葉十一行，行十九字。舊爲稽瑞樓藏本。」張、瞿二書所述，足資參考，其中多《解題》所未及。

政和丁酉序。

案：此書元弼〈自序〉曰：「嘗謂子男之任，實難其人。漢之郎官出宰百里，聖朝鼎新法度，以達官稱薦者錄之。予濫綰銅章，才微識隘，何以承流宣化，民社之重，可不勉焉。竊聞鄉老先生論爲政之要，僅得一百三十餘說，從而著成規矩，述以勸戒，又幾百有餘事，釐爲十卷，目之曰《作邑自箴》，置之几案，可以矜式。政和丁酉秋七月，李元弼持國待次廣陵書。」是此書序於徽宗政和七年也。元弼，生平無可考。

中興百官題名五十卷

《中興百官題名》五十卷，監察御史臨川何異同叔撰。首卷為〈宰輔拜罷錄〉，餘以次列之。刻板浙漕，其後以時增附。渡江之初，庶務草創，諸司間有不可考者，多闕之。

廣棪案：《宋史》卷二百三〈志〉第一百五十六〈藝文〉二〈職官類〉著錄：「《中興百官題名》五十卷。」與《解題》同。《解題》云：「首卷爲〈宰輔拜罷錄〉。」其書乃范沖撰，《解題》已著錄。此書《玉海》卷第一百十九〈官制．官名〉「紹興《祖宗官制舊典》」條載：「《中興百官題名》五十卷，紹熙間監察御史何異撰。」則此書乃撰就於光宗紹熙（1190～1194）之時。劉兆祐《宋史藝文志史部佚籍考》下編〈已佚而有輯本者〉（六）〈職官類〉載：「《中興百官題名》五〇卷，宋何異撰。異，字同叔，撫州崇仁人，紹興二十四年（1154）進士，孝宗時官右正言，奏疏多峻切，累遷工部尚書，以寶章閣直學士知泉州，致仕卒，年八十一，著有《月湖詩集》。事迹具《宋史》（卷四〇一）、《宋史新編》（卷一四八）、《南宋書》（卷四二）、《慶元黨禁》及《南宋館閣續錄》等書。按：《直齋書錄解題》著錄此書，謂『首卷爲〈宰輔拜罷錄〉，餘以次列之。刻板浙漕，其後以時增附。渡江之初，庶務草創，諸司間有不可考者，多闕之』。原本久佚，清乾隆三十八年（1763），錢大昕從《永樂大典》輯得《翰林學士》一卷；光緒丙申（二二年，1896），繆荃孫又自《永樂大典》中鈔出〈中興行在雜買務雜賣場提轄官題名〉一卷及〈中興東宮官寮題名〉一卷，與錢氏所輯者合刊，目曰《宋中興百官題名》三卷，收於宣統二年（1910）繆氏所輯刊之《藕香零拾》叢書中。錢大昕〈跋翰林學士一卷〉云：『《宋中興百官題名》今存《永樂大典》者，曰翰林學士院，曰諫院，曰登聞檜院，曰登聞鼓院，曰進奏院，曰官告院，曰文思院，曰糧料院，曰樞密官屬。』而大昕衹錄翰林學士，餘未鈔出，今《永樂大典》已殘，無從再考，深爲可惜。」劉氏所考甚翔實，足資參考。

齊齋臺諫論二卷

《齊齋臺諫論》二卷，尚書霅川倪思正父撰。嘉定初更化，矯韓氏用事之弊，於是為〈論〉三篇，言為之鷹犬者，罪在臺諫。已而其弊自若也，則又為〈續論〉六篇，言其情狀益精詳。凡為臺諫之所以得、所以失者，至矣，盡矣。

廣棪案：思字正甫，湖州歸安人。《宋史》卷三百九十八〈列傳〉第一百五十七有傳。此書曰《齊齋臺諫論》，〈倪傳〉記思於光宗朝，「上久不過重華宮，思疏十上，言多痛切。會上召嘉王，思言：『壽皇欲見陛下，亦猶陛下之於嘉王也。』上爲動容。時李皇后寖預政，思進講姜氏會齊侯於濼，因奏：『人主治國必自齊家始，家之不能齊者，不能防其漸也。始於褻狎，終於恣橫，卒至於陰陽易位，內外無別，甚則離間父子。漢之呂氏，唐之武、韋，幾至亂亡，不但魯莊公也。』上悚然。趙汝愚同侍經筵，退語人曰：『讜直如此，吾黨不逮也。』」是倪號「齊齋」者，殆竊取「見賢思齊」之義耶？〈倪傳〉又載：「（思）除權兵部尚書兼侍讀。求對，言：『大權方歸，所當防微，一有干預端倪，必且仍蹈覆轍。厥今有更化之名，無更化之實。今侂胄既誅，而國人之言猶有未靖者，蓋以樞臣猶兼宮賓，不時宣召，宰執當同班同對，樞臣亦當遠權，以息外議。』樞臣，謂史彌遠也。」又曰：「史彌遠擬除兩從官，參政錢象祖不與聞。思言：『奏擬除目，宰執當同進，比專聽侂胄，權有所偏，覆轍可鑒。』既而史彌遠上章自辨，思求去，上留之。思乞對，言：『前日論樞臣獨班，恐蹈往轍，宗社堪再壞耶？宜親擢臺諫，以革權臣之弊，並任宰輔，以鑒專擅之失。』彌遠懷恚，思請去益力，以寶謨閣直學士知鎮江府，移福州。」則此書之前三篇，殆撰於韓侂胄專擅之時；其後六篇，則撰於史彌遠任樞臣時也。

金國官制

《金國官制》，虜雍偽大定年所頒。竊取唐及本朝舊制，以文其腥膻之俗，馬非馬，驢非驢，龜茲王所謂贏者耶？廣棪案：此條據《文獻通考》補入，盧校本同。

廣棪案：《金史》卷六〈本紀〉第六〈世宗〉上載：「世宗光天興運文德武功聖明仁孝皇帝，諱雍，本諱烏祿，太祖孫，睿宗子也。」是《解題》所謂「虜雍」者，即指金世宗。大定，世宗年號，凡二十九年。楊家駱《新補金史藝文志》卷二〈史部・政書類・職官之屬〉著錄：「《金國官制》一卷，無撰人。見焦竑《國史經籍志》。《宋史・藝文志》作《金國明昌官制新格》一卷，云不知何人撰。按龔、孫《目》皆有。」考「明昌」乃金章宗年號。章宗，世宗孫也。故《解題》此書與《金國明昌官制新格》，顯非同屬一書，家駱誤。

禮注類第十

獨斷二卷

《獨斷》二卷，漢議郎陳留蔡邕伯喈撰。記漢世制度、禮文、車服及諸帝世次，而兼及前代禮樂。舒、台二郡皆有刻本。向在莆田嘗錄李氏本，大略與二本同，而上、下卷前後錯互，因並存之。

廣棪案：《玉海》卷第五十一〈藝文・典故〉「漢蔡邕《獨斷》」條載：「〈蔡邕傳〉：著『《獨斷》、《勸學》。』《書目》：『二卷，采前古及漢以來典章、制度、品式、稱謂，考證辨釋，凡數百事，其書間有顛錯。嘉祐中，余擇中更爲次序，釋以己說，故別本題《新定獨斷》。』〈光武紀〉注引之。」是《玉海》所引《中興館閣書目》所述，與《解題》之說足相發明。此書《四庫全書總目》卷一百十八〈子部〉二十八〈雜家類〉二亦著錄，云：「《獨斷》二卷，通行本。漢蔡邕撰。王應麟《玉海》謂：『是書閒有顛錯，嘉祐中，余擇中更爲次序，釋以己說。故別本題《新定獨斷》。』擇中之本今不傳。然今書中序歷代帝系，末云：『從高祖乙未至今壬子歲，三百一十年。』壬子爲靈帝建寧五年。而靈帝世系末行小註乃有二十二年之事，又有獻帝之謚，則決非邕之本文，蓋後人亦有所竄亂也。是書於禮制多信《禮記》，不從《周官》。若五等封爵，全與〈大司徒〉異。而各條解義，與鄭元《禮註》合者甚多。其釋『大祝』一條，與康成『大祝註』字句全符。則其所根據，當同出一書。又《續漢書・輿服志》：『樊噲冠廣九寸，高七寸，前後出各四寸。』是書則謂：『廣七寸，前出四寸。』其詞小異。劉昭《輿服志註》引《獨斷》曰：『三公、諸侯九旒，卿七旒。』今本則作『三公九，諸侯、卿七。』建華冠註引《獨斷》曰：『其狀若婦人縷鹿。』今本並無此文。又《初學記》引《獨斷》曰：『乘輿之車皆副轄者，施轄於外乃復設轄者也。』與今本亦全異。此或諸家援引偶訛，或今本傳寫脫誤，均未可知。然全書條理統貫，雖小有參錯，固不害其宏旨，究考證家之淵藪也。」是此書之通行本，與古籍所引《獨斷》，文字每有訛脫異同。此書直齋所見者有舒、台二郡刻本。今檢陸心源《皕宋樓藏書志》卷五十五〈子部・雜家類〉一著錄：「《獨斷》二卷，宋刊本。漢左中郎將陳留蔡邕撰。『右蔡氏《獨斷》一編，古之制度文，爲類於此乎？考錄本多舛，今稍是正，而刻之舒頖。淳熙庚子六月初吉，江都李宗孟書。』」是此書舒郡刻本，晚清時猶在，陸心源皕宋樓得以收藏。舒郡本蓋刻於孝宗淳熙七年庚子（1180）也。蔡邕字伯喈，陳留圉人。《後漢書》卷六十下〈列傳〉第五十下有傳。

開元禮一百五十卷

《開元禮》一百五十卷，唐集賢院學士蕭嵩、王仲丘等撰。唐初有《貞觀》、《顯慶禮》，儀注不同，而《顯慶》又出於許敬宗希旨傅會，不足施用。開元十四年，通事舍人王喦請刪《禮記》舊文，而益以今事。張說以為《禮記》不可改易，宜折衷《貞觀》、《顯慶》以為《唐禮》。乃詔徐堅、李銳、施敬本撰述，蕭嵩、王仲丘繼之。書成，唐之五禮之文始備，於是遂以設科取士。《新史·禮樂志》大略采摭著于篇。然唐初已降凶禮於五禮之末，至《顯慶》，遂削去〈國恤〉一篇。則敬宗諂諛諱惡，鄙陋亡稽，卒不能正也。館臣案：《唐書·藝文志》：「《開元禮》乃賈登、張烜、施敬本、李銳、王仲丘、陸善經、洪孝昌撰輯，蕭嵩總之。不著徐堅姓氏。」

廣棪案：《新唐書》卷五十八〈志〉第四十八〈藝文〉二〈儀注類〉著錄：「《開元禮》一百五十卷。開元中，通事舍人王喦請改《禮記》，附唐制度，張說引喦就集賢書院詳議。說奏：『《禮記》，漢代舊文，不可更，請脩《貞觀》、《永徽》五禮爲《開元禮》。』命賈登、張烜、施敬本、李銳、王仲丘、陸善經、洪孝昌撰緝，蕭嵩總之。」《四庫》館臣案實據此。考《玉海》卷第六十九〈禮儀·禮制〉下「唐《開元禮》」條載：「〈志〉：『玄宗開元十年，以司業韋縚爲禮儀使，掌五禮。十四年，通事舍人王喦請刪去《禮記》舊文，而益以今事。附唐制度。詔付集賢院議。張說以爲《禮記》不刊之書，不可改。唐《貞觀》、《顯慶禮》，前後不同，宜加折衷，以爲《唐禮》。《通鑑》正月奏。乃詔集賢學士徐堅、李銳、施敬本撰述，歷年未就。蕭嵩代說爲學士，奏起居舍人王仲丘，撰定爲一百五十卷。《書目》同。是爲大唐《開元禮》。《通鑑》二十年九月乙巳，新禮成，上之。號曰《開元禮》。《通典》同。由是五禮之文始備。二十年九月頒行之。』中書令嵩賜絹綵二百，餘各一百。《六典》禮部，凡五禮之儀一百五十有二。《通典》云百五十有一。吉禮其儀五十有五，〈圜丘〉至〈拜掃〉。賓禮其儀有六，〈蕃國朝〉至〈燕蕃使〉。軍禮其儀二十有三，〈親征〉至〈儺〉。嘉禮其儀五十，〈皇帝加玄服〉至〈宣赦〉。凶禮其儀十有八，〈振荒〉至〈王公禮制通議〉。新五禮，開元二十年修，凡一百五十卷太常博士新五禮儀式。《會要》:『開元二十六年六月二十七日，渤海求寫《唐禮》，許之。』貞元二年六月敕《開元禮》者，舉一人，同一經例。九年五月敕:『問大義百條，試策三道。』大中五年十一月，太常禮院奏:『私廟並準《開元禮》及《曲臺禮》爲定制。』〈藝文志〉:『《開元禮》一百五十卷。張說請修《貞觀》、《永徽》五禮，命賈登、張烜、施敬本、李銳、王仲丘、陸善經、洪孝昌撰緝，蕭嵩總之。』人名與〈禮志〉詳略不同。」則與《解題》所述，足相發明。《玉海》所謂「〈志〉」，乃指《新唐書・禮樂志》。蕭嵩，《舊唐書》卷九十九〈列傳〉第四十九、《新唐書》卷一百一〈列傳〉第二十六有傳。王仲丘，其〈傳〉則見《新唐書》卷二百〈列傳〉第一百二十五〈儒學〉下。此書臺灣國家圖書館藏有清孔氏嶽雪樓鈔本，書首有嵩〈序〉一篇，云:「三代以下，言治者莫盛於唐，故其議禮有足稽者。始太宗文皇帝，以濬哲之姿，躬致上治。顧視隋禮不足盡用，乃詔房玄齡、魏徵與禮官學士增修五禮，成書百卷，總一百三十篇，所謂《貞觀禮》是也。高宗纂成之後，詔長孫無忌、杜正倫、李義府以三十卷益之。然義府輩務爲傅會，至雜以今式，議者非焉，所謂《顯慶禮》是也。二書不同，蓋嘗並用，春官充位，莫之或正。開元皇帝綏萬邦，撫重熙，於是學士張說奏言:『儀注矛盾，盍有以折衷之。』乃詔徐堅、李銳、施敬本載加撰選，繼以蕭嵩、王邱仲等，歷數年乃就，號曰《大唐開元禮》，吉凶軍賓嘉至是備矣。書必有序，序所以爲作者之意。禮書一代之典也，其可闕耶？謹爲〈序〉曰:『夫爲國必以禮，禮以時爲大。商之去夏未久也，其損益已可知矣，況乎自秦迄漢，典籍殘缺，所可見者二戴之《記》、《周官》之書，其綱則備其紀則略。二戴之《記》雜出於漢儒，或繁密難遵，或牴牾莫辨，此泯泯紛紛，所以無敢輕議也。雖然，大輅沒而椎輪不可以復用，宮室備而茅茨不可以復拘。若明堂以致嚴父之孝，孝致矣，則汶上之圖，不必盡命於黃帝；圜丘以竭事天之誠，誠竭矣，則澤中之祀，不必盡合於成周。蓋古今之不同，文質之適變，雖先王未之有者，可以義起，奈何區區殘編斷簡，泥古而窒，今使我朝盛典不傳於後世耶？唐受命奄有方夏，吉禮以祀神祇，賓禮以親邦國，嘉禮以親萬民，不得已而施之軍禮、凶禮者甚眾也。朝廷之所用，有司之所守，非一定之論，則內外無所適從；非不刊之書，則子孫無所取法。今自貞觀而至顯慶，閱歲未久，二禮之不同，固未害損益之義也。然既出義府傅會，則非所謂一定之論；猥雜有司令式，則非所謂不刊之書。惟開元皇帝勵精政治，有意太平，故能遴擇儒臣，釐正鉅典，唯堅等辨博通貫，體上之意，故能不泥不肆，克輯成書，因時肇興。朝廷有大疑，不必聚諸臣之訟，稽是書而可定；國家有盛舉，不必綿野外之儀，即是書而可行，萬世守之，毋敢失墜，不其休哉？書凡百五十卷，各以類從，讀者如按圖而知四方，此不具載，姑序作書之旨云。謹序。』」觀此〈序〉中云：「乃詔徐堅、李銳、施敬本載加撰選。」又云：「唯堅等辨博通貫，體上之意，故能不泥不肆，克輯成書。」是則徐堅實參與其事，〈新唐志〉漏載其名耳。《四庫》館臣未考此〈序〉，以非爲是，所下案語，無益於治《解題》者。

開元禮百問二卷

《開元禮百問》二卷，不著名氏。館臣案：〈唐志〉亦稱蕭嵩撰。**以古今異制，設為問答，凡百條。**

廣棪案：《新唐書》卷五十八〈志〉第四十八〈藝文〉二〈儀注類〉著錄：「蕭嵩《開元禮義鏡》一百卷、《開元禮京兆義羅》十卷、《開元禮類釋》二十卷、《開元禮百問》二卷。」是館臣所案不誤。《玉海》卷第六十九〈禮儀‧禮制〉下「唐《開元禮》」條載：「蕭嵩《開元禮儀鏡》一百卷，《書目》止第一至第五卷，又有《義鏡略》十卷。《開元禮京兆義羅》十卷、《類釋》二十卷、《國史志》、《類釋》十二卷。《百問》二卷。《書目》凡百篇，分上、下兩卷。」是《玉海》所據《中興館閣書目》，亦謂此書爲嵩撰。然《宋史》卷二百四〈志〉第一百五十七〈藝文〉三〈儀注類〉著錄：「《開元禮儀鏡略》十卷、《開元禮百問》二卷、《開元禮教林》一卷、《開元禮類釋》十二卷，並不知作者。」則與《解題》同。疑此書應依〈新唐志〉及《中興館閣書目》作蕭嵩撰爲是。

大唐郊祀錄十卷

《大唐郊祀錄》十卷，唐太常禮院修撰王涇撰。考次歷代郊廟沿革之制，及其工歌祝號，而圖其壇屋陟降之序。貞元中上之。

廣棪案：《新唐書》卷五十八〈志〉第四十八〈藝文〉二〈儀注類〉著錄：「王涇《大唐郊祀錄》十卷。貞元九年上，時爲太常禮院修撰。」是此書乃唐德宗貞元九年癸酉（793）所上也。《宋史》卷二百四〈志〉第一百五十七〈藝文〉三〈儀注類〉著錄：「王經《大唐郊祀錄》十卷。」〈宋志〉姓名作王經，誤。張金吾《愛日精廬藏書志》卷十九〈史部‧政書類〉著錄：「《大唐郊祀錄》十卷，抄本。從錢唐何氏藏本傳錄。唐朝散郎、前行河南府密縣尉、太常禮院修撰臣王涇上。卷一至三曰凡例，卷四至七曰祀禮，卷八曰祭祀，卷九、卷十曰饗禮。凡例者，如辨神位，視牲器，卜日、齋戒、玉帛、牲牢、奠獻、祈禱、祭服、雅樂、雜例之類是也。祀禮者，如冬至祈穀、雩祀明堂、朝日夕月、風師雨師、靈星五龍，及五方感生帝、九宮貴神之類是也。祭祀者，如皇地祇、神州地祇、太社太稷、嶽鎮海瀆之類是也。饗禮者，如薦獻太清宮、元元皇帝宮、薦獻太廟、德明皇帝等廟。天寶三載，追尊皋陶爲德明皇帝，及先農、先蠶、文宣王、武成王、先代帝王之類是也。稽歷代郊祀之制，述有唐沿革之由，中如祀九宮貴神於東郊，升風師雨師爲中祀，及嶽鎮海瀆之封爵，風雨雷師之樂章，俱《開元禮》所未及載者。一朝典制藉此可補其闕。注中所引《三禮義宗》，多有他書所未見者，亦足以資考核。有志於經史之學者，宜亦共知寶貴哉！〈表〉云:『神位升降，寫而爲圖。』今其圖已佚，無可考矣。《崇文總目》、《通志》、《直齋書錄解題》、《文淵閣書目》俱著錄。」所考較《解題》爲翔贍。涇，兩《唐書》無傳，其〈大唐郊祀錄序〉，見《全唐文》卷六百九十三，曰:「朝散郎、前行河南府密縣尉、太常禮院修撰臣涇言:『臣聞在昔聖王之御宇也，仰則觀天以知變，俯則考地以取象，因順變之道，作爲禮樂，化成人文，以光天下者，莫大乎郊祀，著之方策，豈微臣詎一二所能盡。臣聞禮有志誠，非玉帛無以見乎外；樂有志節，非鐘磬無以達乎中。故自五帝殊時，三王異禮，莫不因之沿革，觀損益焉。伏惟皇帝陛下，承天景命，列聖重光，法唐堯無爲而化，致大禹紱冕之美，明德超於千古，至誠通於百靈，玉帛牲縣，大備前典。微臣謬參綿蕝，久歷歲時，每仰絲綸，輒書故實。謹集歷代郊廟享祀之要，及聖朝因革沿襲之由，倫比其文，各標篇目，裁爲《大唐郊祀錄》十卷。其中義有同異，皆隨文注釋，神位升降，並寫而爲圖，祝史陳告之詞，工歌〈大雅〉之什，亦俱編於次，謹詣光順門隨表封進，伏望頒諸東觀，庶有補於將來。上表陛下教敬之原，下伸微臣蟻術之望，無任屏營懇款之至。』」讀此〈序〉，可悉涇撰書之旨。

禮閣新儀三十卷

《禮閣新儀》三十卷，唐太常修撰京兆韋公肅撰。錄開元以後禮文損益，至元和十年。其一卷為〈目錄〉。按《館閣書目》云：「卷數雖存，而書不全，又復差互重出。」今本不爾，但〈目錄〉稍誤。

廣棪案：《新唐書》卷五十八〈志〉第四十八〈藝文〉二〈儀注類〉著錄：「韋公肅《禮閣新儀》二十卷。元和人。」著錄卷數與《解題》不同。《玉海》卷第六十九〈禮儀・禮制〉下「唐《禮閣新儀》」條云：「〈志〉：『元和十一年，祕書郎韋公肅錄開元以後，禮文損益，爲《禮閣新儀》三十卷。』《崇文目》二十卷，〈藝文志〉三十卷。曾鞏〈序〉曰：『三十篇，韋公肅撰。記開元以後至元和之變禮。集賢院書二十篇，以〈目錄〉考次序，則篇次亦亂，因定著從〈目錄〉，而三十篇復完。此書所紀，雖其事已淺，然凡世之記禮者，皆有所本，而一時之得失具焉。昔孔子於告朔，愛其禮之存，況著於一代之典籍哉！禮者，其本在於養人之性，其用在於視聽言動之間。』《中興書目》：『公肅取開元以後，至元和十年沿革，損益爲此書，凡十五門，每門又別其條目，爲三十卷。一卷爲〈目錄〉，止二十九卷。今卷存而書不全。』〈韋公肅傳〉：『元和初，憲宗將耕籍，詔公肅草具儀典。』」所記足與《解題》相參證。《中興館閣書目》謂「今卷存而書不全」，《解題》謂「今本不爾」，則直齋所得者，猶是完本也。公肅，隋儀同觀城公約七世孫，元和初爲太常博士兼修撰。《新唐書》卷二百〈列傳〉第一百二十五〈儒學〉下有傳。

續曲臺禮三十卷

《續曲臺禮》三十卷，唐太常博士太原王彥威撰。館臣案：《宋史・藝文志》注云：「一本作崔靈恩。」**元和十三年，嘗獻《曲臺新禮》三十卷。至長慶中，又自元和之末次第編錄，下及公卿、士庶昏姻、喪祭之禮，並〈目錄〉為三十卷，通前為六十一卷。案此惟續書，而亦無〈目錄〉，全** 廣棪案：盧校注：「應為『前』，館訛『全』」。**書則未之見也。《館閣書目》亦無之。文宗朝，彥威仕為尚書節度使。**

廣棪案：《新唐書》卷五十八〈志〉第四十八〈藝文〉二〈儀注類〉著錄：「王彥威《元和曲臺禮》三十卷，又《續曲臺禮》三十卷。」《解題》所述，與〈新唐志〉同。《宋史》卷二百四〈志〉第一百五十七〈藝文〉三〈儀注類〉著錄：「王彥威一本作崔靈恩。《續曲臺禮》三十卷。」館臣所案殆據此。《玉海》卷第六十九〈禮儀・禮制〉下「唐《曲臺新禮》、《續曲臺禮》」條載：「〈禮志〉：『元和十三年八月，太常博士王彥威《會要》云：「禮院檢討官。」集開元二十一年以後，至元和十三年正月《五禮裁制敕格》，爲《曲臺新禮》三十卷，上之。又采元和以來至長慶典禮故事不同者，益以王公、士民昏、祭之禮，爲《續曲臺禮》

三十卷。〈志〉、《會要》、《崇文目》卷同。〈藝文志〉:『王彥威《元和曲臺禮》三十卷,又《續曲臺禮》三十卷。』〈傳〉:『彥威爲檢討官,采獲隋以來下訖唐,凡禮沿革皆條次彙分,號《元和新禮》,上之。詔拜博士。』《會要》:『彥威疏曰:「自開元二十一年已後,迄聖朝垂九十餘年,法通沿革,禮有廢興。每有禮儀大事,命禮官博士約舊損益,修撰儀注,以合時變。臣今所集錄開元以後至元和十三年奏定儀制,不惟與古禮有異,與《開元儀禮》已自不同矣。禮科者,名數之總,與儀注相扶而行,闕一不可。今備禮科之單複,欲使開卷盡在,按文易徵。其他五禮儀式,或舊儀不載,而與新創不同者,次第編錄。曲臺,實理之藏,故名曰《元和曲臺新禮》,並〈目錄〉成三十卷。」』大順元年,舊章散失,禮院用王彥威《曲臺禮》,欲祫別廟太后於太廟,博士殷盈孫非之。《書目》:『《續曲臺禮》,共〈目錄〉成三十卷。先約舊章,始從變禮,以商榷沿革,新說舊規貫於首篇,詳爲注釋,嗣續前事。』」《玉海》所記,足與《解題》相發明。惟《玉海》所引《中興館閣書目》謂此書「共〈目錄〉成三十卷」,而《解題》則謂:「案此惟續書,而亦無〈目錄〉。」則直齋所得恐非完書也。彥威,《舊唐書》卷一百五十七〈列傳〉第一百七、《新唐書》卷一百六十四〈列傳〉第八十九有傳。《新唐書》本傳載:「王彥威,其先出太原。少孤,家無貲,自力於學。舉明經甲科,淹識古今典禮,未得調。求爲太常散吏,卿知其經生,補檢討官。彥威采獲隋以來下訖唐凡禮沿革,皆條次彙分,號《元和新禮》,上之。有詔拜博士。……俄檢校禮部尚書,爲忠武節度使。」與《解題》所記合。

開元通禮二百卷

《開元通禮》二百卷,御史中丞洛陽劉溫叟永齡等撰。開寶四年五月,命溫叟及李昉、盧多遜、扈蒙、楊昭儉、賈黃中、和峴、陳諤,以《開元禮》重加損益,以成此書。

廣棪案:《郡齋讀書志》卷第二〈禮類〉著錄:「《開寶通禮》二百卷。右皇朝劉溫叟等撰。開寶中,詔溫叟同李昉、盧多遜、扈蒙、楊昭儉、賈黃中、和峴、陳諤,損益《開元禮》爲之,附益以國朝新制。」與《解題》所述,大體相同。惟《解題》著錄書名有誤,此書應作「《開寶通禮》」爲合。《玉海》卷第六十九〈禮儀・禮制〉下「《開寶通禮》」條載:「開寶四年五月,命中丞劉溫叟,中書舍人李昉,知制誥盧多遜、扈蒙,詹事楊昭儉,補闕賈黃中,司勳郎和峴,中舍陳鄂,以本朝沿革制度,損益《開元禮》爲之。劉溫叟卒,又以知制誥張澹參其事。其年六月丙子書成，上之。凡二百卷，〈目錄〉二卷。號曰《開寶通禮》，藏於書府。《長編》云：『四年六月丙子初命修書，六年乃成。《實錄》、〈本紀〉恐誤。』」所記較《解題》爲翔實。溫叟字永齡，河南洛陽人。《宋史》卷二百六十二〈列傳〉第二十一有傳。其〈傳〉謂溫叟「宋初，改刑部。建隆九年，拜御史中丞」。惟建隆僅三年，疑「九年」乃「三年」之誤。《宋史》卷二百四〈志〉第一百五十七〈藝文〉三〈儀注類〉著錄亦作「劉溫叟《開寶通禮》二百卷」，可證《解題》作「《開元通禮》」之誤。此或《解題》本不誤，而館臣所據《永樂大典》有誤也。

太常新禮四十卷

《太常新禮》四十卷，提舉編修賈昌朝子明等上。景祐四年，同知太常禮院浦城吳育春卿言：「本院所藏禮文故事未經刊修，請擇官參定。」至慶曆四年始成。凡《通禮》所存，悉仍其舊。裒其異者，列之為一百二十篇。編修官孫祖德、李宥、張方平、呂公綽、曾公亮、王洙、孫瑜、余靖、刁約。

廣棪案：《玉海》卷第六十九〈禮儀・禮制〉下「景祐《太常新禮》」條載：「景祐四年三月庚子，同知太常禮院吳育言：『今禮院所藏禮文故事未經刊修，而類例不一，請擇儒臣與本院官約古今制度，參定爲一代之法。』從之。至慶曆四年正月辛卯，提舉賈昌朝，編修官孫祖德、李宥、張方平、呂公綽、曾公亮、王洙、孫瑜、余靖、刁約上之，爲《太常新禮》四十卷、《慶曆祀儀》六十三卷，賜器帛。《書目》云：『凡一百二十篇，止慶曆三年。』〈志〉云：『漏略，短於采獲。』」所記與《解題》同。昌朝字子明，眞定獲鹿人。《宋史》卷二百八十五〈列傳〉第四十四有傳。

天聖鹵簿圖記十卷

《天聖鹵簿圖記》十卷，翰林學士常山宋綬公垂撰。始，太祖朝鹵簿以繡易畫，號「繡衣鹵簿」。真宗時，王欽若為《記》二卷，闕於繪事，弗可詳識。綬與馮元、孫奭受詔質正古義，傳以新制，車騎、人物、器服之品，皆繪其首者，名同飾異，亦別出焉。天聖六年十一月上之，其考訂援證，詳洽可稽。

廣棪案：《玉海》卷第八十〈車服・鹵簿〉「《天聖新修鹵簿記》、《景德鹵簿圖記》」條載：「景德二年郊祀，王欽若上《記》三卷，頗疏略。天聖六年十一月癸卯，翰林學士宋綬上《天聖鹵簿記》十卷，付祕閣。初，綬攝太僕卿，侍玉輅。上問儀物典故，占對辯洽，因命撰《記》。〈序〉云：『再飭大駕，郊見上帝。』景祐五年即寶元元年。十一月乙巳，禮儀使資政殿大學士。宋綬上《景祐南郊鹵簿圖記》十卷，詔褒諭。蓋因前書而增飾之，以親政初元冠篇，質正古義，傳以新制，圖繪注說，援據精詳。〈圖記序〉曰：『黃帝創軒冕之容，列營衛之警。輿駕儀物，蓋本於此。唐堯彤車，有虞鸞和，夏后之綏，商人之路，周官有司常巾車之職、虎賁旅賁之從，三五之際，所由來尚矣。秦並六國，兼屬車九九之數；漢上〈甘泉〉，備千乘萬騎之眾。自時厥後，損益可知。藝祖始議郊饗，即諏典文，扞衛既崇，羽儀兼備。初，吏士所服，皆用畫帛，乃命易以厚繒，加之文繡，采綷相錯，煥乎一時。至道中，詔翰林丞旨宋白與內侍畫郊丘仗衛，緘在祕府。一本云：「圖飾仗衛，寘在中祕。」景德中，資政殿學士欽若上《鹵簿記》三卷，敕付太史。皇上紹庭正統，粵再郊之。明年，命華光侍臣圖寫太簿，臣充儀仗，使督攝容衛。又以太僕奉車承顧問，乃與侍讀馮元、侍講孫奭議曰：「前二圖書，寫形紀事，不相參會，盍象設而又文陳乎？」繇是著爲《圖記》十篇。歲在戊寅，燔祀有期，敕重飾帝車，爰及法物，並加釐正。』云云戊寅，景祐五年。十一月戊申享景靈宮，己酉享太廟，奉慈廟。庚戌祀圜丘，改元寶元。」是《玉海》所記，足與《解題》相參證。惟《玉海》謂王欽若上《記》三卷，所引宋綬〈圖記序〉亦謂：「景德中，資政殿學士欽若上《鹵簿記》三卷。」是《解題》作「二卷」實誤。《宋史》卷二百四〈志〉第一百五十七〈藝文〉三〈儀注類〉著錄：「宋綬《天聖鹵簿記》十卷。」其「記」字上脫「圖」字。綬字公垂，趙州平棘人。《宋史》卷二百九十一〈列傳〉第五十有傳。其〈傳〉曰：「初郊祀，綬攝太僕卿。帝問儀物典故，占對辨洽，因上所撰《鹵簿圖》十卷。」與《玉海》所記同。

大饗明堂記二十卷、紀要二卷

《大饗明堂記》二十卷、《紀要》二卷，宰相河汾文彥博寬夫等撰。國朝開創以來，三歲親郊，未嘗躬行大饗之禮。皇祐二年二月，詔以季秋擇日有事於明堂，而罷冬至郊祀。直龍圖閣王洙言：「國家每歲大饗，止於南郊寓祭，不合典禮。古者明堂、宗廟、路寢同制，今大慶殿即路寢也，九月親祀，當於大慶殿行禮。」詔用其言。禮成，命彥博及次相宋庠、參預高若訥編修為《記》，館臣案：《宋史》作高若訥，原本作「君納」誤。今改正。上親製序文。已而彥博以簡牘繁多，別為《紀要》。首載聖訓，欲以大慶為明堂禮官之議，適與聖意合云。

廣棪案：《玉海》卷第九十六〈郊祀・明堂〉「皇祐《大饗明堂記》、〈序〉、《紀要》」條載：「皇祐二年二月十八日乙亥，上謂輔臣曰：『孝莫大於嚴父，嚴父莫大於配天。今冬至日，當親祀圜丘，欲以季秋有事於明堂，行饗帝、饗親之禮，以極孝恭。然前代諸儒議論皆異，將安適從？』先是宋庠建議以今年當郊，而日至在晦，用建隆故事，宜有所避，因請季秋享明堂。文彥博等奏曰：『臣等檢討舊典，昊天上帝，一歲四祭，皆於南郊，以公卿攝事。惟至日圜丘，率三歲一親祠。開寶中，藝祖幸西京，以四月庚子有事於南郊，行大雩禮。淳化四年、至道二年，太宗皆以正月上辛，躬行祈穀之祀，悉如南郊之祀。唯季秋大享，缺而未舉。眞宗祥符初，以元符昭降，議行此禮。以魯國諸生，東土耆老，徯望升平，只有事於岱宗，故未遑合宮之事，將上帝祖宗之意，以俟陛下。』上曰：『明堂，布政之宮，朝諸侯之位；天子路寢，今大慶殿是已。況明道之初，嘗合祀天地於此，不當因循，尙於郊壝寓祭。其以大慶殿爲明堂，分五室於內。』三月一日戊子朔，御札曰：『事天事地，邦國之善經；享帝享親，聖王之盛節。緬稽先憲，袛事穹衹，祈穀於春，祭雩以夏。迨升禋於景至，嘗親展於國容。惟明堂，布政之方；尊嚴父，配天之禮，雖崇精享，未即躬行，言念及茲，心焉載惕。今將涓季秋之吉旦，舉宗祀之上儀。躬接神明，奉將牲幣。庶幾繼孝，豈敢憚勤。朕取今年九月二十七日辛亥，有事於明堂；其今年冬至，親祀南郊，宜即輟罷，恩賞依南郊例。』至日，御宣德門行禮；己丑，詔以大慶殿爲明堂；戊戌，詔群臣毋得請上尊號。于時宰相文彥博爲大禮使，宋庠爲禮儀使，王貽永爲儀仗使，龐籍爲鹵簿使，高若訥爲橋道頓遞使。先是禮官議王者郊用辛，蓋取齋戒自新之義。又通禮祀明堂亦用辛，遂下司天擇日，得辛亥吉。己亥，詔乘輿服御，務裁簡。丙辰，判太常禮儀事。宋祁上〈明堂通議〉二篇。四月丁巳朔，禮院言：『《周禮》「夏世室」，鄭玄云：「堂上有五室，象五行。木室於東北，火東南，金西南，水西北，土中央。」崔靈恩亦如之。請如崔、鄭之說，設五室於大慶殿。又舊禮：「五帝位爲縵室。」今旁帷上幕，宜用青繒朱裡，四戶八牖，赤綴戶，白綴牖，宜飾以朱白繒。』從之。乙丑手詔：『祖宗親郊，即遍祭天地。太祖雩祀，太宗、眞宗祈穀二禮。本無地衹位，當時皆合祭天地，祖宗並配百神從祀。今祀明堂親郊之期，而禮官所定止祭昊天，五帝當不及地衹，配坐不及祖宗，未合三朝之制。比年稼穡不登，移郊爲大饗，亦爲民祈福，宜合祭天地，並侑三聖，百神從祀，以昭孝息，民亦虞典，類上帝禋六宗，望山川，徧群神之義。五帝神州，亦親獻日月、河海諸神，悉如圜丘從祀。』因謂彥博等曰：『禮非天降地出，緣人情爾。禮官習拘儒之舊傳，捨三聖之成法，朕甚不取。』

彥博曰：『惟聖明能達禮之情，適禮之變。』翌日，奏五帝神州，命官分獻。上曰：『朕於大祀，豈敢憚勞。』禮官議從祀神位，未決。復諭曰：『郊壇第一龕者在堂，第二、三龕者設於左右夾廡及龍墀上，在壝內外者列於堂東西廂及後廡，以象壇壝之制，先繪圖以聞。』及祀之日，上下有序，皆上裁定。壬申，詔輔臣禮官相視，設神位於大慶殿上五室內。五月丁亥朔，奏太室中北，天地在左，皆南面三聖，位在東西；面五帝，各從本室。神州、日月、北極、天皇、大帝，並設於五室之間。五官勾芒以下，設於廷中。五緯十二次以下七十二位，設於東西夾廡。二十八舍以下一百七十九位，於丹墀、龍墀、東西黃道外。天官以下四百九十六位，設於東西廡。甲午，禮院上《明堂五室制度圖》。五月七日，禮院請下司天監繪圖以進。六月己巳，鹵簿使言用法駕鹵簿，減大駕三分之一。兵部無字圖，詔禮官定圖。七月戊子，出御製樂曲。八月乙卯朔，罷前一夕警場。辛未上《鹵簿字圖》。法駕用萬一千八十八人。九月丁亥，三日。御崇政殿閱試雅樂。宮垂登歌舞佾之奏，凡九十一曲，徧作之。上服鞾袍。五日，詔乘新玉輅。丙甲，十一日。詔杜衍、任布陪祠。皆力辭不至，賜衣帶器幣。庚子，《會要》二十一日乙巳。太常禮院言：『大慶殿牓當以黑繒金書「明堂」二字，門牓以朱繒墨書「明堂之門」四字。』上曰：『朕皆親書。』二字金篆，四字飛白，書於禁中。鞾袍書二牓，自晝至夜而畢。宣示群臣。一本云：乙巳書二牓，禮畢，詔表飾加軸，藏宗正寺。又摹刻為副本，攽二府及近侍，中外榮之。五使請各以銜名書二軸之後，許之。戊申，齋於文德殿閣。輔臣、宗室夕於齋次，百官致齋朝堂。先是積雨彌旬，上虔禱，方午而霽。至夜，月星明概。己酉，上服通天絳紗，具法駕，乘玉輅，薦享景靈宮。禮畢，謁太廟。庚戌祼獻，七室質明，還文德齋次。辛亥，二十七日。未明三刻，服鞾袍，乘小輦至大次。侍中奏嚴辦袞冕，執圭，禮儀使、太常卿奉導入明堂中門，至版位，樂舞作，自大階升詣天地，一祖二宗，坐奠玉幣，每詣神坐。行禮畢，鞠躬卻行，須盡褥位方改步。移轡，又令侍臣徧諭獻官，及進徹俎豆，悉安徐謹嚴。質明禮畢，還大次解嚴，改服乘輦，御紫宸殿，百僚稱賀。常服御宣德樓肆赦，鈞容樂奉引宣制畢，復賀召從臣升樓閣，諸軍馬隊酒五行罷。下詔止絕請託，曰：『成湯以六事責躬，女謁苞苴之先戒。管氏以四維正國，禮義廉恥之具張。應內降恩澤，及原減罪犯者，中書密院執奏，不得施行。臣庶有結託貴近者，御史諫官覺察論奏。於是中外咸竦。初，朱庠請因大祀後，絕內降橫恩，以新聖政。乃別為手詔，與赦書同下。彥博六人各進詩，兩禁、館閣及中外之臣上詩賦頌，凡奏御者三十有八，詔褒答。十月癸酉，七日。以大饗慶成，謁太平興國寺，開先殿酌獻。又詣啓聖院、永隆殿、慈孝寺、彰德殿、萬壽觀。翌日，謁會靈祥源觀，賜從官食。初，上將宗祀，命罷秋宴。十三日，丙寅。賜飲福宴於集英殿。上舉觴屬群臣畢，酾曰：『與卿等均受其福。』酒至九行，罷。乙亥，燕京畿父老百五十人於錫慶院。宋祁〈明堂頌序〉曰：『作聲歌瑑，圭邸帳帟，無文夜鼜，不嚴以竭。恭致誠頌曰：二十九載，惟秋九月，迺即大慶，度筵度室。寶字題顏，震照多物。置使有五，悉詔輔弼。吉日辛亥，進祀於堂。衣畫袞龍，環瑀瑲瑲。六帝二祇，三后侑旁。前祀二日，區霿如閉。皇帝既齊，一夕而霽。天清地宴，夜星騰晰。皇帝小心，恭與虔并。徧見神祇，拜跪送迎。久立於次，須樂之成。器必全玉，牢不愛牲。制爲諸安，以正和清。夜鼓徹嚴，敷致厥誠。』二年十月辛未，五日。詔宰臣彥博、庠，參政若納，史官王洙，纂集其事，爲記注。三年二月甲申，彥博等請上製〈序〉冠篇，從之。丙戌，五日。彥博等上《大饗明堂記》二十卷，《目》一卷。〈表〉云：『禁中論述，方伉《曲臺》之編。聖世典容，寧後《江都》之集。』又言：『《明堂記》起三月戊子下詔，汔季秋辛亥禮成。廣記備言，垂萬世法。然簡牘頗繁，慮煩乙覽，因纂成《大饗明堂紀要》以聞。』二卷。《書目》：『彥博以親被訓諭者，纂成《紀要》，凡正《記》已具者不書。』庚寅，內出御製〈序〉賜彥博，令崇文院鏤板賜近臣。彥博言：『先帝東薦岱牒，右奠汾琮，祀譙苦之，密都策天，祖之徽稱，並存注記。』」《玉海》記仁宗皇祐二年躬行大饗之禮甚翔實，足供讀《解題》者參證。文彥博字寬夫，汾州介休人。《宋史》卷三百一十三〈列傳〉第七十二有傳。

元豐郊廟奉祀禮文三十卷

《元豐郊廟奉祀禮文》三十卷，崇文院校書楊完撰。初，元豐元年，詔以郊廟奉祀禮文訛舛，就太常寺置局，命陳襄、李清臣、王存、黃履等詳定，完及何洵直、孫諤檢討。其後，本局乞令原檢討官楊完編類上進，至五年四月書成，奏御。

廣棪案：《宋史》卷十五〈本紀〉第十五〈神宗〉二載：「元豐元年春正月……戊午，命詳定郊廟禮儀。」同書卷一百〈志〉第五十三〈禮〉三〈北郊〉載：「神宗元豐元年二月，郊廟奉祀禮文所言：『古者，祀天於地上之圜丘，在國之南；祭地於澤中之方丘，在國之北。其牲幣、禮樂亦皆不同，所以順陰陽，因高下，而事之以其類也。由漢以來，乃有夫婦共牢合祭天地之說，殆非所謂求神以類之意。本朝親祀上帝，即設皇地祇位，稽之典禮，有所未合。』遂詔詳定更改以聞。於是陳襄、王存、李清臣、張璪、黃履、陸佃、何洵直、楊完等議，或以當郊之歲，冬夏至日分祭南北郊，各一日而祀遍。或於圜丘之旁，別營方丘而望祭；或以夏至盛暑，天子不可親祭，改用十月；或欲親郊圜丘之歲，夏至日遣上公攝事於方丘，議久未決。」又《玉海》卷第九十七〈郊祀〉「元豐薦饗儀」條載：「自元豐元年，命樞密學士陳襄等詳定郊廟奉祀禮文，正歷代典禮之失。至是，薦饗之儀粲然一新。」上述所引，均足與《解題》相參證。楊完，《宋史》無傳。《宋會要輯稿》第一百十六冊〈選舉〉二四之一二載：「（神宗熙寧）三年置主簿，二月七日以著作佐郎揚完為主簿，編條例等任使，從吏部通流內銓所請也。」同書第七十五冊〈職官〉二八之八載：「（熙寧四年）十一月十五日，國子監言：『新制增廣生員，其有管勾官亦藉其材幹，請以著作佐郎揚完為監丞、馬琉為主簿。』從之。」是知揚完於熙寧時曾先後出任著作佐郎、主簿、監丞之職；至元豐時始任檢討官、崇文院校書也。

閤門儀制十二卷

《閤門儀制》十二卷，學士李淑等修定，皆朝廷禮式也。

廣棪案：《宋史》卷二百四〈志〉第一百五十七〈藝文〉三〈儀注類〉著錄：「李淑《閤門儀制》十二卷。」與《解題》同。淑字獻臣，除兼龍圖閣學士，《宋史》卷二百九十一〈列傳〉第五十附其父〈李若谷〉。史載淑「嘗修《國朝會要》、《三朝訓鑒圖》、《閤門儀制》、《康定行軍賞罰格》，又獻《繫訓》三篇，所著別集百餘卷」，其中即有此書。

政和五禮新儀二百四十卷、目錄五卷

《政和五禮新儀》二百四十卷、《目錄》五卷，議禮局知樞密院鄭居中，尚書白時中、慕容彥逢，學士強淵明等撰。首卷〈祐陵御製序文〉，次九卷〈御筆指揮〉，次十卷〈御製冠禮〉，餘二百二十卷，局官所修也。

廣棪案：《玉海》卷第六十九〈禮儀·禮制〉下「《政和五禮新儀》」條載：「《書目》：『二百四十卷，鄭居中等撰二百二十卷，〈御製序〉一卷，〈御筆指揮〉九卷，〈御製冠禮〉十卷，合二百四十卷。又《目錄》六卷在外。』政和三年正月二十九日壬午頒行《五禮新儀》。先是，大觀元年正月朔，詔講求典禮。十三日，尚書省置議禮局。二年十一月十七日，御製《冠禮沿革》十一卷，付議禮局，餘五禮，令視此編次。四年二月九日戊寅，修成《大觀新編禮書吉禮》二百三十一卷，《祭服制度》十六卷，《祭服圖》一冊，詔行之。政和元年三月六日，續編成賓、軍等四禮，四百九十七卷，詔頒行。於是鄭居中等奏編成《政和五禮新儀》並〈序例〉，總二百二十卷，《目錄》六卷。三年三月癸亥朔，〈御製序〉曰：『循古之意而勿泥於古，適今之宜而勿牽於今。』議禮局請刻石太常寺。七月己亥，詔比裒集三代鼎、彝、簠、簋、盤、匜、爵、豆之類五百餘器，載於圖，詔有司改造祭器，置禮制局，討論古今沿革，以成一代之典。六年閏正月，太府丞王鼎言：『《新儀》藏在有司，民未通曉，望依新樂頒行，令州縣召禮生肄業，使之推行民間，並以《新儀》從事。』二十五日從之。」《宋史》卷二百四〈志〉第一百五十七〈藝文〉三〈儀注類〉著錄：「《政和五禮新儀》二百四十卷。鄭居中、白時中、慕容彥達、強淵明等撰。」均足與《解題》相參證。惟〈宋志〉作「慕容彥達」則誤。《宋史翼》卷二十七〈列傳〉第二十七〈文苑〉二有〈慕容彥逢〉，謂彥逢字叔過，除刑部尚書，與《解題》同。此書《錢遵王讀書敏求記》卷二上〈史〉著錄：「《政和五禮新儀》」二百四十卷、《目錄》六卷。首卷冠以『御製』，題『政和心元三月一日』，不知『心元』何謂？次九卷〈御筆指揮〉，次十卷〈御製冠禮〉，其二百二十卷乃鄭居中等所編，政和三年四月廿九日進呈者也。〈箚子〉云：『悉稟訓指，靡所建明。』殆有微意歟？《目錄》六卷，《文獻通考》謂五卷者，誤。」證以《玉海》所引《中興館閣書目》，是《解題》著錄作「《目錄》五卷」，疑亦誤；否則，直齋所得之《目錄》，恐闕一卷也。此書今闕二十卷，另有三卷亦佚其大半。《四庫全書總目》卷八十二〈史部〉三十八〈政書類〉二著錄：「《政和五禮新儀》二百二十卷，兩淮馬裕家藏本。宋議禮局官、知樞密院鄭居中等奉敕撰。徽宗御製〈序〉文，題『政和新元三月一日』，蓋政和改元之年。錢曾《讀書敏求記》誤以『新元』爲『心元』，遂以爲不知何解，謬也。前列局官隨時酌議科條，及逐事〈御筆指揮〉。次列〈御製冠禮〉，蓋當時頒此十卷爲格式，故以冠諸篇。次爲〈目錄〉六卷。次爲〈序例〉二十四卷，禮之綱也。次爲〈吉禮〉一百一十一卷，次爲〈賓禮〉二十一卷，次爲〈軍禮〉八卷，次爲〈嘉禮〉四十二卷。升婚儀於冠儀前，徽宗所定也。次爲〈凶禮〉十四卷，惟官民之制特詳焉。是書頗爲朱子所不取。自《中興禮書》既出，遂格不行，故流傳絕少。今本第七十四卷，第八十八卷至九十卷，第一百八卷至一百十二卷，第一百二十八卷至一百三十七卷，第二百卷，皆有錄無書。第七十五卷、九十一卷、九十二卷，亦佚其半。然北宋一代典章，如《開寶禮》、《太常因革禮》、《禮閣新儀》，今俱不傳。《中興禮書》散見《永樂大典》中，亦無完本。惟是書僅存，亦論掌故者所宜參考矣。」是則此書雖存，已非完本矣。鄭居中字達夫，開封人。《宋史》卷三百五十一〈列傳〉第一百一十有傳。

政和五禮撮要十五卷

《政和五禮撮要》十五卷，紹興中，有范其姓者為湖北漕，取品官、士庶冠昏、喪祭為一編，刻板學宮，不著名。以《武昌志》考之，為漕者有范正國、范寅秩，不知其為誰也。

廣棪案：《玉海》卷第六十九〈禮儀・禮制〉下「《政和五禮新儀》」條載：「范寅賓《新儀撮要》十五卷。」是此書全名似應作《政和五禮新儀撮要》，撰人爲范寅賓。《解題》脫「新儀」二字，又疑撰者爲范正國或范寅秩，均誤。范寅賓，《宋史》無傳。《南宋館閣錄》卷八〈官聯〉「正字」載：「范寅賓，字元觀，淮安人。張九成榜進士及第，治詩賦。（紹興）四年三月除。九月通判潭州。」《宋會要輯稿》第一百七冊〈選舉〉二之一四載：「（紹興二年）五月六日，詔張九成係類試第一名，合陞一甲唱名；又係第一甲第一名，可特轉一官，授左宣教郎，簽書鎮東軍節度判官廳公事。同日詔正奏名進士范寅賓、楊愿、孫朝彥、張庭寔、嚴習己、王宣哲係有官人未曾推恩，各與轉一官，內選人循一資，仍占射差遣。」《宋詩紀事補遺》卷四十八「范寅賓」條載：「紹興中，左通直郎通判潭州軍州事。」寅賓事迹可考知者如此。

政和冠昏喪祭禮十五卷

《政和冠昏喪祭禮》十五卷，紹熙中，南康黃灝商伯為禮官，請於《政和五禮》內，掇取品官、庶人禮，摹印頒之郡縣。從之。其實即前十五卷書也。

廣棪案：《解題》此條所云之《政和五禮》，即指《政和五禮新儀》一書；所云「即前十五卷書」，即指《政和五禮新儀撮要》十五卷。《玉海》卷第六十九〈禮儀・禮制〉下「《政和五禮新儀》」條載：「紹熙二年八月，黃灝請掇取冠昏喪祭儀，摹刻攽郡縣，奏可。」與《解題》同。紹熙，光宗年號。黃灝字商伯，南康都昌人。《宋史》卷四百三十〈列傳〉第一百八十九〈道學〉四有傳。其〈傳〉載：「光宗即位，遷太常寺簿，論今禮教廢闕，請敕有司取政和冠昏喪葬儀，及司馬光、高閌等書參訂行之。」亦與《解題》同。

訓俗書一卷

《訓俗書》一卷，許洞洞夫撰。述廟祭、冠笄之禮，而拜掃附於末。謝絳希深、王舉正皆有〈序〉、〈跋〉。洞，淳化三年進士，希深之舅也。

廣棪案：《宋史》卷二百四〈志〉第一百五十七〈藝文〉三〈儀注類〉著錄：「許洞《訓俗書》一卷。」與此同。洞，《宋史》卷四百四十一〈列傳〉第二百〈文苑〉三附〈黃夷簡〉。其〈傳〉曰：「許洞字洞天，蘇州吳縣人。父仲容，太子洗馬致仕。洞性疏儁，幼時習弓矢擊刺之伎，及長，折節勵學，尤精《左氏傳》。咸平三年進士，解褐雄武軍推官。嘗詣府白事，有卒踞坐不起，即杖之。時馬知節知州，洞又移書責知節，知節怒其狂狷不遜，會洞輒用公錢，奏除名。歸吳中數年，日以酣飲爲事。嘗從民坊貰酒，一日大署，壁作〈酒歌〉數百言，鄉人爭往觀，其酤數倍，乃盡捐洞所負。景德二年，獻所撰《虎鈐經》二十卷，應洞識韜略、運籌決勝科，以負譴報罷，就除均州參軍。大中祥符四年，祀汾陰，獻〈三盛禮賦〉。召試中書，改烏江縣主簿。卒，年四十二。有《集》一百卷。又著《春秋釋幽》五卷、《演玄》十卷。」是洞著述亦富，惜其〈傳〉未載《訓俗書》。至洞第進士之年，《解題》謂在「淳化三年」（992），《宋史》本傳謂在「咸平三年」（1000），未知孰是？謝絳字希深，《宋史》卷二百九十五〈列傳〉第五十四有傳。王舉正字伯仲，《宋史》卷二百六十六〈列傳〉第二十五附〈王化基〉。二人所撰〈序〉、〈跋〉，均已散佚。

孟氏家祭禮一卷

《孟氏家祭禮》一卷，唐侍御史平昌孟詵撰。曰〈正祭〉、〈節詞〉、〈薦新〉、〈義例〉，凡四篇。

廣棪案：《新唐書》卷五十八〈志〉第四十八〈藝文〉二〈儀注類〉著錄：「孟詵《家祭禮》一卷。」《崇文總目》卷二〈儀注類〉、錢東垣輯釋本。《宋史》卷二百四〈志〉第一百五十七〈藝文〉三〈儀注類〉著錄同。詵，《舊唐書》卷一百九十一〈列傳〉第一百四十一〈方伎〉、《新唐書》卷一百九十六〈列傳〉第一百二十一〈隱逸〉均有傳。《舊唐書》本傳載：「孟詵，汝州梁人也。舉進士。垂拱初，累遷鳳閣舍人。詵少好方術，嘗於鳳閣侍郎劉禕之家，見其敕賜金，謂禕之曰：『此藥金也。若燒火其上，當有五色氣。』試之果然。則天聞而不悅，因事出爲台州司馬，後累遷春官侍郎。睿宗在藩，召充侍讀。

長安中，爲同州刺史，加銀青光祿大夫。神龍初致仕，歸伊陽之山第，以藥餌爲事。詵年雖晚暮，志力如壯，嘗謂所親曰：『若能保身養性者，常須善言莫離口，良藥莫離手。』睿宗即位，召赴京師，將加任用，固辭衰老。景雲二年，優詔賜物一百段，又令每歲春秋二時特給羊酒糜粥。開元初，河南尹畢構以詵有古人之風，改其所居爲子平里。尋卒，年九十三。詵所居官，好勾剝爲政，雖繁而理。撰《家祭禮》各一卷，《喪服要》二卷，《補養方》、《必效方》各三卷。」《舊唐書》所載宦歷與《新唐書》同。是詵似未嘗任侍御史，所任者乃春官侍郎，召充侍讀。《解題》未知何據而云詵任侍御史。至《新唐書》謂詵撰《家祭禮》各一卷。其「各」字乃衍文。

徐氏家祭禮一卷

《徐氏家祭禮》一卷，唐左金吾衛倉曹參軍徐潤撰。

廣棪案：《新唐書》卷五十八〈志〉第四十八〈藝文〉二〈儀注類〉、《宋史》卷二百四〈志〉第一百五十七〈藝文〉三〈儀注類〉均著錄：「徐閏《家祭儀》一卷。」其撰人名與書名均略異於《解題》。李肇《唐國史補》卷之下「敘專門之學」條云：「大歷已後，專學者有蔡廣成《周易》，強象《論語》，啖助、趙匡、陸質《春秋》，施士丏《毛詩》，刁彝、仲子陵、韋彤、裴茝講《禮》，章廷珪、薛伯高、徐潤並通經。其餘地理則賈僕射，兵賦則杜太保，故事則蘇冕、蔣乂，歷算則董和，名嫌。憲宗廟諱。天文則徐澤，氏族則林寶。」據是，則撰人作徐潤爲是。且知潤乃唐代宗大歷已後人。劉兆祐《宋史藝文志史部佚籍考》上編〈已佚而無輯本者〉（八）〈儀注類〉載：「《家祭儀》一卷，唐徐閏撰。閏，字里未詳，官左金吾衛倉曹參軍。〈新唐志・儀注類〉著錄：『徐閏《家祭儀》一卷。』《通志・藝文略》著錄：『《家祭儀》一卷，云唐徐潤撰。』《直齋書錄解題》（卷六）〈禮注類〉著錄：『《徐氏家祭禮》一卷，陳氏曰：「唐左金吾衛倉曹參軍徐潤撰。」』按：閏，或作潤者誤。」是兆祐以撰人爲徐閏，不信《通志》及《解題》，而其結果乃以不誤爲誤也。

鄭氏祠享禮一卷

《鄭氏祠享禮》一卷，唐侍御史鄭正則撰。

廣棪案：《新唐書》卷五十八〈志〉第四十八〈藝文〉二〈儀注類〉著錄：「鄭

正則《祠享儀》一卷。」《崇文總目》卷二〈儀注類〉、錢東垣輯釋本。《宋史》卷二百四〈志〉第一百五十七〈藝文〉三〈儀注類〉著錄同。其書名均與《解題》略異，實一書也。正則，兩《唐書》無傳。《新唐書》卷七十五上〈表〉第十五上〈宰相世系〉五上「南祖鄭氏」載：「正則，郢州刺史。」是正則之宦歷，不止任侍御史也。

范氏寢堂時饗禮一卷

《范氏寢堂時饗禮》一卷，唐涇縣尉南陽范傳式、殿中侍御史傳廣棪案：盧校本作「傳」。**正修定。**

廣棪案：《新唐書》卷五十八〈志〉第四十八〈藝文〉二〈儀注類〉著錄：「范傳式《寢堂時饗儀》一卷。」《宋史》卷二百四〈志〉第一百五十七〈藝文〉三〈儀注類〉著錄同。「傳正」應爲「傳正」，盧校是。傳正，《舊唐書》卷一百八十五下〈列傳〉第一百三十五下〈良吏〉下、《新唐書》卷一百七十二〈列傳〉第九十七均有傳。《舊唐書》本傳載：「范傳正字西老，南陽順陽人也。父倫，戶部員外郎，與郡人李華敦交友之契。傳正舉進士，又以博學宏辭及書判皆登甲科，授集賢殿校書郎、渭南尉，拜監察、殿中侍御史。自比部員外郎出爲歙州刺史，轉湖州刺史，歷三郡，以政事修理聞。擢爲宣歙觀察使，受代至京師。憲宗聞其里第過侈，薄之，因拜光祿卿。以風恙卒，贈左散騎常侍。傳正精悍有立，好古自飭。及爲廉察，頗事奢侈，厚以財貨問遺權貴，視公蓄如私藏，幸而不至甚敗。褐衣時遊西邊，著《西陲要略》三卷。」所記宦歷與《解題》同，然未載其曾修定此書事。傳式，傳正昆弟，兩《唐書》無傳，徐松《登科記考》卷二十七〈附考・進士科〉載：「范傳式、范傳規。柳宗元〈送范明府詩序〉，韓〈注〉：『時又有范傳式、傳規，皆中第。』按：皆傳正昆弟。』」是知傳式曾第進士。其爲涇縣尉應在登第後。

賈氏家祭禮一卷

《賈氏家祭禮》一卷，唐武功縣尉賈頊撰。

廣棪案：《新唐書》卷五十八〈志〉第四十八〈藝文〉二〈儀注類〉著錄：「賈頊《家薦儀》一卷。」《崇文總目》卷二〈儀注類〉著錄：「《家薦》一卷。原釋：闕。見天一閣鈔本。陳詩庭云：『〈唐志〉有賈頊《家薦儀》一卷。當即此書。』」

錢東垣輯釋本。《通志》卷六十四〈藝文略〉第二〈禮類〉第二〈儀注・家禮祭儀〉著錄：「《家薦儀》一卷，云唐賈頊撰。」《宋史》卷二百四〈志〉第一百五十七〈藝文〉三〈儀注類〉著錄：「賈頊《家薦儀》一卷。」是上述所引，其撰人或作賈頊，或作賈瑣，或作賈頊，應作賈頊為是。其書名或作《家薦儀》，或作《家薦》，應作《家薦儀》為是。《解題》著錄作《賈氏家祭禮》一卷，乃同書而異名耳。頊，兩《唐書》無傳。

新定寢祀禮一卷

《新定寢祀禮》一卷，不知作者。《中興館閣書目》有此書，云：「前後有〈序〉，題太常博士陳致雍撰集。」今此本亦前後有〈序〉，意其是也。致雍，晉江人，及仕本朝。

廣棪案：《中興館閣書目・史部・儀注類》著錄：「《寢祀儀》一卷。陳致雍撰。《書錄解題》六。」趙士煒輯考本。《宋史》卷二百四〈志〉第一百五十七〈藝文〉三〈儀注類〉著錄：「陳致雍《寢祀儀》一卷。」是此書陳致雍撰。致雍，《宋史》無傳。劉兆祐《宋史藝文志史部佚籍考》上編〈已佚而無輯本者〉（八）〈儀注類〉「《曲臺奏儀集》不著卷數，宋陳致雍撰」條載：「致雍，莆田人，初仕閩，為太常卿。入南唐，以通《禮》及第，除博士。開寶中，除祕書監，致仕。撰有《閩王審知傳》、《朱梁南郊儀注》、《朱梁祭地祇陽陰儀注》、《五禮儀鏡》、《寢祀儀》、《州縣祭祀儀》、《晉安海物異名記》等。」是《中興館閣書目》謂此書「題太常博士陳致雍撰集」者，蓋以致雍仕閩為太常卿，而入南唐除博士也。

孫氏仲享儀一卷

《孫氏仲享儀》一卷，館臣案：《文獻通考》作「《祭享禮》」。廣棪案：盧校注：「天子、諸侯祭用孟月，臣下用仲月。《通考》改為《祭享禮》，非是。」**檢校左散騎常侍孫日用撰。周顯德中博士，後仕本朝。開寶時作此書。**

廣棪案：《新唐書》卷五十八〈志〉第四十八〈藝文〉二〈儀注類〉著錄：「《孫氏仲享儀》一卷。孫日用。」《宋史》卷二百四〈志〉第一百五十七〈藝文〉三〈儀注類〉著錄：「孫日用《仲享儀》一卷。」與此同。衡諸盧文弨之校注，則《文獻通考》改書名作《祭享禮》者，實以未曉「天子、諸侯祭用孟月，臣下用仲月」之義。日用，《宋史》無傳，餘事無可考。

杜氏四時祭享禮一卷

《杜氏四時祭享禮》一卷，丞相山陰杜衍世昌撰。

廣棪案：《宋史》卷二百四〈志〉第一百五十七〈藝文〉三〈儀注類〉著錄：「杜衍《四時祭享儀》一卷。」與此同。衍字世昌，越州山陰人。仁宗時爲宰相。《宋史》卷三百一十〈列傳〉第六十九有傳。《宋史》論曰：「李迪、王曾、張知白、杜衍，皆賢相也。四人風烈，往往相似。方仁宗初立，章獻臨朝，頗挾其才，將有專制之患。迪、曾正色危言，能使宦官近習不敢窺覦；而仁宗君德日就，章獻亦全令名，古人所謂社稷臣，於斯見之。知白、衍勁正清約，皆能靳惜名器，裁抑僥倖，凜然有大臣之概焉。宋之賢相，莫盛於眞、仁之世，漢魏相，唐宋璟、楊綰，豈得專美哉！」可知衍之風烈與爲人。

韓氏古今家祭式一卷

《韓氏古今家祭式》一卷，司徒兼侍中相臺韓琦稚圭撰。

廣棪案：《宋史》卷二百四〈志〉第一百五十七〈藝文〉三〈儀注類〉著錄：「韓琦《參用古今家祭式》，無卷。」其書名與卷數雖略異，惟與《解題》著錄者當爲同一書。此書有〈序〉，見琦《韓魏公集》卷十一。其〈序〉曰：「自唐末至於五代，兵革相仍，禮樂廢缺，故公卿大夫之家，歲時祠饗，皆因循便俗，不能少近古制。國家運祚隆赫，承平有年，曠絕之典，無所不講。慶曆初元，始詔文武官，並許依舊式創立家廟，事下禮官裁處，而迄今不聞定議。琦自主祭以來，恪謹時薦，罄極誠愨，而常患夏秋之祭闕而不備，從俗之事未有折中。因得祕閣所有御史鄭正則《祠享儀》、御史孟詵《家祭禮》、殿中御史范傳正《寢堂時饗儀》、汝南周元陽《祭錄》、京兆武功尉賈氏惇《家薦儀》、金吾衛倉曹參軍徐閏《家祭儀》、檢校散騎常侍孫日用《仲享儀》，凡七家。研詳累月，粗究大方，於是採前說之可行，酌今俗之難廢者，以人情斷之，成十二篇，名曰《韓氏參用古今家祭式》。昔鄭御史以年六十三，久疾羸頓，遂著《祠享儀》以示後，而琦年之與病，與鄭適同，遂感而爲此，將使子孫奉而行之，非敢傳於外也。若其歲時之享，以新儀從事，雖其疲老，敢不自立，他日朝廷頒下家祭禮，自當謹遵定制云。時熙寧庚戌歲十月十五日，北京望宸閣序。」是此書撰成於神宗熙寧三年庚戌十月十五日，其書全名固應作《韓氏參用古今家祭式》也。琦字稚圭，相州安陽人。其拜司徒兼侍中在神宗初立。《宋史》卷三百一十二〈列傳〉第七十一有傳。

橫渠張氏祭禮一卷

《橫渠張氏祭禮》一卷，張載子厚撰。末有呂大鈞和叔說數條附焉。

廣棪案：《宋史》卷二百四〈志〉第一百五十七〈藝文〉三〈儀注類〉著錄：「《橫渠張氏祭禮》一卷，張載撰。」載字子厚，長安人。《宋史》卷四百二十七〈列傳〉第一百八十六〈道學〉一有傳。其〈傳〉謂：「其家昏喪葬祭，率用先王之意，而傅以今禮。」意其撰此書，大旨亦如此。呂大鈞字和叔，《宋史》卷三百四十〈列傳〉第九十九附其兄〈呂大防〉。其〈傳〉謂：「大鈞從張載學，能守其師說而踐履之。居父喪，衰麻葬祭一本於禮。後乃行於冠昏、膳飲、慶弔之間，節文粲然可觀，關中化之。……雖皆本於載，而能自信力行，載每歎其勇為不可及。」可知大鈞治禮及其坐言起行之一斑。

伊川程氏祭禮一卷

《伊川程氏祭禮》一卷，程頤正叔撰。首載作主式。

廣棪案：《宋史》卷二百四〈志〉第一百五十七〈藝文〉三〈儀注類〉著錄：「《伊川程氏祭儀》一卷，程頤撰。」與此同。頤字正叔，《宋史》卷四百二十七〈列傳〉第一百八十六〈道學〉一有傳。其〈傳〉載：「神宗喪未除，冬至，百官表賀，頤言：『節序變遷，時思方切，乞改賀為慰。』即除喪，有司請開樂置宴，頤又言：『除喪而用吉禮，尚當因事張樂，今特設宴，是喜之也。』皆從之。」是知頤素重禮者。

呂氏家祭禮一卷

《呂氏家祭禮》一卷，丞相京兆呂大防微仲、正字大臨與叔撰。

廣棪案：《宋史》卷二百四〈志〉第一百五十七〈藝文〉三〈儀注類〉著錄：「呂大防、大臨《家祭儀》一卷。」與此同。大防字微仲，其先汲郡人。祖通，葬京兆藍田，遂家焉。元祐元年，拜尚書右丞。《宋史》卷三百四十〈列傳〉第九十九有傳。大臨字與叔，學於程頤。元祐中，爲太學博士，遷秘書省正字。《宋史》附〈呂大防〉。《宋史》大防本傳載：「大防身長七尺，眉目秀發，聲音如鐘，自少持重，無嗜好，過市不左右游目，燕居如對賓客。每朝會，威儀翼如，神宗常目送之。與大忠及弟大臨同居相切磋，論道考禮，冠昏喪祭一本於古，關中言《禮》學者推呂氏。嘗爲〈鄉約〉曰：『凡同約者，德業相勸，過失相規，禮俗相交，患難相卹，有善則書於籍，有過若違約者亦書之，三犯而行罰，不悛者絕之。』」是大防昆仲蓋深於禮者。

范氏家祭禮一卷

《范氏家祭禮》一卷，范祖禹淳甫撰。

廣棪案：《宋史》卷二百四〈志〉第一百五十七〈藝文〉三〈儀注類〉著錄：「范祖禹《祭儀》一卷。」〈宋志〉所記，應與《解題》著錄者同屬一書。祖禹字淳甫，《宋史》卷三百三十七〈列傳〉第九十六附其叔祖〈范鎮〉。其〈傳〉載：「神宗崩，祖禹上疏論喪服之制曰：『先王制禮，君服同於父，皆斬衰三年，蓋恐爲人臣者不以父事其君。自漢以來，不惟人臣無服，人君遂不爲三年之喪。國朝自祖宗以來，外廷雖用易月之制，宮中實行三年服。君服如古典，而臣下猶依漢制，故十二日而小祥，期而又小祥，二十四日而大祥，再期而又大祥。既以日爲之，又以月爲之，此禮之無據者也。古者再期而大祥，中月而禫。禫，祭之名，非服之色。今乃爲之慘服三日然後禫，此禮之不經者也。服既除，至葬又服之，祔廟後即吉，纔八月而遽純吉，無所不佩，此又禮之無漸者也。朔望，群臣朝服以造殯宮，是以吉服臨喪；人主衰服在上，是以先帝之服爲人主之私喪，此二者皆禮之所不安也。』」是祖禹固深於禮者。

溫公書儀一卷

《溫公書儀》一卷，司馬光撰。前一卷為表章、書啟式，餘則冠、昏、喪、祭之禮詳焉。

廣棪案：《宋史》卷二百四〈志〉第一百五十七〈藝文〉三〈儀注類〉著錄：「司馬光《書儀》八卷，又《涑水祭儀》一卷、《居家雜儀》一卷。」凡十卷。〈宋志〉著錄《書儀》作八卷，與《解題》不合。惟《解題》著錄作一卷，證以直齋所自記，則此書應不止一卷，疑〈宋志〉作八卷不誤。光字君實，陝州夏縣人。《宋史》卷三百三十六〈列傳〉第九十五有傳。。《宋史》光本傳載：「丁內外艱，執喪累年，毀瘠如禮。」是光居家盡禮如此。

居家雜禮一卷

《居家雜禮》一卷，司馬光撰。

廣棪案：《宋史》卷二百四〈志〉第一百五十七〈藝文〉三〈儀注類〉著錄：「司馬光《居家雜儀》一卷。」與此同

呂氏鄉約一卷、鄉儀一卷

《呂氏鄉約》一卷、《鄉儀》一卷，呂大鈞和叔撰。

廣棪案：《宋史》卷二百五〈志〉第一百五十八〈藝文〉四〈儒家類〉著錄：「《呂氏鄉約儀》一卷，呂大鈞撰。」疑〈宋志〉之《鄉約儀》，即《鄉約》、《鄉儀》之合稱，應各自爲卷，〈宋志〉乃作一卷，顯誤。考《宋史》卷三百四十〈列傳〉第四十九〈呂大防〉載大防「嘗爲《鄉約》曰：『凡同約者，德業相勸，過失相規，禮俗相交，患難相卹，有善則書于籍，有過若違約者亦書之，三犯而行罰，不悛者絕之。』」此殆《鄉約》之佚文。據《解題》，則此《鄉約》應爲大鈞所撰。劉兆祐《宋史藝文志史部佚籍考》上編〈已佚而無輯本者〉（八）〈儀注類〉載：「《藍田呂氏祭說》一卷，宋呂大鈞撰。……《直齋書錄解題》又著錄其所撰《呂氏鄉約》一卷及《鄉儀》一卷二書，知大鈞亦深於禮者也。」所言甚當。

高氏送終禮一卷

《高氏送終禮》一卷，禮部侍郎高閌抑崇撰。

廣棪案：《宋史》卷二百四〈志〉第一百五十七〈藝文〉三〈儀注類〉著錄：「高閌《送終禮》一卷。」與此同。閌字抑崇，明州鄞縣人。高宗時除禮部侍郎。《宋史》卷四百三十三〈列傳〉第一百九十二〈儒林〉三有傳。

四家禮範五卷

《四家禮範》五卷，張栻、朱熹所集司馬、程、張、呂氏諸家，而建安劉珙

刻於金陵。

廣棪案：《宋史》卷二百四〈志〉第一百五十七〈藝文〉三〈儀注類〉著錄：「朱熹《四家禮範》五卷。」與此同，惟撰人闕張栻之名。此書所集者，殆即司馬光《溫公書儀》、《居家雜禮》，程頤《伊川程氏祭禮》，張載《橫渠張氏祭禮》與呂大防、呂大臨《呂氏家祭禮》、呂大鈞《呂氏鄉約》、《鄉儀》也。劉珙字共父。《宋史》卷三百八十六〈列傳〉第一百四十五有傳。其〈傳〉曰：「(珙）除資政殿學士，知荊南府、湖北安撫使，以繼母憂去。起復同知樞密院事、荊襄安撫使。珙六上奏懇辭，引經據禮，詞甚切，最後言曰：『三年通喪，三代未之有改，漢儒乃有『金革無避』之說，已為先王罪人。今邊陲幸無犬吠之驚，臣乃欲冒金革之名，以私利祿之實，不亦又為漢儒之罪人乎？』」又曰：「珙精明果斷，居家孝，喪繼母卓氏，年已逾五十，盡哀致毀，內外功緦之戚，必素服以終月數。」是珙既極守禮盡孝，則其刊刻此書殆有由也。珙〈傳〉又載：「(珙）進觀文殿學士，屬疾，請致仕。孝宗遣中使以醫來，疾革，草遺奏言：『恭、顯、伾、文，近習用事之戒，今以腹心耳目寄之此曹，朝綱以紊，士氣以索，民心以離，咎皆在此。陳俊卿忠良確實，可以任重致遠；張栻學問醇正，可以拾遺補闕，願亟召用之。』既又手書訣栻與朱熹，其言皆以未能為國報雪讎恥為恨。薨，年五十七。贈光祿大夫，謚忠肅。」則珙與栻、熹相知固甚深也。

古今家祭禮二十卷

《古今家祭禮》二十卷，朱熹集《通典》、《會要》所載，以及唐、本朝諸家祭禮皆在焉。

廣棪案：《宋史》卷二百四〈志〉第一百五十七〈藝文〉三〈儀注類〉著錄：「朱熹《二十家古今祭禮》二卷。」雖著錄之書名與卷數不同於《解題》，實同為一書。《宋史藝文志史部佚籍考》上編〈已佚而無輯本者〉（八）〈儀注類〉載：「《二十家古今祭禮》二卷，宋朱熹撰。……按：此書〈宋志〉云二卷，陳《錄》作二十卷者，殆以一家為一卷也。」余則頗疑〈宋志〉之二卷，實乃二十卷之訛脫，蓋以朱子所集，材料甚富贍，其書不應僅二卷也。此書卷數，應據《解題》為是。

朱氏家禮一卷

《朱氏家禮》一卷，朱熹撰。

廣棪案：《宋史》卷二百四〈志〉第一百五十七〈藝文〉三〈儀注類〉著錄：「朱熹《家禮》一卷。」與《解題》著錄者同爲一書。

十書類編三卷

《十書類編》三卷，不知何人所集。十書者，管子〈弟子職〉、曹昭《女誡》、韓氏《家祭式》、司馬溫公《居家雜禮》、呂氏《鄉禮》、范氏《義莊規》，高氏《送終禮》、高登《修學門庭》、朱氏《重定鄉約社倉約束》也。雖不專為禮，而禮居多，故附之於此。

廣棪案：此書其他公私書目鮮見著錄。十書中，如韓氏、司馬氏、呂氏、范氏、高氏五書，《解題・儀注類》已著錄。《解題》卷十《子錄・雜家類》著錄：「《弟子職等五書》一卷，漳州教授張時舉以管子〈弟子職〉篇，班氏《女誡》，呂氏《鄉約》、《鄉禮》，司馬氏《居家雜儀》合爲一編。」此書與張時舉所編之書略同，應爲續補張書之作，未知亦時舉所編否？

廟儀一卷

《廟儀》廣棪案：盧校本「儀」為「議」。**一卷，吏部侍郎趙粹中撰進。專為太祖未正東鄉之位，乃裒董弅、王普、趙渙首議，**館臣案：《文獻通考》作「趙漢」。**與一時討論本末上之。時淳熙中也。**

廣棪案：此書已佚，惟猶考見其佚文。董弅，應作董棻，董逌之子。《宋史翼》卷二十七〈列傳〉第二十七〈文苑〉二〈董逌〉附子〈棻〉載：「子棻字令升。……紹興四年以趙鼎薦，擢吏部員外郎。奏言：『仰惟太祖皇帝受天明命，削平僭亂，混一區宇，建萬世不拔之基，垂子孫無窮之祚。即功德所起，則有同乎周之后稷。乃若因時特起之蹟，則無異乎漢之高帝，魏晉而下，莫可擬論。是宜郊祀以配上帝，祫享以居東鄉之尊，傳千萬世而不易者也。國初稽前代追崇之典，上及四世，故於祫享，用魏晉故事，虛東鄉之位。逮至仁宗皇帝嘉祐四年，親行祫享之禮。嘗詔有司詳議太祖皇帝東鄉，用昭正統之緒。當時在廷多鴻儒碩學，僉謂自古必以受命之祖，乃居東鄉之位。本朝太祖方受命之君，若論七廟之次，有僖祖以降四廟在上。當時大祫止列昭穆，而虛東鄉，蓋終不敢以非受命之祖而居之，允協《禮經》。暨熙寧之初，僖祖以世次當祧，禮官韓維等據經有請，援證明白。適王安石用事，奮其臆說，務以勢勝，乃俾章衡建議尊僖祖爲始祖，肇居東鄉。神宗皇帝初未以爲然，委曲訪問。安石乃謂推太祖之孝心，固欲尊宣祖，自宣祖而上，孝心宜無以異。則尊僖祖，必當祖宗神靈之意。神宗皇帝意猶未決，博詢大臣，故馮京奏謂：「士大夫以太祖不得東鄉爲恨。」安石肆言以折之。已又欲罷太祖郊配。神宗以太祖開基受命，不許。安石終不然之。乃曰：「本朝配天之禮，不合《禮經》，以此事未害逆順大倫，姑未暇釐正。」一時有識之士莫敢與辨。元祐之初，翼祖既祧，正合典禮。至於崇寧，宣祖當祧，適蔡京用事，一遵安石之術，乃建議請立九廟，自我作古。其已祧翼祖，及當祧宣祖，並即循舊。沿至今太祖皇帝尚居第四室，遇大祫處昭穆之列，識者恨焉。臣竊謂王者奉先與臣庶異，必合天下之公願，垂萬世之宏規，匪容私意於其間。祖功宗德之外親，盡迭毀禮之必然，自古蓋未有功隆創業，爲一代之太祖，而列序於昭穆之次者也；亦未有非受命而追之祖，居東鄉之尊，歷百代而遷者也。是正闕違，以契天人之望，理固有待。陛下孝通神明，治法祖宗，光紹丕圖，中興聖緒。嗣服之初，郊見天地，寅奉太祖，以嚴配祀，載舉合宮之祭，仍修並配之儀，亶諧公願。茲者當省方駐驛之地，肇建太廟，以時享獻，用昭奉先之孝，帝王盛德，曷以加諸？然則辨廟祧之次，尊受命之祖，固當遠稽前代，上憲祖宗，以時釐正。況今告朔，時享薦新之禮既略舉矣，大祫之祀獨闕而未講，誠欲修嚴曠典，則東鄉之尊，謂宜先定。夫宗廟事體，至大至重，有輒擅議，罪萬死。然私竊懷此久矣，幸遇陛下隆寬逮下，不間疏賤，茲敢冒昧一言。倘或可採，乞從睿斷，舉而行之，天下幸甚。臣謹按太廟九室之制，始於唐之明皇，非本於禮也。而後之爲說者乃遷就其事，以爲三昭三穆，與太祖、祖功、宗德三廟不遷爲九廟，蔡京之議，祖襲唐制。漢以高皇帝爲太祖，尊居東鄉，後世無有異論。魏以武帝爲太祖，晉以宣帝爲太祖，蓋皆以始封爲據。唐以景帝始封，故尊爲太祖。其後追崇獻祖，而列景帝於昭穆。禮官陳京抗論辨證，前後二十年，卒復其舊，識者是之。蓋以景帝始封於唐，事迹有類乎后稷。要之非始封之君，受命之祖，不得居東鄉。由三代歷漢、魏，以迄於唐，無異道也。我太祖皇帝開基雖與后稷異，而創業實同乎高帝，未聞漢以太公合食於祫，而居高帝之上也。今若正太祖東鄉之尊，稽古沿革，委合《禮經》，臣再考商、周之興，太廟世遠，而群廟之主，皆出其後，故其禮易明。漢、魏而下，太祖世近，毀廟之主，皆在太祖上。於是禘祫不得如古制，而漢、魏之制，太祖而上，毀廟之主，皆不合食。唐以景帝始封，故其後廟制既定，始以獻懿而上毀廟之主，藏於興聖德明之廟，遇祫即廟而享焉。是以別廟之祭，以全太祖之尊，當時剛勁如顏眞卿，儒宗如韓愈，所議雖各有依據，皆不得易陳京之說，以其當理故也。歷代沿革具在，宜博采而擇取其當。』」至王普字伯照，福建閩縣人。《宋史翼》卷二十三〈列傳〉第二十三〈儒林〉一有傳。其〈傳〉曰：「（普）尋轉太常寺丞。普復奏言：『宗廟之制，與禮不合。僖祖非始封之君，而尊爲始祖；太祖實創業之主，而列於昭穆，其失自熙寧始。宣祖當遷而不遷，翼祖既遷而復祔，其失自崇寧始。謹案：《禮經》，太祖即廟之始祖，是廟號非謚號。惟我大宋嗣位之初，太祖皇帝廟號已定，雖更累朝，世次猶近。每於祫享，必虛東鄉之位，以其非太祖不可居也。臣謂自僖祖至於宣祖，親盡之數當遷。自太宗至於哲宗，昭穆之數已備。宜奉太祖主居第一室，永爲廟之始祖。每歲五享告朔薦新，止於七室，三年一祫，則太祖正東向之位。太宗、仁宗、神宗南向爲昭，眞宗、英宗、哲宗，北鄉爲穆。五年一禘，則迎宣祖神主，享於太廟，而以太祖配焉。宣祖皇帝實生太祖，當爲禘主，無可疑者。如是則盡合《禮經》，無復前日之失矣。』先是起居舍人董弅嘗有是請，詔侍從、臺諫過防秋集議，及普疏入，乃趣禮官參詳。後二日，高宗謂右僕射趙鼎曰：『太祖開基創業，始受天命，祫享居東鄉之位，普所言不可易也。』既而臣僚議有異同，卒不行。」趙渙，《宋史》、《宋史翼》均無傳，其所議無可考。惟《宋史》卷四百三十五〈列傳〉第一百九十四〈儒林〉五〈朱震〉載：「故事，當喪，無享廟之禮。時徽宗未祔廟，太常少卿吳表臣奏行明堂之祭。震因言：『〈王制〉：「喪三年不祭，惟天地社稷爲越紼而行事。」《春秋》書：「夏五月乙酉吉，禘于莊公。」《公羊傳》曰：「譏始不三年也。」國朝景德二年，眞宗居明德皇后喪，既易月而除服，明年遂享太廟，合祀天地于圜丘。當時未行三年之喪，專行以日易月之制可也，在今日行之則非也。』詔侍從、臺諫、禮官參議，卒用御史趙渙、禮部侍郎陳公輔言，大饗明堂。」是渙論行明堂之祭，與震異，惟渙必通於禮者。綜上所引董棻、王普之奏，則趙粹中撰進此書，其書名應作《廟議》，盧校是。《解題》作《廟儀》，「儀」字形近而誤也。粹中，《宋史》無傳。《宋人傳記資料索引》載：「趙粹中（1124～1187），字叔達，自密州徙居鄞。紹興二十四年進士。孝宗銳意復北疆，以論兵事，一歲九遷，由秘書郎權起居郎，遷給事中，後除吏部侍郎。嘗上〈乞罷王安石父子從祀疏〉，及〈雪岳飛冤狀〉。又集司馬光、范鎮等奏議，正太祖東嚮之位，議不行。寧宗即位，卒如其議。後以待制知池州，郡政修舉，民立生祠祀之。淳熙十四年卒，年六十四。」是粹中乃高、孝宗年間人。考《宋史》卷三十四〈本紀〉三十四〈孝宗〉二載：「（淳熙元年）六月丙辰朔，詔禮官討論別建四祖廟，正太祖東嚮位。」時粹中除吏部侍郎，「乃裒董棻、王普、趙渙首議，與一時討論本末上之」，俾孝宗參考。

至此書撰進之年，依《宋史・孝宗本紀》應爲淳熙元年，《解題》謂「時淳熙中也」，殊嫌太後，未恰當。

奉常雜錄一卷、樂章一卷

《奉常雜錄》一卷、《樂章》一卷，無名氏。雜錄禮寺牲牢、樂舞、祝辭。其《樂章》，則祠祭見行用者。

廣棪案：此書已佚，南宋後公私書目多未著錄。考奉常即太常。《宋史》卷一百六十四〈志〉第一百一十七〈職官〉四「太常寺」條載：「太常寺：卿、少卿、丞各一人、博士四人，主簿、協律郎、奉禮郎、太祝各一人。卿掌禮樂、郊廟、社稷、壇壝、陵寢之事，少卿爲之貳，丞參領之。禮之名有五：曰吉禮，曰賓禮，曰軍禮，曰嘉禮，曰凶禮。皆掌其制度儀式。祭祀有大祠，有小祠。其犧牲、幣玉、酒醴、薦獻、器服各辨其等；掌樂律、樂舞、樂章、以定宮架、特架之制，祭祀享則分樂而序之。凡親祠及四孟月朝獻景靈宮，郊祀告享太廟，掌贊相禮儀升降之節。歲時朝拜陵寢，則視法式辨具以授祠官。凡祠事、差官、卜日、齋戒皆檢舉以聞。初，獻用執政官，則卿爲終獻；用卿，則少卿爲亞獻，博士爲終獻；闕則以次互攝。郊祀已，頒御札則撰儀以進。宮架、鼓吹、警場，率前期按閱即習。餘祀及朝會、宴享、上壽、封冊之儀物亦如之。若禮樂有所損益，及祀典、神祇、爵號與封襲、繼嗣之事當考定者，擬上於禮部。」又載：「分案九：曰禮儀，掌討論大慶典禮、神祠道釋、襲封定謚、檢舉忌辰。曰祠祭，掌大中小祠祀，差行事官並酒齊、幣帛、蠟燭、禮料。曰壇廟，掌行室壇、廟域、陵寢。曰大樂，掌大樂教習樂舞、鼓吹、警場。曰法物，掌給納朝、祭服。曰廩犧，掌歲中祠祭牲牢羊豕滌室。曰太醫，掌臣僚陳乞醫人，補充太醫助教等。曰掌法，曰知雜，並掌本寺條制雜務。」又曰：「博士，掌講定五禮儀式，有改革則據經審議。凡於法應謚者，考其行狀，撰定謚文。有祠事，則監視儀物，掌凡贊導之事。主簿，掌稽考簿書。協律郎，掌律、呂以和陰陽之聲，正宮架、特架樂舞之位。大祭祀享宴用樂，則執麾以詔作止之節，舉麾、鼓柷而樂作；偃麾、戛敔而樂止。凡樂，掌其序事。奉禮郎，掌奉幣帛授初獻官，大禮則設親祠板位。太祝，掌讀冊辭，授搏黍以嘏告，飲福則進爵，酌酒受其虛爵。」據上所載，或可推知二書內容之一斑。

服飾變古元錄三卷

《服飾變古元錄》三卷，唐翰林學士汝南袁郊之儀撰。郊，宰相滋之子。〈唐志〉作一卷。

廣棪案：《新唐書》卷五十八〈志〉第四十八〈藝文〉二〈儀注類〉著錄：「袁郊《二儀實錄衣服名義圖》一卷，又《服飾變古元錄》一卷。字之儀，滋子也。昭宗翰林學士。」是〈新唐志〉此書作一卷。《宋史》卷二百四〈志〉第一百五十七〈藝文〉三〈儀注類〉著錄：「袁郊《服飾變古元錄》三卷。」袁郊，《舊唐書》卷一百八十五下〈列傳〉第一百三十五下〈良吏〉下〈袁滋〉載：「子都，仕至翰林學士。」「都」乃「郊」字形近之誤。《新唐書》卷一百五十一〈列傳〉第七十六〈袁滋〉載：「憲宗監國，進拜中書侍郎，同中書門下平章事。」是滋爲相在憲宗朝。又載：「子均，右拾遺；郊，翰林學士。」是郊有兄爲袁均。

古今服飾儀一卷

《古今服飾儀》一卷，題蜀人樊建。紹興癸酉序。

廣棪案：此書及撰人生平均無法多考。紹興癸酉爲紹興二十三年（1153），則樊建乃高宗時人。

時令類第十一

前史時令之書，皆入〈子部・農家類〉。今案諸書，上自國家典禮，下及里閭風俗悉載之，不專農事也。故《中興館閣書目》別為一類，列之〈史部〉，是矣。今從之。

廣棪案：《漢書・藝文志・諸子略》其〈農家類〉著錄書籍凡九家、百一十四篇，其中並無時令之書，有之自《隋書・經籍志》始。〈隋志・農家類〉著錄書籍五部、十九卷，其《四人月令》一卷，固時令書也。其後《舊唐書・經籍志・農家類》亦著錄《四人月令》一卷。下逮《新唐書・藝文志》，其〈農家類〉所著錄者寖多，除崔寔《四民月令》一卷外，另如宗懔《荊楚歲時記》一卷、杜公瞻《荊楚歲時記》二卷、杜臺卿《玉燭寶典》十二卷、王氏《四時錄》十二卷、孫氏《千金月令》三卷、李邕《金谷園記》一卷、薛登《四時記》二十卷、裴澄《乘輿月令》十二卷、王涯《月令圖》一軸、李綽《秦中歲時記》一卷、韋行規《保生月錄》一卷、韓鄂《四時纂要》五卷、《歲華紀麗》一卷，皆時令之書也。晁公武《郡齋讀書志》亦以時令書隸〈農家類〉。今觀其書所著錄者，即有《四時纂要》五卷、《保生月錄》一卷、《歲時紀麗》四卷、《荊楚歲時記》四卷、《輦下歲時記》一卷、《國朝時令》十二卷。上述諸書，考其內容所涉，「上自國家典禮，下及里閭風俗悉載之，不專農事」，故前史〈經籍〉、〈藝文〉諸志及《郡齋讀書志》歸之於〈子部・農家類〉，未見允恰。直齋乃依《中興館閣書目》之例，列之〈史錄・時令類〉，其法本至妥善。然夷考北宋王堯臣等所編《崇文總目》，其書早於《中興館閣書目》約百五、六十年。《崇文總目》錢東垣輯釋本。一書，其〈史部〉有〈歲時類〉，所著錄時令之書凡十五部。故知《崇文總目》之〈歲時類〉，即《中興館閣書目》之〈時令類〉也。今直齋從《中興館閣書目》以立〈時令類〉，而不知從《崇文總目》以設〈歲時類〉，亦可謂數典忘祖矣。

夏小正傳四卷

《夏小正傳》四卷，漢戴德傳，給事中山陰傅崧卿注。此書本在《大戴禮》，鄭康成注〈禮運〉「夏時」曰：「夏四時之書也，其存者有〈小正〉。」後人於《大戴禮》鈔出別行。

廣棪案：〈夏小正〉，今見《大戴禮記》第四十七。《小戴禮記》卷第二十一〈禮運〉第九載：「孔子曰：『我欲觀夏道，是故之杞，而不足徵也。吾得夏時焉。』」鄭玄注：「得夏四時之書也。其書存者有〈小正〉。」此即《解題》所本。《隋書》卷三十二〈志〉第二十七〈經籍〉一〈經・禮〉著錄：「《大戴禮記》十三卷，漢信都王太傅戴德撰。」又著錄：「《夏小正》一卷，戴德撰。」是隋時《夏小正》一卷已於《大戴禮》中鈔出別行矣。

崧卿以正文與傳相雜，倣《左氏經傳》，列正文其前，而附以〈傳〉，且為之注。

案：錢曾《錢遵王讀書敏求記》卷二之中〈時令〉著錄：「《夏小正戴氏傳》四卷。〈夏小正〉，《大戴記》之篇名也。政和中，山陰傅崧卿從其外兄關澮得之。關本合〈傳〉爲一卷，不著作〈傳〉人名氏。崧卿仿《左氏春秋》，列正文於前，而附以〈傳〉。月爲一篇，凡十有二篇，釐爲四卷。」所記較詳贍。崧卿，《宋史翼》卷二十七〈列傳〉第二十七〈文苑〉二有傳。

荊楚歲時記六卷

《荊楚歲時記》六卷，梁吏部尚書宗懍撰。記荊楚風物故事。

廣棪案：《崇文總目》卷二〈歲時類〉著錄：「《荊楚歲時記》二卷，宗懍撰。繹按：〈舊唐志〉十卷，〈唐志〉、《讀書後志》、〈宋志〉並一卷，《書錄解題》六卷，〈舊唐志〉、〈唐志〉又有杜公瞻撰二卷。」錢東垣輯釋本。余嘉錫《四庫提要辨證》卷八〈史部〉六〈地理類〉三「《荊楚歲時記》一卷梁宗懍」條曰：「〈舊唐志・雜家類〉有《荊楚歲時記》十卷，十字疑一字之誤。宗懍撰。又二卷，杜公瞻撰。〈新唐志・農家類〉宗書作一卷，杜書仍作二卷。《崇文總目・歲時類》有此書二卷，不著撰人。《輯釋》題宗懍撰，乃錢繹所補，非原文也。〈宋志・農家類〉則只有宗書一卷，無杜書。〈通志略・月令類〉作二卷，題宗懍撰，杜公瞻注。其參差不合如此。」是前〈志〉及書目著錄此書，其卷數多參差不合也。至宗懍所處之時代，其書舊本有誤題作晉人者，《四庫全書總目》嘗辨之。其書卷七十〈史部〉二十六〈地理類〉三著錄：「《荊楚歲時記》一卷，兩江總督採進本。舊本題晉宗懍撰。《書錄解題》作梁人。考《梁書・元帝本紀》載：『承聖三年秋七月甲辰，以都官尚書宗懍爲吏部尚書。』又《南史・元帝本紀》載：『武陵之平，議者欲因其舟艦遷都建鄴。宗懍、黃羅漢皆楚人，不願移。』此書皆記楚俗，當即其人。舊本題晉人，誤矣。」《四庫提要辨證》卷八同條亦曰：「嘉錫案：明鈔本《說郛》卷二十五錄此書八條，題爲梁宗懍，注云：『吏部侍郎。』寶顏堂《廣秘笈》本則題梁尚書宗懍撰。《提要》謂舊本題晉宗懍者，指《淡生堂餘苑》及《漢魏叢書》本言之也。考本書第五條，即有『梁有天下，不食葷』之語，則其書之爲梁時人所作甚明。懍附見《梁書・王規傳》云：『初有沛國劉瑴、南陽宗懍與褒規之子，俱爲中興佐命，同參帷幄。』又云：『宗懍字元懍，八世祖承，晉宜都郡守，屬永嘉東徙，子孫因居江陵焉。懍少聰敏好學，晝夜不倦，鄉里號爲童子學士。普通中，爲湘東王府兼記室，轉刑獄，仍掌書記，歷臨汝、建成、廣晉等令。後又爲世祖荊州別駕。及世祖即位，以爲尚書郎，封信安縣侯，邑一千戶。累遷吏部郎中、五兵尚書、吏部尚書。承聖三年，江陵沒，與瑴俱入於周。』《周書》卷三十四〈宗懍傳〉云：『南陽涅陽人也。』敘事與《梁書》同而加詳，且云：『初，侯景平後，梁元帝議還建業，唯懍勸都渚宮，以其鄉里在荊州故也。及江陵平，與王褒等入關，太祖以懍名重南土，甚禮之。孝閔帝踐祚，拜車騎大將軍、儀同三司。世宗即位，又與王褒等在麟趾殿刊定群書，數蒙宴賜。保定中卒，年六十四。有《集》二十卷，行世。』〈隋志〉有後周《儀同宗懍集》十二卷，與此不同。《北史》卷七十亦有〈宗懍傳〉，即增損《周書》之文，而更加詳焉。懍於南北諸史之中有專傳、有附傳，屢見不一見，其本末粲然明白如此，而《提要》僅引《元帝本紀》，若其人他無可考者，可謂失之眉睫之前矣。汪輝祖《史姓韻編》卷一，亦但謂懍附《梁書・王規傳》，不知《周書》、《北史》有傳。又考《北齊書・顏之推傳》，載之推〈觀我生賦〉自注云：『王司徒表送秘閣舊事八萬卷，乃詔比校，部分爲正御、副御、重雜三本。吏部尚書宗懷正、員外郎顏之推校史部。』懷正當是懍之字，然與諸史言字元懍者不同，且之推此注，於諸人皆稱名，而懍獨舉其字，亦所未詳，豈嘗以字行而史略之耶？」經紀、余二氏更迭考證，則懍之爲梁人固定讞矣。考《郡齋讀書志》卷第十二〈農家類〉亦著錄懍此書。《郡齋讀書志》曰：「《荊楚歲時記》四卷，右梁宗懍撰。其〈序〉云：『傅玄之〈朝會〉、杜篤之〈上巳〉、安仁〈秋興〉之敘、君道〈娛蜡〉之述，其屬辭則已洽，其比事則未弘，某率爲小記，以錄荊楚歲時自元日至除夕，凡二十餘事。』」《郡齋讀書志》此條所引懍〈序〉，《四庫全書總目》亦引之，惟誤作《解題》。故余氏《辨證》亦辨之，曰：「《書錄解題》卷六云：『《荊楚歲時記》六卷，梁吏部尚書宗懍撰，記荊楚風物故事。』並無《提要》所引之語，此乃《讀書志》之文，見衢本卷十二及袁本《後志》卷二，《提要》蓋自《通志》轉引，而誤記晁氏爲陳氏也。」不意《四庫》館臣亦因失愼而致誤如此。

錦帶一卷

《錦帶》一卷，梁元帝撰。比事儷語，若法帖中〈章草〉、〈月儀〉之類也。

館臣案：今本作《錦帶書》，題梁昭明太子蕭統撰。

廣棪案：《四庫全書總目》卷一百三十七〈子部〉四十七〈類書類存目〉一著錄：「《錦帶》一卷，兩江總督採進本。舊本題梁昭明太子蕭統撰。陳振孫《書錄解題》又云：『梁元帝撰。比事儷語，若法帖中〈章草〉、〈月儀〉之類。』詳其每篇自敘之詞，皆山林之語，非帝胄所宜言。且詞氣不類六朝，亦復不類唐格。疑宋人案〈月令〉集爲駢句，以備箋啓之用，後來附會，題爲統作耳。今刻本《昭明集》中亦有之，題曰〈十二月啓〉。然《昭明集》乃後人所輯，非其原本，未可據以爲信也。」據《四庫全書總目》所言，則此書既非昭明撰，亦非梁元帝撰，乃屬宋人僞作，蓋「案〈月令〉集爲駢句，以備箋啓之用」者。此書宜入〈類書類〉，《解題》入〈時令類〉，誤也。

玉燭寶典十二卷

《玉燭寶典》十二卷，隋著作郎博陵杜臺卿少山撰。以〈月令〉為主，觸類而廣之，博采諸書，旁及時俗，月為一卷，頗號詳洽。開皇中所上。

廣棪案：《隋書》卷五十八〈列傳〉第二十三〈杜臺卿〉載：「杜臺卿字少山，博陵曲陽人也。父弼，齊衛尉卿。臺卿少好學，博覽書記，解屬文。仕齊奉朝請，歷司空西閤祭酒、司徒戶曹、著作郎、中書黃門侍郎。性儒素，每以雅道自居。及周武帝平齊，歸於鄉里，以《禮記》、《春秋》講授子弟。開皇初，被徵入朝。臺卿嘗采〈月令〉，觸類而廣之爲書，名《玉燭寶典》十二卷。至是奏之，賜絹二百匹。臺卿患聾，不堪吏職，請修國史。上許之，拜著作郎。十四年，上表請致仕，敕以本官還第。數載，終於家。有《集》十五卷，撰《齊記》二十卷，並行於世。無子。」是《解題》所記，殆據《隋書》臺卿本傳。《新唐書》卷五十九〈志〉第四十九〈藝文〉三〈農家類〉著錄有杜臺卿《玉燭寶典》十二卷，與《解題》同。

金谷園記一卷

《金谷園記》一卷，題李邕撰。《館閣書目》云：「唐中散大夫。」按邕字泰

和，江都人，至北海太守，世號李北海。其父善，注《文選》者也。中散大夫，唐文散階，本傳不載，不知《書目》別何所據？唐世不應有兩李邕也。

廣棪案：《新唐書》卷五十九〈志〉第四十九〈藝文〉三〈農家類〉著錄：「李邕《金谷園記》一卷。」著錄與《解題》同。考《舊唐書》卷一百九十中〈列傳〉第一百四十中〈文苑〉中載：「李邕，廣陵江都人。父善，嘗受《文選》於同郡人曹憲。後爲左侍極賀蘭敏之所薦引，爲崇賢館學士，轉蘭臺郎。敏之敗，善坐配流嶺外。會赦還，因寓居汴、鄭之間，以講《文選》爲業。年老疾卒。所注《文選》六十卷，大行於時。」《新唐書》卷二百二〈列傳〉第一百二十七〈文藝〉中載：「李邕字泰和，揚州江都人。父善，有雅行，淹貫古今，不能屬辭，故人號『書簏』。顯慶中，累擢崇賢館直學士，兼沛王侍讀。爲《文選注》，敷析淵洽，表上之，賜賚頗渥。除潞王府記室參軍，爲涇城令，坐與賀蘭敏之善，流姚州，遇赦還。居汴、鄭間講授，諸生四遠至，傳其業，號『《文選》學』。邕少知名，始善注《文選》，釋事而忘意。書成以問邕，邕不敢對，善詰之，邕意欲有所更，善曰：『試爲我補益之。』邕附事見義，善以其不可奪，故兩書並行。」是兩《唐書》均載善、邕父子注《文選》事。至邕之任北海太守在天寶初。《新唐書・邕傳》云：「邕之文，於碑頌是所長，人奉金帛請其文，前後所受鉅萬計。邕雖詘不進，而文名天下，時稱李北海。」是邕以文名稱李北海，兩《唐書》均無記載邕曾任中散大夫之職。中散大夫，屬正第五品上階、文散官，見《舊唐書》卷四十二〈志〉第二十二〈職官〉一，直齋所考不誤。

秦中歲時記一卷

《秦中歲時記》一卷，唐膳部郎中趙郡李綽撰。綽別未見，此據《中興書目》云爾。

廣棪案：《解題》卷十一〈小說家類〉著錄：「《尚書故實》一卷，唐李綽撰。又名《尚書談錄》。……綽，唐末人。」《解題》此條及「《尚書故實》一卷」條所記綽之時代、官宦、郡望，皆據《中興館閣書目》。《四庫全書總目》卷一百二十〈子部〉三十〈雜家類〉四「《尚書故實》一卷安徽巡撫採進本」條著錄：「唐李綽撰。綽仕履未詳。考《新唐書・宰相世系表》趙郡李氏南祖之後，有名綽字肩孟者，爲吏部侍郎舒之曾孫。書中自稱趙郡人，或即其人歟？是書《宋史・藝文志》凡兩載之，一見〈史部・傳記類〉，一見〈子部・小說類〉，而註其下云：『綽一作綽，實一作事。』今案曾慥《類說》所引，亦明標李綽之名，則作緯者誤矣。」據《四庫全書總目》所考，則綽字肩孟，乃趙郡李氏南祖之後，吏部侍郎李舒之曾孫。〈宋志〉謂「綽一作緯」，誤矣。考《宋史》二百五〈志〉第一百五十八〈藝文〉卷四〈農家類〉著錄：「李綽《秦中歲時記》一卷，一名《成鎬記》。」「成鎬」乃「咸鎬」之誤。又著錄：「李綽《輦下歲時記》一卷。」《秦中》與《輦下》二書，本屬同書異名，《山堂考索・前集》卷五十五引《中興書目》亦作《秦中歲時記》一卷，云：「唐膳部郎中趙郡李綽撰。紀唐室朔望薦獻及歲時宴會賞之事，一名《輦下歲時記》，一名《咸鎬歲時記》。」〈宋志〉失慎，乃將一書分作二書耳。

其〈序〉曰：「緬思庚子之歲，洊周戊辰之年。」庚子，唐廣明元年；戊辰，梁開平二年也。又曰：「偶記昔年皇居舊事，絕筆自歎，横襟出涕。」然則，唐之舊臣，國亡之後，傷感疇昔而為此書也。

案：廣明，唐僖宗年號，其元年歲次庚子（880）；開平，後梁太祖年號，其二年歲次戊辰（908）。前後相距約二十八年。直齋以綽爲晚唐舊臣，唐亡梁立，傷感疇昔，乃於開平二年而撰此書。〈序〉有「洊周戊辰之年」一語，由是上推至唐宣宗大中二年戊辰（848），殆爲綽之生歲。是綽撰此書，春秋六十，距其降生恰爲一甲子。《郡齋讀者志》卷第十二〈農家類〉著錄：「《輦下歲時記》一卷，右唐李綽撰。綽經黃巢之亂，避地蠻陬，偶記秦地盛事，傳諸晚學云。」《郡齋讀書志》所言，疑亦出綽之〈自序〉，可與《解題》互補有無。然余嘉錫以爲「晁氏謂綽經黃巢之亂而避地則誤」，《四庫提要辨證》卷十五〈子部〉六〈雜家類〉四「《尚書故實》一卷」條云：「方巢破兩京時，綽雖亦嘗避難，然龍紀元年以後，復官京曹，（廣棪按《舊唐書》卷二十上〈昭宗紀〉載龍紀元年，綽為太常博士。）未嘗竟客蠻陬。此必朱溫篡弒之時，綽棄官逃去，始有此語。夫以文詞泛言之，楚、粵之間，皆可謂之蠻陬，不知綽所適爲何地，然惟湖、湘以南，於義爲協。」錄之以備參考。

按朱藏一《紺珠集》、曾端伯《類說》載此書。有「杏園探花使」、「端午扇市」、「歲除儺公儺母」及「太和八年無名子詩」數事，豈別一書乎？

案：《四庫全書總目》卷一百二十三〈子部〉三十三〈雜家類〉七收有《紺珠集》十三卷，其書卷十「《秦中歲時紀》李綽」條著錄有「爆槊」、「探花使」、「曲江拾菜」、「玉杯承露」、「無名子嘲詩」、「扇市」、「槐花黃舉子忙」、「菊花節」、「吏部四拗」、「儺翁儺母」數事。藏一蓋勝非字耶？《四庫全書總目》同部同類著錄有曾慥《類說》六十卷，其書卷六「《秦中歲時記》」記載有「幫牛」、「探花」、

「拾菜」、「紫以笋茶」、「白牡丹詩」、「扇市」、「儺翁儺母」、「火城」、「中和節」、「酴醾酒」、「櫻筍廚」、「重陽應制」、「進士多貧士」、「吏部四拗」數事。端伯，曾慥字。

咸鎬故事一卷

《咸鎬故事》一卷，唐韋慎微撰。其書與前大同小異，竟不知何人作也。卷末卻有「鬼神大者號儺公母」一語。

廣棪案：《郡齋讀書志》卷第八〈儀注類〉著錄：「《咸鎬故事》一卷，右唐愼微撰。纂長安自元日至除夕朝廷慶賀事。」《玉海》卷第五十一〈藝文・典故會要〉著錄同。《中興館閣書目・時令類》著錄：「《咸鎬故事》一卷，唐韋謹微撰。《玉海》五一。」趙士煒輯考本。愼微即謹微，《玉海》著錄正作謹微。此書已佚，《解題》「卷末」云云，今不可考。

案《館閣書目》，《秦中歲時紀》一名《咸鎬歲時記》。

案：《宋史》卷二百五十〈志〉第一百五十八〈藝文〉四〈農家類〉著錄：「李綽《秦中歲時記》一卷，一名《成鎬記》。」〈宋志〉之「成」字，乃「咸」字形近而訛。

千金月令三卷

《千金月令》三卷，唐孫思邈撰。

廣棪案：孫思邈，京兆華原人。《舊唐書》卷一百九十一〈列傳〉第一百四十一〈方伎〉、《新唐書》卷一百九十六〈列傳〉第一百二十一〈隱逸〉均有傳。《舊唐書》本傳載思邈著作有「自注《老子》、《莊子》，撰《千金方》三十卷，行於代。又撰《福祿論》三卷、《攝生眞錄》及《枕中素書》、《會三教論》各一卷」，獨無《千金月令》三卷。《崇文總目・歲時類》著錄：「《千金月令》三卷，孫思邈撰。」又著錄：「《齊人月令》一卷，孫思邈撰。」錢東垣輯釋本。似思邈另有《齊人月令》一卷。惟《宋史》卷二百五十〈志〉第一百五十八〈藝文〉四〈農家類〉則僅著錄：「孫思邈《齊人月令》三卷。」疑《千金月令》與《齊人月令》同爲一書，名異實同，應作三卷。或《崇文總目》失愼分作二書，而其所著錄《齊人月令》又誤作一卷也。

韋氏月錄一卷

《韋氏月錄》一卷，唐右領軍衛兵曹韋行規撰。李翶為之〈序〉。

廣棪案：行規，兩《唐書》均無傳。唐段成式《酉陽雜俎》卷九〈盜俠〉載：「韋行規自言少時遊京西，暮止店中，更欲前進。店前老人方工作，曰：『客勿夜行，此中多盜。』韋曰：『某留心弧矢，無所患也。』因進發，行數十里，天黑，有人起草中尾之。韋叱不應，連發矢，中之，復不退。矢盡，韋懼。奔馬有頃，風雨忽至。韋下馬，負一樹，見空中有電光相逐如鞠杖，勢漸逼樹杪，覺物紛紛墜其前。韋視之，乃木札也。須臾，積札埋至膝，韋驚懼，投弓矢仰空乞命。拜數十，電光漸高而滅，風雷亦息，韋顧大樹枝榦童矣。鞍馱已失，遂返前店，見老人方箍筩，韋意其異人，拜之，且謝有悞也。老人笑曰：『客勿恃弓矢，須知劍術。』引韋入院後，指鞍馱言：『卻須取相試耳。』又出桶板一片，昨夜之箭，悉中其上。韋請役力汲湯，不許，微露擊劍事，韋亦得其一二焉。」李昉《太平廣記》卷一百九十五〈豪俠〉三「京西店老人」條所記同，據此略悉行規生平行事。李翶《李文公集》卷十八有〈韋氏月錄序〉，曰：「人之所重者，義與生也。成義者莫如行，存生者在於養，所以爲養者，資於用。用足而生，不養者多矣，用不足而能養其生者，天下無之。養生之物，禁忌之術，散在雜方。雖有力者欲行之，而患不能備知。杜陵韋行規，博學多藝能，通《易傳》、《論語》、老聃、莊周之書，皆極師法。窮覽百家之方，撮而集之，成兩軸，各附於本月，閱之者簡而詳，以授於余。且曰：『《齊人唐諱民故曰人。要術》傳行寡驗，行規集此書，經試驗者然後摭取，實可以有益於養生。若執事序而名之，則所謂無翼而能飛者，必傳於天下矣。』余因號之爲《月錄》。」是則行規此書，其《月錄》之名，李翶取之也。

歲華紀麗七卷

《歲華紀麗》七卷，館臣案：《唐書・藝文志》作二卷，《宋史・藝文志》作四卷。**唐韓鄂撰。采經、子、史傳歲時事類聚，而以儷語間之。**

廣棪案：《郡齋讀書志》卷第十二〈農家類〉著錄：「《歲華紀麗》四卷，右唐韓諤撰。分四時十二月節序，以事實爲偶麗之句附著之。」與《解題》所述，可互爲補足。惟有關此書之撰者及其書之眞僞，後世頗有聚訟。《四庫全書總目》卷一百三十七〈子部〉四十七〈類書類存目〉一「《歲華紀麗》四卷內府藏本」條云：「舊題唐韓鄂撰。考《唐書・宰相世系表》載：韓休之弟殿中丞倩，倩之子河南兵曹參軍滌，鄂乃滌之曾孫也。其書以四時節候分門隸事，各編爲駢句，略如《北堂書鈔》、《六帖》之體。〈唐志〉、〈宋志〉皆列其名，陳振孫《書錄解題》亦載之，然久無傳本。此本爲胡震亨《祕冊函》中所刻，毛晉收其殘版以入《津逮祕書》者。震亨〈跋〉稱得之鄭曉家。王士禎《居易錄》以爲即震亨僞造。案錢曾《讀書敏求記》云：『《歲華紀麗》舊鈔，卷終闕字數行，又失去末葉。後見章邱李中麓藏宋刻本，脫落正同。是此書確出宋本，不由震亨之依託。』然《書錄解題》稱其『采經、子、史傳歲時事類聚，而以儷句間之』。此本乃全作儷句，已不相合。又儷句拙陋殊甚，所引書不過數十種，而割裂餖飣，往往不成文句。且《杜陽雜編》，蘇鶚所作。鶚，僖宗光啓進士，已屆唐末。《摭言》，王定保所作。定保，昭宗光化三年進士，已入五代。鄂安得引二人之書。至中引《四時纂要》一條，考之〈唐志〉，是書即鄂所作，鄂又何至自引己作。況鄂既唐人，不應稱唐元宗及唐時，均屬疑竇。曾所云云，正未可據爲定論也。」是《四庫全書總目》以此書非鄂撰，而爲明人胡震亨所僞造。然余嘉錫頗不以爲然。《四庫提要辨證》卷十六〈子部〉七〈類書類存目〉一「《歲華紀麗》四卷」條云：「嘉錫案：《唐書・宰相世系表》河南兵曹參軍滌之曾孫名鍔，不名鄂。其名鄂者，韓休第三子邢州長史洪之曾孫也，《提要》誤矣。《居易錄》卷六云：『萬曆間學士多撰僞書以欺世，如《天祿閣外史》之類，人多知之，今類書中所刻唐韓鄂《歲華紀麗》，乃海鹽胡震亨孝轅所造，《於陵子》姚士粦叔祥作也。然李太常中麓云，韓熙載撰《歲華紀麗》，豈另有一書耶？』其說如此，既無所考證，亦不言其何所本也。且韓熙載從不聞有此書，李中麓所藏，當即錢曾之所見者，乃以韓鄂爲熙載，其謬如此，烏足深據乎？此書除見於〈唐〉、〈宋志〉、《書錄解題》外，又著錄於《崇文總目》、卷二十。《中興館閣書目》、《玉海》卷十二引。《通志・藝文略》、〈月令類〉。《郡齋讀書志》，卷十二。是其書盛行於宋，故有刻本流傳。胡震亨言鄭簡公家本，從宋刻抄得，爛去末卷二紙。錢曾亦言舊鈔，卷終闕字數行，又失去末葉；李中麓藏宋刻亦同。二人之言，若合符契，是豈震亨一手所能僞撰乎？惟其書本屬類事之體，述古之詞多，而創獲之事少，故不見引於《太平御覽》諸大類書，然蜀馮鑑《續事始》在原本說卷十內。及宋郭茂倩《樂府詩集》卷九十四，均引其『因句踐以成風，拯屈原而爲俗』二句。在《紀麗》端午條下，今本此兩句上下互易，拯作救。陳元靚《歲時廣記》卷五引其屠蘇一條，在《紀麗》元日條下。卷十五引其醴酪一條，在寒食條下。

卷二十引其佛以四月八日生一條，在四月八日條下。卷四十引除夜燒骨骴一條，在元日條下。皆全與今本相同，《歲時廣記》，王士禎蓋未之見，《四庫》著錄者只四卷殘本。安見其爲胡震亨所依託耶？《提要》以《書錄解題》言其采歲時事類聚，而以儷句間之，疑其體當屬駢散兼行，故以今本全作儷句者爲不合。然考《玉海》引《中興書目》云：『鄂采經史歲時雜事，述以駢儷之語。』《讀書志》云：『分四時十二月節序，以事實爲偶儷之句附著之。』二書皆言其爲駢儷，與今本體裁無不合者。《通考》卷二百六於《紀麗》條下晁、陳兼引，《提要》何以獨信陳振孫而不取晁公武耶？況《解題》所謂采歲時事而以儷句間之者，謂以所采經、史、子、傳之事，與儷句相間，即指其正文與自注言之耳，非駢散兼行之謂也。書中四月八日節右脇生半夜入道求於六年三句，不作儷語，但恐有脱誤。《提要》自誤會其意，惡得藉爲口實乎？鄂生五代文體卑靡之會，所作自不過如此，然亦何至便是拙惡。若夫割裂飣餖，則自《書鈔》、《初學》以下，皆所不免，以不割裂，不成其爲類書也。大抵《提要》震於王士禎之名，又以其所掊擊之《天祿閣外史》、《於陵子》皆中要害，遂先存一此書必僞之見於胸中，而後求其罪以實之，猶之亡鈇而疑鄰人之子，則察其行步顏色，無往而不類竊鈇耳。不知《天祿閣外史》、《於陵子》僞妄昭然，此書實非其比也。」《辨證》又曰：「案：此書撰人，〈唐〉、〈宋志〉、《玉海》、《書錄解題》作韓鄂，《讀書志》及《通考》卷二百六。則題韓諤，是其人之是否名鄂不可知。且古今同姓名者甚多，作此書之韓鄂，是否即〈世系表〉中之韓鄂，復不可知。如〈世系表〉中有王定保，乃王起之曾孫，而作《摭言》之王定保，乃王摶之從孫，姓名不見於〈表〉，是其例也。五代時人如杜荀鶴、羅隱、韋莊之流，選唐詩者皆附之於唐，《唐詩紀事》、《唐才子傳》皆收入之。即王定保之《摭言》，目錄家亦未嘗不題以唐也。則此書雖題爲唐韓鄂，《提要》何據而知其爲韓滉之曾孫，姑從《提要》言之。必不入五代乎？按：即令鄂果為韓洪之曾孫，洪死於天寶十五載，西京失守之時，下距唐亡，凡一百七十一年，使其祖父皆幼子，而鄂復享大年，則亦可以入五代。鄂如與定保同時，固可稱引其書，或鄂之年輩尚在定保之後，亦未可知也。若謂《四時纂要》，即鄂所自作，便不當引用，此不知據何條例，況書中僅正月節內引《四時要》一條，無所謂《四時纂要》者，書名既不同，何緣便知爲即鄂所作耶？此書既有宋本傳世，書中引用之事，頗有不經見者，即其現存之書，如《荊楚歲時記》之類，亦往往長於今本。詳見《歲時記》條下。縱令不出於韓鄂，亦決非宋以後人所能作，至謂爲胡震亨所僞撰，則純爲臆測之詞，毫無證據，《提要》

必信王士禎而疑錢曾，是徒以名之輕重爲是非，恐不足以服曾也。」是《辨證》足糾《四庫全書總目》之誤。至此書卷數，〈新唐志〉、《崇文總目》錢東垣輯釋本。均作二卷，《中興館閣書目》、趙士煒輯考本。〈宋志〉均作四卷，《述古堂藏書目錄》作三卷，皆與《解題》著錄作七卷者不同。至鄂之名，或作諤，作鍔，頗有不同。蓋宋時自晁《志》作諤，已相異矣。

國朝時令集解十二卷

《國朝時令集解》十二卷，左僕射真定賈昌朝子明撰。唐因《禮記・月令》舊文，增損為《禮記》首篇。天寶中，改名《時令》。景祐初，始命復《禮記》舊文，其唐之《時令》別為一篇，遂命禮院修書官丁度、李淑、宋祁、王洙、鄭戩及昌朝，約《唐時令》撰定為《國朝時令》，以便宣讀。蓋自唐以來有明堂讀《時令》之禮也。及昌朝解相印治郡，五臣者皆已淪沒，乃采經、史諸書及祖宗詔令典式，為之集解而上之。

廣棪案：《郡齋讀書志》卷第十二〈農家類〉著錄：「《國朝時令》十二卷。右皇朝賈昌朝撰。景祐初，復《禮記》舊文，其《唐月令》別行。三年，詔昌朝與丁度、李淑采國朝律曆典禮、百度昏曉、中星祠祀、配侑歲時施行，約《唐月令》定爲《時令》一卷，以備宣讀。後昌朝注爲十二卷，奏上頒行。」《解題》所述多據《郡齋讀書志》，而略爲詳贍。昌朝字子明，眞定獲鹿人，《宋史》卷二百八十五〈列傳〉第四十四有傳。其〈傳〉末載昌朝以英宗二年乙巳（1065）「以疾留京師，乃以左僕射、觀文殿大學士判尚書都省，卒，年六十八，謚曰文元。御書墓碑曰『大儒元老之碑』。所著《群經音辨》、《通紀》、《時令》、《奏議》、《文集》百二十二卷」。〈傳〉所言之《時令》，即此書也。

歲時雜記二卷

《歲時雜記》二卷，侍講東萊呂希哲原明撰。希哲，正獻公公著之子，號滎陽公。在歷陽時，與子孫講誦，遇節日即休，學者雜記風俗之舊，然後團坐飲酒以為樂，久而成編。承平舊事，猶可考焉。

廣棪案：希哲，字原明，其傳附《宋史》卷三百三十六〈列傳〉第九十五〈呂公著〉。〈傳〉載：「終公著喪，始爲兵部員外郎。范祖禹，其妹壻也，言於哲宗曰：『希哲經術操行，宜備勸講，其父常稱爲不欺暗室。臣以婦兄之故，不敢稱薦，今方將引去，竊謂無嫌。』詔以爲崇政殿說書。其勸導人主以修身爲本，修身以正心誠意爲主。其言曰：『心正意誠，則身修而天下化。若身不能修，雖左右之人且不能諭，況天下乎？』」所記希哲爲崇政殿說書，即指其在侍講任事也。《宋元學案》卷二十三〈滎陽學案・附錄〉載：「晚居宿州、眞、揚間十餘年，衣食不給，有至絕糧數日者，處之晏然。靜坐一室，家事一切不問，不以毫髮事託州縣。其在和州，嘗作詩云：『除卻借書沽酒外，更無一事擾公私。』閒居日讀《易》一爻，遍考古今諸儒之說，默坐沈思，隨事解釋。夜則與子孫評論古今，商榷得失，久之方罷。」與《解題》所述足相發明。陸游《渭南文集》卷二十八〈跋呂侍講歲時雜記〉曰：「承平無事之日，故都節物及中州風俗，人人知之，若不必記。自喪亂來七十年，遺老凋落無在者，然後知此書之不可闕。呂公論著實崇寧、大觀間，豈前輩達識固已知有後日邪？然年運而往，士大夫安於江左，求新亭對泣者正未易得，撫卷累欷。慶元三年二月乙卯，笠澤陸某書。」可知此書之價値。

傳記類第十二

古列女傳九卷

《古列女傳》九卷，館臣案：此書篇目與《文獻通考》異。《通考》作《古列女傳》八卷，《續列女傳》一卷，載王回〈序〉，略云：「以頌考之，每篇皆十五傳耳。則凡無頌者，疑皆非向本書，不特自程嬰母為斷也。故並錄其目而以頌證之，刪為八篇，號《古列女傳》。餘十二傳又以時次之，別為一篇，號《續列女傳》。」此本卷數正與王氏所分同，而不別出《續列女傳》之目。蓋書則王本，而名則仍其舊耳。　廣棪案：館臣案之「程嬰」應為「陳嬰」。

廣棪案：此書晁氏《郡齋讀書志》作《古列女傳》八卷、《續列女傳》一卷，與《通考》同。明萬曆丙午新都黃嘉育刊本則作劉向《古列女傳》七卷、《續列女傳》一卷，《四庫全書》所據內府藏本卷數與之同，疑與黃嘉育刊本爲同一板本。陸心源《皕宋樓藏書志》卷二十七〈史部・傳記類〉二著錄有「《新編古列女傳》十卷，顧千里校宋本。漢都護水使者、光祿大夫劉向編撰」，其卷數與《解題》著錄不同。所附蔡驥按語曰：「謹按：《列女傳》〈頌義〉、〈大序〉、〈小序〉及〈頌〉，或者以爲劉向子劉歆作。驥謹按《隋書》、《崇文總目》及本朝魯校書序，則非歆作明矣。然《崇文總目》則以續二十傳無〈頌〉附入，向七篇中分上、下爲十四篇，並傳〈頌〉一篇，共成一十五篇。今人則以向所撰《列女傳》七篇，並《續列女傳》二十篇，共計八篇。今止依此，將〈頌義〉，〈大序〉列於目錄前，〈小序〉七篇散見目錄中間，〈頌〉見各人傳後，觀者宜詳察焉。嘉定七年甲戌十二月初五，武夷蔡驥孔良拜手謹書。」據驥按語，則可推知《解題》此書作九卷者，實合《古列女傳》八卷、《續列女傳》一卷而言。其後有改編作《古列女傳》七卷、《續列女傳》一卷者，蓋「以向所撰《列女傳》七篇，並《續列女傳》二十篇，共計八篇」；其所謂「共計八篇」者，即八卷也。惟至宋寧宗嘉定七年（1214），驥又將此書改編爲十卷，蓋以〈頌〉作一卷、〈大序〉作一卷，列於目錄前，〈小序〉作一卷、〈列女傳〉七篇作七卷，散見目錄中間，而〈頌〉既附見各人〈傳〉後，則仍爲十卷。是此書之分卷，初作九卷，繼作八卷，其後又作十卷，其變動梗概，大抵若是。

漢護都水使者、光祿大夫劉向子政撰。成帝時，趙氏姊弟起微賤，踰禮制。向以為王教由內及外，故採取《詩》、《書》所載賢妃貞婦，興國顯家可法則，及孽嬖亂亡者，序次為八篇，以戒天子。其七篇，篇十五人，為一百五人。第八篇為頌義。〈隋〉、〈唐志〉及《崇文總目》皆十五卷，蓋以七篇分為上下，並頌為十五卷，而自陳嬰母以下十六人附入其中，或與向同時，或在向後者，皆好事者所益也。王同、曾鞏二〈序〉辨訂詳矣。鞏之言曰：「後世自學問之士多徇於外物，而不安其守，其室家既不見可法，故競於邪侈，豈獨無相成之道哉！士之苟於自恣，顧利冒恥而不知反己者，往往以家自累故也。故曰身不行道，不行於妻子，況於南鄉天下之主哉！」愚嘗三復其言而志之。向書傳於世鮮矣，惟此書獨全。其稱《詩》〈芣苢〉、〈柏舟〉、〈大車〉之類，與今說《詩》者乖異，蓋齊、魯、韓之學，固不盡與毛氏同也。

案：此書王回〈序〉曰：「《古列女傳》八篇，劉向所序也。向爲漢成帝光祿大夫，當趙后姊娣嬖寵時，奏此書以諷宮中，其文美刺《詩》、《書》以來，女德善惡，繫於家國治亂之效者，故有〈母儀〉、〈賢明〉、〈仁智〉、〈貞順〉、〈節義〉、〈辯通〉、〈孽嬖〉等篇，而各頌其義，圖其狀，總爲卒篇，〈傳〉如《太史公記》，〈頌〉如《詩》之四言，而圖爲屏風云。然世所行班氏注向書，乃分傳每篇上下，並〈頌〉爲十五卷，其十二〈傳〉無頌，三〈傳〉其同時人，五〈傳〉其後人，而通題曰向撰，題其〈頌〉曰向子歆譔，與《漢史》不合，故《崇文總目》以陳嬰母等十六傳爲後人所附予，以〈頌〉考之，每篇皆十五〈傳〉耳，則凡無〈頌〉者，宜皆非向所奏書，不特自陳嬰母爲斷也。〈頌〉有齊倉公女等，亦漢時人，而秦以上女史見於他書，而此顧不錄者猶眾，亦不特周郊婦等四人而已；〈頌〉云畫之屏風，而史有《頌圖》在八篇中，今直祕閣呂縉叔、集賢校理蘇子容、象山令林次中各言嘗見〈母儀〉、〈賢明〉四卷於江南人家，其畫爲古佩服，而各題其頌像側，然《崇文》及三君北游，諸藏書家皆無此本，不知其〈傳〉果向之《頌圖》歟？抑後好事者據其〈頌〉取古佩服而圖之歟？莫得而考已！余讀向書，每愛其文，嘉其志，而惜其所序散亡脫繆於千歲之間，幸存而完者此一書耳，復爲他手竄疑於其眞，故並錄其目，而以〈頌〉證之，刪爲八篇，號《古列女傳》。蓋凡以列女名書者，皆祖之劉氏故云；餘二十〈傳〉，其文亦奧雅可喜，非魏、晉諸史所能作也，故又自周郊婦至東漢梁嫕等，以時次之，別爲一篇，號《續列女傳》。余友介甫嘗譃余曰：『子政述諸狂女，而成書證其君，迂哉其所學也，子何區區喜治之耶？』余以謂先王之俗既熄，學士大夫誦《詩》、《書》、修仁義，進取當路之功，有卓犖顯赫若不可攀者，試窮其迹，其不概於聖人多矣。然聖人之道亦未嘗廢狂狷也，況女子哉？且其所列，其惡者固足以垂家國之戒，狂者雖未中禮義，而壹志於善，行成於房闥，使其皆遭先王之俗，追琢其質而充其美，自家形國，則雖列於賢妃治臣，著之《詩》、《書》可也，余是以閔其不幸，而與向之舉於其君，固有直諒多聞之益也。竊明而存之，以告後世君子，何尤焉？嘉祐八年九月二十八日，長樂王回序並撰。」曾鞏〈序〉曰：「劉向所敘《列女傳》凡八篇，事具《漢書・向列傳》，而《隋書》及《崇文總目》皆稱向《列女傳》十五篇，曹大家注。以〈頌義〉考之，蓋大家所注，離其七篇爲十四，與〈頌義〉，凡十五篇，而益以陳嬰母及東漢以來凡十六事，非向書本然也，蓋向舊書之亡久矣。嘉祐中，集賢校理蘇頌始以〈頌義〉爲篇次，復定其書爲八篇，與十五篇並藏於館閣，而《隋書》以〈頌義〉爲劉歆作，與向《列女傳》不合，今驗〈頌義〉之文，蓋向之自敘。又〈藝文志〉有向《列女傳頌圖》，明非歆作也。自唐之亂，古書之在者少矣，而〈唐志〉錄《列女傳》凡十六家，至大家注十五篇者亦無錄，然其書今在，則古書之或有錄而亡，或無錄而在者亦眾矣，非可惜哉？今校讎其八篇及十五篇者已定，可繕寫。初漢承秦之敝，風俗已大壞矣，而成帝後宮趙、衛之屬尤自放，向以謂王政必自內始，故列古女善惡所以致興亡者以戒天子，此向述作之大意也。其言大任之娠文王也，目不視惡色，耳不聽淫聲，口不出敖言，又以謂古之人胎教者皆如此。夫能正其視聽言動者，此大人之事，而有道者之所畏也。顧今天下之女子能之，何其盛也？以臣所聞，蓋爲之師傅保姆之助、《詩》、《書》圖史之戒、珩橫琚瑀之節、威儀動作之度，其教之者雖有此具，然古之君子未嘗不以身化也。故〈家人〉之義歸於反身，〈二南〉之業本於文王，夫豈自外至哉？世皆知文王之所以興，能得內助，而不知其所以然者，蓋本於文王之躬化，故內則后妃有〈關雎〉之行，外則群臣有〈二南〉之美，與之相成，其推而及遠，則〈商辛〉之昏俗、〈江漢〉之小國、〈兔罝〉之野人，莫不好善而不自知，此所謂身修，故家國天下治者也。後世自學問之士多徇於外物，而不安其守，其室家既不見可法，故競於邪侈，豈獨無相成之道哉？士之苟於自恕，顧利冒恥而不知反己者，往往以家自累故也。故曰：『身不行道，不行於妻子。』信哉！如此人者，非素處顯也，然去〈二南〉之風亦已遠矣，況於南鄉天下之主哉？向之所述勸戒之意可謂篤矣。然向號博極群書，而此傳稱《詩》〈芣苢〉、〈柏舟〉、〈大車〉之類，與今序詩者之說尤乖異，蓋不可考。至於〈式微〉之一篇，又以謂二人之作，豈其所取者博，故不能無失歟？其言象計謀殺舜，及舜所以可脫者，頗合於《孟子》，然此傳或有之，而《孟子》所不道者，蓋亦不足道也。凡後世諸儒之言經傳者固多如此，覽者採其有補而擇其是非可也，故爲之敘論以發其端云爾。編校館閣書籍臣曾鞏序。」《解題》此條所述，實據王、曾二〈序〉以隱括。

東觀漢紀十卷

《東觀漢紀》十卷，漢謁者僕射劉珍、校書郎劉騊駼等撰。初，班固在顯宗朝，嘗撰〈世祖本紀〉、〈功臣列傳〉、〈載記〉二十八篇。至永初中，珍、騊駼等著作東觀，撰集《漢紀》。其後，盧植、蔡邕、馬日磾等皆嘗補續。

廣棪案：《玉海》卷第四十六〈藝文・正史〉「《漢東觀記》」條曰：「永平中，班固、陳宗、尹敏、孟異共撰〈世祖本紀〉，固又撰〈列傳〉、〈載紀〉二十八篇，而紀、傳始立。安帝永初、永寧間，劉珍、騊駼、張衡、李尤等撰集爲《漢記》，於是又有《名臣列士傳》焉。永壽中，則有崔寔、邊韶、延篤、朱穆、鄧嗣、伏無忌之著作。熹平中，則有盧植、馬日磾、蔡邕、韓說、楊彪之補續。又作〈靈紀〉，及補諸列傳四十二篇，而紀、傳益備。唯書、志缺，邕以十意足之。〈隋志〉：『明帝召班固爲蘭臺令史，與陳宗、尹敏、孟異等共成〈光武本紀〉。固撰後漢事，作〈列傳〉、〈載紀〉二十八篇。其後劉珍、劉毅、劉陶、伏無忌等相次著述東觀，謂之《漢記》。』」《玉海》所記，較《解題》爲詳。《解題》此書作十卷，蓋就直齋所藏者言之。

《唐・藝文志》廣棪案：《文獻通考》此句下有「著錄者」三字。**一百二十七卷。**館臣案：〈隋志〉作百四十三卷，〈唐志〉百二十七卷，原本作百二十卷，誤，今改正。**今所存**廣棪案：盧校本「存」下有「者」字。**惟吳漢、賈復、耿弇、寇恂、馮異、祭遵及**廣棪案：盧校本「及」字作「傳後」。**景丹、蓋延九人列傳而已。其卷第凡十二，**廣棪案：盧校本「十」下無「二」字，誤。**而闕第七、八二卷，未知果當時之遺否？**

案：《四庫全書總目》卷五十〈史部〉六〈別史類〉：「《東觀漢記》二十四卷」條曰：「〈隋志〉稱書凡一百四十三卷、而〈新〉、〈舊唐書志〉則云一百二十六卷，又〈錄〉一卷。蓋唐時已有闕佚。〈隋志〉又稱是書起光武訖靈帝。今考列傳之文，間紀及獻帝時事，蓋楊彪所補也。晉時以此書與《史記》、《漢書》爲三史，人多習之。故六朝及初唐人隸事釋書，類多徵引。自唐章懷太子集諸儒註范書，盛行於代，此書遂微。北宋時尚有殘本四十三卷。趙希弁《讀書附志》、邵博《聞見後錄》並稱其書乃高麗所獻，蓋已罕得。南宋《中興書目》則止存鄧禹、吳漢、賈復、耿弇、寇恂、馮異、祭遵、景丹、蓋延九傳，共八卷。有蜀中刊本流傳，而錯誤不可讀。上蔡任涝始以祕閣本讎校，羅願爲〈序〉行之，刻版於江夏。又陳振孫《書錄解題》稱其所見本卷第凡十二，而闕第七、第八二卷。卷數雖似稍多，而核其列傳之數亦止九篇，則固無異於《書目》所載也。自元以來，此書已佚。《永樂大典》於鄧、吳、賈、耿諸韻中，並無《漢記》一語，則所謂九篇者，明初即已不存矣。」所考較《解題》爲詳。且《解題》謂所存有九人列傳，核之僅得其八。廣棪案：盧文弨補「傅俊」一人，未知所據？惟《玉海》卷第四十六〈藝文・正史〉「《漢東觀記》」條曰：「《中興書目》：『八卷。按〈隋志〉本一百四十三卷，唐吳兢家藏已亡十六卷，今所存止鄧禹、吳漢、賈復、景弇、寇恂、馮異、祭遵、景丹、蓋延九傳。』是《中興館閣書目》著錄此書爲八卷，與《解題》異，而其所存九傳於「吳漢」前有「鄧禹」之名，此正《解題》所闕者，足證盧文弨憑空所補「傅俊」之名，殊未足據。

高士傳十卷

《高士傳》十卷，晉徵士安定皇甫謐士安撰。〈序〉稱：「自堯至魏咸熙，二千四百餘載，得九十餘人。」

廣棪案：謐，《晉書》卷五十一〈列傳〉第二十一有傳。謐此書有〈序〉曰：「孔子稱舉逸民，天下之民歸心焉。洪崖先生創高道於上皇之代，許由善卷不降節於唐虞之朝，是以《易》有束帛之義，《禮》有玄纁之制，詩人發〈白駒〉之歌，《春秋》顯子臧之節，〈明堂〉、〈月令〉，以季春聘名士、禮賢者，然則高讓之士，王政所先，厲濁激貪之務也。史、班之載，多所闕略，梁鴻頌逸民，蘇順科高士，或錄屈節，雜而不純，又近取秦漢，不及遠古。夫思其人，猶愛其樹，況稱其德而贊其事哉！謐採古今八代之士，身不屈於王公，名不耗於終始，自堯至魏，凡九十餘人，雖執節若夷齊，去就若兩龔，皆不錄也。玄晏先生皇甫謐撰。」《解題》所述，實據謐〈序〉撮述。晁公武《郡齋讀書志》卷第九〈傳記類〉亦著錄此書，曰：「《高士傳》十卷，右晉皇甫謐撰。纂自陶唐至魏八代二千四百餘載世士高節者，其或以身狥名，雖如夷齊、兩龔，皆不錄。凡九十六人，而東漢之士居三之一。自古名節之盛，議者獨推焉，觀此尤信。」其所撮述謐〈序〉，與《解題》不盡同。惟中有「二千四百餘載」云云，《解題》實據晁《志》也。

今自被衣至管寧惟八十七人。

案：前引晁《志》則謂「凡九十六人」，與《解題》異，《四庫全書總目》卷五十七〈史部〉十三〈傳記類〉一「《高士傳》三卷，江蘇巡撫採進本」條考之曰：「晉皇甫謐撰。謐字士安，自號元晏先生，安定朝那人，漢太尉嵩之曾孫。嘗舉孝廉，不行，事蹟具《晉書》本傳。案南宋李石《續博物志》曰：『劉向傳列仙七十二人、皇甫謐傳高士亦七十二人。』知謐書本數僅七十二人。此本所載乃多至九十六人。然《太平御覽》五百六卷至五百九卷全收此書，凡七十一人。其七十人與此本相同。又東郭先生一人，此本無，而《御覽》有。合之得七十一人，與李石所言之數僅佚其一耳。蓋《御覽》久無善本，傳刻偶脫也。此外子州支父、石戶之農、小臣稷、商容、榮啓期、長沮、桀溺、荷蓧丈人、漢陰丈人、顏斶十人，皆《御覽》所引嵇康《高士傳》之文。閔貢、王霸、嚴光、梁鴻、臺佟、韓康、矯愼、法眞、漢濱老父、龐公十人，則《御覽》所引《後漢書》之文。惟披衣、老聃、庚桑楚、林類、老商氏、莊周六人，爲《御覽》此部所未載，當由後人雜取《御覽》，又稍摭他書附益之耳。考《讀書志》亦作九十六人，而《書錄解題》稱『今自披衣至管寧惟八十七人』，是宋時已有二本，竄亂非其舊矣。流傳既久，未敢輕爲刪削。然其非七十二人之舊，則不可以不知也。」是此書宋時已有二本，公武所得者「凡九十六人」，直齋所得者「惟八十七人」。直齋得讀晁《志》，知公武所得之本「凡九十六人」，較己者爲多，故其撰《解題》此條乃曰：「惟八十七人」也。

黃帝內傳一卷

《黃帝內傳》一卷，〈序〉云：「籛鏗遊衡山，得之石室。劉向校中秘書，傳於世。」誕妄不經，方士輩所託也。

廣棪案：晁氏《郡齋讀書志》卷第九〈傳記類〉著錄：「《黃帝內傳》一卷，右〈序〉云：『昔籛鏗得之於衡山石室中，後至漢劉向於東觀校書見之，遂傳於世。』〈藝文志〉以書之紀國政得失、人事美惡，其大者類爲雜史，其餘則屬之小說。然其間或論一事，著一人者，附於〈雜史〉、〈小說〉皆未安，故又爲〈傳記類〉，今從之。如神仙、高僧，不附其類而繫於此者，亦以其記一事，猶列女、名士也。」《玉海》卷第五十八〈藝文・傳〉「《黃帝內傳》」條曰：「《書目》：『《黃帝內傳》一卷，題籛鏗得於石室，劉向校書得之，蓋依託云。』」觀上所引，則知《解題》所述，有據晁《志》及《中興館閣書目》者。阮元《揅經室外集》卷五〈四庫未收書提要〉「《軒轅黃帝傳》一卷」條云：「不著撰人名氏，見錢曾《讀書敏求記·傳記類》。曾于是編之前，載有《廣黃帝本行記》一卷，亦無著書人姓氏。案注中引劉恕《外紀》、《蜀檮杌》等書。《蜀檮杌》爲張唐英所著，則此卷當是南宋人手筆。書中備載黃帝顚末，及其子孫，唐、虞、三代相承世數甚悉，可補《皇王大紀》之闕。」是阮氏以此書爲南宋人所作。

飛燕外傳一卷

《飛燕外傳》一卷，稱漢河東都尉伶玄子于撰。自言與揚雄同時，而史無所見。或云偽書也。然「通德擁髻」等事，文士多用之；而「禍水滅火」一語，司馬公載之《通鑑》矣。

廣棪案：此書之眞僞，《解題》所述在疑似之間；惟晁公武則不疑其僞。《郡齋讀書志》卷第九〈傳記類〉著錄云：「《趙飛燕外傳》一卷。右漢伶玄子于撰。茂陵卞理藏之於金縢漆櫃，王莽之亂，劉恭得之，傳於世。晉荀勖校上。」是其證。然此書之爲僞，《四庫全書總目》考之甚詳。該書卷一百四十三〈子部〉五十三〈小說家類存目〉一曰：「《飛燕外傳》一卷，內府藏本。舊本題漢伶元撰。末有元〈自序〉稱：『字子于，潞水人。由司空小吏歷三署，刺守州郡，爲淮南相。其妾樊通德，爲樊嫕弟子不周之子，能道飛燕姊弟故事，於是撰《趙后別傳》。其文纖靡，不類西漢人語。』〈序〉末又稱：『元爲河東都尉時，辱班彪之從父躅，故彪《續史記》不見收錄。』其文不相屬，亦不類元所自言。後又載桓譚語一則，言更始二年劉恭得其書於茂陵卞理，建武二年，賈子翊以示譚。所稱埋藏之金縢漆匱者，似不應如此之珍貴。又載荀勖〈校書奏〉一篇，《中經簿》所錄，今不可考。然所校他書無載勖奏者，何獨此書有之。又首尾僅六十字，亦無此體。大抵皆出於依託。且閨幃媟褻之狀，嫕雖親狎，無目擊理。即萬一竊得之，亦無娓娓爲通德縷陳理，其僞妄殆不疑也。晁公武頗信之。陳振孫雖有或云僞書之說，而又云：『「通德擁髻」等事，文士多用。而「禍水滅火」之語，司馬公載之《通鑑》。』夫文士引用，不爲典據。採淖方成語以入史，自是《通鑑》之失。乃援以證實是書，紕繆殊甚。且『禍水滅火』，其語亦有可疑。王懋竑《白田雜著》有〈漢火德考〉，曰：『漢初用赤帝子之祥，旗幟尙赤。而自有天下後，仍襲秦舊，故張蒼以爲水德。孝文帝時，公孫臣言，當改用土德，色尙黃。其事未行。至孝武帝改正朔，色尙黃，印章以五字，則用公孫臣之說也。王莽篡位，自以黃帝之後，當爲土德，而用劉歆之說，盡改從前相承之序，以漢為火德。後漢重圖讖，以赤伏符之文改用火德。班固作〈志〉，遂以著之〈高帝紀〉。而後漢人作《飛燕外傳》，案懋竑此語，尚以此《傳》為真出伶元，蓋未詳考。有「禍水滅火」之語。不知前漢自王莽、劉歆以前，未有以漢為火德者。蓋其誤也』云云。據此，則班固在莽、歆之後，沿誤尚為有因。淖方成在莽、歆之前，安得預有滅火之說。其為後人依託，即此二語亦可以見。安得以《通鑑》誤引，遂指為真古書哉！」是則此書固依託非真，殆定讞矣。

西京雜記六卷

《西京雜記》六卷，晉句漏令丹陽葛洪稚川撰。廣棪案：盧校注：「漢劉歆撰。」**其卷末言：「洪家有劉子駿書百卷，先父傳之。**廣棪案：盧校本作「先父傳云」。注曰：「高氏《稗海》改作『先公傳云』」。**歆欲撰《漢書》，雜錄漢事，未及而亡。試以此《記》考校班固所作，殆是全取劉書，少有異同耳。固所不取**廣棪案：盧校本「不取」作「遺」。**不過二萬餘言，今鈔出為二卷，以裨《漢書》之闕。**

廣棪案：此書之末有葛洪〈後序〉，曰：「洪家世有劉子駿《漢書》一百卷，無首尾題目，但以甲乙丙丁紀其卷數，先父傳之。歆欲撰《漢書》，編錄漢事，未得締構而亡，故書無宗本，止雜記而已。失前後之次，無事類之辨，後好事者以意次第之，始甲終癸，為十秩，秩十卷，合為百卷。洪家具有其書，試以此《記》考校班固所作，殆是全取劉書，有小異同耳。並固所不取不過二萬許言，今抄出為二卷，名曰《西京雜記》，以裨《漢書》之闕。爾後洪家遭火，書籍都盡，此兩卷在洪巾箱中，常以自隨，故得猶在。劉歆所記，世人希有，縱復有者，多不備足，見其首尾參錯，前後倒亂，亦不知何書，罕能全錄。恐年代稍久，歆所撰遂沒，並洪家此書二卷不知出所，故序之云爾。」是《解題》所述乃據洪〈後序〉隱括。是則《西京雜記》二卷者，乃洪就班固著《漢書》所不取於劉歆書之二萬餘言，編理而成，其意蓋欲裨班《書》之闕也。

所謂先父者，歆之於向也。而《館閣書目》以為洪父傳之，非是。

案：《玉海》卷第五十七〈藝文‧記〉「晉《西京雜記》」條曰：「〈隋志‧舊事類〉：『葛洪二卷。』〈唐志‧地理類〉、《崇文目‧傳記類》。《書目》：『六卷，葛洪撰。初，洪有劉子駿《漢書》，無首尾題目，但以甲乙丙丁紀卷數，洪父傳之。歆欲撰《漢書》，編錄未就。後好事者始甲終癸，次第為十帙，帙十卷，合百卷。洪以校班史，殆是全取劉書，而固所不取者不過二萬言，洪鈔為二卷，以裨《漢書》之缺。案洪〈後序〉復有《漢武帝禁中起居注》一卷、《漢武故事》二卷，並五卷爲一帙。今《雜記》共六卷不同，疑後人誤析爾。』《故事》見前，《起居注》今不存。顏師古曰：『其書淺俗出里巷，多妄說。或以爲吳均依託爲之。』」考《玉海》所云「《書目》」，即《中興館閣書目》，中有「洪父傳之」之語，亦誤以歆父爲洪父也。

《唐・藝文志》亦只二卷，今六卷者，後人分之也。

案：晁氏《郡齋讀書志》卷第六〈雜史類〉亦著錄：「《西京雜記》二卷。」惟葛洪〈後序〉則曰：「洪家復有《漢武帝禁中起居注》一卷、《漢武故事》二卷，世人希有之者。今並五卷爲一秩，庶免淪沒焉。」是洪將所鈔出之《西京雜記》二卷，併《漢武帝禁中起居注》一卷、《漢武故事》二卷，共爲一秩，凡五卷。惟據前引《玉海》「晉《西京雜記》」條，則知《中興館閣書目》已著錄此書作六卷。是則直齋謂「今六卷者，後人分之也」，其事當在宋孝宗淳熙五年陳騤上《中興館閣書目》前。

按洪博聞深學，江左絕倫，所著書幾五百卷，本傳且載其目，不聞有此書。而向、歆父子亦不聞其嘗作史傳於世，使班固有所因述，亦不應全沒不著也，殆有可疑者。豈惟非向、歆所傳，亦未必洪之作也。館臣案：晁公武《讀書志》云：「此書江左人皆以為吳均依託為之。」

案：直齋疑此書非向、歆所傳，亦未必葛洪之作。《郡齋讀書志》著錄此書，既云：「右晉葛洪撰。」又云：「江左人或以爲吳均依託爲之。」是晁氏亦疑惑未明。《四庫》館臣將「或」字改作「皆」字，殊失其眞。盧文弨校刊此書，前有〈序〉曰：「此書或以爲晉葛洪著，或以爲梁吳均撰，余則以此漢人所記無疑也。《說苑》、《新序》二書，皆在劉向前，向校而傳之，後人因名爲劉向撰。今此書之果出於劉歆，別無可考，即當以葛洪之言爲據。洪非不能自著書者，何必假名於歆。書中稱成帝好蹴鞠，群臣以爲非至尊所宜，家君作彈棋以獻。此歆謂向家君也。洪奈何以一小書之故，至不憚父人之父，求以取信於世也耶！若吳均者，亦通人，其著書甚多，皆見於《梁書》本傳，知其亦必不屑託名於劉歆。且其文即俊拔有古氣，要未可與漢西京埒，則其不出於均又明甚。〈隋志〉載此書於《舊事》，不著姓名。《新》、《舊唐書》始題葛洪，且入之〈地理類〉，似全未寓目也。夫冠以葛洪，以洪抄而傳之，猶《說苑》、《新序》之稱劉向，固亦無害。其文則非洪所自撰。凡虛文可以僞爲實事，難以空造。如梁王之集游士爲賦，廣川王之發冢藏所得，豈皆虛耶？至陳振孫疑向、歆父子不聞作史，此又不然。歷朝撰造，裒然成編，所云百卷，特史官之舊，向傳之歆，歆欲編錄而未成，其見於洪之〈序〉者如此，本不謂其父子皆嘗作史也。洪以爲本之劉歆，則吾亦從而劉歆之耳，又何疑焉。」姚振宗《隋書經籍志考證》卷十六〈史部〉六〈舊事類〉「《西京雜記》二卷」條亦云：「按《書錄解題》謂向、歆父子不聞作史，雖博雅如杭東里人者亦信其說，而不以爲非。按《史記・匈奴傳》末《索隱》引張晏云：『自「狐鹿孤單于」已下，皆劉向、褚先生所錄，班彪又撰而次之，所以《漢書・匈奴傳》有上、下二卷。』此劉向嘗續〈匈奴傳〉也。《漢書・地理志》云：『成帝時，劉向略言其地分，丞相張禹使屬潁川朱贛條其風俗，猶未宣究。』此劉向撰地理分野爲〈地理志〉之始基。《史通・史官篇》云：『司馬遷既沒，後之續《史記》者若褚先生、劉向、馮商、揚雄之徒，並以別職來知史務。』則劉向亦嘗領史職，而馮商爲向弟子，頗著列傳，見〈藝文志・春秋家〉。《史通・正史篇》又云：『《史記》所書年止漢武，太初以後闕而不錄。其後劉向、向子歆及馮商等相次撰續，迄於哀、平間，猶名《史記》。至建武中，司徒掾班彪以爲不足踵前史，又雄、歆褒美僞新，誤後惑眾，不當垂之後代。』《後漢書・班彪傳》亦云：『司馬遷之後，好事者頗或綴集時事。』章懷注曰：『好事者，謂揚雄、劉歆之徒也。』此皆非向、歆父子作史之明證乎！陳氏謂不聞作史傳於世，特今不傳耳。若兩漢之際，二班之時，其史見在，即列朝相傳之國史，爲彪、固之所依據者也。〈歆本傳〉云：『爲羲和京兆尹，典儒林史卜之官。』則凡褚少孫以下《史通》所舉十五家之補續，至劉歆時皆典領之。葛稚川家所得，乃其草具未修之初稿，猶班彪有《別錄》，蔡邕集漢事之類，稚川深於三史之學，有《史記兩漢書鈔》七十餘卷，見前〈雜史類〉。故能知其梗概，鈔班《書》之所無者，以爲此《記》。其中亦有數條如『趙飛燕女弟居昭陽殿』之類，見班《書》而刊除不盡者。『武帝欲殺乳母』一事，亦見褚少孫所補〈滑稽列傳〉中。是實爲稚川所錄，盧學士之〈序〉可爲定論，毋庸疑也。」是盧、姚二氏均以此書爲劉歆所撰、葛洪所錄也。

襄陽耆舊傳五卷

《襄陽耆舊傳》五卷，晉榮廣棪案：盧校本作「滎」。**陽太守習鑿齒彥威撰。**

廣棪案：鑿齒所任者乃滎陽太守。《晉書》卷二〈列傳〉第五十二本傳載：「習鑿齒字彥威，襄陽人也。宗族富盛，世爲鄉豪。鑿齒少有志氣，博學洽聞，以文筆著稱。荊州刺史桓溫辟爲從事，江夏相袁喬深器之，數稱其才於溫，轉西曹主簿，親遇隆密。」又曰：「初，鑿齒與其二舅羅崇、羅友俱爲州從事。及遷別駕，以坐越舅右，屢經陳請。溫後激怒既盛，乃超拔其二舅，相繼爲襄陽都督，出鑿齒爲滎陽太守。」是其證。《四庫全書》本《解題》誤作「榮陽太守」。此書晁氏《郡齋讀書志》卷第九〈傳記類〉著錄：「《襄陽耆舊記》五卷，右晉習鑿齒撰。前載襄陽人物，中載其山川城邑，後載其牧守。《隋・經籍志》曰《耆舊記》，《唐・藝文志》曰《耆舊傳》。觀其書紀錄叢脞，非傳體也，名當從〈經籍志〉云。」是此書或稱《襄陽耆舊記》，公武以爲「其書紀錄叢脞，非傳體」，名當從《隋書・經籍志》，作《耆舊記》爲是。然清人章宗源《隋書經籍志考證》卷十三〈雜傳〉「《襄陽耆舊記》五卷」條云：「愚案：《續漢・郡國志》注『蔡陽有松子亭，下有神陂』，引《襄陽耆舊傳》，《文選・南都賦》注同引之，則稱《耆舊記》。劉昭生處梁代，其所見在〈隋志〉前，則知稱《傳》之名，其來久矣。」是章氏據劉昭《續漢・郡國志》注引，以此書稱《傳》由來更久。至此書卷數，《崇文總目》著錄作三卷，錢東垣輯釋本。惟亦有作一卷者，《皕宋樓藏書志》卷二十六〈史部・傳記類〉一著錄：「《襄陽耆舊傳》一卷，明五雲溪活字本。不著撰人名氏。按所敘人物，上起周秦，下迄五代，蓋宋人因習鑿齒原本重編者，板心有五雲溪活字兩行。系右漕司舊有此版，藏久漫不可讀，於是鋟木於郡齋，庶幾流風道蹟，來者易考焉。紹熙改元初伏日，襄陽守延陵吳琚識。」是此書作一卷者乃宋光宗紹熙間人所重編，已非鑿齒所撰之舊矣。

談藪二卷

《談藪》二卷，北齊秘書省正字北平陽玠松撰。事綜南北，時更八代。隋開皇中所述也。

廣棪案：《秘書省續編到四庫闕書目・小說》著錄：「《談藪》八卷，輝按：〈宋志〉作《八代談藪》二卷，陽松玠撰。《崇文目》八卷，云楊松玠撰。陳《錄・史部・傳記類》云二卷，陽松玠撰。《遂初目・小說類》有顏之推《八代談藪》，楊松玠《談藪》二書，無卷數。」葉德輝考證本，下同。又著錄：「《談藪》四卷。」據是，則此書書名或稱《八代談藪》，顏之推亦曾撰同名之書。其卷數除作二卷外，又有不分卷、四卷與八卷之別。至撰人之姓名，《崇文總目》、《遂初堂書目》與《宋史・藝文志》均作陽松玠，疑《四庫全書》本《解題》作陽玠松實誤。前人於此均未出校也。松玠，《北齊書》無傳，生平不可考，賴《解題》記載，猶知其籍貫、宦歷之一斑。

梁四公記一卷

《梁四公記》一卷，唐張說撰。《館閣書目》稱梁載言纂。**〈唐志〉作盧詵，注云：「一作梁載言。」《邯鄲書目》云：「得之臨淄田通。」又云：「別本題張說，或為盧詵。」今按此書卷末所云田通事跡，信然；而首題張說，不可曉也。其所記多誕妄，而四公名姓，尤怪異無稽，不足深辨。載言，上元二年進士也。**

廣棪案：此書撰人至難核實，或言張說，或言梁載言，或言盧詵。《宋史》卷二百三〈志〉第一百五十六〈藝文〉二〈傳記類〉亦著錄：「梁載言《梁四公記》一卷。」三人均唐人，張說，兩《唐書》有傳；盧詵，《新唐書》記載三人，其一爲盧愼思子，武安侯；另一爲盧景子。二人資料見《新唐書》七十三上〈表〉第十三上〈宰相世系〉三上。至撰此書之盧詵，則見卷五十八〈志〉第四十八〈藝文〉二〈雜傳記類〉。梁載言，兩《唐書》均附〈劉憲〉。《舊唐書》卷第一百九十中〈列傳〉第一百四十中〈文苑〉中〈劉憲〉載：「梁載言，博州聊城人。歷鳳閣舍人，專知制誥。撰《具員故事》十卷、《十道志》十六卷，並傳於時。中宗時爲懷州刺史。」《解題》謂載言乃唐高宗上元二年（675）乙亥進士，足補史籍所未及。

景龍文館記八卷

《景龍文館記》八卷，館臣案：《唐書・藝文志》作十卷。**唐修文館學士武甄平一撰。中宗初，置學士以後館中雜事，及諸學士應制、倡和篇什、雜文之屬。亦頗記中宗君臣宴褻無度，以及暴崩。其後三卷，為諸學士傳。今闕二卷。平一，以字行。**

廣棪案：景龍，唐中宗年號，凡三年。《解題》此條「中宗初」以下一句，文意不連貫，疑有闕文，或「以後」乃「以治」之訛。《玉海》第五十七〈藝文・記〉「唐《景龍文館記》」條曰：「〈志〉：『武平一撰，十卷。』《崇文目》、《書目》同。中宗景龍二年，詔修文館置大學士、學士、直學士，凡二十四員。賦詩賡唱，是書咸記錄爲七卷。又學士二十九人傳爲三卷。〈記〉云：『大學士四人象四時，學士八人象八節，直學士十二人象十二時。』張說文：『景龍之際，六合清謐。內峻圖書之府，外闢修文之館。搜英獵峻，野無遺才。白雲起而帝歌，翠華飛而臣賦。雅頌之盛，與三代同風。』」同書卷第一百六十五〈宮室・館〉「唐二館《景龍文館記》」條曰：「《書目》：『《景龍文館記》十卷，武平一撰。景龍二年，四月癸未。詔修文館置大學士、學士、直學士，凡二十四員，得李嶠、宗楚客輩，每游燕，必賦詩賡唱。是書咸紀錄爲七卷，又別載學士二十九人傳爲三卷。』」《玉海》所記，較《解題》爲翔實。是此書凡十卷，其中記詩賦之屬者七卷，另三卷乃二十九學士傳。直齋所藏者闕二卷，故《解題》著錄僅八卷。《新唐書》卷一百一十九〈列傳〉第四十四〈武平一〉，曰：「武平一名甄，以字行，潁川郡王載德之子也。博學，通《春秋》，工文辭。」又曰：「平一見寵中宗，時雖宴豫，嘗因詩頌規諷，然不能卓然自引去，故被謫。既謫而名不衰。開元末，卒。」足與《解題》相參證。

狄梁公家傳三卷

《狄梁公家傳》三卷，唐海州刺史江都李邕泰和撰。

廣棪案：狄梁公，即狄仁傑。仁傑，《舊唐書》卷八十九〈列傳〉第三十九、《新唐書》卷一百一十五〈列傳〉第四十有傳。兩《唐書》均載唐睿宗追封仁傑爲梁國公。故《新唐書》卷五十八〈志〉第四十八〈藝文〉二〈雜傳記類〉著錄：「李邕《狄仁傑傳》三卷。」與此書應同屬一書。邕，李善子。《舊唐書》卷一百九十中〈列傳〉第一百四十中〈文苑〉中、《新唐書》卷二百二〈列傳〉第一百二十七〈文藝〉中均有傳。邕固嘗任刺史職，惟先後所任者乃陳、括、淄、滑四州，而非海州。又邕曾任北海太守，「文名天下，時稱李北海」，見《新唐書》本傳。疑《解題》「海州刺史」乃「北海太守」之訛也。

高力士外傳一卷

《高力士外傳》一卷，唐大理司直郭湜撰。館臣案：《唐書・藝文志》作郭湜撰。大曆中大理司直。原本作「鄭湜」，誤，今改正。

廣棪案：此書《新唐書》卷五十八〈志〉第四十八〈藝文〉二〈雜傳記類〉著錄：「郭湜《高氏外傳》一卷，力士。湜，大曆大理司直。」《宋史》卷二百三〈志〉第一百五十六〈藝文〉二〈傳記類〉亦著錄：「郭湜《高力士外傳》一卷。」《永樂大典》本《解題》初殆以「郭」、「鄭」二字形近而誤，故館臣予以改正。郭湜，兩《唐書》無傳，《全唐文》卷四百四十一收其文多篇。

北征雜記一卷

《北征雜記》一卷，唐宰相趙憬撰。貞元四年，咸安公主下降回紇，憬副關播為冊禮使，作此書紀行。

廣棪案：《舊唐書》卷一百三十八〈列傳〉第八十八〈趙憬〉載：「趙憬字退翁，天水隴西人也。……貞元四年，迴紇講結和親，詔以咸安公主降迴紇，命檢校右僕射關播充使，憬以本官兼御史中丞爲副。前後使迴紇者多私齎繒絮，蕃中市馬迴以規利，憬一無所市，人歎美之。使還，遷尚書左丞，綱轄省務，清勤奉職。……八年四月，（宰相）竇參罷黜，憬與陸贄並拜中書侍郎、同中書門下平章事。」所載足與《解題》相參證。《宋史》卷二百四〈志〉第一百五十七〈藝文〉三〈地理類〉著錄：「陳延禧《北征雜記》一卷。」與此書同名，惟非一書也。

唐年小錄八卷

《唐年小錄》八卷。館臣案：《宋史・藝文志》作六卷。**唐戶部尚書扶風馬總會元撰。記唐以來雜事，分為七門，末卷為〈雜錄〉。**

廣棪案：此書《新唐書》卷五十八〈志〉第四十八〈藝文〉二〈故事類〉、《崇文總目》卷二〈職官類〉錢東垣輯釋本。均著錄作八卷，《宋史》卷二百三〈志〉第一百五十六〈藝文〉二〈傳記類〉則著錄作六卷，疑〈宋志〉「六」字乃「八」字之訛。馬總，兩《唐書》均作「馬摠」。《舊唐書》卷一百五十七〈列傳〉第一百七〈摠〉曰：「馬摠，字會元，扶風人。」又曰：「（元和）十四年，遷檢校刑部尚書、鄆州刺史、天平軍節度、鄆、曹、濮等州觀察使，就加檢校尚書左僕射。入爲戶部尚書。長慶三年卒，贈右僕射。」則摠乃憲宗、穆宗間人。

舊有一本略甚，復得程文簡本傳之，始為全書。

案：程文簡即程大昌。直齋致仕里居吳興，常丐書於文簡後人。除此書外，如《孫子》十卷、《槁簡贅筆》二卷、《二十四氣中星日月宿度》一卷等，均傳自程家也。

陵園記一卷

《陵園記》一卷，唐宗正丞李原註：失其名。**撰。光化元年序。**

廣棪案：此書撰者無可考。光化，唐昭宗年號；元年，歲次戊午。《舊唐書》卷二十上〈本紀〉第二十上〈昭宗〉載：「（乾寧三年）六月庚戌，李克用率沙陀、并、汾之眾五萬攻魏州，及其郛，大掠於其六郡，陷成安、洹水、臨漳十餘邑，報莘之怨也。鳳翔李茂貞怨國家有朱玫之討，絕朝貢，謀將犯闕，天子命覃王治兵以俟變。是月，茂貞上章，請以兵師入覲。上令通王、覃王、延王分統安聖、捧宸、保寧、宣化等四軍，以衛近畿。丙寅，鳳翔軍犯京畿，覃王拒之於婁館，接戰不利。秋七月庚辰朔。壬辰，岐軍逼京師，諸王率禁兵奉車駕將幸太原。癸巳，次渭北。華州韓建遣子充奉表起居，請駐蹕華州，乃授建京畿都指揮、安撫制置、催促諸道綱運等使。詔謂建曰：『啓途之行，已在河東，今且幸鄜畤。』甲午，次富平。韓建來朝，泣奏曰：『藩臣倔強，非止茂貞。雖太原勤王，無宜巡幸。臣之鎮守，控扼關畿，兵力雖微，足以自固。陛下若輕捨近畿，遠巡極塞，去園陵宗廟，寧不痛心；失魏闕金湯，又非良算。若輿駕渡河，必難再復，謀苟不臧，悔之寧及。願陛下且駐三峰，以圖恢復。』上亦泣下曰：『朕難奈茂貞，忿不思難。卿言是也。』乙未，次下邽。丙申，駐蹕華州，以衙城爲行宮。時岐軍犯京師，宮室廛閭，鞠爲灰燼，自中和已來葺構之功，掃地盡矣。」此書殆就此事而作，應不勝其黍離麥莠之悲矣！

鳳池歷二卷

《鳳池歷》二卷，不著名氏。記長孫無忌歷官本末及家世子孫。

廣棪案：此書已佚。惟長孫無忌歷官本末及其家世子孫事迹，猶可考見《舊唐書》卷六十五〈列傳〉第十五、《新唐書》卷一百五〈列傳〉第三十〈長孫無忌〉。無忌於太宗、高宗二朝，屢建勳績，而卒爲許敬宗誣構，死非其罪，《舊唐書》謂「天下至今哀之」。至「史臣曰」更謂：「無忌戚里右族，英冠人傑，定立儲闈，力安社稷，勳庸茂著，終始不渝。及黜廢中宮，竟不阿旨，報先帝之顧託，爲敬宗之誣構。嗟乎！忠信獲罪，今古不免，無名受戮，族滅何辜。主暗臣姦，足貽後代。」撰人或有所感發而作此書也。鳳池乃鳳凰池之簡稱，指中書省所在地。無忌於高宗朝，官拜太尉，檢校中書令，知門下、尚書二省，故記其事者稱「鳳池歷」。

按〈唐志〉：「馮宇《鳳池錄》五十卷。」李淑《書目》惟存五卷，記宰相名次事跡，非此書。

案：《新唐書》卷五十八〈志〉第四十八〈藝文〉二〈職官類〉著錄：「馬宇《鳳池錄》五十卷。」《玉海》卷第五十八〈藝文．錄〉「《鳳池錄》」條曰：「《書目》：『《鳳池錄》五卷，《崇文目》同。貞元二年馬宇撰。起高祖武德元年，訖貞元二年。紀錄宰臣拜免及一時事迹。』」《玉海》著錄之「《書目》」，即《中興館閣書目》。是《鳳池錄》乃馬宇撰，《解題》作馮宇，顯誤。

鄴侯家傳十卷

《鄴侯家傳》十卷，唐亳州刺史京兆李繁撰。繁，宰相泌之子。坐事下獄，知且死，恐先人功業泯滅，從吏求廢紙拙筆為傳。按《中興書目》有柳玭〈後序〉，今無之。

廣棪案：繁，《舊唐書》卷一百三十〈列傳〉第八十、《新唐書》卷一百三十九〈列傳〉第六十四附〈李泌〉。《新唐書》記繁事曰：「繁少才警，無行。泌始起陽城，官諸朝，故城重德泌，而親厚於繁。及疏裴延齡，既具稿，以繁可信，夜使繁書。已封，盡能誦憶，乃錄以示延齡。明日，延齡白帝曰：『城以疏示於朝。』即擿其條以自訴解。城奏入，帝怒，遂不省。泌與梁肅善，故繁師事肅。及卒，烝其室，士議讙醜，由是擯棄積年。後爲太常博士，權德輿爲卿，奏斥之，改河南府士曹參軍。累遷隋州刺史，罷歸，不得調。敬宗誕日，詔與兵部侍郎丁公著、太常少卿陸桓入殿中，抗老、佛誦論。改大理少卿、弘文館學士。諫官御史交章彈治，乃出爲亳州刺史。州有劇賊，剽室廬、略財貲爲患，它刺史不能禽，繁有機略，悉知賊巢藪所在，一旦出兵捕斬之。議者責繁不先啓觀察府，爲擅興。詔御史舒元輿按之，元輿與繁素隙，盡翻其獄，以爲濫殺不辜，有詔賜死，京兆人皆冤之。繁下獄，知且死，恐先人功業泯滅，從吏求廢紙挫筆，著《家傳》十篇，傳於世。」是《解題》所述，殆據《新唐書》。柳玭，《舊唐書》卷一百六十五〈列傳〉第一百一十五、《新唐書》卷一百六十三〈列傳〉第八十八均附〈柳公綽〉，蓋玭，公綽孫也。《新唐書》載玭述家訓戒子孫有云：「舒相國元輿與李繁有隙，爲御史，鞫譙獄，窮致繁罪，後舒亦及禍。今世人盛言宿業報應，曾不思視履考祥事歟？」是玭素與繁善，故爲之迴護，又爲此書撰〈後序〉也。惜所撰〈後序〉，直齋亦不之見矣。

繁嘗為通州，廣棪案：盧校本作「隨州」。**韓退之〈送諸葛覺詩〉所謂「鄴侯家多書，插架三萬軸」者也，其曰「行年餘五十，出守數已六」；「屢為丞相言，**

雖懇不見錄」，則韓公于繁亦拳拳矣。《新》、《舊》史本傳稱繁無行，漏言裴延齡以誤陽城，師事梁肅而烝其室，殆非人類。然則韓公無乃溢美。而所述其父事，庸可盡信乎！

案：韓愈詩，原稱〈送諸葛覺往隨州讀書〉，其詩曰：「鄴侯家多書，插架三萬軸。一一懸牙籤，新若手未觸。爲人強記覽，過眼不再讀。偉哉群聖文，磊落載其腹。行年餘五十，出守數已六。京邑有舊廬，不容久食宿。臺閣多官員，無地寄一足。我雖官在朝，氣勢日局縮。屢爲丞相言，雖懇不見錄。送行過滻水，東望不轉目。今子從之游，學問得所欲。入海觀龍魚，矯翮逐黃鵠。勉爲新詩章，月寄三四幅。」韓詩盛言繁家多書，過眼輒記；行年五十，而六任太守；且爲己「屢爲丞相言」，惜不見錄也。又謂覺至隨州從繁游，將可「矯翮逐黃鵠」，且預卜其「學問得所欲」。直齋謂「韓公于繁亦拳拳矣」，可謂確鑿。惟《解題》謂「繁嘗爲通州」，證以韓詩及《新唐書》，「通州」乃「隨州」之訛耶？

牛羊日曆一卷

《牛羊日曆》一卷，唐劉軻撰。牛，指僧孺；羊，謂虞卿、漢公也。是不遜甚矣。

廣棪案：軻，兩《唐書》無傳。《新唐書》卷五十九〈志〉第四十九〈藝文〉三〈小說家類〉著錄：「劉軻《牛羊日曆》一卷，牛僧孺、楊虞卿事。檀欒子皇甫松序。」與《解題》合。僧孺、虞卿及虞卿弟漢公，兩《唐書》均有傳。《新唐書》卷一百七十五〈列傳〉第一百〈楊虞卿〉載：「楊虞卿，字師皋，虢州弘農人。……李宗閔、牛僧孺輔政，引爲右司郎中、弘文館學士，再遷給事中。虞卿佞柔，善諧麗權幸，倚爲姦利。歲舉選者，皆走門下，署第注員，無不得所欲，升沈在牙頰間。當時有蘇景胤、張元夫，而虞卿兄弟汝士、漢公爲人所奔向，故語曰：『欲趨舉場，問蘇、張；蘇、張猶可，三楊殺我。』宗閔待之尤厚，就黨中爲最能唱和者，以口語軒輊事機，故時號黨魁。德裕之相，出爲常州刺史。宗閔復入，以工部侍郎召，遷京兆尹。大和九年，京師訛言鄭注爲帝治丹，剔小兒肝心用之。民相驚，扃護兒曹。帝不悅，注亦內不安，而雅與虞卿有怨，即約李訓奏言：『語出虞卿家，因京兆騶伍布都下。』御史大夫李固言素嫉虞卿周比，因傅左端倪。帝大怒，下虞卿詔獄。於是諸子弟自囚闕下稱冤，虞卿得釋，貶虔州司戶參軍，死。」又載：「漢公字用乂。始辟興元李絳幕府，絳死，不與其禍。遷累戶部郎中、史館脩撰，轉司封郎中。坐虞卿，下除舒州刺史，徙湖、亳、蘇三州。擢桂管、浙東觀察使。繇戶部侍郎拜荊南節度使，召爲工部尚書。或劾漢公治荊南有貪贓，降祕書監，稍遷國子祭酒，宣宗擢爲同州刺史。於是，給事中鄭裔綽、鄭公輿共奏漢公冒猥無廉概，不可處近輔，三還制書。帝它日凡門下論執駁正未嘗卻，漢公素結左右，有奧助。至是，帝惑不從，制卒行。會寒食宴近臣，帝自擊毬爲樂，巡勞從臣，見裔綽等曰：『省中議無不從，唯漢公事爲有黨。』裔綽獨對：『同州，太宗興王地，陛下爲人子孫，當精擇守長付之。漢公既以墨敗，陛下容可舉劇部私貪人？』帝恚見顏間。翌日，敕裔綽爲商州刺史。漢公自同州更宣武、天平兩節度使，卒。」軻之此書，或即記《新唐書》所載此事。軻既鄙牛、楊之爲人，故下筆之際，不覺其言之不遜也。

西南備邊錄一卷

《西南備邊錄》一卷，唐宰相李德裕文饒撰。太和中鎮蜀所作。內州縣、城鎮、兵食之數，大略具矣。

廣棪案：《新唐書》卷五十九〈志〉第四十九〈藝文〉三〈兵書類〉著錄：「李德裕《西南備邊錄》十三卷。」卷數與《解題》不同。惟《崇文總目》卷二〈地理類〉錢東垣輯釋本及《宋史》卷二百三〈志〉第一百五十六〈藝文〉二〈故事類〉著錄亦作一卷，未知孰是。考《新唐書》卷一百八十〈列傳〉第一百五〈李德裕〉載：「李德裕字文饒，元和宰相吉甫子也。……大和三年，召拜兵部侍郎。裴度薦材堪宰相，而李宗閔以中人助，先秉政，且得君，出德裕爲鄭滑節度使，引僧孺協力，罷度政事。二怨相濟，凡德裕所善，悉逐之。於是二人權震天下，黨人牢不可破矣。踰年，徙劍南西川。蜀自南詔入寇，敗杜元穎，而郭釗代之，病不能事，民失職，無聊生。德裕至，則完殘奮怯，皆有條次。成都既南失姚、協，西亡維、松，由清溪下沫水而左，盡爲蠻有。始韋皋招來南詔，復巂州，傾內資結蠻好，示以戰陣文法。德裕以皐啓戎資盜，其策非是，養成癰疽，第未決耳。至元穎時，遇隙而發，故長驅深入，蹂剔千里，蕩無孑遺。今瘢夷尚新，非痛矯革，不能刷一方恥。乃建籌邊樓，按南道山川險要與蠻相入者圖之左，西道與吐蕃接者圖之右。其部落眾寡，饋餫遠邇，曲折咸具。乃召習邊事者，與之指畫商訂，凡虜之情僞盡知之。又料擇伏瘴舊獠與州兵之任戰者，廢遣獰耄什三四，士無敢怨。又請甲人於安定，弓人河中，弩人浙西。繇是蜀之器械皆犀銳。率戶二百取一人，使習戰，貸勿事，緩則農，急則戰，謂之『雄邊子弟』。其精兵曰南燕保義、保惠、兩河慕義、左右連弩；騎士曰飛星、鷙擊、奇鋒、流電、霆聲、突騎。總十一軍。築仗義城，以制大度、青溪關之阻；作禦侮城，以控榮經掎角勢；作柔遠城，以阨西山吐蕃；更邛崍關，徙巂州治臺登，以奪蠻險。舊制，歲杪運內粟贍黎、巂州，起嘉、眉，道陽山江，而達大度，乃分餉諸戍。常以盛夏至，地苦瘴毒，輦夫多死。德裕命轉邛、雅粟，以十月爲漕始，先夏而至，以佐陽山之運，饋者不涉炎月，遠民乃安。蜀人多鬻女爲人妾，德裕爲著〈科約〉，凡十三而上，執三年勞；下者，五歲，及期則歸之父母。毀屬下浮屠私廬數千，以地予農。蜀先主祠旁有猱村，其民剔髮若浮屠者，畜妻子自如，德裕下令禁止。蜀風大變。」《新唐書》所記文饒治蜀事，足與《解題》相參證。此書當是鎮蜀時所作。然太和，兩《唐書》均作「大和」，蓋大、太古字通。《易・乾卦・彖》曰：「保合大和乃利貞。」亦作大和也。

異域歸忠傳二卷

《異域歸忠傳》二卷，李德裕撰。會昌二年，嗢沒斯內附。德裕奉詔采秦、漢以來由絕域歸中國，以名節自著、功業始終者凡三十人，為之傳。

廣棪案：《玉海》卷第五十八〈藝文・傳〉「唐《異域歸忠傳》」條曰：「〈志〉：『李德裕奉敕撰，二卷。』〈序〉云：『會昌二年四月甲申內附。』《會要》：『會昌二年七月上。』卷同〈志〉。〈回紇傳〉：『武宗時，回紇國亂。烏介立爲可汗，王子嗢沒斯率三部及大酋二千騎詣振武降。武宗詔宰相李德裕采秦、漢以來至唐興殊俗忠效卓異者凡三十人，爲《異域歸忠傳》寵賜之。《德裕集》有〈宣示嗢沒斯等冠布訖圖狀〉。』《中興書目》：『以名節自著者凡三十人，始秦由余，至尚可孤。』《崇文目・傳記類》二卷。」所記足與《解題》相參證。

蠻書十卷

《蠻書》十卷，唐安南宣慰使樊綽撰。記南詔事。咸通五年奏之。

廣棪案：《新唐書》卷五十八〈志〉第四十八〈藝文〉二〈地理類〉著錄：「樊綽《蠻書》十卷。咸通嶺南西道節度使蔡襲從事。」所記綽職位不同。此書又稱《雲南志》。晁氏《郡齋讀書志》卷第七〈僞史類〉著錄：「《雲南志》十卷，右唐樊綽撰。咸通中，南詔數寇邊，綽爲安南宣慰使，纂〈八詔始末〉，〈名號種族〉、〈風俗物產〉、〈山川險易〉、〈疆場聯接〉，聞於朝。」是其證。此書《四庫全書總目》考之甚詳。其書卷六十六〈史部〉二十二〈載記類〉曰：「《蠻書》十卷，《永樂大典》本。唐樊綽撰。《新唐書・藝文志》著於錄。《宋史・藝文志》則有綽所撰《雲南志》十卷，而不稱《蠻書》。《永樂大典》又題作《雲南史記》，名目錯異。今考司馬光《通鑑考異》、程大昌《禹貢圖》、蔡沈《書集傳》所引《蠻書》之文，並與是編相同，則《新唐書・志》爲可信。惟〈志〉稱綽爲嶺南西道節度使蔡襲從事，而《通鑑》載襲實官安南經略使，與綽所紀較合，則《新書》失考也。綽成此書在懿宗咸通初，書中多自稱臣。又稱錄《六詔始末》，纂成十卷，於安南郡州江口附張守忠進獻，蓋當時嘗以奏御者。交州境接南詔，綽爲幕僚，親見蠻事，故於六詔種族、風俗、山川、道里，及前後措置始末，撰次極詳，實輿志中最古之本。宋祁作《新史・南蠻傳》、司馬光《通鑑》載南詔事，多採用之。程大昌等復引所述蘭滄江以證華陽黑水之說，蓋宋時甚重其書。而自明以來，流傳遂絕，雖博雅如楊愼，亦稱綽所撰爲有錄無書，則其亡佚固已久矣。今此本因錄入《永樂大典》，僅存文字已多斷爛，不盡可讀，又世無別本可校。考洪武中程本立作《雲南西行記》，稱麗江通守張翥出示樊綽《雲南志》，字多謬誤。則當時已然。謹以諸書參考旁證，正其訛脫，而姑闕不可通者，各加按語於下方，釐爲十卷。仍依《新唐書・志》題曰《蠻書》，從其朔也。」可供參證。今人向達有《蠻書校注》一書，甚見功力。

閩川名士傳一卷

《閩川名士傳》一卷，唐崇文館校書郎黃璞所記人物，自薛令之而下，凡五十四人。

廣棪案：此書《新唐書》卷五十八〈志〉第四十八〈藝文〉二〈雜傳記類〉著錄：「黃璞《閩川名士傳》一卷，字紹山，大順中進士第。」則璞乃唐昭宗時進士，頗補《解題》之未備。《郡齋讀書志》卷第九〈傳記類〉著錄：「《閩川名士傳》二卷。右唐黃璞撰。錄唐神龍以來閩人知名於世者，效《楚國先賢傳》爲之。」則著錄卷數作二卷。今人孫猛撰《郡齋讀書志校證》，於此條有詳盡之考證，曰：「《閩川名士傳》二卷，袁本，臥雲本作三卷，袁本題下注云：『黃璞，一本作皇甫璞。』按是書始見〈新唐志〉卷二〈雜傳類〉，一卷，題黃璞，注云：『字紹山，大順中進士第。』《崇文總目》卷二，《書錄解題》卷七，〈宋志〉卷二（「川」訛作「中」），俱題黃璞，皆一卷，唯《玉海》卷三十八引《中興書目》作三卷，然亦題黃璞，《中興書目》云：『著錄凡五十有三，起神龍，迄大順，歷歲二百，上春官者才四十有三。』今王謨《漢唐地理書鈔》輯本一卷，黃璞事見《唐登科記考》卷二十四、《淳熙三山志》卷二十六。」是此書《郡齋讀書志》袁本及《中興館閣書目》均作三卷，其撰人袁本附注謂「一本作皇甫璞」。所著錄有異於《解題》。《玉海》卷第五十八〈藝文・錄〉「《唐閩川名士錄》」條曰：「〈志〉：『黃璞，一卷。字紹山，大順中進士第。』《書目》：『三卷。』《崇文目》一卷。唐崇文館校書郎黃璞所著也。著錄凡五十有三，起神龍迄大順，歷歲二百，上春官第者才四十有三。」晁氏《志》：『三卷，效《楚國先賢傳》爲之。』」考《玉海》著錄之「〈志〉」乃指〈新唐志〉；「《書目》」即《中興館閣書目》。《中興書目》所載足與《解題》相參證，惟「著錄凡五十有三」一語，又與《解題》不同。至《宋史》卷二百三〈志〉第一百五十六〈藝文〉二〈傳記類〉著錄：「黃璞《閩中名士傳》一卷。」「閩中」顯訛，孫猛已先我言之矣。

崔氏目錄一卷

《崔氏目錄》一卷，不著名氏。殘缺無始末。末有跋尾，不知何人，言：「此書出宋敏求家。考訂年月及所載人名姓甚詳。蓋廣明元年崔沆為相，非其子弟即其門人為之。字畫清麗，而其所記不過𫗦飲、交通、評議，有以見唐末風俗之弊云。」

廣棪案：此書宋以來各公私書目鮮有著錄。其〈跋〉謂書出宋敏求家。敏求，《宋史》卷二百九十一〈列傳〉第五十附〈宋綬〉。史載：「敏求家藏書三萬卷，皆略誦習，熟於朝廷典故，士大夫疑議，必就正焉。補唐武宗以下六世《實錄》百四十八卷，它所著書甚多，學者多咨之。」是此書出敏求家，理亦宜焉。崔沆，《舊唐書》卷一百六十三〈列傳〉第一百一十三、《新唐書》卷一百六十〈列傳〉第八十五均附〈崔元略〉。《新唐書》記沆事較詳，曰：「子沆，字內融，累遷中書舍人。韋保衡逐于琮，沆亦貶循州司戶參軍。僖宗立，召爲永州刺史，復拜舍人，進禮部、吏部二侍郎。乾符五年，以戶部侍郎同中書門下平章事。昕旦告庥，大霧塞廷中，百僚就班脩慶，大風雨雹，時謂不祥。俄改中書侍郎，兼工部尚書。時王景崇進兼中書令，讓其兄景儒，求易定節度。沆謂魏博、盧龍且相援，執不可。盧攜專政，而黃巢勢浸盛，沆每建裁遏，多爲攜沮抑。賊陷京師，匿張直方第，遇害。」考乾符、廣明皆唐僖宗年號，沆於「乾符五年，以戶部侍郎同中書門下平章事」，未幾即「改中書侍郎，兼工部尚書」，且「多爲（盧）攔沮抑」。故《解題》所載跋尾謂「廣明元年崔沆爲相」，恐推判有誤。

開元天寶遺事二卷

《開元天寶遺事》二卷，館臣案：《文獻通考》作四卷。**五代太子少保天水王仁裕德輦撰。所記一百五十九條。**

廣棪案：《郡齋讀書志》卷第九〈傳記類〉著錄：「《開元天寶遺事》四卷，右漢王仁裕撰。仁裕仕蜀，至翰林學士。蜀亡，仁裕至鎬京，採摭民言，得開元、天寶遺事一百五十九條。後分爲四卷。」《玉海》卷第五十一〈典故會要〉「唐《開元天寶遺事》」條云：「《書目》：『一卷，五代唐王仁裕采摭前史不載者，凡一百五十九條。』」《玉海》所言「《書目》」，即《中興館閣書目》。是此書所載遺事凡一百五十九條，惟分卷有一卷、二卷、四卷之別也。《宋史》卷二百三〈志〉第一百五十六〈藝文〉二〈故事類〉載：「王仁豁《開元天寶遺事》一卷。」「豁」乃「裕」字之誤。此書《四庫全書總目》卷一百四十〈子部〉五十〈小說家類〉一著錄，且考證仁裕生平及此書甚詳，曰：「《開元天寶遺事》四卷，兵部侍郎紀昀家藏本。五代王仁裕撰。仁裕字德輦，天水人。唐末爲秦州節度判官。後仕蜀爲翰林學士。唐莊宗平蜀，復以爲秦州節度判官。廢帝時以都官郎中充翰林學士。晉高祖時爲諫議大夫。漢高祖時復爲翰林學士丞旨，遷戶部尚書，罷爲兵部尚書，太子少保。周顯德三年乃卒。事蹟具《五代史・雜傳》。晁公武《讀書志》曰：『蜀亡，仁裕至鎬京，採摭民言，得開元、天寶遺事一百五十九條，分爲四卷。』洪邁《容齋隨筆》則以爲託名仁裕，摘其中舛謬者四事：一爲姚崇在武后時已爲宰相，而云開元初作翰林學士；一爲郭元振貶死後十年，張嘉貞乃爲宰相，而云元振少時，宰相張嘉貞納爲壻；一爲張九齡去位十年，楊國忠始得官，而云九齡不肯及其門；一爲蘇頲爲宰相時，張九齡尚未達，而云九齡覽其文卷，稱爲文陣雄師。所駁詰皆爲確當。然《蘇軾集》中有〈讀開元天寶遺事〉四絕句，司馬光作《通鑑》，亦採其中張彖指楊國忠爲冰山語。則其書實在二人以前，非《雲仙散錄》之流晚出於南宋者可比。蓋委巷相傳，語多失實，仁裕採摭於遺民之口，不能證以國史，是即其失；必以爲依託其名，則事無顯證。劉義慶《世說新語》，劉孝標註往往摘其牴牾，要不以是謂不出義慶手也。故今仍從舊本，題爲仁裕撰焉。」特迻錄之，以資參證。

入洛記一卷

《入洛記》一卷。仁裕仕前蜀，國亡入洛記行。

廣棪案：《郡齋讀書志》卷第六〈雜史類〉著錄：「《入洛記》一卷，右蜀王仁裕撰。仁裕隨王衍降，入洛陽，記往返途中事，並其所著詩賦。」可與《解題》相參證。《崇文總目》卷二〈傳記類〉下著錄：「《入洛記》十卷，王仁裕撰。繹按：《讀書志》、〈宋志〉並一卷。錢東垣輯釋本。」是《崇文總目》作十卷，誤。

中朝故事二卷

《中朝故事》二卷，偽唐給事中尉遲偓撰。載唐末雜事。

廣棪案：《郡齋讀書志》卷第六〈雜史類〉著錄：「《中朝故事》二卷。右僞唐尉遲偓撰。記唐懿、昭、哀三朝故事，故曰『中朝』。」孫猛《郡齋讀書志校證》曰：「按此書所記，上及宣宗時事，不止三朝。又偓撰作此書，蓋奉先主李昪命，述唐四朝舊聞，昪自稱出太宗子吳王恪，故稱長安爲『中朝』。」皆足補《解題》之未及。《四庫全書總目》卷一百四十〈子部〉五十〈小說家類〉一亦著錄此書，所考甚詳贍。曰：「《中朝故事》二卷，浙江鮑士恭家藏本。南唐尉遲偓撰。偓履貫未詳。書首舊題朝議郎守，給事中修國史，驍騎賜紫金魚袋臣尉遲偓奉旨纂進。蓋李氏有國，時偓爲史官，承命所作。李昪自以爲出太宗之後，承唐統緒，故稱長安爲中朝也。其書皆記唐宣、懿、昭、哀四朝舊聞。上卷多君臣事蹟及朝廷制度，下卷則雜錄神異怪幻之事。中間不可盡據者，如宣宗爲武宗所忌，請爲僧遊行江表一事，司馬光《通鑑考異》已斥其鄙妄無稽。又路巖欲害劉瞻，賴幽州節度使張公素上疏申理一事，考是時鎮幽州者乃張允伸，非張公素，所記殊誤。又鄭畋鬼胎一事，與唐人所作〈齊推女傳〉首尾全同，而變其姓名，尤顯出蹈襲。然其時去唐未遠，故家文獻所記亦往往足徵。如崔彥昭、王凝相仇一事，司馬光《考異》雖摘其以彥昭代凝領鹽鐵之誤，而其事則全取之。與正史分別參觀，去訛存是，固未嘗不足以資參證也。」所言皆資參考。《宋史》卷二百三〈志〉第一百五十六〈藝文〉二〈故事類〉著錄：「尉遲握《中朝故事》二卷。」「握」字乃「偓」之誤。

燉煌新錄一卷

《燉煌新錄》一卷，有〈序〉，稱「天成四年沙州傳舍集」，而不著名氏，蓋當時奉使者。敘張義潮本末及彼土風物甚詳。

　　廣棪案：鄭樵《通志》卷第六十六〈藝文略・地理・郡邑〉著錄：「《燉煌新錄》一卷，注唐李延範撰。」今人蘇瑩輝《敦煌藝文略・史部・霸史》「《敦煌實錄》二十卷」條云：「宋陳振孫《直齋書錄解題・史部・傳記類》著錄《敦煌新錄》一卷，云：『有〈序〉，稱「天成四年沙州傳舍集」，而不著名氏，蓋當時奉使者。敘張義潮本末及彼土風物甚詳。涼武昭王時有劉昞者，著《敦煌實錄》二十卷，故此號新錄。』瑩按：繆荃孫《隨筆》謂《浙江采輯遺書目》有《敦煌新錄》寫本。又按：《通志・藝文略・地理類》『郡邑項』有《敦煌新錄》一卷，題唐李延範撰。直齋所錄，稱撰者爲天成四年人。天成係後唐明宗年號，其四年己丑歲，當西元後九二九年。而《通志》所錄之撰者亦爲（後）唐人，故知必爲一書。」蘇氏所考甚當，此書必李延範撰無疑。

涼武昭王時有劉昞者，著《燉煌實錄》二十卷，故此號新錄。

　　案：蘇氏《敦煌藝文略》同條又云：「《敦煌實錄》二十卷，後魏劉昞撰。見本傳，《北史・劉延明傳》同。《隋書・經籍志・霸史類》、《舊唐書・經籍志・乙部・雜傳類》、《唐書・藝文志・乙部・僞史類》、《通志・藝文略・史類・霸史》上著錄。《後魏書・昞傳》：『昞字延明，敦煌人也。著《敦煌實錄》二十卷，行於世。』瑩按：各史著錄此書卷數頗不一致，《魏書》及《北史》本傳作二十卷，〈新〉、〈舊唐志〉因之。〈隋志〉作十卷，〈通志略〉因之。劉延明名昞，字亦作昺。〈隋志〉作劉景者，以《隋書》唐人撰，唐人諱，故以景代之。《北史》及〈舊唐志〉作劉延明者，以《北史》、《舊唐書》亦唐人撰也。《敦煌實錄》一書，雖散逸久矣，清武威張澍有輯本，慕少堂先生於《敦煌方志》中引張音云：『余恐前哲芳規，零落無徵，而學侶寢修，罔知考鏡，爰甄綜群籍，原書存者十九條，乃據《漢》、《魏》、《晉書》及《十六國春秋》、《魏書》、《隋》、《唐》、《五代》諸史，補若干人。如《涼錄・侯瑾傳》與《實錄》文字無異，可知崔鴻之書，悉本劉氏也。所恨索緯《隴西人物志》、趙武孟《河西人物志》湮沒無傳，不得瀏覽具知先賢懿美也，爲之太息！』」蘇氏所考甚翔實。既有後魏劉昞之《燉煌實錄》二十卷在前，故延範乃名其書曰《燉煌新錄》也。

唐末汎聞錄一卷

《唐末汎聞錄》一卷，題常山閻自若撰。館臣案：《宋史．藝文志》作「高自若」。記五代及諸僭偽事。其〈序〉自言：「乾德中得於先人及舅氏聞見。」且曰：「傳者難驗，見者易憑，考之史策，不若詢之耆舊也。」然所記亦時有不同者，如李濤納命事，本謂「張彥澤」，今乃云「謁周高祖」，未詳孰是。

廣棪案：《郡齋讀書志》卷第六〈雜史類〉著錄：「《唐末汎聞錄》一卷。右皇朝閻自若纂。乾德中，王普《五代史》成。自若之父觀之，謂自若曰：『唐末之事，皆吾耳目所及，與史冊異者多矣。』因話見聞故事，命自若誌之。」足與《解題》相參證。《宋史》卷二百三〈志〉第一百五十六〈藝文〉二〈傳記類〉著錄此書，曰：「閻自若《唐宋汎聞錄》一卷。」「宋」字乃「末」字之誤。劉兆祐《宋史藝文志史部佚籍考》上編（七）〈傳記類〉著錄：「《唐末汎聞錄》一卷，宋閻自若撰。自若，常山人，事迹未詳。……按：李濤，字信臣，京兆萬年人。唐天成初舉進士甲科，自晉州從事，拜監察御史，遷右補闕；天福年間，改刑部郎中。宋初，拜兵部尚書，卒年六十四。考《宋史．李濤傳》謂：『涇帥張彥澤殺記室張式，奪其妻。式家人詣闕上訴，晉祖以彥澤有軍功，釋其罪，濤伏閤抗疏，請寘於法。晉祖召見諭之，濤植笏叩階，聲色俱厲。晉祖怒叱之，濤執笏如初，晉祖曰：「吾與彥澤有誓約，恕其死。」濤厲聲曰：「彥澤私誓，陛下不忍食其言。范延光嘗賜鐵券，今復安在？」晉祖不能答，即拂衣起，濤隨之諫不已。晉祖不得已，召式父鐸、弟守貞、子希範等，皆拜以官，罷彥澤節制。濤歸洛下，賦詩自悼，有「三諫不從歸去來」之句。』又謂：『晉祖崩，濤坐不赴臨停，未幾起爲洛陽令，遷屯田職方郎中、中書舍人。會契丹入汴，彥澤領突騎入京城，恣行殺害，人皆爲濤危之。濤詣其帳，通刺謁見，彥澤曰：「舍人懼乎？」濤曰：「今日之懼，亦猶足下昔年之懼也。向使先皇聽僕言，寧有今日之事。」彥澤大笑，命酒對酌，濤神氣自若。』知濤納命事乃指張彥澤，非周高祖也。是閻書所載，未必盡可據。又按：此書各本《宋史》並作《唐宋汎聞錄》，『宋』當作『末』。清武英殿本《宋史》閻自若誤作高自若，今並正之。」劉考翔實，足解直齋之疑矣。

楊妃外傳一卷

《楊妃外傳》一卷，直史館臨川樂史子正撰。

廣棪案：《郡齋讀書志》卷第九〈傳記類〉著錄：「《楊貴妃外傳》二卷。右皇朝樂史撰。敘唐楊妃事迹，迄孝明之崩。」書名及卷數均與《解題》略異，然應爲同一書。樂史，《宋史》卷三百六〈列傳〉第六十五附其子〈樂黃目〉。著作贍富，太宗朝嘗遷著作郎、直史館。

渚宮故事五卷

《渚宮故事》五卷，後周太子校書郎余知古撰。載荊楚事，自鬻熊至唐末。本十卷，今止晉代，闕後五卷。館臣案：《唐書・藝文志》：余知古《渚宮故事》十卷，注唐文宗時人。晁公武《讀書志》亦云唐余古撰，脱「知」字。此云後周，未知何據。

廣棪案：《郡齋讀書志》卷第八〈地理類〉著錄：「《渚宮舊事》十卷，右唐余知古撰。自鬻熊至唐江陵君臣人物事迹，史、子、傳記所載者，悉纂次之。」可與《解題》相考證。惟《郡齋讀書志》著錄書名作《渚宮舊事》，實爲一書；而撰人則明爲「唐余知古」，未脫「知」字；館臣所云乃據《文獻通考》所引《郡齋讀書志》，故有此說。《崇文總目》卷二〈地理類〉著錄：「《渚宮故事》十卷，余知古撰。繹按：《左傳正義》：『渚宮在郢都之南。』此書採摭荊楚故事，故以命名。舊本訛作『諸宮』，今校改。錢東垣輯釋本。」錢繹按語可補《解題》之未及。此書《四庫全書總目》卷五十一〈史部〉七〈雜史類〉著錄，並考知古生平及本書卷數甚詳，其書曰：「《渚宮舊事》五卷，《補遺》一卷，江蘇巡撫採進本。一名《渚宮故事》，唐余知古撰。其銜稱將仕郎守、太子校書。里貫則未詳也。其書上起鬻熊，下迄唐代，所載皆荊楚之事，故題曰『渚宮』。渚宮名見《左氏傳》，孔穎達《疏》以爲當郢都之南，蓋楚成王所建。樂史《太平寰宇記》則以爲建自襄王。未詳何據也。書本十卷。《唐書・藝文志》著錄此本，惟存五卷，止於晉代。考晁公武《郡齋讀書志》載《渚宮故事》十卷，則南宋之初，尚爲完本。至陳振孫《書錄解題》所言，已與今本同。則宋、齊以下五卷，當佚於南宋之末。元陶宗儀《說郛》節鈔此書十餘條，晉以後乃居其七。疑從類書引出，非尚見原本也。《唐書・藝文志》載此書，注曰：『文宗時人。』又載《漢上題襟集》十卷，注曰：『段成式、溫庭筠、余知古。』則與段、溫二人同時倡和。此書皆記楚事，其爲游漢上時所作，更無疑義。陳氏以爲後周人，已屬訛誤。《通考》引《讀書志》之文，併脫去『余』字，竟題爲『唐知古』撰，則謬彌甚矣。今仍其舊爲五卷，其散見於他書者，別輯爲《補遺》一卷，附錄於後焉。」是則此書原爲十卷，直齋所藏缺宋、齊以下五卷，故著錄得五卷。

至知古乃晚唐人，與段成式、溫庭筠同時，《解題》作後周人，顯誤。

錦里耆舊傳八卷、續傳十卷

《錦里耆舊傳》八卷、《續傳》十卷，前應靈縣令平陽句延慶昌裔撰。開寶三年，秘書丞劉蔚知榮州得此《傳》。其詞穢蕪，請延慶修之，改曰《成都理亂記》。天成之後，別加編次，起咸通九載，迄乾德四年，百餘年蜀事，大略具矣。《續傳》，蜀人張緒所撰。起乾德乙丑，迄祥符己酉。自平蜀之後，朝廷命令、官僚姓名及政事因革，以至李順、王均、劉旴作亂之迹，皆略載之。知新繁縣太常博士張約為之〈序〉。廣棪案：盧校注：「此書今不全。」

廣棪案：朱彝尊《曝書亭集》卷四十四〈跋〉三有〈續錦里耆舊傳跋〉，曰：「予年來思注歐陽子《五代史記》，求野史于蜀，若毛文錫《前蜀記事》二卷、董淳《後蜀記事》三卷、李昊《蜀書》二十卷、張彭《錦里耆舊傳》一卷，俱佚不傳。僅存者張唐英《蜀檮杌》十卷，今止二卷；若勾延慶《續錦里耆舊傳》三卷，恐亦非完書也。延慶字昌裔，成都人，官應靈縣令。書成于開寶二年，起咸通九年，迄乾德三年，一名《成都理亂記》。卷中載李昊〈降表〉及從降三十二人，入除目者二十六人。李順、王均、劉旴作亂，亦略載之，可以資采獲者。惜太常博士張約〈序〉，已亡之矣。」考彝尊此〈跋〉訛誤處不少。如延慶所撰者非《續傳》，而云《續傳》；張緒，《通志・藝文略》作張彭。所撰者為《續傳》十卷，而云「張彭《錦里耆舊傳》一卷」。勾延慶此《傳》，其後散佚，僅存卷五至卷八，凡四卷。故《四庫全書總目》卷六十六〈史部〉二十二〈載記類〉著錄：「《錦里耆舊傳》四卷，兩江總督採進本。一名《成都理亂記》，宋句延慶撰。延慶字昌裔，自稱前榮州應靈縣令，并見于書中。惟不著其里貫。其書乃紀王氏、孟氏據蜀時事。《宋史・藝文志》作八卷。陳振孫《書錄解題》謂：『開寶三年，秘書丞劉蔚知榮州得此《傳》，請延慶修之。起咸通九載，迄乾德乙丑。』按今本止四卷，起僖宗中和五年，無懿宗咸通間事。振孫又稱：『自平蜀後至祥符己酉，朝廷命令、政事因革，以至李順等作亂之迹，皆略載之，張約為之〈序〉。』延慶在開寶時，去祥符尚遠，似不能續記至是，而平蜀後事及張約〈序〉，此本亦無之。疑振孫所見即〈宋志〉八卷之本，出於後人所增益。此本四卷，或猶延慶之舊也。書雖以《耆舊傳》為名，而不以人系事，其體實近編年。所錄兩蜀興廢之蹟，亦頗簡略。惟於詔敕、章表、書檄之文，載之獨詳。中間如前蜀咸康元年，唐兵至成都，王宗弼劫遷王衍於西宮，《通鑑》在十一月甲辰，而此書作乙巳。又宋太祖賜後蜀主孟昶詔一首，其文多與《宋史》不同。如此之類，亦皆可以備參考也。陳振孫稱爲平陽句延慶。案書中於後蜀主多所稱美，疑出蜀人之詞。孟昶時有校書郎華陽句中正者，後入蜀爲屯田郎中，延慶疑即其族，則平陽或華陽之誤歟？」《四庫全書總目》考核詳贍，足資參證。《解題》此條之「張緒」，應爲「張彭」之誤。《崇文總目》卷二〈傳記類〉上著錄：「《錦里耆舊傳》十卷，張緒撰。繹按：《書錄解題》：『《錦里耆舊傳》八卷，《續傳》十卷，句延慶撰。開寶三年，劉蔚得此《傳》，請延慶修之，改曰《成都理亂記》；《續傳》，張緒所撰。』今考延慶《成都理亂記》，已見於前，作八卷，與陳伯玉說合，則此十卷乃續傳也，疑舊本脫『續』字。〈通考略〉張緒作張彭。錢東垣輯釋本。」可供參證。至作〈序〉之張約，《宋史》無傳。考《宋會要輯稿》第一百七十冊〈刑法〉六之一三載：「（天聖九年）九月二十八日，都官郎中、前知嘉州張約免死，杖脊黥面，配連州牢城，坐受賕枉法，計銀千五百兩，以抵死在降詔約束之前。其後又受銀二百六十兩，法應絞，特矜之。初聞約在郡貪瀆，詔轉運使高覿體量其事，且言約越次補牙職，又令教練使楊澄古恐唱取楊齊古、錢澄吉逃遁。即分遣使搜捕，揭牓許吏民告首。約時以代歸華州，遂委陝西轉運司押領赴嘉州。澄吉亦坐黥面，配商州坑冶。」是張約除任新繁知縣、太常博士外，後又知嘉州，坐受賕枉法配連州牢城，固非良吏也。天聖，仁宗年號。

平蜀實錄一卷

《平蜀實錄》一卷，左藏庫副使康延澤撰。平蜀之役，延澤以內染院使為鳳州路馬軍都監。王全斌等既得罪，延澤亦貶唐州團練使。按本傳載蜀軍二萬七千人，諸將慮其為全師雄內應，欲盡殺之。延澤請簡老弱疾病七千人釋之，餘以兵衛浮江而下，諸將不能用。此書敘述甚詳。《邯鄲書目》云「不知作者」。《館閣書目》亦然。考王元之所撰〈延澤墓誌〉，知其所為也。

廣棪案：此書《中興館閣書目・雜傳類》作「《平蜀錄》一卷」。趙士煒輯考本。《宋史》卷二百五十五〈列傳〉第十四延澤本傳載：「康延澤，父福，晉護國軍節度兼侍中。延澤，天福中以蔭補供奉官。周廣順二年，永興李洪信入覲，遣延澤往巡檢，遷內染院副使。宋初，從慕容延釗、李處耘平湖湘。時荊南高保融卒，其子繼沖嗣領軍事，命延澤齎書幣先往撫之，且察其情僞。及還，盡得其機事，因前導大軍入境，遂下荊峽，以勞授正使。乾德中，征蜀，爲鳳州路馬軍都監，破白水、閣子二砦，進擊西縣、山泉，獲韓保正。由來蘇路會大軍，克劍門。及孟昶降，延澤以百騎先入成都，安撫軍民，盡封府庫而還，就命爲成都府都監。會全師雄復亂，徙爲普州刺史。時有降兵二萬七千，諸將懼爲內應，欲盡殺之。延澤請簡老弱疾病七千人釋之，餘以兵衛還，浮江而下，賊若來劫奪，即殺之未晚。諸將不能用。俄出兵，敗賊黨劉澤三萬人。復有王可璙數郡賊兵來戰，延澤擊走之，追北至合州。又破可璙餘黨謝行本等，擒羅七君。事平，優詔嘉獎，就命爲東川七州招安巡檢使。全斌等得罪，延澤亦坐貶唐州教練使。開寶中，起爲供奉官，遷左藏庫副使。坐與諸侄爭家財失官，居西洛卒。」可與《解題》相補證。王元之，《宋史》無傳，無可考。所撰〈延澤墓誌〉，恐與《宋史》本傳所記事無甚差異。

秦王貢奉錄二卷

《秦王貢奉錄》二卷，樞密使吳越錢惟演希聖撰。

廣棪案：此書鮮見其它書目著錄。錢惟演，《宋史》卷三百一十七〈列傳〉第七十六有傳。其〈傳〉謂惟演「出于勳貴，文辭清麗，名與楊億、劉筠相上下。於書無所不讀，家儲文籍侔秘府，尤善獎勵後進」；又謂其「所著《典懿集》三十卷，又著《金坡遺事》、《飛白書敘錄》、《逢辰錄》、《奉藩書事》」，而無記載此書。

記其父俶貢獻及錫賚之物。

案：惟演父俶，《宋史》卷四百八十七〈列傳〉第二百三十九〈世家〉三〈吳越錢氏〉有傳，傳中所記朝廷錫賚及俶貢獻之物甚詳。且記俶「性謙和，未嘗忤物。在藩日，每朝廷使至，接遇勤厚。所上乘輿、服物、器玩，製作精妙，每遣使修貢，必羅列於庭，焚香再拜，其恭謹如此」；則俶貢物時虔篤之情可見。〈傳〉又載俶於端拱元年八月二十四日卒，「上爲之廢朝七日，追封秦國王，謚忠懿」；則本書稱「秦王」者，乃秦國王之略稱，蓋指俶也。

家王故事一卷

《家王故事》一卷，錢惟演撰。記其父遺事二十二事，上之，以送史院。

廣棪案：《崇文總目》卷二〈僞史類〉、錢東垣輯釋本。《宋史》卷二百四〈志〉

第一百五十七〈藝文〉三〈霸史類〉均著錄錢惟演撰《家王故事》一卷。考《宋史》卷四百八十〈列傳〉第二百三十九〈世家〉三〈吳越錢氏〉載俶以端拱元年八月二十四日卒;「大中祥符八年,子惟演等復表上之,詔賜錢五萬貫,仍各賜第一區」。則此書殆撰成於大中祥符八年(1015)之前,端拱元年(988)俶卒之後。家王,惟演稱俶也。

戊申英政錄一卷

《戊申英政錄》一卷,婺州刺史錢儼撰。記其兄俶事迹。俶以戊申正月嗣位。

廣棪案:此書《崇文總目》卷二〈僞史類〉、錢東垣輯釋本。《通志》卷第六十五〈藝文略〉、《宋史》卷二百三〈志〉第一百五十六〈藝文〉二〈傳記類〉均著錄。劉兆祐《宋史藝文志史部佚籍考》上編(七)〈傳記類〉載:「《戊申英政錄》一卷,宋錢儼撰。……按:戊申即乾祐元年(九四八)也。俶,元瓘之子,倧之異母弟也。倧既爲軍校所幽,時俶爲溫州刺史,眾以無帥,遂迎立之,時漢乾祐元年(948)正月十五日也。其年八月,始授檢校太師兼中書令,充鎮海、鎮東等軍節度使,東南面兵馬都元帥。周廣順中,累官至守尚書令、中書令,吳越國王。建隆初,復加天下兵馬大元帥。事迹具《五代史》(卷一三三)、《新五代史》(卷六七)本傳。」所考頗詳明。儼字誠允,俶之異母弟。幼爲沙門,及長,謹愼好學。《宋史》卷四百八十〈列傳〉第二百三十九〈世家〉三〈吳越錢氏〉有傳。其〈傳〉謂:「儼嗜學,博涉經史。少夢人遺以大硯,自是樂爲文辭,頗敏速富贍,當時國中詞翰多出其手。歸京師,與朝廷文士遊,歌詠不絕。淳化初,嘗獻《皇猷錄》,咸平又獻《光聖錄》,並有詔嘉答。所著有《前集》五十卷、《後集》二十四卷、《吳越備史》十五卷、《備史遺事》五卷、《忠懿王勳業志》三卷,又作《貴溪叟自敘傳》一卷。」可悉其生平及著述梗概。

玉堂逢辰錄二卷

《玉堂逢辰錄》二卷,錢惟演撰。其載祥符八年四月榮王宮火,一日二夜所焚屋宇二千餘間。左藏、內藏、香藥諸庫及秘閣、史館,香聞數十里。三館圖籍一時俱盡,大風或飄至汴水之南。惟演獻禮賢宅以處諸王。以此觀之,唐末、五代書籍之僅存者,又厄於此火,可為太息也!

廣棪案:此書鮮見其它書目著錄。考《宋史》卷八〈本紀〉第八〈眞宗〉三載：「（大中祥符八年夏四月）壬申，榮王元儼宮火，延及殿閣內庫。」同書卷六十三〈志〉第十六〈五行〉二上載：「（大中祥符八年）四月壬申夜，榮王元儼宮火，自三鼓北風甚，癸酉亭午乃止，延燔左承天祥符門、內藏庫、朝元殿、乾元門、崇文院、秘閣、天書法物內香藏庫。」同書卷二百四十五〈列傳〉第四〈宗室〉二〈周王元儼〉載：「周恭肅王元儼，少奇穎，太宗特愛之。每朝會宴集，多侍左右。帝不欲元儼早出宮，期以年二十始就封，故宮中稱爲『二十八太保』，蓋元儼於兄弟中行第八也。眞宗即位，授檢校太保、左衛上將軍，封曹國公。明年，爲平海軍節度使，拜同中書門下平章事，加檢校太傅，封廣陵郡王。封泰山，改昭武、安德軍節度使，進封榮王；祀汾陰，加兼侍中，改鎭安靜、武信，加檢校太尉；祠太清宮，加兼中書令。坐侍婢縱火，延燔禁中，奪武信節，降封端王，出居故駙馬都尉石保吉第。每見帝，痛自引過，帝憫憐之。」所載均足與《解題》相參證。而「惟演獻禮賢宅以處諸王」事，則未見載《宋史．錢惟演傳》，《解題》所述，猶足補正史之闕遺也。

南部新書十卷

《南部新書》十卷，翰林學士錢易希白撰。倧之子也。所記多唐遺事。

廣棪案：《郡齋讀書志》卷第六〈雜史類〉著錄：「《南部新書》五卷。右皇朝錢希白撰。記唐故事。」孫猛《郡齋讀書志校證》曰：「《南部新書》五卷，袁本卷二上〈雜史類〉卷三下〈小說類〉複出，衢本不重。袁本〈雜史類〉解題同原本，〈小說類〉題作《南郡新書》，卷數同原本，解題微異，云：『右皇朝錢希白撰。記唐朝雜事。』沈錄何校本改『郡』作『部』。」是《郡齋讀書志》袁本作「南郡」者顯非也。錢易，《宋史》卷三百一十七〈列傳〉第七十六附〈錢惟演〉。其〈傳〉謂：「易，才學贍敏過人，數千百言，援筆立就。又善尋尺大書行草，及喜觀佛書，嘗校《道藏經》，著《殺生戒》，有《金閨》、《瀛州》、《西垣制集》一百五十卷，《青雲總錄》、《青雲新錄》、《南部新書》、《洞微志》一百三十卷。」則易著述固甚富。《四庫全書總目》卷一百四十〈子部〉五十〈小說家類〉一著錄：「《南部新書》十卷，浙江鮑士恭家藏本。宋錢易撰。舊本卷首題錢後人，蓋以《姓譜》載錢氏出錢鏗也。易字希白，吳越王倧之子。眞宗朝，官至翰林學士。是書乃其大中祥符間知開封縣時所作，皆記唐時故事，間及五代，多錄軼聞瑣語，而朝章國典，因革損益亦雜載其中。故雖小說家言，而不似他書之侈談迂怪，於考證尚屬有裨。晁公武《讀書志》作五卷。焦竑《國史經籍志》作十卷。今考其標題，自甲至癸，以十干爲紀，則作十卷爲是。公武所記，殆別一合併之本也。世所行本，傳寫者以意去取，多寡不一。別有一本，從曾慥《類說》中摘錄成帙，半經刪削，闕漏尤甚。此本共八百餘條，首尾完具，以諸本兼校，皆不及其全備，當爲足本矣。」是則易或非錢鏗後人。而《郡齋讀書志》作五卷，所據乃別一合併本也。

唐登科記十五卷

《唐登科記》十五卷，丞相鄱陽洪适景伯撰。按《唐・藝文志》有崔氏《顯慶登科記》五卷、姚康《登第錄》十六卷、李奕《登科記》二卷。崔氏書有趙儋〈序〉，而失崔名。所載至周顯德，固非崔氏本書。而李奕書亦不存。洪忠宣得姚康書五卷於北方，而丞相又得別本，起武德，終太和，於毗陵錢氏，廣棪案：盧校本「氏」上有「伸仲」二字。**乃以三本輯為一書，而用姚氏為正。三書皆有〈序〉。姚字汝諧，南仲孫也，元和十五年進士。本書錄武德至長慶為十一卷。其曰十六卷者，亦後人所續。**

廣棪案：《新唐書》卷五十八〈志〉第四十八〈藝文〉二〈雜傳記〉著錄：「崔氏《唐顯慶登科記》五卷，失名。姚康《登第錄》十六卷，字汝諧，南仲孫也。兵部郎中，金吾將軍。李弈《唐登科記》二卷。」《解題》據之。《玉海》卷第一百十五〈選舉・科舉〉二「〈唐進士舉〉《科目記》、《科第錄》」條曰：「〈藝文志〉崔氏失名《顯慶登科記》五卷、姚康《科第錄》十六卷、長慶二年五月十二日，〈敘〉曰：『自武德已來，登科名氏編紀凡十餘家，皆不備具。康《錄》武德至長慶二年，列為十三卷。漢元帝詔云：「歲以此科第郎從官。」遂題為《科第錄》。』自三年，畢天祐丙寅續為五卷，合十六卷。李奕《唐登科記》二卷、三家，二十三卷。《文場盛事》一卷。《中興書目》：『崔氏《登科記》一卷，載進士諸科姓名。貞元十七年三月丁亥，校書郎趙儋序曰：『武德五年，詔有司特以進士為選士之目，仍古道也。』纇載進士續之者，自元和方列制科，起武德五年，迄周顯德六年。《崇文總目》有樂史修定四十卷，今亡。雍熙三年正月，樂史上《登科記》三十二卷、《唐登科文選》五十卷、《貢舉事》、《題解》各二十卷。以為著作郎，直史館。紹興三十年十月，洪适重編《唐登科記》爲十五卷，一以姚氏爲正。天寶後則以三本合爲一。』」據《玉海》則爲崔氏書作〈序〉者乃趙儋，貞元十七年爲校書郎。

然林寶《元和姓纂》卷七、吳廷燮《唐方鎭年表》卷一、《全唐文》卷七百三十二均有趙儋之名，疑趙傪即趙儋，故應依《解題》爲是。作〈序〉之趙儋既爲唐德宗貞元間人，則崔氏之書絕不可能「所載至周（世宗）顯德」之世，故直齋謂「固非崔氏本書」，實具慧眼。崔書必後人所續，《玉海》小注「顓載進士續之者，至元和方列制科，起武德五年，迄周顯德六年」，即記續崔書事。姚康，兩《唐書》無傳。計有功《唐詩紀事》卷五十「姚康」條載：「康字汝諧，南仲孫也。登元和十五年進士第。大中時，爲太子詹事。開成時，曾以贓敗。」所記較《解題》爲詳。《玉海》略記康長慶二年五月二十日〈自序〉、《玉海》謂其書「錄武德至長慶二年，列爲十三卷」，「自三年，畢天祐丙寅續爲五卷，合十六卷」。所記與《解題》可互參證，《解題》謂姚書第十六卷乃後人所續，其續者殆畢天祐也。李弈，《新唐書》卷七十二上〈表〉第十二上〈宰相世系〉二上載爲秘書少監李益之子。《解題》謂「李弈書亦不存」，其實弈之〈登科記序〉仍存《全唐文》卷五百三十六中，吉光片羽，迻錄如後：「奕，隴西姑臧人，姑臧穆侯承十世孫秘書少監益之子。〈登科記序〉：『選士命官，有國之大典；察言考行，先王之舊規。古者命於鄉而升諸學，俾大樂正論造士之秀者而昇諸司馬，曰進士。進士者，謂可進而授之爵祿也。然則前一作歷。代選士其科不一，洎聖一作曁有。唐高祖以神武而靜天下，用文教而鎭萬姓。武德五年，帝詔有司，特以進士爲選士之目，仍古道也。自鄉升縣，縣升州，州升府，皆歷試行藝，秋會貢於文昌，咸達一作造。帝庭，以光王國。然後會群后，謁先師，備牲牢，奏金石，尊儒教也。若明試其業，主張其文，覈一作覆。能否於聽覽之間，定取捨於筆削之下，職在考功郎。後至元宗開元二十五年，重難其事，更命春官小宗伯主之，而業文志學之士勸矣。於是獻藝輸能，擅場中的者，牓第揭出，萬人觀之，未浹旬而名達四方矣。近者佐命外藩，司言中禁，彈一作峨。冠憲府，起草粉闈，由此與能，十恒七八。至於能登台階，參密命者，亦繁有所徒。所謂選才授爵之高科，求士濫觴之捷徑也。不其然歟？粵自武德，逮乎貞元，閱崔氏本《記》，前後嗣續者，在吾宗爲多焉。顧惟寡昧，獲與斯文，因濡翰而爲之〈序〉。貞元七年春三月丁亥序。』是奕之《登科記》二卷，蓋繼崔、姚二書後而作，撰就於貞元七年三月。其書雖不存，而〈序〉猶幸存也，惜直齋未之見矣。及至洪适之編集是書，亦撰有〈重編唐登科記序〉，載《盤州文集》卷三十四。其〈序〉云：「進士在唐最重，公卿達官不以是仕者，常惄怨然不滿。其外有宏辭、明經諸科，而制舉之名多至八十有六，於是有《登科記》等書。〈藝文志〉著錄姚康、崔氏、李奕三家二十三卷，《會要》載鄭氏上宣宗者十三卷，《崇文總目》有樂史修定者四十卷，今多亡矣。予家藏崔氏書，正元中校書郎趙傪爲之〈序〉。大氏顓載進士續之者，自元和方列制科，訖周顯德乃止；又從毗陵錢紳氏得一篇，起武德，盡大和，頗兼制科，而十遺五六。予嘗考《會要》、《續通典》諸書補正之，據唐人集增入策問，及校中秘書，亦得一編，冠以趙〈序〉，殆與舊所藏略同，而次序又不相類。蓋後人損益，俱非崔氏本書。世所傳〈雁塔題名〉，進士存者鮮焉，獨長慶一年不闕，以證諸本皆異。唐去今不三百年，以最重之事，傳數家之書，而矛盾如此，書果可盡信乎？先忠宣公還至朔庭，得昭文館姚康書前五卷，最爲詳盡，而亡其十有一卷。所載高祖、太宗兩朝進秀甲乙，總二百六十三人，證此本乃九人而已。故今所輯，一以姚氏爲正，天寶以後則以三本合爲一。至其先後乖次，不可悉辨，爲十有五卷云。」《解題》與《玉海》所述，幾全據适〈序〉。

五代登科記一卷

《五代登科記》一卷，不著名氏。

廣棪案：《秘書省續編到四庫闕書目・史類・傳記》著錄：「《五代登科記》一卷。輝按：〈宋志〉、陳《錄》、《遂初目》無撰人。」葉德輝考證本。是此書南宋時已不知撰者。

前所謂崔氏書至周顯德止者，殆即此耶？

案：《玉海》卷第一百十五〈選舉・科舉〉二「唐進士舉《科目記》、《科第錄》」條曰：「《五代登科記》一卷，起梁開平二年至周顯德六年姓名及試題。」是此書與崔氏書續補之材料或有可能部分相同。

館中有此書。

案：《中興館閣書目・史部・雜傳類》著錄：「《五代登科記》一卷。《玉海》一一五。」趙士煒輯考本。是館中確有此書。

洪丞相以國初卿相多在其中，故併傳之。

案：洪丞相即洪适。适《盤州文集》卷第六十三〈跋五代登科記〉曰：「右《五代登科記》一卷，予頃在三館所抄中秘閣書。五季文物掃地，取士無足稱，特以國初卿相、侍從皆當時以儒科進者，因刊我《宋科名記》，故并傳之，仍其舊書，不復考正也。」是适以刊《大宋登科記》，乃并傳此書。

大宋登科記三十二卷

《大宋登科記》三十二卷，館臣案：題解云二十一卷，《宋史·藝文志》同，此蓋誤作三十二卷。　廣棪案：館臣案語是。**洪适編。始吳興郡學有鋟板，不分卷第，止述進士一科。适始倣姚康《錄》制舉科詞，自建隆庚申迄紹興庚辰，二萬三千六百人有奇，為二十一卷。自後皆續書之。**

廣棪案：《玉海》卷第一百十六〈選舉·科舉〉三「《宋朝登科記》」條載：「洪适倣《唐科第錄》爲《登科記》二十一卷，采摭功令，粗存因革，大魁異科，識其鄉於下。自建隆庚申，至紹興庚辰，姓名登載者二萬三千六百人有畸。」與《解題》所記同。考适《盤州文集》卷四十三有〈大宋登科記序〉，云：「《國朝登科記》，自建隆庚申至紹興之庚辰，姓名登載者毋慮二萬三千六百人有畸，爲二十一卷，後乎此者，蓋將億萬數而未止。唐人所謂千佛名經，良不足道。先是吳興學官有鏤板，混然不分卷第，所紀但進士而已，制舉詞科顧泯沒不傳；貢士又傳著牘尾，其它魯魚脫逸，不可縷析。或一榜至誤百有餘字，覽者不以爲善。某始放唐姚康所作《科第錄》，凡以是進者畢書之，采摭功令，粗存因革，其名冠禮部籍，及仕至兩地，悉爲表出。大魁若異科，則又識其鄉于下。進士自慶曆後，得其小錄始可考；建炎以來，蜀人以道梗且遠，不能造庭，故中州漫不知其名氏，今皆並列。明經諸科，國初取人甚眾，史略其名，莫能盡載。武舉非文事，童子或偕計吏，或賜帛罷，故弗著。既成，刻於新安郡舍蓋堂。」《解題》與《玉海》所述，蓋據适〈序〉隱括。

中興登科小錄三卷、姓類一卷

《中興登科小錄》三卷、《姓類》一卷，通判徽州江都李椿撰。新安舊有《登科記》，但逐榜全錄姓名而已。椿家藏《小錄》，自建炎戊申至嘉熙戊戌，節取名字、鄉貫及三代諱刊之後，以韻類其姓，凡一萬五千八百人有奇。太守吳興倪祖常子武刻之，以備前《記》之闕文。

廣棪案：椿，《宋史》卷三百八十九〈列傳〉第一百四十八有傳。〈傳〉稱椿「字壽翁，洺州永年人」，與《解題》稱「江都」人不同。然《解題》卷一〈易類〉「《正易心法》一卷」條引王炎曰，有「洺山李壽翁侍郎喜論《易》」之語，則椿不應爲江都人，直齋此處恐誤。《中興登科小錄》及《姓類》二書，不見其它書目著錄，故無可考。倪祖常，《宋人傳記資料索引》有小傳，曰：「倪祖常，字子武，歸安人，思子。官大理寺正。嘉定中，自毗陵易守徽州，有古吏風。時州民困於和糴，祖常爭之，事得寢。所興革事甚多，州民建祠祀之。」是祖常於寧宗嘉定中曾守徽州，椿時任通判。此二書當刻於嘉定時。

乘軺錄一卷

《乘軺錄》一卷，知制誥祁陽路振子發撰。祥符中使契丹，歸進此《錄》。

廣棪案：《郡齋讀書志》卷第七〈僞史類〉著錄：「《乘軺錄》一卷。右皇朝路振子發撰。振，大中祥符初使契丹，撰此書以獻。事見其〈傳〉。」所記與《解題》同。振，《宋史》卷四百四十一〈文苑〉三有傳。其〈傳〉載：「路振字子發，永州祁陽人，唐相巖之四世孫。」又載：「大中祥符初，使契丹，撰《乘軺錄》以獻。改太常博士、左司諫，擢知制誥。」與《解題》合。《宋史》卷二百三〈志〉第一百五十六〈藝文〉三〈傳記類〉著錄：「路政《乘軺錄》一卷。」「政」字乃「振」之誤。

奉使別錄一卷

《奉使別錄》一卷，丞相河南富弼彥國撰。慶曆使契丹，歸為《語錄》以進，機宜事節則具於此《錄》。又一本有兩朝往來書附於末。

廣棪案：《郡齋讀書志》卷第七〈僞史類〉著錄：「《富公語錄》一卷。右皇朝富弼使虜時所撰。」即《解題》所謂「歸爲《語錄》以進」者。《宋史》卷二百三〈志〉第一百五十六〈藝文〉三〈傳記類〉著錄：「《奉使語錄》二卷，又《奉使別錄》一卷。」則著錄此二書也。弼，《宋史》卷三百一十三〈列傳〉第七十二有傳。其〈傳〉曰：「富弼字彥國，河南人。」又載：「會契丹屯兵境上，遣其臣蕭英、劉六符來求關南地。朝廷擇報聘者，皆以其情叵測，莫敢行，夷簡因是薦弼。歐陽脩引顏眞卿使李希烈事，請留之，不報。弼即入對，叩頭曰：『主憂臣辱，臣不敢愛其死。』帝爲動色，先以爲接伴。英等入境，中使迎勞之，英託疾不拜。弼曰：『昔使北，病臥車中，聞命輒起。今中使至而君不拜，何也？』英矍然起拜。弼開懷與語，英感悅，亦不復隱其情，遂密以其主所欲得者告之曰：『可從，從之；不然，以一事塞之足矣。』弼具以聞。帝唯許增歲幣，仍以宗室女嫁其子。進弼樞密直學士，辭曰：『國家有急，義不憚勞，奈何逆以官爵賂之。』遂爲使報聘。既至，六符來館客。弼見契丹主，問故。契丹主曰：『南朝違約，塞雁門，增塘水，治城隍，籍民兵，將以何爲？群臣請舉兵而南，吾以謂不若遣使求地，求而不獲，舉兵未晚也。』弼曰：『北朝忘聖章皇帝之大德乎？澶淵之役，苟從諸將言，北兵無得脫者。且北朝與中國通好，則人主專其利，而臣下無獲；若用兵，則利歸臣下，而人主任其禍。故勸用兵者，皆爲身謀耳。』契丹主驚曰：『何謂也？』弼曰：『晉高祖欺天叛君，末帝昏亂，土宇狹小，上下叛離，故契丹全師獨克，然壯士健馬物故太半。今中國提封萬里，精兵百萬，法令修明，上下一心，北朝欲用兵，能保其必勝乎？就使其勝，所亡士馬，群臣當之歟？抑人主當之歟？若通好不絕，歲幣盡人主，群臣何利焉？』契丹主大悟，首肯者久之。弼又曰：『塞雁門者，以備元昊也。塘水始於何承矩，事在通好前。城隍皆修舊，民兵亦補闕，非違約也。』契丹主曰：『微卿言，吾不知其詳。然所欲得者，祖宗故地耳。』弼曰：『晉以盧龍賂契丹，周世宗復取關南，皆異代事。若各求地，豈北朝之利哉？』既退，六符曰：『吾恥受金帛，堅欲十縣，何如？』弼曰：『本朝皇帝言，朕爲祖宗守國，豈敢妄以土地與人。北朝所欲，不過租賦爾。朕不忍多殺兩朝赤子，故屈己增幣以代之。若必欲得地，是志在敗盟，假此爲詞耳！澶淵之盟，天地鬼神實臨之。今北朝首發兵端，過不在我。天地鬼神，其可欺乎！』明日，契丹主召弼同獵，引弼馬自近，又言得地則歡好可久。弼反覆陳必不可狀，且言：『北朝既以得地爲榮，南朝必以失地爲辱。兄弟之國，豈可使一榮一辱哉？』獵罷，六符曰：『吾主聞公榮辱之言，意甚感悟。今惟有結昏可議耳。』弼曰：『婚姻易生嫌隙。本朝長公主出降，齎送不過十萬緡，豈若歲幣無窮之利哉？』契丹主諭弼使歸，曰：『俟卿再至，當擇一受之，卿其遂以誓書來。』弼歸復命，復持二議及受口傳之詞于政府以往。行次樂壽，謂副使張茂實曰：『吾爲使者而不見國書，脫書詞與口傳異，吾事敗矣。』啓視果不同，即馳還都，以晡時入見，易書而行。及至，契丹不復求婚，專欲增幣，曰：『南朝遺我之辭當曰「獻」，否則曰「納」。』弼爭之。契丹主曰：『南朝既懼我矣，於二字何有？我若擁兵而南，得無悔乎？』弼曰：『本朝兼愛南北，故不憚更成，何名爲懼？或不得已至於用兵，則當以曲直爲勝負，非使臣之所知也。』契丹主曰：『卿勿固執，古亦有之。』弼曰：『自古唯唐高祖借兵於突厥，當時贈遺，或稱獻納。其後頡利爲太宗所擒，豈復有此禮哉！』弼聲色俱厲，契丹知不可奪，乃曰：『吾當自遣人議之。』復使劉六符來。弼歸奏曰：『臣以死拒之，彼氣折矣，可勿許也。』朝廷竟以『納』字與之。始受命，聞一女卒；再命，聞一子生，皆不顧。又除樞密直學士，遷翰林學士，皆懇辭，曰：『增歲幣非臣本志，特以方討元昊，未暇與角，故不敢以死爭，其敢受乎！』」《宋史》所記，可悉弼使契丹故實。

劉氏西行錄一卷

《劉氏西行錄》一卷，直昭文館保塞劉渙仲章撰。按康定二年，朝廷議遣使通河西唃氏。渙以屯田郎知晉州，請行。以十月十九日出界，慶曆元年三月十日回秦州。此其行紀也。唃氏自此與中國通，而元昊始病於牽制矣。渙後擢刺史，歷典數州至留後，以工部尚書致仕。

廣棪案：《宋史》卷二百三〈志〉第一百五十六〈藝文〉二〈傳記類〉著錄：「劉渙《西行記》一卷。」書名與《解題》略異。考渙，《宋史》卷三百二十四〈列傳〉第八十三附〈劉文質〉，其〈傳〉曰：「渙字仲章，……夏人叛，朝廷議遣使通河西唃氏，渙請行。間道走青唐，諭以恩信。唃氏大集庭帳，誓死扞邊，遣騎護出境，得其誓書與西州地圖以獻。加直昭文館，遷陝西轉運使，由工部郎中知滄州，改吉州刺史，知保州。……歷秦鳳、涇原、眞定、定州路總管，四遷至鎭寧軍節度觀察留後。熙寧中，還，爲工部尚書致仕。」所載足與《解題》相參證。

契丹講和記一卷

《契丹講和記》一卷，不著名氏。載契丹初講和本末。末有慶曆增幣後北國誓書。

廣棪案：此書散佚，南宋後公私書目鮮有著錄之者。考《宋史》卷十一〈本紀〉第十一〈仁宗〉三載：「（慶曆二年三月）己巳，契丹遣蕭英、劉六符來致書求割地。……（夏四月）庚辰，知制誥富弼報使契丹。五月，……契丹集兵幽州，聲言來侵，河北、京東皆爲邊備。……（秋七月）癸亥，富弼再使契丹。……（九月）乙丑，契丹遣耶律仁先、劉六符持誓書來。……（冬十月）丙辰，知制誥梁適報使契丹。……丙寅，契丹遣使來再致誓書，報徹兵。」此書所載「契丹初講和本末」者，大抵若是。蓋仁宗增幣後，契丹始於慶曆二年十月之丙寅，「遣使來再致誓書，報徹兵」。此書末附契丹誓書，惜已不之見矣。

慶曆正旦國信語錄一卷

《慶曆正旦國信語錄》一卷，余靖慶曆三年使遼所記。

廣棪案：《宋史》卷三百三十〈列傳〉第七十九〈余靖〉載：「余靖字安道，韶州曲江人。……慶曆中，仁宗銳意欲更天下敝事，增諫官員，使靖爲右正言。……靖上疏請責躬修德，以謝天變。使契丹。」靖本傳未明記使遼年月。《宋史》卷十一〈本紀〉第十一〈仁宗〉三載：「（慶曆四年秋七月）癸未，契丹遣使來告伐夏國。……（八月）戊戌，命右正言余靖報使契丹。」是靖之使遼在慶曆四年八月戊戌，時任右正言。《解題》作三年，恐直齋記載有誤也。

熙寧正旦國信錄一卷

《熙寧正旦國信錄》一卷，天章閣待制竇卞熙寧八年使遼所記。

廣棪案：《宋史》卷三百三十〈列傳〉第八十九〈竇卞〉載：「竇卞字彥法，曹州冤句人。進士第二，通判汝州。……加集賢校理，知太常院，知絳州，開封府推官。……出知深州。……還爲戶部判官，同修起居注，進天章閣待制，判昭文館、將作監。……卒，年四十五。」惟未記卞有使遼事。考神宗在位，每年八月均遣使賀遼主生辰及正旦。《宋史》卷十五〈本紀〉第十五〈神宗〉二載：「（熙寧八年八月）丙申，遣謝景溫等賀遼主生辰、正旦。」所遣者爲「謝景溫等」，意卞當時應與景溫同行。使遼事，《宋史》卷二百九十五〈列傳〉第五十四〈謝景溫〉亦不載。卞此書未見其他書目著錄。

接伴送語錄一卷

《接伴送語錄》一卷，集賢校理沈季長熙寧九年接伴送遼使耶律運所記。

廣棪案：《秘書省續編到四庫闕書目・史類・傳記》著錄：「《接伴語錄》八卷。」葉德輝考證本。疑與《解題》所著錄者同爲一書，而卷數不同。沈季長，《四十七種宋代傳記綜合引得》無其資料，惟《宋史》卷十五〈本紀〉第十五〈神宗〉二載：「（熙寧九年十二月）丁未，遼遣耶律運等來賀正旦。」是季長於此年十二月任接伴送遼使耶律運確有其事。史籍闕載，《解題》正補其未及。又考《宋會要輯稿》中多載沈季長事，凡十一條，然均未載及接伴送遼使事。

使遼見聞錄二卷

《使遼見聞錄》二卷，尚書膳部郎中李罕撰。

廣棪案：《文獻通考》卷一百九十九〈經籍考〉二十六〈史傳記〉著錄此書，所引「陳氏曰」與《解題》同。此書散佚，李罕《宋史》無傳。《宋會要輯稿》第一百九十三冊〈方域〉一五之二九載：「（宣和）二年八月二十日詔：『開修廣武直河，分奪南岸生灘掃岸，無虞省減勞費，功和爲大。當職官暴露郊野，日冒大暑，委有勤瘁，與常例恩賞不同，可特依此推恩，內減年人，依文武臣比折選人，依條施行。提領措置官、保和殿學士、銀青光祿大夫孟昌齡，興德軍節度使王仍各轉一官；回授漕臣并兩州知州各應辦錢粮、同京西轉運副使時道，河北轉運副使胡直孺、李孝昌，知河陽王序，知懷州李罕各進職一等。』」同書第一百二十冊〈選舉〉三三之三八載：「（宣和六年）九月十八日，中奉大夫、直龍圖閣、知懷州李罕爲秘閣修撰。」同書第一百冊〈職官〉六九之一六載：《宣和六年十二月》十一日，……知懷州李罕、知相州何漸、知慶源府趙令應、直秘閣蘇之悌並送吏部，皆王黼黨也。」可悉李罕之宦歷。

奉使雞林志三十卷

《奉使雞林志》三十卷，宣德郎王雲撰。崇寧元年，雲以書狀從劉逵、吳栻使高麗，歸而為此書以進。自元豐創通高麗以後事實，皆詳載之。

廣棪案：《宋史》卷三百五十七〈列傳〉第一百一十六〈王雲〉載：「王雲字子飛，澤州人。……雲舉進士，從使高麗，撰《雞林志》以進，擢秘書省校書郎。」同書卷三百五十一〈列傳〉第一百一十〈劉逵〉載：「劉逵字公路，隨州隨縣人。進士高第，調越州觀察判官。入爲太學太常博士，禮部考功員外郎，國子司業。崇寧中，連擢秘書少監、太常少卿、中書舍人、給事中、戶部侍郎。使高麗，遷尚書。繇兵部同知樞密院，拜中書侍郎。」《宋人傳記資料索引》載：「吳栻（或作拭），字顧道，建寧府甌寧人，師服子。登熙寧六年進士，爲開封府推官，以給事中往諭高麗，還知開封府。遷工、戶部侍郎，坐累削秩知單州。大觀中，歷知蘇州、陳州、河中、成都府，除兵部侍郎，進龍圖閣直學士，再知成都。後知鄆州，卒。」所載可與《解題》相參證。是劉逵使高麗時爲戶部侍郎，官階最高，歸後遷尚書；栻任給事中，還知開封府；而雲則舉進士，任宣德郎，以書狀隨從前往，後擢秘書省校書郎。惟出使之年，《解題》與《宋史》逵傳所記不同，未知孰是。雲此書亦無可考。

宣和使金錄一卷

《宣和使金錄》一卷，太常少卿安陸連南夫鵬舉弔祭阿骨打奉使所記。時宣和六年。

廣棪案：《宋史》卷二十二〈本紀〉第二十二〈徽宗〉四載：「（宣和五年五月），金主阿骨打殂，弟吳乞買立。……六年春正月乙卯，為金主輟朝。……戊寅，遣連南夫弔祭金國。」《宋史翼》卷九〈列傳〉第九〈連南夫〉載：「連南夫字鵬舉，湖北安陸人。……宣和五年假太常少卿，為金主接伴使。六年正月，為伴送金賀正旦使，尋為金國祭奠弔慰使。楊仲良《長編紀事本末》一百四十四。」所載可與《解題》相參證。

奉使雜錄一卷

《奉使雜錄》一卷，紹興十二年，何鑄使金所錄禮物、名銜、表章之屬。

廣棪案：《宋史》卷二十九〈本紀〉第二十九〈高宗〉六載：「（紹興十一年十一月）辛丑，兀朮遣審議使蕭毅、邢具瞻與魏良臣偕來。……壬子，蕭毅等入見，始定議和盟誓。乙卯，以何鑄簽書樞密院事，充金國報謝進誓表使。……是月，與金國和議成，立盟誓，約以淮水中流畫疆，割唐、鄧二州畀之，歲奉銀二十五萬兩、絹二十五萬匹，休兵息民，各守境土。」同書卷三十〈本紀〉第三十〈高宗〉七載：「（紹興十二年二月）癸巳，金主許歸梓宮及皇太后，遣何鑄等還。」據是，則鑄之使金在紹興十一年十一月，遣還在十二年二月。

館伴日錄一卷

《館伴日錄》一卷，無名氏。紹興二十四年。

廣棪案：此書《文獻通考》卷一百九十九〈經籍考〉二十六〈史傳記〉著錄同。書已散佚，無可考其內容。惟北宋之初，京中本有三館。《宋史》卷一百六十二〈志〉第一百一十五〈職官〉二「直秘閣」條曰：「國初，以史館、昭文館、集賢院為三館，皆寓崇文院。太宗端拱元年，詔就崇文院中堂建秘閣，擇三館眞本書籍萬餘卷及內出古畫、墨跡藏其中，以右司諫直史館宋泌為直秘閣。」是其證。至宋室南遷，高宗在位之時則僅建史館，迄寧宗時始重修三館。《玉海》卷第一百六十五〈宮室・館〉「紹興史館」條載：「元年四月八日詔修《日曆》，以修日曆所為名。元豐之制，《日曆》歸秘省國史案。三年十一月十六日，以修國史日曆所爲名。四年五月二十四日，癸酉。改爲史館。六月二十四日，置編修校勘。八年八月二十一日，以重修《神宗》、《哲宗實錄》、《正史》及《徽宗實錄》增校勘一員。十年三月二十二日併歸秘省國史案，以著作郎佐纂《日曆》，其史館官皆罷。見修《淵聖》及《今上日曆》，命宰臣提舉。名監修國史。四月，復爲國史日曆所。從王揚英之言。史館在省之東。九年二月二十二日修《徽錄》，即以爲實錄院。十三年十二月，重建秘省。十四年六月二十二日遷新省。二十九年八月二十四日，詔史館修撰、檢討官更不置，都大提舉承受並罷。先是三年八月二十三日，詔修《日曆》，命侍從爲史館修撰，餘官爲直史館及檢討，若著作郎佐闕，用元豐制以郎官兼領。六年正月，修《神宗實錄》成。八年九月，《哲錄》成。十年七月十四日，又詔史館修《徽錄》。十五年，移史館於省之側，別爲一所。今國史日曆所在道山堂東，次著作之庭三楹。庭後為汗青軒、蓬巒。嘉定六年六月十八日重修三館，八年七月畢。紹定四年秋延燔，十一月一日重建三館。五年十月畢工，規模一如舊式。《繫年錄》：『紹興三年八月乙巳，詔復置史館，以從官兼修撰，餘官兼直館、檢討，若著作郎、佐有闕，依元豐例差郎官兼領。四年二月辛丑，翰林學士綦崇禮兼史館修撰，始除修撰官也。』」據上所載，《玉海》所引《建炎以來繫年要錄》明記紹興三年八月乙巳始詔復置史館，是則此書名《館伴日錄》，《解題》繫年爲「紹興二十四年」，足見此書乃撰者伴高宗於史館所撰《日錄》也。

隆興奉使審議錄一卷

《隆興奉使審議錄》一卷，左奉議郎雍希稷堯佐撰。隆興二年，編修官胡昉、閤門祇候楊由義使金人軍前，審議海、泗、唐、鄧等事，不屈而歸。希稷，其禮物官也。所記抗辯廣棪案：盧校本作「辨」。**應對之語，多出由義。**

廣棪案：《宋史》卷三十三〈本紀〉第三十三〈孝宗〉一載：「(隆興元年八月)戊寅，金紇石烈志寧又以此書求海、泗、唐、鄧四州地及歲幣。……丙戌，遣淮西安撫司幹辦公事盧仲賢等齎書至金帥府，戒勿許四州，差減歲幣。……冬十月戊午朔，大臣奏金帥書言四事，帝曰：『四州地、歲幣可與，名分、歸正人不可從。』……十一月……丙午，盧仲賢擅許四州，下大理寺，奪三官。……癸丑，以胡昉、楊由義爲使金通問國信所審議官。二年……二月……乙酉，胡昉自宿州還。初，金帥以昉等不許四郡，械繫之，昉等不屈，金主命歸之。」所載足與《解題》相參證。至雍希稷，《四十七種宋代傳記資料綜合引得》無其資料，藉《解題》所記，猶悉其嘗任左奉議郎，於是次使金爲禮物官，並撰有此書。

攬轡錄一卷

《攬轡錄》一卷，參政吳郡范成大至能乾道六年使金廣棪案：《文獻通考》「使金」作「使北」。**所記聞見。**

廣棪案：《讀書附志》卷上〈地理類〉著錄：「《攬轡錄》二卷，右范成大乾道六年以資政殿大學士、左中大夫、醴泉觀使兼侍讀、丹陽郡開國公、食邑二千戶、食實封八百戶，與崇信軍節度使、領閤門事兼客省四方館事、信安郡開國侯、食邑一千六百戶、食實封四百戶，康湑爲奉使大金國信使副，其往返地理日記也。成大，字至能，吳縣人。紹興二十四年進士，使金歸，除中書舍人。淳熙五年，參知政事。自號石湖。孝宗皇帝御書二字以賜之。」所著錄較《解題》詳備，惟書之卷數則異。《宋史》卷二百三〈志〉第一百五十六〈藝文〉二〈傳記類〉著錄：「范成大又《攬轡錄》一卷。」與《解題》卷數同。《宋史》卷三十四〈本紀〉第三十四〈孝宗〉二載：「（乾道六年閏五月）戊子，遣范成大等使金求陵寢地，且請更定受書禮。……是（九）月，范成大至自金，金許以遷奉及歸欽廟梓宮，而不易受書禮。」正記成大使金事，而所繫之年與《解題》同。此事亦見載《宋史》卷三百八十六〈列傳〉第一百四十五〈范成大〉，惟所繫之年爲隆興，則顯有失誤。或「隆興再講和」云云，乃追述語也。考〈范傳〉云：「隆興再講和，失定受書之禮，上嘗悔之。遷成大起居郎，假資政殿大學士，充金祈請國信使。國書專求陵寢，蓋泛使也。上面諭受書事，成大乞併載書中，不從。金迎使者慕成大名，至求巾幘效之。至燕山，密草奏，具言受書式，懷之入。初進國書，詞氣慷慨，金君臣方傾聽，成大忽奏曰：『兩朝既爲叔姪，而受書禮未稱，臣有疏。』搢笏出之，金主大駭，曰：『此豈獻書處耶？』左右以笏標起之，成大屹不動，必欲書達。既而歸館所，金主遣伴使宣旨取奏。成大之未起也，金庭紛然，太子欲殺成大，越王止之，竟得全節而歸。」所載成大使金求陵寢及請更定受書禮甚詳。《宋史》論曰：「成大致書北庭，幾於見殺，卒不辱命，俱有古大臣風烈，孔子所謂『歲寒然後知松柏之後凋』者歟！」可悉成大志節。此書取名「攬轡」，語出《後漢書》卷六十七〈黨錮列傳〉第五十七〈范滂〉，載：「范滂字孟博，汝南征羌人也。少厲清節，為州里所服，舉孝廉、光祿四行。時冀州飢荒，盜賊群起，乃以滂為清詔使，案察之。滂登車攬轡，慨然有澄清天下之志。」足見成大追慕范滂，亦「慨然有澄清天下之志」也。

北行日錄一卷

《北行日錄》一卷，參政四明樓鑰大防，乾道己丑待次溫州教授，以書狀官從其舅汪大猷仲嘉使金紀行。

廣棪案：乾道己丑為乾道五年。《宋史》卷三十四〈本紀〉第三十四〈孝宗〉二載：「（乾道五年）冬十月乙酉，遣汪大猷等使金賀正旦。」同書卷四百〈列傳〉第一百五十九〈汪大猷〉亦載：「借吏部尚書為賀金國正旦使，……還朝……改權吏部侍郎兼權尚書。」均載大猷使金賀旦事，且有月日可稽，足與《解題》相參證。《宋史》卷三百九十五〈列傳〉第一百五十四〈樓鑰〉載：「樓鑰字大防，明州鄞縣人。隆興元年，試南宮，有司偉其辭藝，欲以冠多士，策偶犯舊諱，知貢舉洪遵奏，得旨以冠末等。投贄謝諸公，考官胡銓稱之曰：『此翰林才也。』試教官，調溫州教授，為敕令所刪定官，修《淳熙法》。議者欲降太學釋奠為中祀，鑰曰：『乘輿臨幸，於先聖則拜，武成則肅揖，其禮異矣，可鈞敵乎？』」〈鑰傳〉未載以書狀官從大猷使金事，《解題》所記，足補正史之闕。

乾道奉使錄一卷

《乾道奉使錄》一卷，參政諸暨姚憲令則乾道壬辰使金日記。

廣棪案：乾道壬辰，為乾道八年。《宋史》卷三十四〈本紀〉第三十四〈孝宗〉二載：「（乾道八年二月）戊申，遣姚憲等使金賀上尊號，附請受書之事。」與《解題》合。憲，《宋史》無傳。吳廷燮《南宋制撫年表》卷上淳熙四年「姚憲」條引《會稽續志》曰：「姚憲字令則，嵊縣進士，參知政事，提舉國興宮，起泉州，復端明殿學士，知江陵府，卒。在江陵獲盜，付之有司，未嘗妄貸一人。」又引《周益公集》曰：「淳熙四年十一月，知泉州姚憲辭知江陵，不允。」可知憲宦歷梗概。

奉使執禮錄一卷

《奉使執禮錄》一卷，進士鄭儼撰。淳熙己酉中書舍人莆田鄭僑惠叔使金賀正，廣棪案：「正」下疑闕「旦」字。**會其主雍病篤，欲令于閤門進國書，僑不可。已而雍殂，遂回。**

廣棪案：淳熙己酉，爲淳熙十六年。《宋史》卷三十五〈本紀〉第三十五〈孝宗〉三載：「（淳熙十五年九月）己酉，遣鄭僑等使金賀正旦。……十六年春正月癸巳，金主雍殂，孫璟立。」是知僑之使金，爲淳熙十五年九月，而非十六年，《解題》誤；惟《解題》所載，亦足補正史之未備。至此書撰者鄭儼，《宋史》無其人，《四十七種宋代傳記綜合引得》亦無其資料，無可考矣。

使燕錄一卷

《使燕錄》一卷，尚書戶部郎龍游余嶸景瞻撰。嘉定辛未，嶸使金賀生辰，會有韃寇，行至涿州定興縣而回。

廣棪案：嘉定辛未，爲嘉定四年。《宋史》卷三十九〈本紀〉第三十九〈寧宗〉三載：「（嘉定四年）六月丁亥，遣余嶸賀金主生辰，會金國有難，不至而還。」可與《解題》相參證。嶸，《宋史》無傳。《宋元學案》卷五十五〈水心學案〉下〈劉氏門人〉「學士余先生嶸」條載：「余嶸，字景瞻，龍游人，左相忠肅公端禮之幼子也。幼學于劉靖君，淳熙十四年擢第，官至寶謨閣學士。卒，贈龍圖閣學士、光祿大夫。忠肅在慶元，保全定策國老，平停僞學禁錮，號南渡名宰。先生接緒言而傳心印，克爲名卿，眞西山、陳復齋尤敬重焉。參《劉後村集》。」惟未載其使金賀生辰事。

李公談錄一卷

《李公談錄》一卷，翰林學士饒陽李宗諤昌武撰。記其父昉之言，凡三十七事。

廣棪案：《郡齋讀書志》卷第九〈傳記類〉著錄：「《西李文正公談錄》一卷，右西李文正公昉也，相太宗，其子宗諤錄其生平所談十七事。」所著錄與《解題》應爲同一書，而書名及記昉所談事多寡不同。宗諤，《宋史》卷二百五十六〈列傳〉第二十四附〈李昉〉。其〈傳〉曰：「宗諤字昌武，七歲能屬文，恥以父任得官，獨由鄉舉第進士，授校書郎。」又曰：「宗諤工隸書。有《文集》六十卷、《內外制》三十卷。嘗預修《續通典》、《大中祥符封禪汾陰記》、《諸路圖經》，又作《家傳》、《談錄》，並行于世。」所記《談錄》，即此書也。宗諤，昉第三子。

丁晉公談錄一卷

《丁晉公談錄》一卷，不知何人作。

廣棪案：《郡齋讀書志》卷第六〈雜史類〉著錄：「《晉公談錄》三卷，右皇朝丁謂撰。多皇宋事。每章之首，皆稱『晉公言』，不知何人爲潤益。初，董志彥得之於洪州潘延之家。延之，晉公甥，疑延之所爲。」孫猛《郡齋讀書志校證》曰：「《晉公談錄》三卷。按此書袁本卷二上〈雜史類〉、卷三下〈小說類〉重出，衢本不重。〈小說類〉題作《晉公談錄》一卷，解題曰：『右皇朝丁謂封晉公，不知何人記其所談。此書襄陽董識得之於洪州潘延之，晉公甥也，疑延之所作。』《書錄解題》卷七〈傳記類〉作《丁晉公談錄》一卷。〈宋志〉卷二〈傳記類〉作《丁謂談錄》一卷，不知作者。《秘續目・小說類》有《丁晉公談諧》一卷，疑即此書。今本俱一卷。《鄭堂讀書記》卷六十四云：『晁、馬兩家俱作三卷，字之誤也。……今觀其書，凡三十一條，雖皆謂所談當代之事，而不皆稱「晉公言」，與晁氏所見本異，或後人刊落之耳。』」是則此書應爲一卷，至其撰者，晁氏疑爲潘延之所爲，或可信也。丁謂，《宋史》卷二百八十三〈列傳〉第四十二有傳，眞宗「乾興元年封晉國公」。

賈公談錄一卷

《賈公談錄》一卷，〈序〉言：「庚午銜命宋都，聞於補闕賈黃中。凡二十六條，而不著其名。」別本題「清輝殿學士張洎」。蓋洎自江南奉使也。庚午實開寶三年。黃中，晉開運中以七歲為童子關頭，館臣案：《宋史》本傳六歲舉童子科。**十六歲進士及第第三人。**

廣棪案：《郡齋讀書志》卷第十三〈小說類〉著錄：「《賈氏談錄》一卷。右僞唐張洎奉使來朝，錄其家賈黃中所談三十餘事，歸獻其主。」與《解題》著錄應同爲一書。《四庫全書總目》卷一百四十〈子部〉五十〈小說家類〉一著錄：「《賈氏談錄》一卷，《永樂大典》本。宋張洎撰。洎字思黯，改字偕仁，全椒人。初仕南唐爲知制誥、中書舍人。入宋爲史館修撰、翰林學士。淳化中，官至參知政事。事蹟具《宋史》本傳。是書乃洎爲李煜使宋時錄所聞於賈黃中者，故曰《賈氏談錄》。前有〈自序〉，題庚午歲，爲宋太祖開寶三年。《宋史・賈黃中傳》載黃中官左補闕，在開寶初，與此〈序〉合，蓋其時爲洎館伴也。又〈序〉末稱貽諸好事，而晁公武《讀書志》乃稱『南唐張洎奉使來朝，錄賈黃中所談，歸獻其主。』殆偶未檢此〈序〉歟？史稱黃中多知臺閣故事，談論亹亹，聽者忘倦。故此《錄》所述皆唐代軼聞。晁氏稱原書凡三十餘事，明陶宗儀《說郛》所載僅九事。宋曾慥《類說》所載亦僅十七事。惟《永樂大典》所載較曾、陶二本爲詳，今從各韻蒐輯，參以《說郛》、《類說》，共得二十六事。視洎原目，蓋已及十之九矣。〈原敘〉一篇，《類說》及《永樂大典》皆佚之。惟《說郛》有其全文。今仍錄冠卷首，以補其闕。是書雖篇帙無多，然如牛李之黨，其初肇釁於口語，爲史所未及。而《周秦行紀》一書，晁公武亦嘗據此《錄》以辨韋瓘之誣。他如興慶宮、華清宮、含元殿之制，淡墨題榜之始，以及院體書、百衲琴、澄泥研之類，皆足以資考核。較他小說固猶爲切實近正也。」《四庫全書總目》考證綦詳，足資參考。此書蓋張洎撰。洎，《宋史》卷二百六十七〈列傳〉第二十六有傳。〈傳〉載：「洎舊字師黯，改字偕仁。清輝殿在後苑中，煜寵洎，不欲離左右，授職內殿，中外之務以諮之。」洎稱「清輝殿學士」以此。賈黃中，字媧民，滄州南皮人，《宋史》卷二百六十五〈列傳〉第二十四有傳，〈傳〉載：「黃中幼聰悟，方五歲，玭每旦令正立，展書卷比之，謂之『等身書』，課其誦讀。六歲舉童子科，七歲能屬文，觸類賦詠。父嘗令蔬食，曰：『俟業成，乃得食肉。』十五舉進士，授校書郎、集賢校理，遷著作郎，直史館。」《宋史》記黃中舉童子科及進士之年歲與《解題》略異，未知孰是。

王沂公筆錄一卷

《王沂公筆錄》一卷，丞相沂公青社王曾孝先撰。記開國以來雜事，凡三十六條。

廣棪案：《郡齋讀書志》卷第六〈雜史類〉著錄：「《筆錄》一卷。右皇朝王曾撰。皆國朝雜事。」此書或稱《王文正筆錄》。《四庫全書總目》卷一百四十〈子部〉五十〈小說家類〉一著錄：「《王文正筆錄》一卷，江蘇巡撫采進本。宋王曾撰。曾字孝先，青州益都人。咸平五年鄉貢，試禮部，廷對第一。官至右僕射兼門下侍郎平章事、集賢殿大學士，封沂國公，諡文正。事蹟具《宋史》本傳。此乃所記朝廷舊聞，凡三十餘條，皆太祖、太宗、眞宗時事。其下及仁宗初者，僅一二條而已。曾練習掌故，所言多確鑿可據，故李燾作《通鑑長編》，往往全採其文。如記李沆爲相，王旦參知政事，羽書邊奏無虛日，旦以爲憂。沆謂他日天下寧晏，未必端拱無事。及北鄙和好，登封行慶，旦疲於贊導，始服李之深識云云。司馬光《涑水紀聞》亦載其事，則謂和好既成，而沆獨憂之。李燾《考異》謂沆卒於景德元年七月，至十二月和議始成。光蓋偶未及考，當以曾說爲長。此類皆爲能得其實。惟景德改元在其年正月，而曾於『王繼忠』一條乃謂兵罷改元，亦未免有誤。又繼忠兵敗降遼，不能死國，反爲所任用，殊虧臣節。雖有啓導和好之力，殊不足自贖。曾乃以盡忠兩國許之，褒貶尤爲失當矣。」所考足補晁、陳兩書之疏略。曾傳見《宋史》卷三百一十〈列傳〉第六十九。

沂公言行錄一卷

《沂公言行錄》一卷，天章閣待制王皞子融撰。沂公之弟也。前有葉清臣館臣案：《文獻通考》作「李清臣」。**〈序〉文，後有晏殊、杜杞答書。**廣棪案：《文獻通考》「答書」作「岑書」，誤。

廣棪案：《郡齋讀書志》卷第九〈傳記類〉著錄：「《王文正公言行錄》三卷。右皇朝王文正公曾相仁宗，其弟皞錄其平生言行，凡六十七事。李清臣爲之〈序〉。」考《玉海》卷第五十八〈藝文・錄〉「《本朝名臣錄》」條載：「《書目》：『……《王曾言行錄》三卷，葉清臣撰。……又《王曾言行錄》一卷，凡六十七事，王皞撰。』」而《文獻通考・經籍考》則著錄：「《王沂公言行錄》一卷，一作三卷。晁氏曰：『沂公弟、天章閣待制皞錄公平生言行，凡三十七事。』」綜上所引，則《解題》與《郡齋讀書志》、《玉海》、《文獻通考》著錄此書，於書名、卷數、撰者、撰序者及所記之事迹各項，頗不一致。大抵此書之書名，作《沂公言行錄》、《王文正公言行錄》、《王曾言行錄》均無不可，蓋同書而異名；卷數作一卷，或作三卷亦無不可，大抵分卷不同耳；至撰者則確爲王皞，《玉海》引《中興館閣書目》作葉清臣撰，乃誤以撰〈序〉之人爲撰書之人；至撰〈序〉者則爲葉清臣而非李清臣，孫猛《郡齋讀書志校證》曰：「葉清臣與曾、皞同時，爲仁宗時人，事見《宋史》卷二九五；李清臣時代晚於曾、皞，神、哲間人，事見《宋史》卷三二八。且皞卒於英宗治平初，李清臣安得爲皞所著撰序？此『李清臣』當『葉清臣』之誤，公武偶疏。」孫氏所考極允當，而《文獻通考》引「陳氏曰」，改「葉清臣」作「李清臣」，亦以據晁氏之言而蹈誤耳。惟《文獻通考》引「晁氏曰」謂所記「凡三十七事」，而《郡齋讀書志》明言「凡六十七事」，則馬氏失愼也。王皞，附見《宋史》卷三百一十〈列傳〉第六十九〈王曾〉。〈傳〉稱皞「拜天章閣待制、尙書吏部郎中，知荊南」，與《解題》合。

王文正家錄一卷

《王文正家錄》一卷，端明殿學士王素仲儀記其父旦言行遺事。

廣棪案：《郡齋讀書志》卷第九〈傳記類〉著錄：「《王魏公遺事》四卷。右皇朝王魏公旦相眞宗，其子素錄其遺事，凡五百條，分四卷。」《郡齋讀書志》與《解題》所著錄應同屬一書，惟書名與卷數不同。有關此點，孫猛《郡齋讀書志校證》考之曰：「《王魏公遺事》四卷，按此書《遂初堂書目・本朝雜傳類》題作《王文正遺事》，〈宋志〉卷二作《王旦遺事》，《四庫總目》卷五十九〈傳記類存目〉一作《王文正公遺事》，今《百川學海》丙集本作《文正王公遺事》，《歷代小史》本作《王文公遺事》，俱一卷。《歷代小史》本止五十條，是公武所見尙爲完帙。《玉海》卷五十八引《中興書目》載《名賢遺範錄》十四卷，中有『《王旦遺事錄》四卷，子素撰』。是宋時完本與節本並行而足本未傳後也。又，旦薨，贈魏國公，謚文正，《讀書志》著錄本用其封稱。又，《書錄解題》卷七，《遂初堂書目》另有《王文正家錄》，陳氏云：『一卷，端明殿學士王素仲儀記其父旦言行遺事。』」是則此書多異名，宋時完本與節本並行，直齋得其節本一卷，公武得其完帙，分四卷。《四庫全書總目》卷五十九〈史部〉十五〈傳記類存目〉一亦著錄此書，曰：「《王文正公遺事》一卷，浙江巡撫採進本。宋王素撰。素字仲儀，旦之幼子也。舉進士，官屯田員外郎，歷工部尙書，謚曰懿，事蹟具《宋史》本傳。是編所述旦事，雖子孫揚詡之詞，然大概與史傳相出入。旦本賢相故也，惟記眞宗東封西祀之後，令近臣編錄符瑞。旦言：『兩爲大祀使，所奏符瑞，一一非臣目睹。』令堂吏取欽天監邢中和狀，稱有此瑞。乞令編修官實錄臣奏，不可漏落一事云云。於事理殊爲不近，蓋旦於瑞符齋醮不能匡正，論者有遺議焉。故素以此陰解之，非實錄也。晁公武《讀書志》作四卷，註稱凡五百條。此本僅一卷，蓋非完書。然陳振孫《書錄解題》已稱一卷，則南宋末已行此節本矣。」是則王素此書固在揚詡祖芬，惟旦之言行，論者亦有遺議者。旦傳，見《宋史》卷二百八十二〈列傳〉第四十一。素傳，見同書卷三百二十〈列傳〉第七十六。

寇萊公遺事一卷

《寇萊公遺事》一卷，不知何人作。

廣棪案：《宋史》卷二百三〈志〉第一百五十六〈藝文〉二〈傳記類〉著錄此書，作《寇準遺事》一卷，謂「不知作者」，與《解題》同。準，《宋史》卷二百八十一〈列傳〉第四十有傳，記其生平事迹極詳悉，《宋史》論曰：「準於太宗朝論建太子，謂神器不可謀及婦人，謀及中官，謀及近臣。此三者言，可爲萬世龜鑑。澶淵之幸，力沮眾議，竟成雋功，古所謂大臣者，於斯見之。然挽衣留諫，面詆同列，雖有直言之風，而少包荒之量。定策禁中，不慎所與，致啓懷政邪謀，坐竄南裔。勳業如是，而不令厥終，所謂『臣不密則失身』，豈不信哉！」可睹準忠義節概及史臣褒貶與感慨之一斑。

乖崖政行語錄三卷

《乖崖政行語錄》三卷，館臣案：《文獻通考》作《張忠定公語錄》四卷。　廣棪案：盧校注：「《通攷》所載是晁《志》。」虞部員外郎成都李畋撰。述張忠定公詠治蜀政事及言行。

廣棪案：此書書名與卷數頗有不同之著錄。《郡齋讀書志》卷第九〈傳記類〉載：「《張忠定公語錄》四卷。右皇朝張忠定公詠守蜀，有善政，其門人李畋記其語論可以垂世者。」孫猛《郡齋讀書志校證》曰：「《張忠定公語錄》，按是書諸目著錄各異，《書錄解題》卷七作《乖崖政行語錄》三卷，〈宋志〉卷二作《乖崖語錄》一卷，注云：『載張詠政績。』又《玉海》卷五十八引《中興書目》載《名賢遺範錄》十四卷，其中即收有李畋撰《張詠語錄》四卷，是宋時固有四卷者。忠定，詠之謚也；乖崖，詠之自號也。」可知此書或作一卷，或作三卷，或作四卷；而其書名異稱亦多。張詠字復之，濮州鄄城人。《宋史》卷二百九十三〈列傳〉第五十二本傳載：「出知益州，時李順構亂，王繼恩、上官正總兵攻討，頓師不進。詠以言激正，勉其親行，仍盛爲供帳餞之。酒酣，舉爵屬軍校曰：『爾曹蒙國厚恩，無以塞責，以行當直抵寇壘，平蕩醜類。若老師曠日，即此地還爲爾死所矣。』正由是決行深入，大致克捷。繼恩帳下卒縋城夜遁，吏執以告。詠不欲與繼恩失懽，即命縶投眢井，人無知者。時寇略之際，民多脅從，詠移文諭以朝廷恩信，使各歸田里。且曰：『前日李順脅民爲賊，今日吾化賊爲民，不亦可乎？』時民間訛言，有白頭翁午後食人兒女，一郡囂然。至暮，路無行人，既而得造訛者戮之，民遂帖息。詠曰：『妖訛之興，沴氣乘之，妖則有形，訛則有聲，止訛之術，在乎識斷，不在乎厭勝也。』初，蜀士知向學，而不樂仕宦。詠察郡人張及、李畋、張逵者皆有學行，爲鄉里所稱；遂敦勉就舉，而三人者悉登科，士由是知勸。民有諜訴者，詠灼見情僞，立爲判決，人皆厭服。好事者編集其辭，鏤板傳布。詠嘗曰：『詢君子得君子，詢小人得小人，各就其黨詢之，則無不審矣。』其爲政，恩威並用，蜀民畏而受之。」可見詠治蜀政事及言行之梗概。李畋，《宋史翼》卷二十六〈列傳〉第二十六〈文苑〉一有傳。〈傳〉曰：「李畋字渭卿，自號谷子。少師任奉古，以著述爲志，不樂仕進，士大夫多稱之，爲張乖崖所器。……撰有《道德疏》二十卷、《乖崖語錄》二卷、《谷子》三十卷、歌詩、雜文七十卷。」其中《乖崖語錄》二卷，即此書，則此書亦有作二卷者，孫猛《校證》有所未及也。

安定先生言行錄二卷

《安定先生言行錄》二卷，雜錄胡瑗翼之事及告祠、誌、表、祭文等。

廣棪案：此書已佚。瑗傳見《宋史》卷四百三十二〈列傳〉第一百九十一〈儒林〉二。其〈傳〉記其生平曰：「胡瑗字翼之，泰州海陵人。以經術教授吳中，年四十餘。景祐初，更定雅樂，詔求知音者。范仲淹薦瑗，白衣對崇政殿。與鎮東軍節度推官阮逸同校鐘律，分造鐘磬各一虡。……授瑗試秘書省校書郎。范仲淹經略陝西，辟丹州推官。以保寧節度推官教授湖州。瑗教人有法，科條纖悉備具，以身先之。雖盛暑必公服坐堂上，嚴師弟子之禮。視諸生如其子弟，諸生亦信愛如其父兄，從之游者常數百人。慶曆中，興太學，下湖州取其法，著爲令。召爲諸王宮教授，辭疾不行。爲太子中舍，以殿中丞致仕。……瑗既居太學，其徒益眾，太學至不能容，取旁官舍處之。禮部所得士，瑗弟子十常居四五，隨材高下，喜自修飭，衣服容止，往往相類，人遇之雖不識，皆知其瑗弟子也。嘉祐初，擢太子中允、天章閣侍講，仍治太學。既而疾不能朝，以太常博士致仕，歸老於家。諸生與朝士祖餞東門外，時以爲榮。既卒，詔賻其家。」趙希弁《讀書附志》卷上〈譜牒類〉著錄《安定先生世系述》一卷，其解題述瑗生平亦甚詳。至瑗之著述，今見收於《四庫全書》者，有《周易口義》、《洪範口義》二書。

其間有《賢惠錄》、《孝行錄》，蓋其父訥所為也。《孝行錄》別見，《賢惠錄》記婦人之賢者。

案：《解題》卷七〈傳記類〉著錄：「《孝行錄》三卷，京兆胡訥撰。始得此書，不知訥何人。所記多國初人，已而知其爲安定先生翼之父，仕爲寧海節度推官。」此即所謂「別見」者。《賢惠錄》，《郡齋讀書志》卷九〈傳記類〉亦著錄：「《賢惠錄》三卷。右皇朝胡納撰。錄國朝賢惠之女。後一卷，瑗嗣成之。」惟「納」應作「訥」，公武誤。

曹武惠別傳一卷

《曹武惠別傳》一卷，知石州曹偃撰。武惠曾孫也。

廣棪案：《宋史》卷二百三〈志〉第一百五十六〈藝文〉二〈傳記類〉著錄：「《曹彬別傳》一卷，曹彬之孫偃撰。」與《解題》爲同一書。《秘書省續編到四庫闕書目》卷一〈傳記〉著錄：「《曹武惠王家傳》一卷，闕。輝按：陳《錄》作《曹武惠別傳》，〈宋志〉作《曹彬傳》，云曹彬之孫偃撰。」葉德輝考證本。是則此書或稱《曹彬別傳》，或稱《曹武惠王家傳》。惟葉德輝考證引〈宋志〉，書名闕「別」字。考曹彬，《宋史》卷二百五十八〈列傳〉第十七有傳。其〈傳〉謂彬字國華，眞定寧壽人。咸平二年被疾，六月薨，年六十九。贈中書令，追封濟陽郡王，謚武惠。則此書乃以彬之謚號命名者。其〈傳〉又曰：「彬性仁敬和厚，在朝廷未嘗忤旨，亦未嘗言人過失。伐二國，秋毫無所取。位兼將相，下以等威自異。遇士夫於塗，必引車避之。不名下吏，每白事，必冠而後見。居官，奉入給宗族，無餘積。平蜀回，太祖從容問官吏善否，對曰：『軍政之外，非臣所聞也。』固問之，唯薦隨軍轉運使沈倫廉謹可任。爲帥知徐州日，有吏犯罪，既具案，逾年而後杖之，人莫知其故。彬曰：『吾聞此人新娶婦，若杖之，其舅姑必以婦爲不利，而朝夕笞詈之，使不能自存。吾故緩其事，然法亦未嘗屈焉。』北征之失律也，趙昌言表請行軍法。及昌言自延安還，被劾，不得入見。彬在宥府，爲請於上，乃許朝謁。」則彬之處事仁民澤物，殆可知矣，此或《別傳》所必記者耶？至曹偃，《宋史》無傳，《四十七種宋代傳記綜合引得》無其資料，韓維《南陽集》卷十七有〈西京左藏副使曹偃可文思副使制〉一文，可稍知其宦履。又考《宋會要輯稿》第九十七冊〈職官〉六三之四載：「（神宗熙寧二年）十月八日，樞密院言就差憲州曹偃知石州。」同書第一百五十四冊〈食貨〉六三之四五載：「（熙寧九年）五月十二日，河北同提點制置屯田事閻士良言：『竊聞保州界自景祐中楊懷敏勾當屯田司日，厚以財利召募人指抉西山被民塡塞泉眼去處。臣常諭保州曹偃訪得雲翼卒康進畫到地圖，……』同書第九十八冊〈職官〉六六之二五載：「（元豐六年）十月八日，東上閤門使李綬、閤門看班祗候主管簿書宋環，各罰銅十斤；客省使曹評東、上閤門使曹偃、客省副使曹誘，各罰銅六斤，坐失點檢江東轉運判官郟擅見有罪被劾乞上殿故也。」另悉曹偃先後知憲州、石州、保州，又任上閤門使。其知石州在熙寧二年十月八日，則《曹武惠別傳》當撰成於此年而略晚。《宋史》彬傳載彬子璨、珝、瑋、玹、玘、珣、琮，名皆從玉。又記玘之子佾、傅，璨之子儀，琮之子佺；又謂佾從弟偕，名皆從人。是疑偃亦彬之孫，非曾孫也，是直齋誤而〈宋志〉反不誤。又曹玹任左藏庫副使，偃亦任此職，則偃或玹之子而繼父職歟？其生平可考者如此。

韓魏公家傳十卷

《韓魏公家傳》十卷，館臣案：《文獻通考》作二卷。**不著名氏。當是其家所傳也。**
館臣案：晁公武《讀書志》稱韓忠彥撰，錄其父琦平生行事。

廣棪案：《郡齋讀書志》卷第九〈傳記類〉著錄：「《韓魏公家傳》二卷，右皇朝韓忠彥撰。錄其父琦平生行事。近世著史者，喜采小說以爲異聞逸事，如李繁錄其父泌，崔胤記其父愼由，事悉鑿空，妄言前世，謂此等無異莊周鮒魚之辭、賈生鵩鳥之對者也，而《唐書》皆取之，以亂正史。由是近時多有《家傳》、《語錄》之類行於世，陳瑩中所以發憤而著書，謂魏公名德在人耳目如此，豈假門生子侄之間區區自列乎？持史筆其愼焉。」《四庫全書總目》卷五十九〈史部〉十五〈傳記類存目〉一亦著錄：「《韓魏公家傳》二卷，江蘇巡撫採進本。不著撰人名氏。記宋韓琦平生行事。陳振孫《書錄解題》以爲是其家所傳。晁公武《讀書志》則以爲其子忠彥所撰錄。公武去忠彥世近，當有所據也。其書隨年排次，頗爲繁冗。公武引陳瓘之言，謂『魏公名德在人耳目如此，豈假門生子侄之間區區自列』。其說當矣。」則此書應爲忠彥所撰。至此書卷數，孫猛《郡齋讀書志校證》曾考之，曰：「《韓魏公家傳》二卷，按《書錄解題》卷七有《韓魏公家傳》十卷，云：『不著名氏，當是其家所傳也。』〈宋志〉卷二作《韓忠獻公家傳》一卷，注云：『韓琦五世孫庚卿作。』《四庫總目》卷五十九〈傳記類存目〉一標題、卷數俱合《讀書志》，然不著撰人。今《安陽集》（明正德安陽張士隆河東鹺使署刊本）附《家傳》作十卷，且十卷本亦有單刻本，見《善本書室藏書志》卷九，題《宋忠獻韓魏王君臣相遇家傳》，蓋崇禎刊本。」如據孫猛所考，則此書有一卷、二卷、十卷之別。其撰人，〈宋志〉謂韓庚卿作；至書名，則〈宋志〉作《韓忠獻公家傳》，《善本書室藏書志》作《宋忠獻韓魏王君臣相遇家傳》，均不同於《解題》。琦，《宋史》卷三百一十二〈列傳〉第七十一有傳。其〈傳〉載琦於英宗時拜右僕射，封魏國公；及薨，神宗贈尚書令，謚曰忠獻，配享英宗朝廷；徽宗追贈魏郡王。忠彥附父傳。

韓忠獻遺事一卷

《韓忠獻遺事》一卷，群廣棪案：《四庫全書》本誤作「郡」，據《文獻通考》校改。**牧判官錢塘強至幾聖撰。**

廣棪案：《宋史》卷二百三〈志〉第一百五十六〈藝文〉二〈傳記類〉著錄作《韓琦遺事》一卷，謂「不知作者」，疑與此同爲一書。《四庫全書總目》卷五十九〈史部〉十五〈傳記類存目〉一著錄：「《韓忠獻遺事》一卷，內府藏本。宋強至撰。至字幾聖，錢塘人。諸書不詳其始末。此書結銜稱群牧判官、尚書職方員外郎。以其《祠部集》中詩文考之，則登第之後，謁選得泗州掾。以薦歷浦江、東陽、元城三縣令。終於三司戶部判官、尚書祠部郎中。其〈上河北都運元給事書〉，所謂四歷州縣，三任部屬者，雖不盡可考，參以此書所題，尚可見其大略也。至嘗佐韓琦幕府，故此編敘琦遺事頗詳。世所傳琦〈重陽詩〉『不嫌老圃秋容淡，且看黃花晚節香』句，諸家詩話遞相援引。其始表章者，實見至此編焉。」則所考較《解題》爲贍博。

至，魏公之客也。

案：至，《宋史翼》卷二十六〈列傳〉第二十六〈文苑〉一有傳，其〈傳〉略曰：『強至字幾聖，杭州吳山里人。……慶歷六年登進士第。……最受知於韓琦。琦罷政事，鎮京兆，徙鎮相魏，常引至自助。琦爲詩，令賓客屬和，至獨思致逸發，不可追躡。琦上奏及他書記，皆至屬稿。琦乞不散青苗，神宗閱其奏曰：『此必強至之文也。』……琦數薦充館閣，未及用而卒。官至祠部員外郎，累贈金紫光祿大夫，有《文集》二十卷。曾鞏爲之〈序〉，謂其文簡古，不少貶以徇俗。鞏弟肇，其壻也。嘗祭以文，謂以文起家，以行忱身，崛起進士，厥聲四馳，歷試吏職，民懷去思。世以爲實錄。……《咸淳臨安志》。」《宋史翼》此傳乃據《咸淳臨安志》撰成，《四庫全書總目》謂諸書不詳至之始末，殆未檢《咸淳臨安志》也。

魏公語錄一卷

《魏公語錄》一卷，廣棪案：盧校注：「此當在下條後。」**與《別錄》小異而實同。《別錄》分四卷，此總為一編。先後次第亦不同，而末一則，《別錄》所無，姑並存之。**

廣棪案：盧文弨校注此條，謂「此當在下條後」。所言甚是。然其出錯固不自《四庫》館臣始，蓋《文獻通考·經籍考》著錄，亦此條在前，《魏公別錄》條在後。故疑《解題》原次如此，則其失慎誤植，殆始自直齋也。

魏公別錄四卷

《魏公別錄》四卷，樞密大名王巖叟彥霖撰。

廣棪案：《郡齋讀書志》卷九〈傳記類〉著錄：「《魏國忠獻公別錄》三卷，右皇朝韓魏公琦相仁宗、英宗，其門人王巖叟記其言論事實。然以《國史》考之，其歲月往往牴牾，蓋失之誣也。」當與《解題》著錄同屬一書，惟書名、卷數相異。《四庫全書總目》卷五十九〈史部〉十五〈傳記類存目〉一著錄：「《韓魏公別錄》三卷，浙江范懋柱家天一閣藏本。宋王巖叟撰。巖叟字彥霖，清平人。鄉舉、省試、廷對皆第一，調欒城簿。歷樞密直學士、簽書院事。事蹟具《宋史》本傳。巖叟嘗在韓琦幕府，每與琦語，輒退而書之。琦歿後，乃次爲《別錄》三篇。上篇皆琦奏對之語，中篇乃琦平日緒言，下篇則雜記其所聞見也。《讀書志》稱『以《國史》考之，歲月往往牴牾，蓋失之誣』。其書《讀書志》作四卷。《書錄解題》載有《語錄》一卷，亦稱與《別錄》小異而實同。《別錄》分四卷。此總爲一篇，皆與此本三卷不合。其爲何時所併，不可考矣。」《四庫全書總目》所考甚詳辨，惟書名、卷數亦與《解題》不同。孫猛《郡齋讀書志校證》考之曰：「《魏國忠獻公別錄》三卷，《經籍考》卷二十六作《魏公別錄》四卷，標題、卷數蓋從《書錄解題》卷七，《書錄解題》另有《魏公語錄》一卷，云：『與《別錄》小異而實同，《別錄》分四卷，此總爲一篇，先後次第亦不同，而末一則，《別錄》所無，姑並存之。』〈宋志〉卷二有《韓忠獻公別錄》一卷，疑即此一卷本。《玉海》卷五十八引《中興書目》，載《名賢遺範錄》十四卷，內有王巖叟撰《韓琦別錄》三卷，《四庫總目》卷五十九〈傳記類存目〉一著錄《韓魏公別錄》三卷，明正德張士隆刊本《安陽集》附《別錄》亦三卷，俱與《讀書志》合。」是此書之書名與分卷，自晁、陳以來已有所差異矣。

亦魏公客。

案：巖叟，《宋史》卷三百四十二〈列傳〉第一百一有傳。其〈傳〉曰：「王巖叟字彥霖，大名清平人。……熙寧中，韓琦留守北京，以爲賢，辟管勾國子監，又辟管勾安撫司機宜文字，監晉州折博、煉鹽務。韓絳代琦，復欲留用。巖叟謝曰：『巖叟，魏公之客，不願出他門也。』士君子稱之。……元祐六年，拜樞密直學士，簽書院事。」

杜祁公語錄一卷

《杜祁公語錄》一卷，不知何人作。

廣棪案：此書已佚。杜祁公即杜衍，其傳見《宋史》卷三百一十〈列傳〉第六十九。衍字世昌，越州山陰人。其〈傳〉曰：「衍爲宰相，賈昌朝不喜，議者謂故相一上章得請，以三少致仕，皆非故事，蓋昌朝抑之也。皇祐元年，特遷太子太保，召陪祀明堂，仍詔應天府，敦遣就道，都亭驛設帳具几杖待之，稱疾固辭。進太子太傅，賜其子同進士出身，又進太子太師。知制誥王洙諭告歸應天府，有詔撫問，封祁國公。」又曰：「衍清介不殖私產，既退，寓南都凡十年，第室卑陋，才數十楹，居之裕如也。出入從者十許人，烏帽、皀綈袍、革帶。或勸衍爲居士服，衍曰：『老而謝事，尙可竊高士名邪！』善爲詩，正書、行、草皆有法。病革，帝遣中使賜藥，挾太醫往視，不及，卒，年八十。贈司徒兼侍中，謚正獻。戒其子努力忠孝，斂以一枕一席，小壙庳冢以葬。自作遺疏，其略曰：『無以久安而忽邊防，無以既富而輕財用，且早建儲副，以安人心。』語不及私。」均足見其言行風範之一斑。故《宋史》論之曰：「衍勁正清約，能靳惜名器，裁抑僥倖，凜然有大臣之概焉。宋之賢相，莫盛於眞、仁之世，漢魏相，唐宋璟、楊綰，豈得專美哉！」若杜祁公者，所評固堪以當之。

文潞公私記一卷

《文潞公私記》一卷，記至和請建儲及元豐褒賞事。

廣棪案：《郡齋讀書志》卷第九〈傳記類〉著錄：「《文潞公私記》一卷，右皇朝文彥博所撰。元豐初，王堯臣之子同老以其父至和中所撰〈立英宗爲皇子詔章〉

上之，且曰：『時宰相文彥博、富弼知狀。』神宗以問彥博，彥博具以實對。至元祐中，賈易爲言官，因爲韓忠彥爭辨其事，彥博乃著此。其後云：『自古惟霍禹云：「縣官非我家將軍不得至此。」楊復恭自稱爲「定策國老」，謂昭宗爲「門生天子」，皆鞅鞅不道之語，卒被夷滅。』」所記較《解題》爲詳贍。此書既稱《文潞公私記》，則應爲彥博所自撰。彥博字寬夫，汾州介休人。《宋史》卷三百一十三〈列傳〉第七十二有傳。其〈傳〉載：「初，仁宗之不豫也，彥博與富弼等乞立儲嗣，仁宗許焉。而後宮將有就館者，故其事緩。已而彥博去位，其後弼亦以憂去。彥博既服闋，復以故官判河南，有詔入覲。英宗曰：『朕立之，卿之力也。』彥博竦然對曰：『陛下入繼大統，乃先帝聖意，皇太后協贊之力，臣何力之有？兼陛下登儲纂極之時，臣方在外，皆韓琦等承聖志受顧命，臣無與焉。』帝曰：『備聞始議，卿於朕有恩。』彥博遜避不敢當。帝曰：『暫煩西行，即召還矣。』尋除侍中，徙鎭淮南，判永興軍，入爲樞密使、劍南西川節度使。」又載：「元豐三年，拜太尉，復判河南。於是王同老言至和中議儲嗣事，彥博適入朝，神宗問之，彥博以前對英宗者復于帝曰：『先帝天命所在，神器有歸，實仁祖知子之明，慈聖擁佑之力，臣等何功？』帝曰：『雖云天命，亦繫人謀。卿深厚不伐善，陰德如丙吉，眞定策社稷臣也。』彥博曰：『如周勃、霍光，是爲定策。自至和以來，中外之臣獻言甚眾，臣等雖嘗有請，弗果行。其後韓琦等訖就大事，蓋琦功也。』帝曰：『發端爲難，是時仁祖意已定，嘉祐之末，止申前詔爾。正如丙吉、霍光不相揜也。』遂加彥博兩鎭節度使，辭不拜。將行，賜宴瓊林苑，兩遣中謁者遺詩祖道，當世榮之。」是《私記》所記者或此二事。今書已佚，《郡齋讀書志》「其後云」以下一節，或爲此書之佚文。

唐質肅遺事一卷

《唐質肅遺事》一卷，無名氏。所記唐介子方事也。

廣棪案：此書《文獻通考》卷一百九十九〈經籍考〉二十六〈史傳記〉有著錄，所引「陳氏曰」與此同。介字子方，江陵人，《宋史》卷三百一十六〈列傳〉第七十五有傳。其〈傳〉曰：「介爲人簡伉，以敢言見憚。每言官缺，眾皆望介處之，觀其風采。神宗謂其先朝遺直，故大用之。然居政府，遭時有爲，而扼於安石，少所建明，聲名減於諫官、御史時。比疾亟，帝臨問流涕，復幸其第弔哭，以畫像不類，命取禁中舊藏本賜其家。贈禮部尚書，謚曰質肅。」可見子方正直耿介，人如其名。此書已佚，無可考。

韓莊敏遺事一卷

《韓莊敏遺事》一卷，秘書丞韓宗武文若撰。記其父丞相縝玉汝事，末亦雜記他事。宗武，即少年遇洋客者也，年八十二乃卒。此編亦載其詩，云熙寧間得異疾，與神物遇。

廣棪案：《宋史》卷二百三〈志〉第一百五十六〈藝文〉二〈傳記類〉著錄：「《韓莊敏公遺事》一卷，韓武宗記。」與《解題》同。韓縝字玉汝，登進士第，簽書南京判官。哲宗立，拜尚書右僕射，兼中書侍郎。《宋史》卷三百一十五〈列傳〉第七十四有傳。其〈傳〉載：「元祐元年，御史中丞劉摯、諫官孫覺、蘇轍、王覿，論縝才鄙望輕，在先朝爲奉使，割地六百里以遺契丹，邊人怨之切骨，不可使居相位。章數十上，罷爲觀文殿大學士、知穎昌府。移永興、河南，拜安武軍節度使，知太原府，易節奉寧林軍。請老，爲西太一宮使，以太子太保致仕。紹聖四年卒，年七十九。贈司空，謚曰莊敏。縝外事莊重，所至以嚴稱。雖出入將相而寂無功烈，厚自奉養，世以比晉何曾云。」可知其爲人。宗武附〈縝傳〉，亦進士第，鎖瀛州，辟爲河門令。徽宗即位，爲秘書丞，尋除都官員外郎，改開封府推官。丐外，爲淮南轉運判官。累官太中大夫，年八十二卒。《解題》謂此書記其少年遇洋客及熙寧得異疾與神物遇，則其事當在第進士前。然怪力亂神，無知妄說，恐所言亦不足據。

范忠宣言行錄二十卷

《范忠宣言行錄》二十卷，不著姓名，廣棪案：《文獻通考》作「不著名氏」，盧校本同。**其家所錄也。**

廣棪案：此書已佚。范忠宣，即范純仁。純仁字堯夫，仲淹之子。其傳見《宋史》卷三百一十四〈列傳〉第七十三。史載：「純仁性夷易寬簡，不以聲色加人，誼之所在，則挺然不少屈。自爲布衣至宰相，廉儉如一，所得奉賜，皆以廣義莊；前後任子恩，多先疏族。沒之日，幼子、五孫猶未官。嘗曰：『吾平身所學，得之忠恕二字，一生用不盡。以至立朝事君，接待僚友，親睦宗族，未嘗須臾離此也。』每戒子弟曰：『人雖至愚，責人則明；雖有聰明，恕己則昏。苟能以責人之心責己，恕己之心恕人，不患不至聖賢地位也。』又戒曰：『《六經》，聖人之事也，知一字則行一字。要須「造次顛沛必於是」，則所謂「有爲者亦若是」爾。豈不在人邪？』」則可睹純仁之言行矣。建中靖國改元之旦，受家人賀。明日，熟寐而卒，年七十五。詔賻白金三十兩，敕許、洛官給其葬，贈開府儀同三司，諡曰忠宣，御書碑額曰「世濟忠直之碑」。

范太史遺事一卷

《范太史遺事》一卷，翰林學士范仲元長記其父事。

廣棪案：《讀書附志》卷上〈傳記類〉著錄：「《范太史遺事》一卷。右范仲所編正獻公祖禹言行也。」又《宋史》卷二百三〈志〉第一百五十六〈藝文〉二〈傳記類〉著錄：「《范太史遺事》一卷、《范祖禹家傳》八卷，並范仲編。」與《解題》同。祖禹，《宋史》卷三百三十七〈列傳〉第九十六附〈范鎮〉。史謂：「祖禹平居恂恂，口不言人過。至遇事，則別白是非，不少借隱。在邇英守經據正，獻納尤多。嘗講《尚書》至『內作色荒，外作禽荒』六語，拱手再誦，卻立云：『願陛下留聽。』帝首肯再三，乃退。每當講前夕，必正衣冠，儼如在上側，命子弟侍，先按講其說。開列古義，參之時事，言簡而當，無一長語，義理明白，粲然成文。蘇軾稱爲講官第一。」可見其生平行事之一斑。故《宋史》論曰：「祖禹長於勸講，平生論諫，不啻數十萬言。其開陳治道，區別正邪，辨釋事宜，平易明白，洞見底蘊，雖賈誼、陸贄不是過云。」所論至符事實。沖，祖禹子，紹興中仕至翰林侍讀學士，其傳見《宋史》卷四百三十五〈列傳〉第一百九十四〈儒林〉五。

傳獻簡佳話一卷

《傳獻簡佳話》一卷，不知何人作。記傳堯俞所談。

廣棪案：《解題》卷十七〈別集類〉中著錄：「《傳獻簡集》七卷，中書侍郎獻簡公河陽傳堯俞欽之撰。」考《宋史》卷三百四十一〈列傳〉第一百有堯俞傳。即其〈傳〉而觀之，亦佳話滿紙，有如讀《世說新語》。至其人品德操之高，司馬光嘗謂邵雍曰：「清、直、勇三德，人所難兼，吾於欽之見焉。」雍曰：「欽之高而不耀，直而不激，勇而能溫，是爲難爾。」《宋史》亦論之，謂堯俞「無矯枉過中之失，故能不亟不徐，進退有道，在元祐諸臣中，身名俱存，亦難矣哉」！所惜此書已佚，無由再聆其「佳話」耳。

杜公談錄一卷

《杜公談錄》一卷，雷澤廣棪案：《文獻通考》作「雷繹」，誤。**杜師益等錄其父務滋之言。王廣淵作〈序〉。**

廣棪案：此書已佚，杜務滋、杜師益父子，不見《四十七種宋代傳記綜合引得》，事迹無可考。王廣淵，其傳見《宋史》卷三百二十九〈列傳〉第八十八。史載：廣淵字才叔，大名成安人。以進士爲大理法直官，英宗時除直集賢院。神宗時力主新法，程顥等嘗論其抑配掊克，爲王安石所右。徙使河東，知慶州宣撫使，累官龍圖閣直學士，知渭州。廣淵小有才而善附會，所辟置類非其人，尋卒，年六十，贈右諫議大夫。據是，則杜師益亦英、神宗間人；至務滋，其時代更早，當生於眞宗、仁宗時矣。

道鄉語錄一卷

《道鄉語錄》一卷，不知作者。記鄒浩志完語。

廣棪案：此書已佚。鄒浩字志完，常州晉陵人，《宋史》卷三百四十五〈列傳〉第一百四有傳。其〈傳〉曰：「初，浩除諫官，恐貽親憂，欲固辭。母張氏曰：『兒能報國，無愧於公論，吾顧何憂？』及浩兩謫嶺表，母不易初意。稍復直龍圖閣。瘴疾作，危甚。楊時過常，往省之。薾然僅存餘息，猶眷眷以國事爲問，語不及私。卒，年五十二。高宗即位，詔曰：『浩在元符間，任諫爭，危言讜論，朝野推仰。』復其待制，又贈寶文閣直學士，賜謚忠。」可見其平生風義。浩有《道鄉集》。

豐清敏遺事一卷

《豐清敏遺事》一卷，給事中章貢李朴先之撰。記豐稷相之事。

廣棪案：《讀書附志》卷上〈傳記類〉著錄：「《豐清敏遺事》一卷。右李朴所編豐公稷之言行也。陳瓘敘次及〈復官賜謚制〉、〈尋訪子孫箚子〉、《國史列傳》附于後，朱文公爲〈後序〉云。」《四庫全書總目》卷五十九〈史部〉十五〈傳記類存目〉一著錄：「《豐清敏遺事》一卷，浙江范懋柱家天一閣藏本。宋李朴撰。朴字先之，興國人。紹聖中進士，官至國子祭酒，事蹟具《宋史》本傳。是書編次其師禮部尚書豐稷事蹟，〈宋志〉著錄一卷，與今本同。末有紹熙二年朱子〈後序〉，并附〈墓誌〉、本傳於後。稷歷仕神宗、哲宗、徽宗三朝，屢著讜論，時稱名臣。朴所敘錄，較史傳爲詳，書末又有稷註《孟子》三章、〈幸學詩〉一首，及曾鞏所贈〈歌行〉、袁桷〈祠記〉，則明景泰中其十一世孫河南參政慶所搜討增入也。」所考均較《解題》詳悉。考豐稷，其傳見《宋史》卷三百二十一〈列傳〉第八十。其〈傳〉曰：「豐稷字相之，明州鄞人。登第，爲穀城令，以廉明稱。」又曰：「稷盡言守正，帝待之厚，將處之尚書左丞，而積忤貴近，不得留，竟以樞密直學士守越。蔡京得政，修故怨，貶海州團練副使、道州別駕，安置台州。除名，徙建州，稍復朝請郎。卒，年七十五。建炎中，追復學士，謚曰清敏。」可見其仕途之崎嶇。李朴，傳見《宋史》卷三百七十七〈列傳〉第一百三十六。其〈傳〉曰：「李朴字先之，虔之興國人。登紹聖元年進士第，調臨江軍司法參軍，移西京國子監教授，程頤獨器許之。移虔州教授。」又曰：「高宗即位，除秘書監，趣召，未至而卒，年六十五，贈寶文閣待制。……朴嘗自誌其墓曰：『以天爲心，以道爲體，以時爲用，其可已矣。』蓋敘其平生云。有《章貢集》二十卷行于世。」是朴未嘗任給事中，《解題》所述，或另有所本。

朱熹為之〈後序〉。

案：《朱子大全・文》七十六有〈豐清敏遺事後序〉，曰：「仲尼亟稱於水曰：『水哉，水哉！』其詞約而旨微矣。而孟子論其所取之意，乃直以『原泉混混，不舍晝夜，盈科而後進，放乎四海者』言之，非其深造默識，有以得乎聖人之心，孰能知其所說之如此？而有志之士，欲有爲於此世者，又豈可以不察乎此，而先立其本哉！然自聖賢既遠，道學不明，士大夫不知用心於內以立其本，而徒恃其意氣才力之盛，以能有爲於世者，蓋亦多矣。彼其見聞之博、詞令之美、論議之韙，節概之高，一時之間從其外而觀之，豈不誠有以過人者？然探其中而責其實，要其久而待其歸，求其充然有以慰滿於人心，而無一瑕之可指者，則什佰之中未見其可以一二數也。嗚呼！若禮部尚書縉雲清敏公者，其所謂有本者歟！觀其平居暇日，所以治心養氣而修諸身者，蓋天下之物無足以累其志；是以爲子則孝，爲吏則廉，進而立乎本朝，則上自宗廟以及人主之身，內自禁掖近幸之私，而外及乎朝廷卿相之重，知無不言，言無不盡，蓋有當時法家拂士所爲，低回遷就而詭詞以幸濟者。公獨正色誦言，無少顧避，退未嘗以語乎家，而其計慮之明、諫說之切，所以不諧於時而卒驗於後者，乃反因深文巧詆之筆而後顯。及其出而賦政乎外，退處乎鄉，以至流放轉徙於荒寒寂寞之濱，而遂奄然以沒其世，則其所以處乎巨細顯微之間者，又皆清明純潔而無一毫之歉是非，所謂原泉混混而放乎四海者耶！孔子之歎，孟氏之言，於是而益見其不我欺矣！熹愚不肖，生長窮鄉，聞公之名而鄉往見之久矣！獨恨未能盡得其行事之本末。前年公之曾孫、中散大夫某持節南來，亟往請焉。大夫公出是書，而遂以其〈序〉見屬，熹不得辭也。因次是說以附於章貢李公〈跋〉語之後，雖於公之懿德馴行、剛毅大節，無能有所發明；然使讀公之書，而仰高山，行景行者，知循其本而用力焉，則亦世道人材之一助，而非獨豐氏之私也。大夫公清苦廉直，勤事愛民，屢爲刺史二千石。入居郎省，皆有顯聞，然多不得久於其官，蓋有公之風烈云。紹熙二年夏四月戊寅朔，朝散郎、直寶文閣、權發遣漳州軍州事朱熹序。」

宗忠簡遺事三卷

《宗忠簡遺事》三卷，不著名氏。錄留守開封宗澤汝霖廣棪案：《文獻通考》闕「宗澤汝霖」四字。**事，亦其家子孫所為也。**

廣棪案：宗澤字汝霖，婺州義烏人。《宋史》卷三百六十〈列傳〉第一百一十九有傳。其〈傳〉記澤知開封府及抗金事甚詳，與此書之內容應相仿佛。惜此書已佚，無由得考矣。澤〈傳〉記其薨前曰：「澤前後請上還京二十餘奏，每爲（黃）潛善等所抑，憂憤成疾，疽發于背。諸將入問疾，澤矍然曰：『吾以二帝蒙塵，積憤至此。汝等能殲敵，則我死無恨。』眾皆流涕曰：『敢不盡力！』諸將出，澤歎曰：『出師未捷身先死，長使英雄淚滿襟。』翌日，風雨晝晦。澤無一語及家事，但連呼『過河』者三而薨。都人號慟，遺表猶贊上還京。贈觀文殿學士、通議大夫，謚忠簡。」澤雖齎志以沒，亦可謂忠烈之至矣！

呂忠穆家傳一卷、逢辰記一卷、遺事一卷

《呂忠穆家傳》一卷、《逢辰記》一卷、《遺事》一卷，記建炎丞相呂頤浩元直事。孫昭問刻之廣德軍。

廣棪案：《宋史》卷二百三〈志〉第一百五十六〈藝文〉二〈傳記類〉著錄：「《呂頤浩遺事》一卷，頤浩出處大概。」又著錄：「《呂頤浩逢辰記》一卷，頤浩歷官次序。」獨闕《家傳》一卷。《四庫全書總目》卷五十九〈史部〉十五〈傳記類存目〉一著錄：「《呂忠穆公遺事》一卷，《永樂大典》本。不著撰人名氏。陳振孫《書錄解題》載之，亦不云誰作。所記呂頤浩言行，每條必曰『公於某事云云』。蓋其後人所述也。」所考《遺事》一書，較〈宋志〉略詳。

劉兆祐《宋史藝文志史部佚籍考》下編〈已佚而有輯本者〉（七）〈傳記類〉著錄：「《呂頤浩遺事》一卷、《呂頤浩逢辰記》一卷，宋不著撰人。〈宋志〉於《遺事》下注云：『頤浩出處大概。』於《逢辰記》下注云：『頤浩歷官次序。』此二編頤浩孫昭問刻之廣德軍，或即昭問所編次也。原書久佚，清《四庫》館臣自《永樂大典》裒輯各為一卷，《四庫全書總目提要・傳記類存目》著錄。」兆祐謂《遺事》、《逢辰記》乃昭問所編次，疑得其實。頤浩字元直，其先樂陵人，徙齊州。中進士第。《宋史》卷三百六十二〈列傳〉第一百二十一有傳。《宋史》評之曰：「頤浩有膽略，善鞍馬弓劍，當國步艱難之際，人倚之為重。自江東再相，胡安國以書勸其法韓忠獻，以至公無我為先，報復恩讎為戒，頤浩不能用。時軍用不足，頤浩與朱勝非創立江、浙、湖南諸路大軍月樁錢，於是郡邑多橫賦，大為東南患云。」然頤浩卒，仍贈太師，封秦國公，謚忠穆。昭問，《宋史》無傳，《四十七種宋代傳記綜合引得》亦無其資料，考《宋會要輯稿》第一百五十九冊〈食貨〉六八之七二載，「（乾道七年）十一月十二日，知建庫府洪遵言：『太州府燕湖知縣呂昭問以和糴米為名，禁止米斛不得下河，饒州旱傷前來收糴米七百五十餘碩，本縣抄箚不令交還。』詔：『呂昭問降一官放罷。』」是昭問曾任蕪湖知縣。廣德軍，今安徽廣德縣。

褒德集二卷、易學辨惑一卷

《褒德集》二卷、《易學辨惑》廣棪案：《文獻通考》作《辯惑》。**一卷，邵伯溫撰。錄其父誥命、**廣棪案：盧校本作「告命」。**謚議、行狀、墓誌之屬。**

廣棪案：伯溫父邵雍，《宋史》卷四百二十七〈列傳〉第一百八十六〈道學〉一有傳。雍字堯夫，其〈傳〉載：「熙寧十年，卒，年六十七，贈秘書省著作郎。元祐中賜謚康節。」晁公遡《嵩山集》卷十八有〈康節先生謚議後記〉、程顥《明道集》卷四有〈邵堯夫先生墓誌銘〉。伯溫字子文，《宋史》卷四百三十三〈列傳〉第一百九十二〈儒林〉三有傳。其〈傳〉稱伯溫「著書有《河南集》、《聞見錄》、《皇極系述》、《辨誣》、《辨惑》、〈皇極經世序〉、《觀物內外篇解》近百卷」。《辨惑》即《易學辨惑》也。

《辨惑》述傳授源流，辨鄭夬之妄。

案：《解題》卷一〈易類〉著錄：「《皇極經世》十二卷、《敘篇系述》二卷，處士河南邵雍堯夫撰。……其子伯溫爲之《敘系》，具載《先天》、《後天》、《變卦》、《反對》諸圖，又爲《易學辨惑》一篇，敘傳授本末眞僞。」即言此事。有關鄭夬談《易》，最早見沈括《夢溪筆談》卷七〈象數〉一載：「江南人鄭夬曾爲一書談《易》，其間一說曰：『〈乾〉、〈坤〉，大父母也，〈復〉、〈垢〉小父母也。〈乾〉一變，生〈復〉得一陽，〈坤〉一變，生〈垢〉得一陰；〈乾〉再變，生〈臨〉得二陽，〈坤〉再變，生〈遯〉得二陰；〈乾〉三變，生〈泰〉得四陽，〈坤〉三變，生〈否〉得四陰；〈乾〉四變，生〈大壯〉得八陽；〈坤〉四變，生〈觀〉得八陰；〈乾〉五變，生〈夬〉得十六陽，〈坤〉五變，生〈剝〉得十六陰；〈乾〉六變，生〈歸妹〉本得三十二陽，〈坤〉六變，生〈歸妹〉本得三十二陰。乾坤錯綜，陰陽各三十二，生六十四卦。』夬之爲書，皆荒唐之論，獨有此變卦之說，未知其是非。余後因見兵部侍郎秦君玠論夬所談，駭然歎曰：『夬何處得此法，玠曾遇一異人授此數曆，推往古興衰運曆，無不皆驗，常恨不能盡得其術。西都邵雍亦知之大略，已能洞吉凶之變。此人乃形之於書，必有天譴，此非世人得聞也。』余聞其言怪，兼復甚秘，不欲深詰之。今夬與雍、玠皆已死，終不知其何術也。」伯溫《易學辨惑》亦辨鄭夬之妄。

呂氏家塾記一卷

《呂氏家塾記》一卷，侍講呂希哲原明撰。

廣棪案：《宋史》卷二百三〈志〉第一百五十六〈藝文〉二〈傳記類〉著錄：「呂希哲《呂氏家塾廣記》一卷。」與此應同屬一書。希哲字原明，其傳見《宋史》卷三百三十六〈列傳〉第九十五附其父〈呂公著〉。其〈傳〉曰：「公著作相，二弟已官省寺，希哲獨滯管庫，久乃判登聞鼓院，力辭。公著歎曰：『當世善士，吾收拾略盡，爾獨以吾故置不試，命也夫！』希哲母賢明有法度，聞公著言，笑曰：『是亦未知其子矣。』終公著喪，始爲兵部員外郎。范祖禹，其妹壻也，言於哲宗曰：『希哲經術操行，宜備勸講，其父常稱爲不欺暗室。臣以婦兄之故，不敢稱薦，今方將引去，竊謂無嫌。』詔以爲崇政殿說書。其勸導人主以修身爲本，修身以正心、誠意爲主。其言曰：『心正意誠，則身修而天下化。若身不能修，雖左右之人且不能諭，況天下乎？』……希哲樂易簡儉，有至行，晚年名益重，遠近皆師尊之。」是希哲曾任侍講，於崇政殿說書；且師道至尊，惜此《家塾記》已不之見矣。

桐蔭舊話十卷

《桐蔭舊話》十卷，吏部尚書潁川韓元吉旡咎撰。記其家世舊事，以京師第門有桐木故云。元吉，門下侍郎維之四世孫也。

廣棪案：《四庫全書總目》卷六十一〈史部〉十七〈傳記類存目〉三著錄：「《桐蔭舊話》一卷，編修程晉芳家藏本。宋韓元吉撰。元吉字旡咎，宰相維之元孫。以任子仕，歷龍圖閣學士、吏部尚書。嘗居廣信溪南，自號南澗居士。此書〈宋志〉云十卷，陳振孫《書錄解題》亦同。《續百川學海》所錄乃祗此一卷，其條數亦與此卷同。蓋全書久佚，從諸書鈔撮成編也。書中所記韓億、韓綜、韓絳、韓繹、韓維、韓縝雜事，共存十三條，皆其家世舊聞。以京師第門有桐木，故云《桐蔭舊話》。蓋北宋兩韓氏並盛，世以『桐木韓家』別於『魏國韓琦』云。」所考甚詳明。惟《宋史・藝文志》並未著錄此書，《四庫全書總目》中所言「此書〈宋志〉云十卷」，未知所據？元吉，《宋史翼》卷十四〈列傳〉第十四有傳。其〈傳〉曰：「韓元吉字無咎，開封雍邱人，門下侍郎維之元孫。《書錄解題》……著有《易繫辭解》、《焦尾集》、《南澗甲乙稿》。《宋史・志》。」而獨闕此書。維字持國，其傳見《宋史》卷三百一十五〈列傳〉第七十四。維拜門下侍郎，在元祐更役法時。

熙寧日錄四十卷

《熙寧日錄》四十卷，丞相王安石撰。本朝禍亂萌于此書，陳瓘所謂「尊私史而壓宗廟」者。其彊愎堅辯，足以熒惑主聽，鉗制人言。當其垂死，欲秉畀炎火，豈非其心亦有所愧悔歟？既不克焚，流毒遺禍至今為梗，悲夫！書本有八十卷，今止有其半。

廣棪案：《郡齋讀書志》卷第六〈雜史類〉著錄：「《王氏日錄》八十卷，右皇朝王安石撰。紹聖間，蔡卞合曾布獻於朝，添入《神宗實錄》。陳瑩中謂安石既罷相，悔其執政日無善狀，乃撰此書，歸過於上，掠美於己；且歷詆平生所不悅者，欲以欺後世。於是著《尊堯集》及《日錄不合神道論》等十數書。此書起熙寧元年四月，終七年三月；再起於八年三月，終於九年六月；安石兩執國柄日也。然無八年九月以後至九年四月事，蓋安石攻呂惠卿時。瑩中謂蔡卞除去安石怒罵惠卿之語，其事當在此際也。」《郡齋讀書志》所著錄，與《解題》爲同一書，惟公武所得者乃完本，而直齋所得者乃不完本也。此書多異名，孫猛

《郡齋讀書志校證》考之曰：「此書數名：以王安石執政於神宗熙寧間，故又稱《熙寧日錄》，見《書錄解題》卷七〈傳記類〉；以熙寧三年，追封安石為舒王，故又稱《舒王日錄》，見〈宋志〉卷二〈傳記類〉；又以安石晚居鍾山，故又稱《鍾山日錄》；又以安石謚文，故又稱《王文公日錄》，見《遂初堂書目・本朝雜史類》。《書錄解題》著錄止四十卷，云：『書本有八十卷，今止有其半。』《清波雜志》卷二亦謂是書為八十卷，是衢本此條為完帙。又《遂初堂書目・本朝雜史類》另有《王文公日錄遺稿》。」迻錄之以資參考。安石，《宋史》卷三百二十七〈列傳〉第八十六有傳。《宋史》論曰：「朱熹嘗論安石『以文章節行高一世，而尤以道德經濟為己任。被遇神宗，致位宰相，世方仰其有為，庶幾復見二帝三王之盛。而安石乃汲汲以財利兵革為先務，引用凶邪，排擯忠直，躁迫強戾，使天下之人囂然喪其樂生之心。卒之群姦嗣虐，流毒四海，至於崇寧、宣和之際，而禍亂極矣。』此天下之公言也。昔神宗欲命相，問韓琦曰：『安石如何？』對曰：『安石為翰林學士則有餘，處輔弼之地則不可。』神宗不聽，遂相安石。嗚呼！此雖宋氏之不幸，亦安石之不幸也。」《宋史》所引朱子之論，直齋《解題》所言，幾與之合轍，於此亦可略睹直齋為學，淵源所自矣。

溫公日記一卷

《溫公日記》一卷，司馬光熙寧在朝所記。凡朝廷政事、臣僚差餘及前後奏對、上所宣諭之語，以及聞見雜事皆記之。起熙寧元年正月，至三年十月出知永興軍而止。

廣棪案：司馬光字君實，陝州夏縣人，《宋史》卷三百三十六〈列傳〉第九十五有傳。其〈傳〉記熙寧朝事甚詳，亦可作《溫公日記》觀。光薨於元祐元年九月，年六十八。贈太師、溫國公，歸葬陝州。謚曰文正，賜碑曰「忠清粹德」。建炎中，配享哲宗廟廷。《宋史》卷二百三〈志〉第一百五十六〈藝文〉二〈故事類〉著錄：「司馬光《日錄》三卷。」所著錄卷數與《解題》不同。考清人顧棟高《司馬溫公年譜》卷四「英宗治平四年丁未」條下有《溫公日錄》二條，其一載：「延和登對，論張方平，上作色曰：『朝廷每有除拜，眾言紛紛，非朝廷好事。』光曰：『此乃朝廷好事也。知人，帝堯所難，況陛下新即位，萬一用姦邪，臺諫循默不言，陛下從何知之？此乃非朝廷好事也。』其二載：『甲寅（十月初二），予初赴經筵，上手書〈資治通鑑序〉以授光，光受讀，降再拜；讀〈三家為諸侯論〉，上顧禹玉等，稱美久之。」此處之《溫公日錄》，疑即《溫公日記》。《日記》凡三卷，直齋所藏者僅一卷，恐非完本也。

趙康靖日記一卷

《趙康靖日記》一卷，參政睢陽趙槩叔平所記治平乙巳、丙午間在政府事。 廣棪案：《文獻通考》作「在政路初事」。

廣棪案：《宋史》卷二百三〈志〉第一百五十六〈藝文〉二〈故事類〉著錄「趙概《日記》一卷。」即此書。趙概字叔平，南京虞城人。其傳見《宋史》卷三百一十八〈列傳〉第七十七。史謂：「概秉心和平，與人無怨怒。雖在事如不言，然陰以利物者爲不少，議者以比劉寬、婁師德。坐張誥貶六年，念之終不衰，誥死，卹其家備至。歐陽脩遇概素薄，又躐知制誥。及脩有獄，概獨抗章明其罪，言爲仇者所中傷，不可以天下法爲人報怨。脩得解，始服其長者。爲鄆州時，吏按前守馮浩侵公使錢三十萬，當以職田租償。概知其貧，爲代以己奉。其平生所爲類此。」是可知概治平間在政府治事梗概。劉兆祐《宋史藝文志史部佚籍考》上編（五）〈故事類〉著錄：「《日記》一卷，宋趙概撰。……按概有《嘉祐時政錄》一卷，此書曰《日記》，殆與《嘉祐時政錄》相類，載在朝之見聞也。」劉說可信。

劉忠肅行年記一卷

《劉忠肅行年記》一卷，丞相東平劉摯莘老撰。

廣棪案：摯字莘老，永靜東平人。《宋史》卷三百四十〈列傳〉第九十九有傳。史載：「摯嗜書，自幼至老，未嘗釋卷。家藏書多自讎校，得善本或手抄錄，孜孜無倦。少好禮學，其究《三禮》，視諸經尤粹。晚好《春秋》，考諸儒異同，辨其得失，通聖人經意爲多。其教子孫，先行實，後文藝。每曰：『士當以器識爲先，一號爲文人，無足觀矣。』紹興初，贈少師，諡忠肅。」此書已佚，無可考。惟摯之生平行事，讀其《傳》亦可備悉。

紹聖甲戌日錄一卷、元符庚辰日錄一卷

《紹聖甲戌日錄》一卷、《元符庚辰日錄》一卷，丞相南豐曾布子宣撰。記在政府奏對施行及宮禁朝廷。 廣棪案：盧校本此句「朝廷」下加「事」字。

廣棪案：布字子宣，南豐人。《宋史》卷四百七十一〈列傳〉第二百三十〈姦臣〉一有傳。其〈傳〉載布於哲宗朝事曰：「元祐初，以龍圖閣學士知太原府，歷眞定、河陽及青、瀛二州。紹聖初，徙江寧，過京，留爲翰林學士，遷承旨兼侍讀，拜同知樞密院，進知院事。初，章惇爲相，布草制極其稱美，冀惇引爲同省執政，惇忌之，止薦居樞府，故稍不相能。布贊惇『紹述』甚力，請甄賞元祐臣庶論更役法不便者，以勸敢言。惇遂興大獄，陷正人，流貶鐫廢，略無虛日，布多陰擠之。掖庭詔獄成，付執政蔽罪，法官謂厭魅事未成，不當處極典。布曰：『驢媚蛇霧，是未成否？』眾皆瞿然，於是死者三人。惇以士心不附，詭情飾過，薦引名士彭汝礪、陳瓘、張庭堅等，乞正所奪司馬光、呂公著贈謚，勿毀墓仆碑，布以爲無益之事。又奏：『人主操柄，不可倒持，今自丞弼以至言者，知畏宰相，不知畏陛下。臣如不言，孰敢言者？』其意蓋欲傾惇而未能。會哲宗崩，皇太后詔宰執問誰可立，惇有異議，布叱惇使從皇太后命。」考紹聖甲戌爲元年，元符庚辰爲三年，布此《日錄》二種雖佚，讀《宋史》猶幸得悉其「在政府奏對施行及宮禁朝廷事」之仿佛。

文昌雜錄六卷

《文昌雜錄》六卷，主客郎中南京龐元英懋賢撰。官制初行，元英為郎，在省四年，記一時見聞及古今典故，可觀覽。元英，丞相莊敏公籍之子。

廣棪案：《宋史》卷二百三〈志〉第一百五十六〈藝文〉二〈故事類〉著錄：「龐元英《文昌雜錄》七卷。」卷數與《解題》不同。惟《四庫全書》本亦作七卷。《四庫全書總目》卷一百二十〈子部〉三十〈雜家類〉四著錄：「《文昌雜錄》七卷，編修朱筠家藏本。宋龐元英撰。元英字懋賢，單州人。丞相籍之子。官朝散大夫。王士禎《蠶尾集》作文英者，誤也。元豐壬戌，元英官主客郎中，在省四年。時官制初行，所記一時見聞，朝章典故爲多。《通典》載尙書省爲文昌天府，故以名書。其中所載，如以堯舜對天地爲李矩問李演事。考范鎭《東齋記事》以爲此楊億校士時事，岳珂《桯史》以爲歐陽脩知貢舉時事，《珍席放談》以爲南唐時湯悅妹壻問悅事，與各書互異。又以虎子爲出於李廣射虎事，不知孔安國爲侍中，以儒者不持虎子而執唾壺，其事已見李廣之先，未免稍有舛誤。至朝廷典禮，百官除拜，其時日之先後異同，多有可以證《宋史》之舛漏者。原本六卷，後有補遺六條，故《宋史・藝文志》作七卷。又自爲〈跋〉，記其入省及作書歲月。首有宋衛傳〈序〉。自明以來僅鈔本流傳，近始有刻本。然其中如『新定儀制宰相兩省侍郎尚書左右丞皆朱衣吏雙引』一條，與下文『膳部魯郎中言萬州南山』一條；又崔豹《古今注》『蛺蝶大者名鳳子』一條，與下文《西京雜記》『玉搔頭』一條，皆自爲條，今合而爲一。又書中註闕文者四條，卷二十三曰『以原朝奉安禮成，宴百官於紫宸殿，酒九』，下註闕字；下一條『經陳長文』，上註闕字。考卷三『晏元獻』一條，『昔有相印』，下註闕字，即當按以『經陳長文』云云。下一條『行罷教坊』，上註闕字，即當按上『酒九』，云云。是四條本未嘗闕，特鈔本刻本俱誤析爲四耳。王士禎稱此書爲說部之佳者。《宋史》入〈故事類〉，蓋以所記朝典爲多。然中間頗涉雜事雜論，今改隸〈雜家類〉焉。」《四庫全書總目》所考甚詳贍，且考及明代以來鈔本、刻本與《四庫全書總目》隸此書於〈子部・雜家類〉因由，足資參考。龐籍，《宋史》卷三百一十一〈列傳〉第七十有傳。史稱籍「爲觀文殿大學士，戶部侍郎，知青州。遷尚書左丞，不拜。尋以太子太保致仕，封潁國公。薨，年七十六。贈司空，加侍中，謚莊敏。子元英，朝散大夫」，則元英不止任主客郎中耳。

聞見近錄一卷

《聞見近錄》一卷，宗正丞三槐王鞏定國撰。

廣棪案：《宋史》卷二百六〈志〉第一百五十九〈藝文〉五〈小說類〉著錄：「王鞏《甲申雜記》一卷，又《聞見近錄》一卷。」是鞏之著作不止此書。《四庫全書總目》卷一百四十〈子部〉五十〈小說家類〉一著錄：「《甲申雜記》一卷、《聞見近錄》一卷、《隨手雜錄》一卷，兩淮馬裕家藏本。並宋王鞏撰。鞏字定國，自號清虛先生，莘縣人。同平章事旦之孫，工部尚書素之子。嘗倅揚州，坐與蘇軾遊，謫監筠州鹽稅。後官至宗正丞。所記雜事三卷，皆紀東都舊聞。《甲申雜記》凡四十二條。甲申者，徽宗崇寧三年也。故所記上起仁宗，下訖寧宗，隨筆記載，不以時代爲先後。《聞見近錄》凡一百四條。所記上起周世宗，下訖宋神宗，而太祖、太宗、眞宗、仁宗事爲多。《隨手雜錄》凡三十三條。中惟周世宗事一條，南唐事一條，吳越事一條，餘皆宋事，止於英宗之初。二書事蹟在崇寧甲申前，而原本次《甲申雜記》後，蓋成書在後也。卷末有其從曾孫從謹〈跋〉，稱先世著書散佚，隆興元年乃得此三編於向氏，鈔錄合爲一帙。前有張邦基〈序〉，言得其本於張由儀。由儀則少從其父得於鞏家敝篋中。末題甲寅五月，爲高宗紹興三年。蓋向氏之本又出於張氏。當時親傳手迹，知確爲鞏撰，非依託矣。三書皆閒涉神怪，稍近稗官，故列之〈小說類〉中。然而所記朝廷大事爲多，一切賢姦進退、典故沿革，多爲史傳所未詳，實非盡小說家言也。《甲申雜記》中『李定稱蘇軾』一條，費袞《梁谿漫志》駁其失實。今考袞謂『軾詩自熙寧初始多論新法不便，至元豐二年有「烏臺詩案」，前後不過十年。定云二三十年所作，文字殊不相合』。其說是也。至謂『能知二三十年作文之因，則人皆能之，似不足爲東坡道』。則其說未然。書中所載定語，乃云『所作文字詩句引證經傳，隨問即答，無一字差舛』。則是指其所引之書，非指其所作詩之故，袞殆未審其語歟？」《四庫全書總目》所考甚翔實，蓋以三書皆鞏之曾孫從謹鈔錄成帙，且至相連貫，故連類考之。鞏，《宋史》卷三百二十〈列傳〉第七十九附其父〈王素〉。其〈傳〉謂：「鞏有雋才，長於詩，從蘇軾遊。軾守徐州，鞏往訪之，與客游泗水，登魋山，吹笛飲酒，乘月而歸。軾待之於黃樓上，謂鞏曰：『李太白死，世無此樂三百年矣！』軾得罪，鞏亦竄賓州。數歲得還，豪氣不少挫。後歷宗正丞，以跌蕩傲世，輒爲言者所議，故終不顯。」所記「軾得罪，鞏亦竄賓州」，與《四庫全書總目》記「謫監筠州鹽稅」不同，疑《四庫全書總目》有誤也。

辨欺錄一卷

《辨欺錄》一卷，韓忠彥記其父嘉祐末年命事，

廣棪案：忠彥，《宋史》卷三百一十二〈列傳〉第七十一附其父〈韓琦〉。〈琦傳〉載：「（嘉祐）六年閏八月，遷昭文館大學士，監修國史，封儀國公。帝既連失三王，自至和中得疾，不能御殿。中外惴恐，臣下爭以立嗣固根本爲言，包拯、范鎮尤激切。積五六歲，依違未之行，言者亦稍怠。至是，琦乘間進曰：『皇嗣者，天下安危之所係。自昔禍亂之起，皆由策不早定。陛下春秋高，未有建立，何不擇宗室之賢者，以爲宗廟社稷計？』帝曰：『後宮將有就館者，姑待之。』已又生女。一日，琦懷《漢書・孔光傳》以進，曰：『成帝無嗣，立弟之子。彼中材之主，猶能如是，況陛下乎？願以太祖之心爲心，則無不可者。』又與曾公亮、張昇、歐陽脩極言之。會司馬光、呂誨皆有請，琦進讀二疏，未及有所啓，帝遽曰：『朕有意久矣，誰可者？』琦皇恐對曰：『此非臣輩所可議，當出自聖擇。』帝曰：『宮中嘗養二子，小者甚純，近不慧，大者可也。』琦請其名，帝以宗實告。宗實，英宗舊名也。琦等遂力贊之，議乃定。英宗居濮王喪，議起知宗正。琦曰：『事若行，不可中止。陛下斷自不疑，乞內中批出。』帝意不欲宮人知，曰：『只中書行足矣。』命下，英宗固辭。帝復問琦，琦對曰：『陛下既知其賢而選之，今不敢遽當，蓋器識遠大，所以爲賢也。願固起之。』英宗既終喪，猶堅臥不起。琦言：『宗正之命初出，外人皆知必爲皇子，不若遂正其名。』乃下詔立爲皇子。明年，英宗嗣位，以琦爲仁宗山陵使，加門下侍郎，進封衛國公。」此即記嘉祐末年命事也。

與文、富諸公辨。廣棪案：《文獻通考》「辨」均作「辯」。

案：「與文、富諸公辨」云者，殆指與文彥博、富弼共相商討也。《宋史》卷三百一十三〈列傳〉第七十二〈文彥博〉僅載：「初，仁宗之不豫也，彥博與富弼等乞立儲嗣。仁宗許焉，而後宮將有就館者，故其事緩。已而彥博去位，其後弼亦以憂去。」即指此事。

回天錄一卷

《回天錄》一卷，宣教郎秦湛處度撰。記呂好問圍城中事。

廣棪案：《宋史》卷三百六十二〈列傳〉第一百二十一〈呂好問〉載：「金人陷眞定，攻中山，上下震駭，廷臣狐疑相顧，猶以和議爲辭。好問率臺屬劾大臣畏懦誤國，出好問知袁州。欽宗憫其忠，下遷吏部侍郎。既而金人薄都城，欽宗思好問言，進兵部尙書。都城失守，召好問入禁中，軍民數萬斧左掖門求見天子，好問從帝御樓諭遣之。衛士長蔣宣帥其徒數百，欲邀乘輿犯圍而出，左右奔竄，獨好問與孫傅、梅執禮侍，宣抗聲曰：『國事至此，皆宰相信任姦臣，不用直言所至。』傅呵之。宣以語侵傅，好問曉之曰：『若屬忘家族，欲冒重圍衛上以出，誠忠義。然乘輿將駕，必甲乘無闕而後動，詎可輕邪？』宣詘服曰：『尙書眞知軍情。』麾其徒退。帝再幸金營，好問扈從，帝既留，遣好問還，尉拊都城。已而金人立張邦昌，以好問爲事務官。邦昌入居都省，好問曰：『相公眞欲立邪？抑姑塞敵意而徐爲之圖爾？』邦昌曰：『是何言也？』好問曰：『相公知中國人情所向乎？特畏女眞兵威耳。女眞既去，能保如今日乎？大元帥在外，元祐皇太后在內，此殆天意，盍亟還政，可轉禍爲福。且省中非人臣所處，宜寓直殿廬，毋令衛士俠陛。敵所遺袍帶，非戎人在旁，弛勿服。車駕未還，所下文書，不當稱聖旨。』以好問攝門下省。好問既繫銜，仍行舊職。時邦昌雖不改元，而百司文移，必去年號，獨好問所行文書，稱『靖康二年』。吳幵、莫儔請邦昌見金使於紫宸、垂拱殿，好問曰：『宮省故吏驟見御正衙，必將憤駭，變且不測，奈何？』邦昌矍然止。王時雍議肆赦，好問曰：『四壁之外，皆非我有，將誰赦？』乃先赦城中。始，金人謀以五千騎取康王，好問聞，即遣人以書白王，言：『大王之兵，度能擊則邀擊之；不然，即宜遠避。』且言：『大王若不自立，恐有不當立而立者。』既，又語邦昌曰：『天命人心，皆歸大元帥，相公先遣人推戴，則功無在相公右者。若撫機不發，他人聲義致討，悔可追邪？』於是邦昌謀遣謝克家奉傳國寶往大元帥府，須金人退乃發。金將將還，議留兵以衛邦昌。好問曰：『南北異宜，恐北兵不習風土，必不相安。』金人曰：『留一勃堇統之可也。』好問曰：『勃堇貴人，有如觸發致疾，則負罪益深。』乃不復留兵。金人既行，好問趣遣使詣大元帥府勸進，請元祐太后垂簾，邦昌易服歸太宰位。太后自延福宮入聽政。高宗即位，太后遣好問奉手書詣行在所，高宗勞之曰：『宗廟獲全，卿之力也。』除尚書右丞。丞相李綱以群臣在圍城中不能執節，欲悉按其罪。好問曰：『王業艱難，政宜含垢，繩以峻法，懼者眾矣。』侍御史王賓論好問嘗汙僞命，不可以立新朝。高宗曰：『邦昌僭號之初，好問募人齎白書，具道京師內外之事。金人甫退，又遣人勸進。考其心迹，非他人比。』好問自慚，力求去。且言：『邦昌僭號之時，臣若閉門潔身，實不爲難。徒以世被國恩，所以受賢者之責，冒圍齎書於陛下。』疏入，除資政殿學士，知宣州，提舉洞霄宮，以恩封東萊郡侯。」所記即圍城及其後好問除尚書右丞事。秦湛，《宋史》無傳。唐圭璋《全宋詞》載：「湛字處度，秦觀子，官宣教郎。紹興二年（1132），添差通判常州。四年（1134），致仕。」《宋人傳記資料索引》載：「秦湛，字處度，高郵人，觀子。少好學，善畫著色山水。」可知其生平。

好問除右丞，誥詞有「回天之力」語，故以名《錄》。

案：「回天之力」一語，見汪藻《浮溪集》卷十一〈制・呂好問除尚書右丞制〉。其〈制〉曰：「富貴不足解憂，方極慕親之念；孝弟施於有政，莫先同德之求。朕以眇躬，嗣承大統，遭家不造，凜若淵冰。雖三軍同左袒之心，而二聖未返北轅之役。常棣之華韡韡，敢忘原隰之求；大隧之樂融融，有待封人之薦。具官某，儒術之茂，闇然實章；信厚之資，老而彌篤。遍陪甘泉法從之列，實自靖康總攬之初。從容片言，綽有回天之力；險夷一致，益堅衛上之忠；肆圖邦命之新，進總文昌之轄。倚老成于典刑之重，登世臣于故國之遺。朕之股肱，誼同休戚。其念兩宮戴天之義，體予一人側席之思。倘能遣侯公而說之，必有御趙王而歸者。亶惟乃辟是佑，則于永世有辭。」孫覿《鴻慶居士集》卷二十六亦有此〈制〉，內容全同。

後有好問謝其祖〈公著復官表〉及〈遺表〉。

案：好問謝其祖〈公著復官表〉及〈遺表〉，無可考。未知《全宋文》有收得否？

盡忠補過錄一卷

《盡忠補過錄》一卷，修職郎穆伯芻撰。記張孝純在偽齊時所上本朝書。

廣棪案：孝純，《宋史》無傳，錢士升《南宋書》卷十三有傳。丁傳靖輯《宋人軼事彙編》卷十六載：「張孝純守太原，力竭被擒，囚歸雲中，粘罕謂孝純曰：『公於此無治生事，當還公於鄉里。』又謂雲中守曰：『如有人欠孝純錢物，可速還之，且晚孝純歸矣。』蓋粘罕與劉豫密議定，而人莫知也。至是遣人送孝純南歸，止云歸鄉而已。故宇文虛中〈送孝純詩〉云『閈里共驚新素髮，兒童重整舊斑衣』之句。孝純既至河朔，欲由濟南歸徐州，主者曰：『當與公共至東節制司，某得檄，公方可歸。』既行，則孝純之兄侄遠迓。方喜慰之際，無何，至汶上，而劉豫僭立，遽有拜相之命。《三朝北盟會編》：按後和議成，詔孝純赴行在，孝純慚懼，歸徐州卒。」所記可與《解題》相參證。伯芻，事迹乏考，《四十七種宋代傳記綜合引得》無其資料。

吳丞相手錄一卷

《吳丞相手錄》一卷，吳敏元忠撰。記靖康初元事。

廣棪案：敏字元中，亦作元忠，眞州人。《宋史》卷三百五十二〈列傳〉第一百一十一有傳。其〈傳〉載徽宗內禪及靖康初元事曰：「徽宗將內禪，蔡攸探知上意，引敏入對。宰臣執政皆在，敏前奏事，且曰：『金人渝盟，舉兵犯順，陛下何以待？』上蹙然曰：『奈何？』時東幸計已定，命戶部尚書李棁先出守金陵。敏退，詣都堂言曰：『朝廷便爲棄京師計，何理也？此命果行，須死不奉詔。』宰執以爲言，棁遂罷行。皇太子除開封尹，上去意益決，敏因奏對得請，遂薦李綱。綱嘗語敏以上宜傳位，如唐天寶故事，故薦之，冀上或有所問也。明日，宰臣奏事，徽宗獨留李邦彥，語敏所對。命除門下侍郎，輔太子。敏駭曰：『臣既畫計，當從陛下巡幸。陛下且傳位，而臣受不次之擢，臣曷敢？』上曰：『不意卿乃爾敢言。』於是命敏草傳位詔。欽宗既立，上皇出居龍德宮，敏與蔡攸同爲龍德宮副使，遷知樞密院事，拜少宰。敏主和議，與太宰徐處仁議不合，紛爭上前。御史中丞李回劾之，與處仁俱罷，爲觀文殿大學士、醴泉觀使。頃之，言者論其茈蔡京父子，出知揚州，再貶崇信軍節度副使，涪州安置。」此《手錄》雖佚，讀此猶能推知其事之梗概。敏拜少宰，故此書稱《吳丞相手錄》。

岳飛事實六卷、辨誣五卷

《岳飛事實》六卷、《辨誣》五卷，飛之孫珂撰。

廣棪案：《宋史》卷二百三〈志〉第一百五十六〈藝文〉二〈傳記類〉著錄：「岳珂《籲天辨誣》五卷。」此與《解題》著錄之《辨誣》五卷，同屬一書，惟〈宋志〉闕載《岳飛事實》六卷。岳飛，傳見《宋史》卷三百六十五〈列傳〉第一百二十四。飛有五子：雲、雷、霖、震、霆。珂，霖之子，附〈飛傳〉。〈飛傳〉謂：「初，飛下獄，檜令親黨王會搜其家，得御札數篋，束之左藏南庫，霖請於孝宗，還之。霖子珂，以淮西十五御札辯驗彙次，凡出師應援之先後皆可考。嘉定間，爲《籲天辯誣集》五卷、《天定錄》二卷。」亦未記及《岳飛事實》六卷。飛之事實，彰彰可考在本傳中。《宋史》論之曰：「西漢而下，若韓、彭、絳、灌之爲將，代不乏人，求其文武全器、仁智并施如宋岳飛者，一代豈多見哉！史稱關雲長通《春秋左氏》學，然未嘗見其文章。飛北伐，軍至汴梁之朱仙鎮，有詔班師，飛自爲表答詔，忠義之言，流出肺腑，眞有諸葛孔明之風，而卒死於秦檜之手。蓋飛與檜誓不兩立，使飛得志，則金讎可復，宋恥可雪；檜得志，則飛有死而已。昔劉宋殺檀道濟，道濟下獄，嗔目曰：『自壞汝萬里長城！』高宗忍自棄其中原，故忍殺飛。嗚呼冤哉！嗚呼冤哉！」是飛之精忠，固可與日月同昭；而其文武仁智，亦遡孔明、雲長而上也。珂撰先祖事實，籲天辨誣；揚先祖之清芬，俾垂名於永祀。有孫若此，飛亦可含笑九泉矣。

丁卯實編一卷

《丁卯實編》一卷，成忠郎李珙撰。誅曦之功，楊巨源為多，安丙忌而殺之。珙為作〈傳〉，上之於朝，以昭其功而伸其冤。

廣棪案：《四庫全書總目》卷五十二〈史部〉八〈雜史類存目〉一著錄：「《丁卯實編》一卷，《永樂大典》本。宋毛方平撰。方平不知何許人，安丙害楊巨源時，方平爲四川茶馬司幹辦公事，因作此書，大旨與張革之同。〈自序〉云：『一夫不獲，則六月飛霜；匹婦抱恨，則三年致旱。』其詞至爲痛切。考郭士寧《平叛錄》，與巨源陰謀誅曦者九人，方平爲首，所記當爲實錄。曰丁卯者，曦之叛在開禧二年丙寅，而誅於三年丁卯也。陳振孫《書錄解題》作李珙撰。今檢《永樂大典》標題及〈序〉中署名，均作方平，則振孫所載誤矣。」是《四庫全書總目》以此書爲毛方平撰，與《解題》著錄不同。余嘉錫《四庫提要辨證》則不以《解題》及《四庫全書總目》之說爲然。其書卷五〈史部〉三〈雜史類存目〉一「《丁卯實編》一卷」條曰：「嘉錫案：《總目》於南宋人雜史記吳曦事附入〈存目〉者凡三種：曰《誅吳錄》，曰《丁卯實編》，曰《平叛錄》，《宋史．藝文志》皆不著錄。李心傳《建炎以來朝野雜記》乙集卷九曰：『武興之亂，時人記錄者有《新舊安西樓記》、原註云「安觀文自撰」。案此節書名下小字，皆心傳原注，後仿此。《靖蜀編》、宣撫司準備差遣胡酉仲編。《耆定錄》、長沙板行，不得姓名。《海濱漁父記聞》、沔州板行。《楊巨源自敘書》、上劉閣學者。《楊巨源事迹》、益昌士人撰。《楊巨源傳》、武臣李珙撰。《李好義誅曦本末》、李好古自記。《復四川本末》、李好古自記。《實入僞官人數》、李好古自記。《李好義行狀》、白子申撰。《平蜀實錄》、楊君玉撰。《新沔見聞錄》、不得姓字。《切齒錄》、士人任光旦編。《固陵錄》、李直院季允編。《毛氏寓錄》、茶馬司辦幹公事毛方平撰。《公議榜》、成都學府士人撰。《佚罰錄》。朝奉郎趙公宅撰。而士大夫之在新沔者又或有《日錄辨誣》等書，最後《西陲泰定錄》乃盡采而輯之，取舍是非，一從公論，其本末亦纚備矣。』《西陲泰定錄》，即心傳所撰。見《書錄解題》卷五。此所載諸野史，蓋其所搜集以資著書之用者，故臚列劇詳。然亦無《誅吳》、《平叛》二錄，雖有毛方平之作，而其書名《毛氏寓錄》，不名《丁卯實編》，與《永樂》所收本不同，惟《直齋書錄》卷七〈傳記類〉有《丁卯實編》一卷，《解題》云：『成忠郎李珙撰。誅曦之功，楊巨源爲多，安丙忌而殺之。珙爲作〈傳〉，上之於朝，以昭其功而伸其冤。』據《朝野雜記》，則李珙所作乃《楊巨源傳》，非此書也。《宋史》卷四百二〈楊巨源傳〉〈列傳〉一百六十一亦云：『巨源死，忠義之士爲之扼腕，成忠郎李珙投匭獻所作〈巨源傳〉爲之訟冤。』是李珙之獻書，乃仿唐李翰撰〈張巡傳〉之故事，其書自當是〈楊巨源傳〉，若泛然名之爲《丁卯實編》，則非爲巨源訟冤之意矣。至於毛方平此書，雖係隨筆之雜記，而其文亦必具敘巨源生平，頗與列傳相似。陳振孫所得之本，蓋未署姓名，又亡其〈自序〉，振孫第習聞李珙嘗爲巨源作〈傳〉鳴冤，以爲即是此書，故遂因以致誤耳。《提要》謂『方平不知何許人』。余考《周南山房集》，《涵芳樓秘笈》本。卷五〈題四川耆定錄〉云：『衢州士人毛方平仕於蜀，遭吳曦亂後毀印紙，案宋人有出身印紙，蓋小官所得之符付，失之則須罷官。久之敘雪得伸，過吳見訪，出此相惠。此編於蜀亂最詳，其所著從亂逆黨，蜀帥怯懦，與事變初聞，廟堂無策，恐不爲不當。其痛楊巨源之死由彭輅，案事見《宋史・楊巨源傳》。皆別錄所不能及，方平頗負氣云。』知方平爲浙東衢州人，李心傳謂《耆定錄》作者不知姓名，據此則亦方平所著。蓋方平紀吳曦之亂，既有《耆定錄》，又有《毛氏寓錄》，第不知此《丁卯實編》與《寓錄》是一是二？今兩《錄》既亡，此編亦未見傳本，無以考其異同矣。」據余氏《辨證》，則李珙所撰者爲〈楊巨源傳〉，非《丁卯實編》，《解題》誤也；而毛方平所撰者乃《毛氏寓錄》，亦非此書，此《四庫全書總目》誤也。又方平乃浙東衢州人，《四庫全書總目》謂「不知何許人」，亦失考之甚矣。至李珙，字溫之，永福人。《宋史翼》卷三十〈列傳〉第三十〈忠義〉一有傳。

孔子編年五卷

《孔子編年》五卷，新安胡仔元任撰。其父待制舜陟命仔采摭經傳為之。

廣棪案：《玉海》卷第四十七〈藝文・編年〉「紹興《孔子編年》」條載：「《書目》：『胡仔撰。紹興初。起魯襄公二十二年，訖哀公十六年，自孔子始生至卒，凡七十三年，五卷。』」可補《解題》之未備。此書舊題舜陟撰，其實誤也。《四庫全書總目》卷五十七〈史部〉十三〈傳記類〉一「《孔子編年》五卷，浙江范懋柱家天一閣藏本。」條考之甚詳，曰：「舊本題宋胡舜陟撰。考書首有紹興八年舜陟〈序〉，乃自靜江罷歸之日，命其子仔所撰，非舜陟自作也。舜陟字汝明，績溪人。大觀三年進士，靖康間官侍御史。南渡初，知廬州，有禦寇功。更歷數鎮，最後爲廣西經略使。欲爲秦檜父建祠，高登不可，因劾登以媚檜。會以他事忤檜意，亦逮治死於獄。事蹟具《宋史》本傳。仔字元任，後流寓吳興。嘗輯詩話行於世，即所謂《苕溪漁隱》者是也。是書輯錄孔子言行，以《論語》、《春秋三傳》、《禮記》、《家語》、《史記》諸家所載，按歲編排，體例亦如年譜。其不曰年譜而曰編年，尊聖人也。自周、秦之間，讖諱雜出，一切詭異神怪之說，率託諸孔子，大抵誕謾不足信。仔獨依據經傳，考尋事實，大旨以《論語》爲主，而附以他書，其採掇頗爲審慎。惟諸書紀錄聖言，不能盡載其歲月，仔既限以編年，不免時有牽合。如《左氏》襄公二十一年，廣棪案：應作『襄公三十一年』，《四庫全書總目》誤。鄭人游鄉校，《傳》，仲尼聞是語也」云云。杜預〈注〉謂：『仲尼於是年實是十歲，長而後聞之』。知孔子爲此言，不當在是年也。仔乃繫其事於十歲之下，殊爲疏舛。又《禮記・儒行篇》對『魯哀公』云云，則繫之六十八歲。〈哀公問〉篇『大禮何如』云云，則又繫之七十二歲。不知何所據而云然，此類尤失於穿鑿。然由宋迄元明，集聖蹟者其書日多，亦猥雜日甚。仔所論次猶爲近古，故錄冠〈傳記〉之首，以見濫觴之所自焉。」所言足供參考。至《郡齋讀書志》卷第九〈傳記類〉著錄有孔傳撰《孔子編年》三卷，則與此非同一書，宜分別之。

諸葛武侯傳一卷

《諸葛武侯傳》一卷，侍講張栻撰。以陳壽作史私且陋，裒集他傳及裴松之所注為此《傳》，而削去管、樂自許一則。朱晦翁以為不然，又為〈後論〉以達其意。謂其體正大且學未至，使得游洙泗之門，所就不止此。

廣棪案：《讀書附志》卷上〈傳記類〉著錄：「《諸葛忠武侯傳》一卷。右南軒先生張宣公栻所著也。」書名多一「忠」字，與《宋史》張栻本傳同。阮元《揅經室外集》卷五〈四庫未收書提要〉「《諸葛武侯傳》一卷」曰：「宋張栻撰。栻有《南軒易傳》，《四庫全書》已著錄。此傳不載《南軒文集》，乃從宋刊單行本影寫。其闡發武侯生平，考證極確。自陳壽作《三國志》，尊魏斥蜀，使後世莫明正僞，且言武侯志大而短於用。司馬光作《通鑑》，朱子作《綱目》，乃正其非。栻更摭拾舊聞，成此一卷，具明才學過於管、樂，稱其有正大之體。且《傳》中述〈前〉、〈後出師表〉，與今所傳字句間有異同。其〈後跋〉云：『徵自文獻，不敢存疑。』則其所見詳明，必有古書足據矣。」所述可與《解題》相參證。考張栻字敬夫，其〈傳〉見《宋史》卷四百二十九〈列傳〉第一百八十八〈道學〉三。孝宗朝曾以吏部侍郎，權起居郎侍立官，兼侍講。〈傳〉曰：「栻聞道甚早，朱熹嘗言：『己之學乃銖積寸累而成，如敬夫則大牛卓然先有見者也。』所著《論語孟子說》、《太極圖說》、《洙泗言仁》、《諸葛忠武侯傳》、《經世紀年》，皆行于世。」朱子所撰此書〈後論〉，不見《朱子全書》，殆不可考。

韓文公歷官記一卷

《韓文公歷官記》一卷，新安張敦頤撰。頗疏略。其最誤者，〈序〉言擒吳元濟、出牛元翼為一事，此大謬也。為裴度行軍司馬，在憲宗元和時；奉使鎮州王庭湊，在穆宗長慶時。

廣棪案：《宋史》卷二百三〈志〉第一百五十六〈藝文〉二〈傳記類〉著錄：「《韓文公歷官記》一卷，程俱撰。」所記撰人與《解題》不同，未知孰是。考敦頤字養正，《宋史翼》卷二十一〈列傳〉第二十一〈循吏〉四有傳；俱字致道，《宋史》卷四百四十五〈列傳〉第二百四〈文苑〉七有傳。惟二人傳中均未記撰此書。韓文公即韓愈，《舊唐書》卷一百六十〈列傳〉第一百一十〈韓愈〉載：「元和十二年八月，宰臣裴度爲淮西宣慰處置使，兼彰義軍節度使，請愈爲行軍司馬，仍賜金紫。淮、蔡平，十二月隨度還朝，以功授刑部侍郎，仍詔愈撰〈平淮西碑〉，其辭多敘裴度事。時先入蔡州擒吳元濟，李愬功第一，愬不平之。愬妻出入禁中，因訴碑辭不實，詔令磨愈文。憲宗命翰林學士段文昌重撰文勒石。」此記元和十二年愈爲行軍司馬及擒吳元濟事。《新唐書》卷一百七十六〈列傳〉第一百一〈韓愈〉載：「鎮州亂，殺田弘正而立王廷湊，詔愈宣撫。既行，眾皆危之。元稹言：『韓愈可惜。』穆宗亦悔，詔愈度事從宜，無必入。愈至，廷湊嚴兵迓之，甲士陳廷。既坐，廷湊曰：『所以紛紛者，乃此士卒也。』愈大聲曰：『天子以公爲有將帥材，故賜以節，豈意同賊反邪？』語未終，士前奮曰：『先太師爲國擊朱滔，血衣猶在，此軍何負，乃以爲賊乎？』愈曰：『以爲爾不記先太師也，若猶記之，固善。天寶以來，安祿山、史思明、李希烈等有子若孫在乎？亦有居官者乎？』眾曰：『無。』愈曰：『田公以魏、博六州歸朝廷，官中書令，父子受旌節；劉悟、李祐皆大鎮，此爾軍所共聞也。』眾曰：『弘正刻，故此軍不安。』愈曰：『然爾曹亦害田公，又殘其家矣，復何道？』眾讙曰：『善。』廷湊慮眾變，疾麾使去。因曰：『今欲廷湊何所爲？』愈曰：『神策六軍將如牛元翼者爲不乏，但朝廷顧大體，不可棄之。公久圍之，何也？』廷湊曰：『即出之。』愈曰：『若爾，則無事矣。』會元翼亦潰圍出，廷湊不追。愈歸奏其語，帝大悅。轉吏部侍郎。」此記長慶時奉使鎮州宣撫王庭湊及出牛元翼事。直齋所考不誤。惟此書之〈序〉言擒吳、出牛爲一事，則顯見其疏略矣。庭湊，《舊唐書》作「廷湊」。

歐公本末四卷

《歐公本末》四卷，呂祖謙編。蓋因觀《歐陽公集》，考其歷仕歲月、同官同朝之人，略著其事迹。而《集》中詩文亦隨時附見，非獨歐公本末，而時事、時賢之本末，亦大略可觀矣。故入〈傳記類〉。

廣棪案：《宋史》卷二百三〈志〉第一百五十六〈藝文〉二〈傳記類〉著錄：「呂祖謙《歐公本末》四卷。」與此同。陸心源《儀顧堂題跋》卷二「〈宋板歐公本末跋〉」條云：「《歐公本末》四卷，宋呂祖謙編。每頁十八行，每行十八字，版心有字數及刊匠姓名，後有〈嘉定壬申嚴陵詹乂民刻板跋〉。宋諱嫌名桓、完、慎、敦、構，皆缺避。『頊』注神宗廟諱，當據稿本原文。《書錄解題》、《文獻通考》皆箸于錄，明以後收藏家無著錄者。《四庫》未收，阮文達亦未進呈。其書取歐公箸述有關出處行誼、朋友親戚、學術趣向者掇集成書，故曰『本末』。字兼歐柳，紙墨精良，紙背乃延祐四年官冊，蓋元初印本也。乂民字敬叔，遂安人。」劉兆祐《宋史藝文志史部佚籍考》上編〈已佚而無輯本者〉（七）〈傳記類〉著錄：「《歐公本末》四卷，宋呂祖謙撰。……按《明內閣書目》（卷六）猶載此書，云：『《歐公本末》十冊，全，宋歐陽脩生平撰述及其行實，呂祖謙編次。《金石錄》附後。』知此書萬曆間猶存，今則亡佚矣。」均可與《解題》相參證，頗疑「《金石錄》」乃《集古錄》之譌。又考以陸心源〈題跋〉，則猶有《宋板歐公本末》在，劉兆祐以為「已佚而無輯本」，是未考及陸書也。

皇祐平蠻記二卷

《皇祐平蠻記》二卷，殿中丞馮炳撰。記儂智高事。

廣棪案：《郡齋讀書志》卷第七〈僞史類〉著錄：「《皇祐平蠻記》一卷。右皇朝馮炳撰。記儂智高叛，朝廷遣狄青討平之事。」《玉海》卷第二十五〈地理・議邊〉「《皇祐安南議》」條載：「馮炳撰《皇祐平蠻記》二卷。晁《志》云一卷。」《宋史》卷二百三〈志〉第一百五十六〈藝文〉二〈傳記類〉著錄：「「馮炳《皇祐平蠻記》二卷。」是《玉海》、〈宋志〉著錄此書均作二卷，僅晁《志》作一卷，疑晁《志》誤。狄青討平儂智高事，《宋史》卷二百九十〈列傳〉第四十九〈狄青〉記之，曰：「皇祐中，廣源州蠻儂智高反，陷邕州，又破沿江九州，圍廣州，嶺外騷動。楊畋等安撫經制蠻事，師久無功。又命孫沔、余靖為安撫使討賊，仁宗以為憂。青上表請行，翌日入對，自言：『臣起行伍，非戰伐無以報國。願得蕃落騎數百，益以禁兵，羈賊首致闕下。』帝壯其言，遂除宣徽南院使，宣撫荊湖南北路，經制廣南盜賊事，置酒垂拱殿以遣之。時智高還據邕州，青合孫沔、余靖兵次賓州。先是，蔣偕、張忠皆輕敵敗死，軍聲大沮。青戒諸將毋妄與賊鬥，聽吾所為。廣西鈐轄陳曙乘青未至，輒以步卒八千犯賊，潰于崑崙關，殿直袁用等皆遁。青曰：『令之不濟，兵所以敗。』晨會諸將堂上，揖曙起，并召用等三十人，按以敗亡狀，驅出軍門斬之。沔、靖相顧愕眙，諸將股栗。已而頓甲，令軍中休十日。覘者還，以為軍未即進。青明日乃整軍騎，一晝夜絕崑崙關，出歸仁鋪為陣。賊既失險，悉出逆戰。前鋒孫節搏賊死山下，賊氣銳甚，沔等懼失色。青執白旗麾騎兵，縱左右翼，出賊不意，大敗之，追奔五十里，斬首數千級。其黨黃師宓、儂建中、智中及僞官屬死者五十七人，生擒賊五百餘人，智高夜縱火燒城遁去。遲明，青按兵入城，獲金帛鉅萬、雜畜數千，招復老壯七千二百嘗爲賊所俘脅者，慰遣之。梟黃師宓等邕城下，斂屍築京觀于城北隅。時賊屍有衣金龍衣者，眾謂智高已死，欲以上聞。青曰：『安知非詐邪？寧失智高，不敢誣朝廷以貪功也。』初，青之至邕也，會瘴霧昏塞，或謂賊毒水上流，士飲者多死，青殊憂之。一夕，有泉湧砦下，汲之甘，眾遂以濟。」《玉海》卷第一百九十四〈兵捷・紀功碑銘附〉「〈平蠻碑〉」條載：「余靖於桂州北門之外，就崖石磨刻出師平賊受算凱旋年月，以宣示皇朝威令，用肅遠方。又撰〈京觀記〉，刻石於邕州歸仁鋪蠻塚之側。殿中丞馮炳掌機宜，撰《平蠻記》一卷。」可資參考。其《平蠻記》作一卷者，或據晁《志》。炳，《宋史》無傳，是次出師乃於軍中掌機宜。蔡襄《端明集》卷十〈制〉有〈右贊善大夫馮炳可授殿中丞制〉，可與《解題》相參證。

孫威敏征南錄一卷

《孫威敏征南錄》一卷，學士睢陽滕甫元發撰。言「平南之功，皆本孫沔元規，狄青之至，莫能出其右者。余靖歸美於青，非實也。」甫時通判潮州。

廣棪案：《宋史》卷二百三〈志〉第一百五十六〈藝文〉二〈傳記類〉著錄：「滕甫《征南錄》一卷。」即此書。《四庫全書總目》卷五十八〈史部〉十四〈傳記類〉二著錄：「《孫威敏征南錄》一卷，浙江鄭大節家藏本。宋滕元發撰，元發初名甫，後以避高魯王諱，以初字元發爲名，而更字曰達道。東陽人。舉進士，歷官龍圖閣學士，諡章敏。事蹟具《宋史》本傳。此本前有結銜，題『承奉郎、守大理評事、通判湖州軍州事滕甫』。蓋猶未改名時所作也。其書乃記皇祐四年孫沔平儂智高事。其時沔爲安撫，狄青爲宣撫使。沔與青會兵計議，進破智高於歸仁鋪，沔留治後事。及師還，余靖勒銘長沙，專美狄青。朝廷亦以青爲樞密使，賞賚甚厚，沔止加秩一等。甫以爲南征之事，本出沔議。其措置先備，又能以身下狄青，卒攘寇難。因述爲此書，以頌沔之績。蓋沔知杭州時嘗奇甫才，授以治劇守邊方略，具有知己之分，故力爲之表暴如此。考《宋史》載征儂智高事，亦於〈狄青傳〉爲詳，而〈沔傳〉頗略。然此書備見於《宋史・藝文志》、陳振孫《書錄解題》，當時皆不以爲誣，殆必有說，是亦考史者所宜兼存矣。案：削平寇亂之事，宜入〈雜史〉，然此書爲表孫沔之功，非記儂智高之變，故入〈傳記類〉中。」所考較《解題》爲詳。孫沔字元規，其傳見《宋史》卷二百八十八〈列傳〉第四十七，其中載沔征南事曰：「徙秦州，時儂智高反，沔入見，帝以秦事勉之。對曰：『臣雖老，然秦州不足煩聖慮，陛下當以嶺南爲憂也。臣睹賊勢方張，官軍朝夕當有敗奏。』明日，聞蔣偕死，帝諭執政曰：『南事誠如沔所料。』宰相龐籍奏遣沔行，以爲湖南、江西路安撫使，以便宜從事，加廣南東、西路安撫使。沔請益發騎兵，且增選偏裨二十八人，求武庫精甲五千。參知政事梁適折之曰：『毋張皇！』沔曰：『前日惟亡備，故至此。今指期滅賊，非可以徼倖勝，乃欲示鎮靜邪？夫實備不至而貌爲鎮靜，危亡之道也。』居二日，促行，才與兵七百。沔憂賊度嶺而北，乃檄湖南、北曰：『大兵且至，其繕治營壘，多具宴犒。』賊疑不敢北侵。會遣狄青爲宣撫使，沔與青會。青與智高遇，戰歸仁鋪，智高敗走。青還，沔留治後事，遷給事中。及還，帝問勞，解御帶賜之，以知杭州。至南京，召爲樞密副使。」是沔之功，固不在狄青下也。滕甫生平，見《宋史》卷三百三十三〈列傳〉第九十一〈滕元發〉。

唃廝囉傳一卷

《唃廝囉傳》一卷，不著作者。

廣棪案：《秘書省續編到四庫闕書目》卷一〈史類・傳記〉著錄：「《唃廝羅傳》一卷，闕。輝按：陳《錄》羅作囉，云不著作者。」葉德輝考證本。唃廝囉者，緒出贊普之後，本名欺南陵溫籛逋。籛逋猶贊普也，羌語訛爲籛逋。唃廝囉生高昌磨榆國，《宋史》卷四百九十二〈列傳〉第二百五十二〈外國〉八有傳。故此書雖佚，猶未佚也，讀《宋史》可悉其梗概。

陝西聚米圖經五卷

《陝西聚米圖經》五卷，閤門通事舍人雄州趙珣撰。

廣棪案：珣，《宋史》卷三百二十三〈列傳〉第八十二附其父〈趙振〉。其〈傳〉載：「珣年十六，仁宗召試便殿，授三班借職。景祐中，有言珣藝益進，且習書史。復召見閱武伎，又試策略于中書，條對數千言。自殿直進閤門祗候，未幾，除濠州兵馬都監。……即擢通事舍人、招討都監。」所記官銜較《解題》詳備。

珣父振，博州防禦使，久在西邊。

案：振字仲威，雄州歸信人。其〈傳〉載：「元昊既破豐州，將襲近呰，振率鈐轄張亢、麥允言出麟州深柏堰，擊破之。兼領嵐、憲六州軍事。河外饑，振設法通呰外商，得米數十萬斛，軍民以濟。進博州防禦使，改解州致仕。復起為左神武軍大將軍，卒。振剛強自負，有武力，便弓馬，喜謀畫，輕財尙氣，眾樂為用。子珣、瑜，皆工騎射。」與《解題》略同。

珣訪得五路徼外山川道里，康定二年為此書。韓魏公經略言於朝，詔取其書，召見。執政呂許公、宋莒公言用兵以來，策士之言以千數，無如珣者。

案：康定，宋仁宗年號，惟康定無二年，《解題》誤。韓魏公即韓琦，呂許公即呂夷簡，宋莒公即宋庠。〈珣傳〉謂：「初，珣隨父在西邊，訪得五路徼外形勝利害，作《聚米圖經》五卷。詔取其書，并召珣至，又上〈五陣圖〉、〈兵事〉十餘篇。帝給步騎使按陣，既成，臨觀之。陳執中詔討陝西，薦為緣邊巡檢使。呂夷簡、宋庠為奏曰：『用兵以來，策士之言以萬計，無如珣者。』而未記及韓琦。《宋史》卷三百一十二〈列傳〉第七十一〈韓琦〉載：「趙元昊反，琦適自蜀歸，論西師形勢甚悉，即命為陝西安撫使。」意琦之薦珣，必在此時。

擢涇源都監，定川之敗死焉。

案：〈珣傳〉載：「珣自以年少新進，辭都監。授兵萬人，御賜鎧杖，令自擇偏裨、參佐，居涇源，兼治籠竿城。……改本路都監，詔追入朝。將行，適元昊大入，府檄留珣，會葛懷敏於瓦亭。懷敏已屯五谷口西至馬欄城，聞夏人徙軍新壕外，議欲質明掩襲。珣謂懷敏曰：『敵遠來，眾倍鋒銳，莫若依馬欄城布柵以扼其路，守鎮戎城以便餉道，俟其衰擊之，此必勝之道也。不然，必為賊所屠。』懷敏不聽，兵遂逼鎮戎城，越界壕，抵定川。未及陣，夏人引鐵騎來犯，珣居陣西北，瑜亦在軍中，戰甚力。東壁兵輒潰，中軍大擾，珣擁刀斧手前鬥，夏眾稍卻，我軍復陣。懷敏詰朝退走，就食鎮戎。俄夏騎四合，珣被擒，瑜以身免。」所記與《解題》同。

珣勁特好學，恂恂類儒者，人皆惜之。

案：〈珣傳〉曰：「珣美風儀，性勁特好學，恂恂類儒者。既歿，人多惜之。贈莫州刺史，後卒賊中。瑜弟璞，亦知名。」與《解題》同。

元豐平蠻錄三卷

《元豐平蠻錄》三卷，金部員外郎知鳳翔府家安國撰。記乞弟、韓存寶事。

廣棪案:《宋史》卷二百三〈志〉第一百五十六〈藝文〉二〈故事類〉著錄:「家安國《平蠻錄》三卷。」與此同。考此書已佚,惟元豐平蠻事,猶見《宋史》卷四百九十六〈列傳〉第二百五十五〈蠻夷〉四。所記乞弟、韓存寶等事曰:「(熙寧)十年,羅苟夷犯納溪砦。初,砦民與羅苟夷競魚笱,誤毆殺之,吏爲按驗。夷已忿,謂:『漢殺吾人,官不償我骨價,反暴露之。』遂叛。提點刑獄穆珦言:『納溪去瀘一舍,羅苟去納溪數里,今託事起端,若不加誅,則烏蠻觀望,爲害不細。』乃詔涇原副總管韓存寶擊之。存寶召乞弟等掎角,討蕩五十六村,十三囤蠻乞降,願納土承賦租,乃詔罷兵。元豐元年,乞弟率晏州夷合步騎六千至江安城下,責平羅苟之賞。城中守兵纔數百,震恐不能授甲,蠻數日乃引去。知瀘州喬敘要欲與盟,昭梓夔都監王宣以兵二千守江安,仍奏以乞弟襲歸來州刺史。韓運遣小校楊舜之召乞弟拜敕,乞弟不出;遣就賜之,亦不見,而令小蠻從舜之取敕以去。喬敘因沙取祿路以賄招乞弟,乃肯來。三年,盟于納溪。蠻以爲畏己,益悖慢。盟五日,遂以眾圍羅箇牟族。羅箇牟,熊本所團結熟夷也。王宣往救之,蠻解圍,合力拒官軍。宣與一軍皆沒,事遂張,馹召存寶授方略,統三將兵萬八千趨東川。存寶怯懦不敢進,乞弟送款紿降,存寶信之,遂休兵于綿、梓、遂、資間。四年,詔以環慶副總管林廣代存寶,按寶逗撓,誅之。熟夷楊光震殺阿訛,詔林廣與光震同力討賊。乞弟恐,復送款。帝以其前後反覆,無眞降意,督廣進師。廣遂破樂共城,至斗蒲村,斬首二千五百級。次落婆,乞弟乃納降。廣盛陳兵以受之,對語良久,乞弟疑有變,引眾遁。廣帥兵深入,會大雨雪,浹旬以至老人山,山形劍立。度黑崖,至鴉飛不到山。五年正月,次歸來州,天大寒,然桂爲薪,軍士皆凍墮指。留四日,求乞弟不可得。內侍麥文昺問廣軍事,廣曰:『賊未授首,當待罪。』文昺乃出所受密詔曰:『大兵深入討賊,期在梟獲元惡。如已破其巢穴,雖未得乞弟,亦聽班師。』軍中皆呼萬歲,曰:『天子居九重,明見萬里外。』乃以眾還。自納溪之役,師行凡四十日。築樂共城、江門砦、梅嶺席帽溪堡,西達淯井,東道納溪,皆控制要害。捷書聞,赦梓州路,以歸來州地賜羅氏鬼主。乞弟既失土,窮甚,往來諸蠻間,無所依。帝猶欲招來之,命知瀘州王光祖開諭,許以自新。會其死,於是羅始党、斗然、斗更等諸酋請依十九姓團結,新收生界八姓,兩江夷族請依七姓團結,皆爲義軍。從之。自是瀘夷震慴,不復爲邊患。」可悉元豐平蠻始末。家安國,其生平見《宋史》卷三百九十〈列傳〉第一百四十九〈家愿〉,僅記:「家愿字處厚,眉山人。父勤國,慶曆、嘉祐間與從兄安國、定國同從劉巨遊,與蘇軾兄弟爲同門友。」《宋元學案》卷九十九〈蘇氏蜀學略・

二蘇講友〉「家先生勤國附師劉巨、監郡家先生安國合傳、司法家先生定國合傳」條曰：「梓材案：《萬姓統譜》載：『安國字復禮，初在教授，晚監郡。定國，官永康司法參軍。』《宋史》著錄家安國《春秋通義》二十四卷。」又檢慕容彥逢《摛文堂集》卷七〈制〉有〈朝散郎家安國轉一官制〉。

元祐分疆錄三卷

《元祐分疆錄》三卷，直龍圖閣京兆游師雄景叔撰。元祐初，議棄西邊四寨，執政召師雄問之，對曰：「先帝棄之可也，主上棄之則不可。且示弱夷狄，反益邊患。」爭之甚力，不聽，卒棄之。四寨者，葭蘆、米脂、浮屠、安疆也。 館臣案：《宋史》作「米脂」，原本作「乘脂」，今改正。**夏人以事出望外，萌侵侮之心，連年犯順，皆如師雄所料。此書前三卷，記當時論辨本末，後一卷〈行實〉，不知何人作也。是歲，師雄被命行邊，請以便宜行事。夏人與鬼章謀寇熙河，師雄說劉舜卿出師，种誼遂破洮州，擒鬼章以獻，其功偉矣。元祐諸老固欲休兵息民，師雄言既不行，功復不賞，殆以專反熙、豐，失于偏滯，終成紹述之禍，亦有以也。師雄，治平二年進士。**

廣棪案：《宋史》卷二百七〈志〉第一百六十〈藝文〉六〈兵書類〉著錄：「游師雄《元祐分疆錄》二卷。」卷數與《解題》不同，疑《宋志》「二」字乃「三」字之誤，蓋《解題》明言「此書前三卷記當時論辨本末」也。游師雄字景叔，京兆武功人。學於張載，第進士。《宋史》卷三百三十二〈列傳〉第九十一本傳載：「元祐初，爲宗正寺主簿。執政將棄四砦，訪於師雄。師雄曰：『此先帝所立，以控制夏人者也，若何棄之？不惟示中國之怯，將起敵人無厭之求。儻瀘、戎、荊、粵視以爲請，亦將與之乎？萬一燕人遣一乘之使，來求關南十縣，爲之奈何？』不聽。因著《分疆錄》。遷軍器監丞。吐蕃寇邊，其酋鬼章青宜結乘間脅屬羌構夏人爲亂，謀分據熙河。朝廷擇可使者與邊臣措置，詔師雄行，聽便宜從事。既至，諜知夏人聚兵天都山，前鋒屯通遠境。吐蕃將攻河州，師雄欲先發以制之，請於帥劉舜卿。舜卿曰：『彼眾我寡，奈何？』師雄曰：『在謀不在眾。脫事不濟，甘受首戮。』議三日乃定，遂分兵爲二，姚兕將而左，种誼將而右。兕破六逋宗城，斬首千五百級，攻講朱城，斷黃河飛梁，青唐十萬眾不得度。誼破洮州，擒鬼章及大首領九人，斬首千七百級。捷書聞，百僚表賀，遣使告永裕陵。將厚賞師雄，言者猶以爲邀功生事，止遷一官，爲陝西轉運判官、提點秦鳳路刑獄。」所記可與《解題》相參證。其後，師雄出知邠州，進直龍圖閣，知秦州，徙知陝州，卒，年六十。史稱：「師雄慷慨豪邁，有志事功，議者以用不盡其材為恨。」《宋史》史臣之見地，與直齋同出一轍。

青唐錄一卷

《青唐錄》一卷，右班殿直李遠撰。元符中取邈川、青唐，已而皆棄之。遠，紹聖武舉人，官鎮洮，奉檄軍前，記其經歷見聞之實，燦然可觀。

廣棪案：《宋史》卷二百三〈志〉第一百五十六〈藝文〉二〈傳記類〉著錄：「李遠《青唐錄》一卷。」此書已佚。遠，《宋史》無傳，陳騤《南宋館閣錄》卷七、卷八有稱李遠之資料，陸心源據以作《宋詩紀事小傳補正》，曰：「李遠字器之，毘陵人。王十朋榜進士。乾道三年七月除校書郎，四年四月除著作佐郎，五年十二月為福建安撫使參議官。《中興館閣錄》。」然此李遠，絕非撰《青唐錄》之李遠。蓋一為哲宗時人，一為孝宗時人，且宦歷亦殊異。考《宋史》卷十八〈本紀〉第十八〈哲宗〉二載：「（元符二年秋七月）丙寅，洮西安撫使王贍復邈川城，西蕃首領欽彪阿成以城降。……（九月）己未，青唐酋隴拶以城降。……閏月癸酉，……以青唐為鄯州，隴右節度；邈川為湟州，宗哥城為龍支城，俱隸隴右。」《宋史》卷十九〈本紀〉第十九〈徽宗〉一載：「（元符三年三月）甲申，以西蕃王隴拶為河西軍節度使，尋賜姓名曰趙懷德，邈川首領瞎征為懷遠軍節度使。……（建中靖國元年三月）丁丑，詔以河西軍節度使趙懷德知湟州。」又《宋會要輯稿》第一百七十六冊〈兵〉九之三載：「（元符二年閏九月）九日，以李遠、王瑜、米世隆、李昶、毛吉、張可久六人部押降羌部落守東城，贍悉以所統兵守西城，羌攻東城甚急。」斯皆《青唐錄》所記「元符中取邈川、青唐，已而皆棄之」之史實，可參證。《郡齋讀書志》卷第八〈地理類〉著錄有汪藻撰《青唐錄》二卷，然非此書。

《交趾事迹》十卷

《交趾事迹》十卷，知新州趙勰撰。

廣棪案：《宋史》卷二百三〈志〉第一百五十六〈藝文〉二〈傳記類〉著錄：「趙勰《廣州牧守記》十卷，又《交趾事迹》八卷。」所著錄卷數少《解題》二卷。趙勰，《四十七種宋代傳記綜合引得》無其資料。劉兆祐《宋史藝文志史部佚籍考》上編〈已佚而無輯本者〉（七）〈傳記類〉著錄：「《廣州牧守記》十卷、《交趾事迹》八卷，宋趙勰撰。……按：趙氏嘗知新州。新州，南朝梁置，隋廢，唐復置，又改爲新興郡，尋復故，即今廣東新興縣治。交趾，屬交州，《後漢書・郡國志》：『交州領南海、蒼梧、鬱林、合浦、交趾、九眞、日南、朱崖、澹耳九郡。』」所考允當。

占城國錄一卷

《占城國錄》一卷，不著名氏。

廣棪案：占城，《中國古今地名大辭典》載：「古越裳地，秦林邑國，漢象林縣，東漢末區逵據其地，稱林邑王，其領土北起象林，南迄今安南平順，約當今安南本部之地。區氏以後歷范氏，屢寇中國之交州，然亦常通貢使。唐時或稱占婆、瞻波、占波、占不勞，均一音之轉；元和以後，又稱環王。其王所居曰占城，五代周時遂以占城爲國號。宋以後，屢被瞿越丁氏、大越李氏之侵削，領土日狹，朝貢於宋。」此書已佚，惟《宋史》卷四百八十九〈列傳〉第二百四八〈外國〉五〈占城〉所載甚詳，足資參考。

雞林類事三卷

《雞林類事》三卷，不著名氏。

廣棪案：《宋史》卷二百四〈志〉第一百五十七〈藝文〉三〈地理類〉著錄：「孫穆《雞林類事》三卷。」《中興館閣書目・史部・地理類》著錄：「《雞林類事》三卷，孫穆撰。〈玉海〉十六。」趙士煒輯考本。考《玉海》卷第十六〈地理・異域圖書〉「崇寧《雞林志》」條載：「《書目》：『《雞林類事》三卷，崇寧初孫穆撰。敘土風、朝制、方言、附口宣、刻石等文。』」是書固孫穆所撰，《宋史・藝文志》、《玉海》所記，足補《解題》之未及。穆，《四十七種宋代傳記綜合引得》無其資料。考《宋會要輯稿》第一百十八冊〈選舉〉二九之一載：「（大觀三年）七月二日詔：『侍從官舉所知孫穆等十七人，並與陞等差遣。』」是孫穆乃徽宗崇寧、大觀時人。

政和大理入貢錄一卷

《政和大理入貢錄》一卷，右迪功郎錢塘周邦撰。其祖穜為集賢修撰，知桂

州時，歸明人黃璘招來大理國入貢，詔穜考究其真偽。穜言偽妄不可憑，乞依熙寧故事支馬價發還。璘至京師，力主其事，穜落職奉祠。久而覺其詐，乃改正。復職知廣州。

廣棪案：此書未見其他公私書目著錄。穜，《宋史》無傳。《宋人傳記資料索引》載：「周穜，字仁熟，泰州人，濤次子。少有遠度，王安石奇之。登熙寧九年進士，調江寧府右司理。元祐初，蘇軾舉爲鄆州教授。久之，擢著作佐郎兼崇政殿說書，遷起居舍人。歷知揚、廣、桂州。」可與《解題》互補有無。吳廷燮《北宋經撫年表》卷五載：「（宣和）二年（1120），周穜知廣州。〈志〉：二年四月。」同卷又載：「（政和）七年（1117），周穜罷。〈蠻夷傳〉、《清波雜志》。」是周穜落職奉祠在徽宗政和七年，而其復職知廣州在宣和二年。至黃璘，字邦美，福建浦城人。幼孤，嗜學。登重和元年進士，歷官拱州襄邑縣丞，《宋史翼》卷三十〈列傳〉第三十〈忠義〉一有傳。惟〈璘傳〉未載其招來大理國入貢事。又考《解題》所記之黃璘爲歸明人，在廣東境。《宋史翼》所記之黃璘乃福建浦城人，雖二者均生活於徽宗朝，恐非爲同一人。此書撰者周邦乃穜之孫，官右迪功郎，其餘無可考。

安南表狀一卷

《安南表狀》一卷，紹興二十五年李天祚進貢，自靖康二年以後，至是始通也。

廣棪案：《宋史》卷三十一〈本紀〉第三十一〈高宗〉八載：「（紹興二十五年六月）是月，安南入貢。……（秋七月）甲戌，封李天祚爲南平王。」與《解題》所記同。惟《表狀》已佚。

邊和錄五卷

《邊和錄》五卷，承議郎河東陳伯疆撰。載胡世將承公宣撫川陝事。

廣棪案：此書已佚。考胡世將，字承公，常州晉陵人，胡宿之曾孫。登崇寧五年進士第。《宋史》卷三百七十〈列傳〉第一百二十九有傳。其〈傳〉載：「紹興九年，（吳）玠卒，以世將爲寶文閣學士，宣撫川、陜。時關陜初復，朝廷分軍移屯熙、秦、鄜延諸道。明年夏，金人陷同州，入長安，諸路皆震。蜀兵既分，聲援幾絕，乃遣大將吳璘、田晟出鳳翔，郭浩出奉天，楊政由赤谷歸河池。

不數日，璘捷于石壁及扶風，金人逡巡不敢度隴，分屯之軍得全師而還。詔除端明殿學士。」可悉世將宣撫川、陝事梗概。至陳伯疆，《宋史》無傳。陸心源《宋詩紀事補遺》卷之二十二載：「陳伯疆，明州人。熙寧九年進士，歷官右正言，忤蔡京被黜。建炎中，官其一子。」然頗疑「熙寧九年進士」一語不確，蓋伯疆之第進士，不應早胡世將三十年，疑「熙寧」或「崇寧」之誤。

建炎德安守禦錄三卷

《建炎德安守禦錄》三卷，郡丞東平劉荀子卿編次。建炎初，高密陳規元則守德安禦群盜事迹功狀。規，後守順昌與劉錡共成卻敵之功者也，以樞密直學士知廬州而卒。

廣棪案：《宋史》卷二百七〈志〉第一百六十〈藝文〉六〈兵書類〉著錄：「劉荀《建炎德安守禦錄》三卷。」與《解題》同。此書已佚。陳規字元則，密州安丘人。《宋史》卷三百七十七〈列傳〉第一百三十六有傳。其〈傳〉載：「建炎元年，除直龍圖閣，知德安府。李孝義、張世以步騎數萬薄城，陽稱受詔招，規登城視其營壘，曰：『此詐也。』亟爲備。夜半，孝義兵圍城，遂大敗之。與群盜楊進相持十八日，進技窮，以百人自衛，抵濠上求和。規出城與交臂語，進感之，折箭爲誓而去。董平引眾窺城，遣其黨李居正、黃進入城求犒，規斬進，授居正兵爲前鋒，大破之。升秘閣修撰。尋除德安府，復州、漢陽軍鎮撫使，賜三品服，俄升徽猷閣待制。」又載：「金人歸河南地，改知順昌府，葺城壁，招流亡，立保伍。會劉錡領兵赴京留守，過郡境，規出迎。坐未定，傳金人已入京城，即告錡城中有粟數萬斛，勉同爲死守計。相與登城區畫，分命諸將守四門，且明斥候，募土人鄉導間諜。布設粗畢，金遊騎已薄城矣。既至，金龍虎大王者提重兵踵至，規躬擐甲胄，與錡巡城督戰，用神臂弓射之，稍引退，復以步兵邀擊，溺於河者甚眾。規曰：『敵志屢挫，必思出奇困我，不若潛兵斫營，使彼晝夜不得休，可養吾銳也。』錡然之，果劫中其砦，殲其兵者甚眾。金人告急於兀朮。規大饗將士，酒半，問曰：『兀朮擁精兵且至，策將安出？』諸將或謂今已累捷，宜乘勢全師而歸。規曰：『朝廷養兵十五年，正欲爲緩急用，況屢挫其鋒，軍聲稍振。規已分一死，進亦死，退亦死，不如進爲忠也。』錡叱諸將曰：『府公文人，猶誓死守，況汝曹耶！兼金營近三十里，兀朮來援，我軍一動，金人追及，老幼先亂，必至狼狽，不獨廢前功，致兩淮侵擾，江浙震驚。平生報君，反成誤國，不如背城一戰，死中求生可也。』已而兀朮至，親循城，責諸酋用兵之失，眾跪曰：『南兵非昔比。』兀朮下令晨飯府庭，且折箭爲誓，并兵十餘萬攻城，自將鐵浮屠軍三千遊擊。規與錡行城，勉激諸將，流矢及衣無懼色，軍殊死鬥。時方劇暑，規謂錡毋多出軍，第更隊易器，以逸制勞，蔑不勝矣。每清晨則堅壁不出，伺金兵暴烈日中，至未申，氣力疲，則城中兵爭奮，斬獲無算，兀朮宵遁。錡奏功，詔褒諭之，遷樞密直學士。規至順昌，即廣糴粟麥實倉廩。會計議司移粟赴河上，規請以金帛代輸，至是得其用，成錡功者，食足故也。移知廬州，兼淮西安撫，既至，疾作。有旨修郡城，規在告，吏抱文書入臥內，規力疾起曰：『帥事，機宜董之；郡城，通判董之。』語畢而卒，年七十。贈右正議大夫。有《攻守方略》傳于世。」可與《解題》相參證。至劉荀，《宋元學案》卷四十一〈衡麓學案〉「知軍劉先生荀」條載：「劉荀，字子卿，清江人。嘗從胡致堂于新州，又從張橫浦于南安，凡有得二公緒言，皆筆之，名曰《思問記》。淳熙中，知餘干縣，未滿，適周益公必大入相，以先生爲首薦，改判德安，知盱眙軍。所著有《政規》四十卷、《明本》三卷、《座右記》三卷、《文源》八卷、《癡兒錄》五卷、《德安守禦》三卷、《都梁記問》八卷、《邊防指掌圖》三卷、《南北聘使錄》三卷。參《江西通志》。」其中所言《德安守禦錄》三卷，即此書也。

淮西從軍記一卷

《淮西從軍記》一卷，不著名氏。記紹興十年金人敗盟，淮西諸帥守禦事。

廣棪案：《四庫全書總目》卷五十二〈史部〉八〈雜史類存目〉一著錄：「《淮西從軍記》一卷，編修程晉芳家藏本。不著撰人名氏。據書中所言，蓋劉錡幕客也。敘錡自紹興十年春赴東都留守，中途戰於順昌。十一年戰於柘皋。及張俊、楊沂中濠州之敗，錡全軍得歸事。」考《宋史》卷三百六十六〈列傳〉第一百二十五〈劉錡〉記此事甚詳，不贅引。《宋史》卷二百三〈志〉第一百五十六〈藝文〉二〈傳記類〉著錄有「馮忠嘉《淮西記》一卷」，未悉與此書爲同一書否？馮書已佚，無可考矣。

順昌破敵錄一卷

《順昌破敵錄》一卷，不著名氏。記劉錡信叔守禦戰勝本末。

廣棪案：《遂初堂書目・本朝・雜史類》著錄此書，與《解題》同。《郡齋讀書志》卷第六〈雜史類〉著錄：「《順昌錄》一卷。右紹興十年劉錡破女眞於順昌城下，其徒記其功云。」所記與《解題》同。《四庫全書總目》卷五十二〈史部〉八〈雜史類存目〉一著錄：「《順昌戰勝錄》一卷，浙江鮑士恭家藏本。宋楊汝翼撰。紹興十年，劉錡順昌之戰，汝翼適在軍中，因紀其事。末附順昌倅汪若海箚子，所言亦大概略同。」汝翼所撰，疑即此書。劉錡事，見《宋史》卷三百六十六〈列傳〉第一百二十五〈劉錡〉。

滕公守台錄一卷

《滕公守台錄》一卷，不著名氏。睢陽滕膺子勤為台州戶曹，方臘之亂，仙居人呂師囊應之，攻城甚急。膺佐太守備禦，卒全一城，郡人德之，至今廟食。行狀事實，聚見此編。膺後至直秘閣京西漕而終。

廣棪案：此書已佚。滕膺，《宋史翼》卷二十〈列傳〉第二十〈循吏〉三有傳。其〈傳〉曰：「滕膺字子勤，宣和中爲台州戶曹參軍。時睦寇方臘聲震東南，守丞以下皆遁，膺獨慨然自任。即日移書訣其父母、昆弟，而閉其妻子於官舍。悉召州人，諭以利害，人人感泣思奮。乃亟下令，發兵守險，增陴濬隍，分屯列柵，爲死守計。既而呂師囊亦起仙居，爲賊響應，先後攻城凡數四，膺皆應機設械，立摧破之。手弓臨城，殪厥渠魁，賊遂退走，而城卒全。慶元初，州人上其功，敕賜義靈廟，至今祀焉。《赤城新志》。」足與《解題》相參證。

二楊歸朝錄一卷

《二楊歸朝錄》一卷，楊堯弼、楊載紹興八年所與撻辣、兀朮廣棪案：盧校注：「撻辣、兀朮，今定為達賚、烏珠。」**書。時偽齊初廢也。末有探報金**廣棪案：《文獻通考》「金」作「虜」。**事數十條。**

廣棪案：此書已佚。據《宋史》卷四百七十五〈列傳〉第二百三十四〈叛臣〉上〈劉豫〉，載豫之被廢在紹興七年十一月丙午，與《解題》記紹興八年「時僞齊初廢也」之語合。又〈劉豫傳〉載撻辣、兀朮至汴囚豫於金明池及廢豫事，並謂「撻辣有歸疆之議」。則二楊之與撻辣、兀朮書，應與此事至相關連。故《宋史》卷二十九〈本紀〉第二十九〈高宗〉六載：「（紹興九年三月）甲辰，僞齊知開封府鄭億年上表待罪，召赴行在。丁未，正僞齊所改州縣名。……

（秋七月）丙申，命詳驗劉豫僞官，換給告身。乙巳，給還僞齊所沒民間資產。」上述之史事應爲宋、金「歸疆之議」達成之後事也。二楊，《四十七種宋代傳記綜合引得》無其資料。惟《解題》此條後之「《逆臣劉豫傳》一卷」條則記堯弼爲宣義郎，載爲迪功郎。又考《宋會要輯稿》第十九冊〈選舉〉三一之一〇載：「（乾道）四年六月二十四日，新權發遣容州楊堯弼言：『乞將廣西闕正官州縣，特破格差注一任，仍許本路三司公議奏辟，惟不辟贓私罪犯。若三司辟書到，吏部已差注，即將奏辟圓備之人代省部已差下人。』從之。」是堯弼另有此事。

逆臣劉豫傳一卷

《逆臣劉豫傳》一卷，楊堯弼等撰。二楊事迹當考。前《錄》題銜稱「宣議郎」、「迪功郎」，並為大總管府官屬。

廣棪案：此書已佚。《宋史》卷四百七十五〈列傳〉第二百三十四〈叛臣〉上有〈劉豫〉，所載豫之事迹當與此書大致相同。二楊事迹，直齋亦不之知，故云「當考」。余據《宋會要輯稿》知楊堯弼於乾道四年曾新權發遣容州。容州，今廣西省北流縣。

許右丞行狀一卷

《許右丞行狀》一卷，吏部員外郎許忻撰。許公翰字崧老，襄邑人，為尚書右丞。忻，其弟也。

廣棪案：《讀書附志》卷下〈別集類〉二著錄：「《許右丞襄陵文集》二十二卷、《詩》二卷、《行狀》一卷。右尚書右丞許翰之文也。翰，字崧老，拱之襄陽人。登元祐進士第。建炎初元，自提舉鴻慶宮，召拜右丞，屢章丐罷，除資政，提舉洞霄宮。紹興二年，以提舉萬壽觀召，懇求外祠，又乞致仕，道卒于吉州，贈光祿大夫。《行狀》中載其章疏爲多。」是知此書除記許翰行狀外，尚載其章疏甚多。《行狀》既爲忻撰，則《文集》與《詩》，或亦忻編。翰〈傳〉見《宋史》卷三百六十三〈列傳〉第一百二十二。忻，宣和三年進士。高宗時，爲吏部員外郎，有旨引見。是時，金國使者張通古在館，忻上疏極論和議不便。疏入，不省。後託故乞從外補，授荊湖南路轉運判官。謫居撫州，起知邵陽，卒。《宋史》卷四百二十二〈列傳〉第一百八十一有傳。

李忠定行狀一卷

《李忠定行狀》一卷，通判洪州李綸撰。其兄丞相綱伯紀事狀。

廣棪案：《讀書附志》卷上〈傳記類〉著錄：「《李忠定公行狀》三卷。右公之弟綸所述也。太常博士兼實錄院檢討官葉適所撰〈諡議〉附于後。」《讀書附志》所載僅卷數與《解題》有出入，其內容應相同。綱，字伯紀，邵武人。欽宗時爲尚書右丞。《宋史》卷三百五十八、三百五十九〈列傳〉第一百一十七、一百一十八有傳。綸，《宋史》無傳，據此條知曾任洪州通判。又考《宋會要輯稿》第一百三十四冊〈食貨〉二七之四四載：「（乾道九年）十一月十三日新差提舉廣南路鹽事李綸言：『乞自今廣南路見任、罷任命官，見役、罷役公吏，或犯私鹽如根勘得實，其賞錢斷罪，並加凡人二等條法。』」同書第一百一冊〈職官〉七二之一五載：「（淳熙三月三月二十三日）同日，廣東提舉放罷。以言者論綸不諳吏事，肆爲苛擾，拘留巡尉印紙，責以捉獲私鹽。緣此巡尉急於捕捉，百姓驚擾；鹽倉屋漏，虧損官鹽，抑令納鹽人及附近居民陪納，嗟怨之聲，溢於群聽。故有是命。」是李綸另提舉廣南路鹽事，後又提舉廣東，孝宗時人。

葉適正則所作〈諡議〉附於後。

案：適所撰〈李丞相綱諡忠定議〉，見《水心文集》卷二十六，其文曰：「議曰：公自起居郎，極論都城水災，斥爲當監，而抗直之聲震於天下矣。及斡離不來寇，在廷茫然，將從乘輿以出，獨公請與執政辯詰，遂奪其議，力守京師，虜以退卻。然其留割三鎮，詔書擊女眞之歸，而募兵以防其再至，皆爲同列所排，不果用也。高宗中興，首命公自輔。於是，張邦昌以僭逆誅矣。先是河北、河東錄堅守者，建遣張所、傅亮往援接之，乞幸襄、鄧以係人心，而無走東南；使周望、傅雱通問二聖，而無踵和約。時中原尚未潰也。公方除京輔亂政，漸復祖宗舊法，奏請施行數十事，多中機要，使稍得歲年之須，則兩河不遂陷，而虜不敢復鼓行入內地矣，而讎恥因可報也。不幸方七十五日而罷去，迄其後，常疏外坎壈，雖僅免顛沛，而曾不少得其意焉。自是禍難百出，而南北竟以分裂，此爲國家惜者所以哀死，彼豈有顧望附託而然哉！蓋公之賢，自當時井市負販莫不喜爲之道說，然而謗公者亦眾矣。其尤甚者，罪公特以計取顯位而已，京師之禍，公實使之。嗚呼！當是之時，所謂謀國者，豈有他道哉！避走而乞和，譽賊虜而卑中國爾。以避走乞和，譽賊虜卑中國之人，而議公之得失，故其自許爲謀詳慮密，而謂公爲略而疎；自以爲鎭重能消弭，而謂公爲輕銳而喜事。其恬視君父之仇，畏死持祿，甘爲世所賤侮，而以公之能尊君，以身徇國，爲人望所屬者，謂爲朋黨要結以自榮。故主和者非致寇，而守京師者爲失策矣。則公之負謗於時，固亦其理之所宜得也，何足辨哉！顧獨有可恨者，夫是非毀譽之相蒙布，必至於久而後是定，從古已然者也。公之歿五十載矣，世之論公者，卒亦未有以大異於前日也，何歟？孔子曰：『微管仲，吾其被髮左衽矣。』考公之行事，而深察其志，使要其功烈之所成就，則豈有愧於孔子之所稱者哉？悲夫！謹按諡法，慮國忘家曰忠，安民大慮曰定。請以忠定爲公諡。謹議。」讀適之〈諡議〉，可知綱之功烈及其諡忠定之因由。

翟忠惠家傳一卷

《翟忠惠家傳》一卷，翟耆年伯壽述其父汝文公巽事實。忠惠，私諡也。耆年實邢恕外孫。

廣棪案：此書已佚。汝文字公巽，潤州丹陽人。《宋史》卷三百七十二〈列傳〉第一百三十一有傳。其〈傳〉載：「紹興元年，召爲翰林學士兼侍講，除參知政事，同提舉修政局。時秦檜相，四方奏請塡委未決，吏緣爲姦。汝文語檜，宜責都司程考吏牘，稽違者懲之。汝文嘗受辭牒，書字用印，直送省部；入對，乞治堂吏受賂者。檜怒，面劾汝文專擅。右司諫方孟卿因奏汝文與長官立異，豈能共濟國事。罷去以卒。」是汝文固敢與秦檜立異者。其〈傳〉又曰：「先是，汝文在密，檜爲郡文學，汝文薦其才，故檜引用之。然汝文性剛不爲檜屈，對案相詬，至目檜爲『濁氣』。汝文風度翹楚，好古博雅，精爲篆籀，有文集行於世。」今考《解題》卷十八〈別集類〉下著錄：「《翟忠惠集》三十卷，參政丹陽翟汝文公巽撰。汝文制誥古雅，多用全句，氣格渾厚，近世罕及。夫人邢氏，恕之女。居實，其弟也。長子耆年，寔邢出，好古博文，高尚不仕。忠惠，私諡也。」是汝文有《集》三十卷行世。耆年字伯壽，《宋史翼》卷二十八〈列傳〉第二十八〈文苑〉二有傳。

艾軒家傳一卷

《艾軒家傳》一卷，莆田林成季述其季父工部侍郎光朝謙之事實。

廣棪案：林光朝字謙之，艾軒其號也。興化軍莆田人。孝宗隆興四年由中書舍人改授工部侍郎，不拜，以集英殿修撰出知婺州。《宋史》卷四百三十三〈列傳〉第一百九十二〈儒林〉三有傳。故《艾軒家傳》雖佚，猶可知光朝生平梗概。

成季，《宋史》無傳。《宋人傳記資料索引》載：「林成季，字井伯，莆田人，光朝猶子。所交皆當世名士，而于朱、張、呂三君子尤厚。周必大稱其力學而賢。」可補《解題》之未及。

夾漈家傳一卷、所著書目附

《夾漈家傳》一卷、所著《書目》附，莆田鄭翁歸述其父樵漁仲事跡。樵死時，翁歸年八歲，安貧不競，頃佐莆郡時猶識之。

廣棪案：此書已佚。鄭樵字漁仲，興化軍莆田人。學者稱夾漈先生。其傳見《宋史》卷四百三十六〈列傳〉第一百九十五〈儒林〉六。樵著書富贍，《解題》卷八〈目錄類〉著錄：「《夾漈書目》一卷、《圖書志》一卷，鄭樵記其生平所自著之書。《志》者，蓋述其著作之意也。」其中《夾漈書目》一卷，即此條所附之《書目》。翁歸，事跡無可考，《四十七種宋代傳記綜合引得》無其資料。惟直齋於理宗寶慶三年充興化軍通判時，於莆田猶及見其人，並向翁歸借鈔樵之著作。拙著《陳振孫之生平及其著述研究》第四章〈陳振孫之戚友與交游〉第三節〈陳振孫學術上之友朋〉就此事曾有如下之考證：「考《解題》卷七〈傳記類〉『《夾漈家傳》一卷』條所載，謂『樵死時，翁歸年八歲』。案：夾漈卒於紹興三十二年壬午（1162），其年翁歸八歲。是則下迄寶慶三年丁亥（1227）直齋充興化軍通判時，翁歸已七十三歲，而直齋僅四十八、九歲，案：直齋生於孝宗淳熙六年己亥（1179）。是又直齋雖倅莆郡，似猶須執後輩之禮，上交翁歸也。翁歸為人，『安貧不競』，既撰《家傳》，又護惜父書，年屆垂暮，仍能不改乃父之道，亦可謂有德有守之君子矣。」是則翁歸之為人，猶可藉知其一二。

葉丞相行狀一卷

《葉丞相行狀》一卷，閣學廬陵楊萬里廷秀撰。丞相莆田葉顒子昂乾道丁亥冬雷罷相，至建寧而薨。

廣棪案：此書已佚。顒字子昂，興化軍仙游人。登紹興元年進士第，《宋史》卷三百八十四〈列傳〉第一百四十三有傳。其〈傳〉載：「乾道三年冬至，上親郊而雷，顒引漢故事上印綬，提舉太平興國宮。歸至家，不疾而薨，年六十八。以觀文殿學士致仕，贈特進，謚正簡。」與《解題》同。萬里字廷秀，吉州吉水人。中紹興二十四年進士第。《宋史》卷四百三十三〈列傳〉第一百九十二〈儒林〉三有傳。

謝修撰行狀墓誌一卷

《謝修撰行狀墓誌》一卷，昭武謝師稷務本奉使閩部，有惠愛，沒而民祠之。〈行狀〉，里人黃適景聲撰，館臣案：《文獻通考》「黃適」作「黃遹」。　廣棪案：盧校本同。**〈墓誌〉，永嘉陳謙益之撰。其廟曰昭應。**

廣棪案：此書已佚。師稷，《宋史》無傳。《宋人傳記資料索引》載：「謝師稷（1115～1194）字務本，邵武人。以世賞補將仕郎，攝福之寧德丞，累官至集英殿修撰，知平江府。紹熙五年卒，年八十。」黃適應作黃遹，《宋史》無傳。《宋人傳記資料索引》載：「黃遹（1127～1206）字景聲，邵武人。隆興元年進士，歷秘書丞、浙江提舉等官。以不附韓侂胄，出爲江西提刑，請老歸。自號熙堂野老。開禧二年卒，年八十。」陳謙，《宋史》卷三百九十六〈列傳〉第一百五十五有傳。其〈傳〉曰：「謙字益之，溫州永嘉人。乾道八年進士，授福州戶曹，主管刑工部架閣文字，遷國子錄、敕令所刪修官、樞密院編修官。……晚坐僞禁中廢，首稱侂胄爲『我王』，士論繇是薄之。」卒年七十三。

朱侍講行狀一卷

《朱侍講行狀》一卷，奉議郎三山黃幹廣棪案：盧校本作「黃榦」。**直卿撰。其高第弟子且子壻也。**

廣棪案：《讀書附志》卷上〈傳記類〉著錄：「《朱文公行狀》一卷。右門人黃榦所作也。」《宋史》卷二百三〈志〉第一百五十六〈藝文〉二〈傳記類〉著錄：「《朱文公行狀》一卷，黃榦撰。」是「幹」應作「榦」。朱熹字元晦，一字仲晦，徽州婺源人。《宋史》卷四百二十九〈列傳〉第一百八十八〈道學〉三有傳。其〈傳〉末引黃榦曰：「道之正統，待人而後傳，自周以來，任傳道之責者不過數人，而能使斯道章章較著者，一二人而止耳。由孔子而後，曾子、子思繼其微，至孟子而始著。由孟子而後，周、程、張子繼其絕，至熹而始著。」榦以朱子比孟子，可謂推崇備至矣。榦字直卿，福州閩縣人。《宋史》卷四百三十〈列傳〉第一百八十九〈道學〉四有傳。其〈傳〉載：「黃榦字直卿，福州閩縣人。父瑀，在高宗時爲監察御史，以篤行直道著聞。瑀沒，榦往見清江劉清之，清之奇之，曰：『子乃遠器，時學非所以處子也。』因命受業朱熹。榦家法嚴重，乃以白母，即日行。時大雪，既至而熹它出，榦因留客邸，臥起一榻，不解衣者二月，而熹始歸。榦自見熹，夜不設榻，不解帶，少倦則微坐，一倚或至達曙。熹語人曰：『直卿志堅思苦，與之處甚有益。』嘗詣東萊呂祖謙，以所聞於熹者相質正。及廣漢張栻亡，熹與榦書曰：『吾道益孤矣，所望於賢者不輕。』後遂以其子妻榦。寧宗即位，熹命榦奉表，補將仕郎，銓中，授迪功郎，監台州酒務。」均與《解題》所記合。

紫陽年譜三卷

《紫陽年譜》三卷，朱侍講門人通判辰州昭武李方子公晦撰。

廣棪案：此書已佚。方子字公晦，昭武人。《宋史》卷四百三十〈列傳〉第一百八十九〈道學〉四有傳。其〈傳〉曰：「少博學能文，爲人端謹純篤。初見朱熹，謂曰：『觀公爲人，自是寡過，但寬大中要規矩，和緩中要果決。』遂以『果』名齋。」是方子曾師事朱子。至方子之宦歷，〈傳〉稱其「嘉定七年，廷對擢第三，調泉州觀察推官。……踰年始除國子錄」，則未記方子曾任辰州通判，或史有闕文也。

篤行事實一卷

《篤行事實》一卷，丞相趙汝愚子直編其父善應彥遠事狀，而羅願、朱熹所撰〈行狀〉、〈墓銘〉及諸賢〈哀詞〉、〈題跋〉之屬，萃為一編。「篤行」者，陳福公題其墓云爾。呂太史〈跋語〉有云：「處者易持，出者難工。」朱侍講取其意以為銘，所以勉其子之意深矣。

廣棪案：此書已佚。善應事迹，附見《宋史》卷三百九十二〈列傳〉第一百五十一〈趙汝愚〉。〈傳〉云：「趙汝愚字子直，漢恭憲王元佐七世孫，居饒之餘干縣。父善應，字彥遠，官終修武郎、江西兵馬都監。性純孝，親病，嘗刺血和藥以進。母畏雷，每聞雷則披衣走其所。嘗寒夜遠歸，從者將扣門，遽止之曰：『無恐吾母。』露坐達明，門啓而後入。家貧，諸弟未製衣不敢製，已製未服不敢服，一瓜果之微，必相待共嘗之。母喪，哭泣嘔血，毀瘠骨立，終日俯首柩傍，聞雷猶起，側立垂涕。既終喪，言及其親，未嘗不揮涕，生朝必哭于廟。父終肺疾，每膳不忍以諸肺爲羞。母生歲值卯，謂卯，兔神也，終其生不食兔。

聞四方水旱，輒憂形于色。江、淮警報至，爲之流涕，不食累日。同僚會宴，善應悵然曰：『此寧諸君樂飲時耶？』眾爲失色而罷。故人之孤女，貧無所歸，善應聘以爲己子婦。有嘗同僚者死不克葬，子傭食他所，善應馳往哭之，歸其子而予之貲，使葬焉。道見病者必收恤之，躬爲煮藥。歲歸，旦夕率其家人輟食之半，以飼飢者。夏不去草，冬不破壞，懼百蟲之遊且蟄者失其所也。晉陵尤袤稱之曰：『古君子也。』既卒，丞相陳俊卿題其墓碣曰：『宋篤行趙公彥遠之墓。』」足與《解題》相參證。此書所附資料今仍可考見者：朱子《朱文公文集》卷九十二有〈趙君彥遠墓碣銘〉、卷八十一有〈跋趙侯彥遠行實〉，周必大《周文忠公集》卷十七有〈跋趙善應行實〉，洪适《盤洲文集》卷六十三有〈跋趙子直尊人家錄〉等。至羅願、朱子所撰〈行狀〉，呂祖謙所撰〈跋語〉，均不見矣。陳福公即陳俊卿，《宋史》卷三百八十三〈列傳〉第一百四十二有傳，《朱文公文集》卷八十七有〈祭陳福公文〉。

趙丞相行實一卷、附錄二卷

《趙丞相行實》一卷、《附錄》二卷，知靜江府趙崇憲履常編集。忠定長子也。其一時諸賢祭文、輓歌與嘉定更化之後昭雪誣枉、改正史牒本末，皆見《附錄》。

廣棪案：此書已佚。趙丞相即趙汝愚，其傳見《宋史》卷三百九十二〈列傳〉第一百五十一。史載：汝愚早有大志，乾道二年擢進士第一，除秘書省正字，尋以集英殿修撰帥福建。紹熙初，召爲吏部尚書，除知樞密院事。孝宗崩，光宗疾不能執喪，汝愚遣韓侂冑以內禪意請於憲聖太后，奉嘉王即皇帝位，即喪次命朱熹待制經筵，悉收召士君子之外在者，進右丞相。侂冑忌之，慶元二年誣以謀危社稷，謫寧遠軍副使，至衡州，爲守臣錢鍪所窘，暴卒，年五十七。至嘉定更化，昭雪誣枉，其〈傳〉記之亦詳，曰：「汝愚既歿，黨禁寖解，旋復資政殿學士、太中大夫，已而贈少保。侂冑誅，盡復原官，賜謚忠定，贈太師，追封沂國公。理宗詔配享寧宗廟庭，追封福王，其後進封周王。子九人，崇憲，其長子也。」足與《解題》相參證。崇憲字履常，附〈汝愚傳〉，淳熙八年以取應對策第一，後以兵部郎中召，尋改司封，皆固辭，遂直秘閣，知靜江府、廣西經略安撫。有關此書《附錄》之「諸賢祭文、輓歌」猶可考見者，有朱子《朱文公文集》卷八十七之〈祭趙丞相文〉，《宋蜀文輯存》卷七十一之〈忠定趙公墓誌銘〉及眞德秀《眞文忠公集》卷三十四〈石鼓挽章祭文後〉等。

趙忠定行狀一卷、謚議一卷

《趙忠定行狀》一卷、《謚議》一卷，知光州鄱陽柴中行與之撰。其《謚議》，劉允濟全之、楊方子直所為也。

廣棪案：忠定即汝愚，《行狀》、《謚議》均佚。柴中行字與之，餘干人。紹熙元年進士，授撫州軍事推官。後出知光州，治行爲淮右最。《宋史》卷四百一〈列傳〉第一百六十有傳。劉允濟，《宋史》無傳，《嘉定赤城志》卷三十三載：「字全之，黃巖人，允迪弟。淳熙五年進士，歷太常寺主簿，知南劍州，提舉福建常平，以中奉大夫提舉崇禧觀。」楊方，《四十七種宋代傳記綜合引得》無其資料。考《宋會要輯稿》第一百二冊〈職官〉七三之四一載：「（嘉定元年十二月）二日，尚在郎官祝禹圭仍舊致仕，司封郎官楊方仍舊與祠。以臣僚言禹圭所爲狠愎，嘗遭論列；方初無召命，自入修身。」同書〈職官〉七三之六五載：「（慶元二年）六月二十二日，朝請郎知吉州楊方降兩官放罷，奉議郎項安世降兩官。以監察御史張伯垓言其適當危疑之時，懷私自營，不顧君上，委之而去；逮其事定，相繼復來。」同書〈職官〉七四之四載：「（慶元四年）九月七日，降授朝奉郎差主管台州崇道觀楊方罷宮觀。以臣僚言方本無學術，濫竊文科，阿附僞學，懷姦誤國。」同書〈職官〉七四之三七載：「（慶元三年七月）十三日，知廣州陳朴放罷。以廣西運判楊方言其酷虐，難以臨民。」同書第一百十五冊〈選舉〉二一之六載：「（紹熙）五年二月二十五日，銓試、公試、類試命監察御史曾三復監試，太常少卿詹禮仁、祕書少監孫逢吉、刑部員外郎沈作賓考試，閤門舍人林嘌、大理寺丞周祕、太府寺丞劉崇之、樞密院編修官楊方、大理評榮籍、奚士遜、將作監丞高文虎、祕書省正字顏棫、太常寺主簿張貴謨、太學博士田澹考校。」可悉楊方之宦歷。

倪文節言行錄三卷、遺奏誌狀碑銘謚議一卷

《倪文節言行錄》三卷、《遺奏誌狀碑銘謚議》一卷，戶部郎中倪祖常子武輯其父尚書遺事。

廣棪案：此書所載多不傳。倪文節即倪思，《宋史》卷三百九十八〈列傳〉第一百五十七有傳。其〈傳〉略謂：「倪思字正甫，號齊齋，歸安人，稱子。乾道二年進士，淳熙五年中博學宏詞科，光宗時累官禮部侍郎。時帝久不過重華宮，思疏十上。會召嘉王，思言上皇欲見陛下，亦猶陛下之於嘉王也。帝爲動容。

寧宗時爲言者論去，復召還，試禮部侍郎，論諫多切直，以忤韓侂冑予祠。侂冑誅，復召。歷禮部尚書，又以忤史彌遠，出知鎭江府。尋鐫職。嘉定十三年十月卒，年七十四。諡文節。」可略悉其生平言行。祖常，《宋史》無傳，《四十七種宋代傳記綜合引得》無其資料。《宋元學案補遺》卷四十〈文節家學〉「倪先生祖義，倪先生祖常合傳」條載：「倪祖義、祖常皆文節子。文節六子，而先生最賢。《居易錄》。」可知其梗概。

〈行狀〉，錫山蔣重珍良貴撰；

案：重珍字良貴，無錫人。嘉定十六年進士第一，簽判建康軍，改昭慶軍，易簽判奉國軍。《宋史》卷四百一十一〈列傳〉第一百七十有傳。所撰〈行狀〉，佚。

〈碑銘〉，臨邛魏了翁華甫撰。

案：了翁字華父，邛州浦江人。慶元五年登進士第，授僉書劍南西川節度判官廳公事，召爲國子正，改武學博士。開禧元年，召試學士院。《宋史》卷四百三十七〈列傳〉第一百九十六〈儒林〉七有傳。所撰〈倪公墓誌銘〉，見《鶴山大全集》卷八十五。

趙華文行狀一卷

《趙華文行狀》一卷，文林郎趙山李燔敬子撰。忠定之子，吏部崇憲履常也。

廣棪案：此書已佚。崇憲字履常，汝愚長子。其傳附《宋史》卷三百九十二〈列傳〉第一百五十一〈趙汝愚〉，惟未嘗任吏部，《解題》有誤。其〈傳〉曰：「崇憲天性篤孝，居父喪，月餘始食，小祥始茹果實，終喪不飲酒食肉，比御猶弗入者久之。」又曰：「汝愚父以純孝聞，而子崇憲能守家法，所至有惠政，亦可謂世濟其美者已。」則崇憲誠孝行篤至。黃榦《勉齋集》卷二十二有〈書趙華文行狀〉。李燔字敬子，號宏齋，南康建昌人。紹熙元年進士，授岳州教授，未上，往建陽從朱熹學。尋添差江西辦公事，改通判潭州。卒年七十，諡文定。《宋史》卷四百三十〈列傳〉第一百八十九〈道學〉四有傳。

八朝名臣言行錄二十四卷

《八朝名臣言行錄》二十四卷，侍講朱熹撰。以近代文集及傳記所載本朝名臣言行，掇取其要，輯為此《錄》。前五朝五十五人，後三朝四十二人。

廣棪案：《讀書附志》上卷〈傳記類〉著錄：「《十二朝名臣言行錄》七十二卷。右八朝朱文公所編也，四朝乃後人所續者。」《宋史》卷二百三〈志〉第一百五十六〈藝文〉二〈傳記類〉著錄：「朱熹《五朝名臣言行錄》十卷，又《三朝名臣言行錄》十四卷。」卷數與《解題》同。《四庫全書總目》卷五十七〈史部〉十三〈傳記類〉一著錄：「《名臣言行錄前集》十卷、《後集》十四卷、《續集》八卷、《別集》二十六卷、《外集》十七卷。浙江鄭大節家藏本。《前集》、《後集》並朱子撰。《續集》、《別集》、《外集》李幼武所補編。……朱子〈自序〉謂：『讀近代文集及紀傳之書，多有裨於世教。於是掇取其要，聚為此書。』乃編中所錄如趙普之陰險、王安石之堅僻、呂惠卿之姦詐，與韓、范諸人並列，莫詳其旨。明楊以任〈序〉謂：『是書各臚其實，亦《春秋》勸懲之旨，非必專以取法。』又解名臣之義，以為『名以藏僞，有敗有不敗者』。其置詞頗巧。然劉安世氣節凜然，爭光日月，《盡言集》、《元城語錄》今日尙傳，當日不容不見。乃不登一字，則終非後人所能喻。考呂祖謙《東萊集》有〈與汪尙書書〉曰：『近建寧刻一書，名《五朝名臣言行錄》，案祖謙所見乃《前集》，故但稱五朝。云是朱元晦所編，其間當考訂處頗多。近亦往問元晦，未報。不知曾過目否？』《晦庵集》中亦有〈與祖謙書〉，曰：『《名臣言行錄》一書，亦當時草草為之。其間自知尙多謬誤，編次亦無法，初不成文字。因看得為訂正，示及為幸。』云云。則是書瑕瑜互見，朱子原不自諱。講學家一字一句尊若《春秋》，恐轉非朱子之意矣。又葉盛《水東日記》曰：『今印行《宋名臣言行錄前集》、《後集》、《續集》、《別集》、《外集》，有景定辛酉浚儀趙崇硂引云，其外孫李幼武所輯。且云朱子所編止八朝之前，士英所編則南渡中興之後四朝諸名臣也。今觀《後集》一卷有李綱，二卷有呂頤浩，三卷有張浚，皆另在卷前，不在目錄中。又闕殘脫版甚多，頗疑其非朱子手筆，為後人所增損必多。蓋朱子纂輯本意，非為廣聞見，期有補於世教，而深以虛浮怪誕之說為非。今其間呂夷簡非正人，而記翦髭賜藥之詳；余襄公正人，而有杖臀懷金之恥；蘇子瞻蘇木私鹽等事，亦無甚關繫。若此者蓋不一也。李居安所謂翦截纂要，豈是之謂歟？嘗見張副使繪有此書，巾箱小本。又聞叔簡尙寶家有宋末廬陵鍾堯俞所編《言行類編舉要》十六卷前後集，尙俟借觀，以袪所惑。』云云。則盛於此書亦頗有所疑。顧就其所錄觀之，宋一代之嘉言懿行略具於斯，旁資檢閱，固亦無所不可矣。」所考甚詳，可補《解題》之未及。

中興忠義錄三卷

《中興忠義錄》三卷，龔頤正撰。自建炎至紹興辛巳，上自李若水、劉韐貴臣、名士，下及一婦人、卒伍之微，皆錄之。

廣棪案：此書已佚。龔頤正，《宋史》無傳。張昶《吳中人物志》卷四載：「龔頤正字養正，歷陽人，父爲華亭令，遂家吳中。淳熙末，洪景盧領史院，奏授下州文學，補迪功郎。光宗受禪，用薦者主管吏部架閣文字，遷太社令、宗正寺簿。嘗著《續稽古錄》。」可知其生平。此書所載之李若水、劉韐，其〈傳〉見《宋史》卷四百四十六〈列傳〉第二百五〈忠義〉一。若水字清卿，洺州曲周人，原名若冰。使金，以刃裂頸斷舌而死，年三十五。高宗即位，下詔曰：「若水忠義之節，無與比倫。達於朕聞，爲之涕泣。」特贈觀文殿學士，謚忠愍。韐字仲偃，建州崇安人。屢退金兵。欽宗時，召入覲，爲京城四壁守禦使，宰相沮罷之。京城不守，即沐浴更衣，酌巵酒而縊。建炎元年，贈資政殿大學士，後謚忠顯。

孝史五十卷

《孝史》五十卷，太學博士新喻謝諤昌國撰集。曰〈君紀〉五、〈后德〉一、〈宗表〉五、〈臣傳〉三十五、〈文類〉二、〈夷附〉一。諤後至御史中丞，淳熙名臣，樂易君子也。

廣棪案：章鈺《錢遵王讀書敏求記校證》卷二之中〈傳記〉著錄：「謝諤《孝史》：〈君紀〉五卷、〈后德〉一卷、〈宗表〉四卷、〈臣傳〉三十五卷、〈婦則〉二卷、〈文類〉二卷、〈夷附〉一卷，總計五十卷，并〈序目〉。淳熙十五年三月八日狀奏投進。鈺案：諤為新喻人，字昌國。官太學博士，至御史大夫，淳熙名臣。此書見《直齋書錄》，〈宋志〉未著錄。教授臣張綱校正，作〈後序〉。此書世罕其傳，予從印胡校本印作影。〔補〕阮元本作印。宋本鈔錄藏之家塾，以示子孫。歐陽玄序番陽楊玄翁《忠史》，一本誤作《志史》。鈺案：楊元《忠史》一卷，起夏商，至宋末，得八百餘人。見錢《補元志》。嘉其是非枉直瞭然，不謬於古人，且謂『是書果行，書之幸，亦世之幸也』。予於《孝史》亦云。鈺案：國朝吳興錢尚衡有《孝史》十卷，與謝書同名，見《四庫存目》。」所記足與《解題》相參證。惟《解題》所著錄僅四十九卷，少一卷；《讀書敏求記》有〈婦則〉二卷，而其〈宗表〉作四卷，正合五十卷之數。是《解題》著錄此書殊有脫訛也。謝諤字昌國，臨江軍新喻人。《宋史》卷三百八十九〈列傳〉第一百四十八有傳。官至國子監簿、御史中丞，權工部尚書。紹熙五年卒，年七十四，贈通議大夫。《宋史》本傳未記其任太學博士，或直齋另有依據也。

孝行錄三卷

《孝行錄》三卷，京兆胡訥撰。始得此書，不知訥何人也。所記多國初人，已而知其為安定先生翼之之父，仕為寧海節度推官。

廣棪案：《宋史》卷二百三〈志〉第一百五十六〈藝文〉二〈傳記類〉著錄：「胡訥《孝行錄》二卷。」卷數與《解題》不同。《宋史藝文志史部佚籍考》上編〈已佚而無輯本者〉（七）〈傳記類〉亦著錄此書，劉兆祐按：「此書陳《錄》作三卷，〈宋志〉僅二卷，疑非完本。」可備一說。安定先生翼之，即胡瑗。瑗，《宋史》卷四百三十二〈列傳〉第一百九十一〈儒林〉二有傳。其父訥，《宋史》乏載。《宋元學案補遺》卷一〈安定學案補遺・安定先緒〉「推官胡先生訥」條載：「胡訥，京兆人，安定先生瑗之父也。仕爲寧海節度使推官，著《孝行錄》三卷，所記多宋初人。別見《賢惠錄》，記婦人之賢者。《直齋書錄解題》。」可與《解題》相參證。

古今孝悌錄二十四卷

《古今孝悌錄》二十四卷，廬陵王紹珪廣棪案：《文獻通考》作「紹圭」。**唐卿撰。**

廣棪案：《宋史》卷二百五〈志〉第一百五十八〈藝文〉四〈儒家類〉著錄：「王紹珪《古今孝悌錄》二十四卷。」與此同。紹珪，生平無可考，《四十七種宋代傳記綜合引得》無其資料。

廉吏傳十卷

《廉吏傳》十卷，成都費樞伯樞撰。自春秋至唐，凡百十四人。

廣棪案：《玉海》卷第五十八〈藝文・傳〉「《廉吏傳》」條載：「《書目》：『十卷，知黎州費樞撰。載自古以來廉吏，起魯季孫行父，終唐盧鈞。』」與《解題》同而稍詳。費樞，《宋史》無傳。此書有東萊辛次膺〈序〉，曰：「史有傳尚矣，顯筆削者善惡必書，褒貶之旨存焉。況夫體貞履規，心不外顧，勵一世於誠，且約至於飯醬菜資紙裯，斥貪泉之欲，懷冰壺之操，良玉之不瑕、狐白之不緇，期以輔化成俗，使後人知所慕嚮，誠所謂舉實廉而天下治，尤不可無紀也。學者研意往諜，夷考昔人之行事，見其清恐人知，窮有所不爲，摭奇取潁，裒輯類次，連編溢簡，代不乏人，慨然遠想，如見生面而聆其音吐，思與之方駕並騖，瞻前在後，步趨之不殊，此蜀人費君樞《廉吏傳》所爲作也。斷自列國，訖于五季，精加汰擇，所得僅百數，係之以評論，揚搉務中其實，不諛不隱，非內省於心，無少疵纇者，敢爲之乎？費以藝學中高第，僕雖不之識，悉其名不虛舊矣。友人余君邦式得是《傳》，以示僕曰：『人之所未見也。比屬閩令張君維詩爲鋟板貽見聞，願以序爲請。』僕辭曰：『忝一官幾四紀，雖不以賕挂遺戾，至卻暮夜之金、瘞後圃之鹿，間有所不免，於廉實歉焉，文且不工，盍求諸聞人。』請屢益堅。余頃攝邑金華，僕領郡寄，稔聞其廉稱，今復與張聯王事于三山，佳士也。然則費之書、余之志尙、張之樂善，咸可述也。勉陳其大概，或自託於不朽云。」可知樞生平大概。

宣和乙巳為〈序〉。

案：樞有〈序〉曰：「唐至開元、天寶之際，誅殺贓吏多矣，今年書曰：『某縣令坐贓，殺某處。』明年書曰：『某郡太守坐贓，決死某地。』其他屛廢終身，又不可勝數。夫苟賤不廉，士夫有之，孔子不欲斥言，止曰『簠簋不飾』而已，今乃誅殺流竄之不恤，豈不以禮義廉恥掃地幾盡，不如是，不足以懲之耶？邇者姦臣當路，群枉並進，官以賄授，冗濫多門，有如前日之詔旨矣。愚聞之，漢制贓吏禁錮，子孫三世不得入仕，今若嚴贓吏之法，願以此爲獻。宣和乙巳歲七月朔日，成都費樞序。」是樞撰〈序〉於徽宗宣和七年（1125）七月初一。

南陽先民傳二十卷

《南陽先民傳》二十卷，題南陽王襄元祐癸酉歲序。所記鄧州人物百里奚、直不疑，而下至唐范傳正、韓翃，凡一百六十人。

廣棪案：《秘書省續編到四庫闕書目》卷一〈史類・傳記〉著錄：「《南陽先民傳》二十卷。」葉德輝考證本。與此同。王襄，《宋史》卷三百五十二〈列傳〉第一百一十一有傳。其〈傳〉略謂：「王襄初名寧，鄧州南陽人。第進士，累官權知開封府事，縲繫滿獄，襄晝夜決遣，再閱月，獄爲之空。後爲吏部尙書，同知樞密院事。高宗即位，坐徽兵入援，故迂道宿留，謫永州安置，卒。」可知其生平梗概。此書乃襄序於哲宗元祐八年（1093）癸酉歲者。

典刑錄十二卷

《典刑錄》十二卷，苕溪吳宏編。凡五十二門，大略於《言行錄》中鈔出。

廣棪案：《讀書附志》卷上〈雜說類〉著錄：「《典刑錄》二十卷。右吳宏子大所錄也，杜東子野爲之〈序〉。蓋分門編次先正諸公之言行也。」所著錄卷數與《解題》不同，此書已佚，無法考究其正訛矣。吳宏，《四十七種宋代傳記綜合引得》無其資料。考《宋會要輯稿》第一百一冊〈職官〉七一之一載：「（紹興三十二年七月二十九日）同日詔：『左武大夫、御前右軍第十將正將吳宏降一官，令本軍自效。』坐擅尅軍糧，不恤戰士，爲都統制吳拱所劾，故有是命。」可知其梗概。作〈序〉之杜東，陸心源《宋詩紀事》卷六十九及《宋詩紀事小傳補正》卷四載：「杜東字晦之，號月渚，福建邵武軍人。嘉定七年進士。」然一作字子野，一作字晦之，未悉同屬一人否？據《解題》及《讀書附志》，則知此書凡分五十二門，以編次先正諸公言行。

近世厚德錄四卷

《近世厚德錄》四卷，題百鍊真隱李元綱國紀編。

廣棪案：元綱，《宋史》無傳。《宋元學案補遺》卷十八〈橫渠學案補遺〉下〈橫渠續傳〉「隱君李先生元綱」條載：「李元綱字國紀，錢塘人，號百鍊眞隱。乾道間居吳興之新市，力學好古，雖窮困，操履益堅，怡然自得，不爲外物所搖奪。撰《聖門事業圖集說》、《三先生西銘解》、《厚德錄》、《言行編》諸書。《兩浙名賢錄》。」是《近世厚德錄》乃元綱撰。

沈濬道原作〈序〉。

案：沈濬字道原，沈畸子。《宋史》卷三百四十八〈列傳〉第一百七〈沈畸〉載：「（蔡）京大怒，削畸三秩，貶監信州酒稅，未幾，卒。既而獄事竟，復羈管明州，使者持敕至家，將發棺驗實，畸子濬泣訴，乃止。建炎初，贈龍圖閣直學士。濬官至右正言。」略知濬之事跡及其官宦。至濬所撰〈序〉，恐與此書均散佚矣。

救荒活民書三卷

《救荒活民書》三卷，從政郎鄱陽董煟編進。煟，紹熙五年進士，嘗知瑞安縣。

廣棪案：此書有董煟〈序〉，曰：「臣聞水旱霜蝗之變，何世無之，然救荒無術，則民有流離饑莩、轉死溝壑之患。臣不才，幼嘗竊慕先朝富弼活河朔飢民五十餘萬，私心以爲賢於中書二十四考遠矣！困處閭閻，熟視民間利病，與夫州縣施行之善否，心口相誓，異時獲預從政，願少攄活民之志。於是編次歷代荒政，釐爲三卷：上卷考古以證今，中卷條陳今日救荒之策，下卷則備述本朝名臣賢士之所議論施行，可鑑可戒、可爲矜式者，以備緩急觀覽，名曰《救荒活民書》。然半生奇蹇，晚叨一第，而憂患薰心，齒髮疏落，深恐蒲柳之資不任風雪，則臣之素志無由獲伸。謹繕寫進呈，伏望聖慈萬機餘閒，俯賜乙夜之覽。儻或可備採擇，乞賜睿旨頒行州縣，庶幾上助九重惠澤黎元之萬一云。臣誠惶誠恐，頓首頓首，謹序。從政郎、臣董煟上進。」可知煟之官職及其撰作此書旨意。煟，《宋史》無傳。陸心源《宋詩紀事補遺》卷之五十九「董煟」條載：「煟字繼興，號南隱，德興人。紹熙四年進士，知瑞安縣，改辰溪，値歲飢荒，政備舉，進所撰《救荒活民書》，寧宗手敕褒之。有《南隱集》。」則此書蓋上進於改知辰溪時。《宋人傳記資料索引》載：「董煟字季興，一作繼興，自號南隱，或作尙隱，德興人。紹熙四年進士，授筠州新昌尉，歷知應城、瑞安，改辰溪。値歲飢，行救荒策，民賴以蘇，寧宗詔褒之。有《救荒活民書》，可爲史氏拾遺。又有《抱膝稿》十卷。」所載可與《宋詩紀事補遺》相補證。惟煟實歷知應城、瑞安、辰谿三縣，不止瑞安也。至煟第進士之年，《解題》作紹熙五年，《宋詩紀事補遺》與《宋人傳記資料索引》均作紹熙四年。考《宋史》卷三十六〈本紀〉第三十六〈光宗〉載：「己巳，賜禮部進士陳亮以下三百九十又六人及第、出身。進士李僑年五十四，調成都司戶參軍，自以祿不及養，乞以一官回贈父母。帝嘉其志，特詔以本官致仕，父母皆以初品官封。」己巳，紹熙四年，是煟應與陳亮、李僑同年及第，《解題》稱煟「紹熙五年進士」，略誤矣。

仁和活民書二卷

《仁和活民書》二卷，館臣案：《文獻通考》「仁和」作「仁政」。　廣棪案：盧校本同。秀州司戶會稽丁銳集。

廣棪案：此書已佚。銳，《四十七種宋代傳記綜合引得》無其資料。惟慕容彥逢《摛文堂集》卷七〈制〉有〈西綾錦副使兼翰林醫官副使蓋演、醫官副使盧德誠、翰林醫官賜緋丁銳，翰林醫學李師老可轉一官制〉，其〈制〉曰：「敕：具官某等，爾等祗事衛府，醫診有勞，宜錫恩章，昭示嘉獎，進官一等，其克欽承。可。」則知銳不惟任秀州司戶，且曾以翰林醫官賜緋轉一官也。銳爲翰林醫官，故能撰此醫書，書乃撰就於任秀州司戶時。

折獄龜鑑三卷

《折獄龜鑑》三卷，館臣案：《文獻通考》作《決獄龜鑑》二十卷。**承直郎開封鄭克武子撰。初，五代宰相和凝有《疑獄集》，其子水部郎和濛**廣棪案：盧校本作「和㠓」。**續為三卷，六十七條。克因和氏之書分為二十門推廣之，凡二百七十六條、三百九十五事。起鄭子產，迄於本朝。**

廣棪案：《玉海》卷第六十七〈刑制〉「紹興《折獄龜鑑》」條載：「紹興中，鄭克撰。三卷。和凝著《疑獄集》三卷，《崇文目》有之。述事猥并，克乃分二十門，以義類詮次。一本云：『鄭克《決獄龜鑑》二十卷，和凝有《疑獄集》。近時趙仝有《疑獄事類》，皆未詳盡，克因增廣之，依劉向《晏子春秋》，舉其綱要，為之目錄，分二十門，計三百九十五事。』和凝集古今明於聽斷者二十九條，爲上一卷；子㠓續三十八條，爲下二卷，上之。一本云：『凝取古今史傳聽訟斷獄，辨雪冤枉等事，著為《疑獄集》，子㠓因增益事類，分為三卷，表上之。』」又《宋史》二百四〈志〉第一百五十七〈藝文〉四〈刑法類〉著錄：「鄭克《折獄龜鑑》三卷。」與此同。然《郡齋讀書志》則著錄此書爲二十卷。晁《志》卷第八〈刑法類〉載：「《決獄龜鑑》二十卷，右皇朝鄭克編次。五代和凝有《疑獄集》，近時趙仝有《疑獄事類》，皆未詳盡。克因增廣之，依劉向《晏子春秋》，舉其綱要，爲之目錄。分二十門，計三百九十五事。」與《解題》著錄卷數不同，疑公武所見書乃每門作一卷，故爲二十卷；而直齋所得者，則仍爲和書之舊，故分爲三卷。《四庫全書總目》卷一百一〈子部〉十一〈法家類〉亦著錄此書，作八卷。曰：「《折獄龜鑑》八卷，《永樂大典》本。宋鄭克撰。是書〈宋志〉作二十卷。晁公武《讀書志》、陳振孫《書錄解題》俱題作《決獄龜鑑》，蓋一書而異名者也。大旨以五代和凝《疑獄集》及其子㠓所續，均未詳盡，因採摭舊文，補苴其闕。分二十門。其間論斷，雖意主尚德緩刑，而時或偏主於寬，未能悉協中道。故所輯故實，務求廣博，多有出於正史之外者，而亦或兼收猥瑣，未免龐雜。然究悉物情，用以廣見聞而資觸發，較和氏父子之書，特爲賅備。晁公武《讀書志》稱其依劉向《晏子春秋》，舉其綱要，爲之目錄，體例井然，亦可謂有條不紊者已。《書錄解題》載其目凡二百七十六條，三百九十五事。今世所傳鈔本祗存五門，餘皆散佚。惟《永樂大典》所載尚爲全書，而已經合併連書。二十卷之界限，不復可考。謹詳加校訂，析爲八卷。卷數雖減於舊，其文則無所闕失也。」《四庫全書總目》謂此書〈宋志〉作二十卷，又謂《解題》題作《決獄龜鑑》，均誤，斯乃館臣撰提要不翻檢原書，順筆直書之過也。至鄭克，《宋史》無傳，余嘉錫《四庫提要辨證》卷十一〈子部〉二〈法家類〉「《折獄龜鑑》八卷」條考曰：「嘉錫案：《提要》不著鄭克始末，與全書體例不類。考鄭克，登宣和六年沈誨榜進士，見宋彭百川《太平治迹類統》卷二十八。至其里貫仕履，則朱緒曾考之甚詳，《開有益齋讀書志》卷四〈棠陰比事跋〉云：『客問撰《折獄龜鑑》之鄭克，余應之曰：「元劉壎《隱居通議》云高宗紹興三年降詔恤刑，戒飭中外，俾務哀矜。時有承直郎鄭克明爲湖州提刑司幹官，因閱和凝《疑獄集》，易舊名曰《折獄龜鑑》。案見《隱居通議》卷三十一，原文『因閱和凝《疑獄集》』句下作『嘉其用心，乃分類其事，自〈釋冤〉、〈辨誣〉、至〈嚴明〉、〈矜謹〉，凡十二門，易舊名曰《折獄龜鑑》，所載皆古事，亦多有不切可刪者。』十二門當是二十門之誤。劉起潛壎字稱爲鄭克明，知克字克明。呂成公《方元恪墓誌》女孫壻迪功郎建康府上元縣尉鄭克，是曾由縣尉而爲幹官，其本貫開封人，南渡因徙家焉。」客喜而退。』朱氏之意，蓋欲以補《提要》之闕也，故直錄之。」則余氏據朱曾緒書以考克之生平始末固甚翔實。惟直齋謂克字武子，朱氏謂克字克明。疑朱氏誤，其所據元人劉壎《隱居通議》「鄭克」下之「明」字或爲衍文耶？

明刑盡心錄二卷

《明刑盡心錄》二卷，丁銳為鄂州司理，又集此書。

廣棪案：此書已佚，無可考。銳生平事迹已略考見「《仁政活民書》二卷」條，據此條則銳又嘗任鄂州司理。

好還集一卷

《好還集》一卷，秀水婁伯高元龍編報應之事，為十門。

廣棪案：《宋史》二百六〈志〉第一百五十九〈藝文〉五〈小說類〉著錄：「婁伯高《好還集》十卷。」〈宋志〉所著錄或以一門爲一卷，故作十卷。婁伯高，《宋史》無傳，生平無可考。

先賢施仁濟世錄一卷

《先賢施仁濟世錄》一卷，奉化丞山陰諸葛興編。凡十門，皆本朝諸賢事實也。

廣棪案：此書無可考。諸葛興，《宋史》無傳，《四十七種宋代傳記綜合引得》亦無其資料。《解題》著錄其人其書，並及其仕履，吉光片羽，彌足珍貴。

莆陽人物志三卷

《莆陽人物志》三卷，知興化軍永嘉林紘文伯撰。以圖志不敘人物，故特為是編。莆壤地褊小，而人物特盛。

廣棪案：《宋史》二百四〈志〉第一百五十七〈藝文〉三〈地理類〉著錄：「《莆陽人物志》三卷，鄭僑序。」是此書有鄭僑〈序〉。林紘生平雖不可考，然《宋元學案》卷四十六《玉山學案》「忠惠鄭先生僑附從父厚、樵。」條載：「鄭僑，字惠叔，莆田人也。從父曰厚、曰樵，世所稱溪東、溪西二先生者也。溪東、西兄弟以稽古之學傳其家，而先生又壻於玉山之門，故其踐履醇如也。乾道五年，進士第一。高宗崩，孝宗在德壽宮，欲行終喪之禮，群臣表請還內。先生疏爭之曰：『喪不離次，禮也。』孝宗爲之泣下。使金，以其主有疾，欲令于閤門投進國書，先生以敵國禮爭之，訖得成禮。累官參知政事，知樞密院事。朱子之罷，四入箚留之，不報。黨禁起，高似孫作《右道學圖》，以先生爲巨首，謂其庇之也。出知福州，陛辭，請『平國論而無偏聽，嚴邊防而無輕信』。說者以爲侂胄始于錮道學，終于用兵，先生兩言，盡其生平。以觀文殿學士卒，贈太師，諡忠惠。」則可推知紘必與鄭僑同爲高、孝、光、寧宗時人。且紘既知興化軍，其治地即在莆田，故紘得因利乘便撰作《莆陽人物志》，並倩僑作〈序〉。考直齋亦以理宗寶慶三年丁亥（1227）充興化軍通判，推其獲紘此書當在其時。《解題》此條「莆壤地褊小，而人物特盛」云云，斯蓋直齋親睹有得之言，非一般虛語也。

臥遊錄一卷

《臥遊錄》一卷，呂祖謙撰。晚歲病廢臥家，取史傳所載古今人境勝處錄之，而以宗少文臥遊之語，寘諸卷首。

廣棪案：此書已佚。祖謙，《宋史》卷四百三十四〈列傳〉第一百九十三〈儒林〉四有傳。其〈傳〉謂祖謙「既臥病，而任重道遠之意不衰。居家之政，皆可爲後世法」。是其於「晚歲病廢臥家」之時猶撰此書，蓋眷戀故國，深感山河淪落，而有所寄慨焉。宗少文名炳，南陽涅陽人。《宋書》卷九十三〈列傳〉第五十三〈隱逸〉及《南史》卷七十五〈列傳〉第六十五〈隱逸〉上有傳。《宋書》本傳載：「（少文）好山水，愛遠遊，自陟荊、巫，南登衡岳，因而結宇衡山，欲懷尙平之志。有疾還江陵，嘆曰：『老疾俱至，名山恐難徧睹，唯當澄懷觀道，臥以遊之。』凡所遊履，皆圖之於室，謂人曰：『撫琴動操，欲令眾山皆響。』」《南史》所載同。祖謙蓋以少文嘆曰「老疾俱至」以下諸語，寘諸其書卷首。

上庠錄十卷

《上庠錄》十卷，光州助教呂榮義撰。雜記京師太學故事。

廣棪案：榮義，《四十七種宋代傳記綜合引得》無其資料。此書已佚，無可考。惟所記者乃北宋汴京太學故事，據《解題》所述可推知。

上庠後錄十二卷

《上庠後錄》十二卷，三山周士貴撰。記中興太學事，頗疏略。

廣棪案：士貴，生平不可考。此書亦佚。書名《後錄》，蓋就呂榮義《上庠錄》而續撰之。所記乃南宋臨安太學故事。

昭明太子事實二卷

《昭明太子事實》二卷，知池州趙彥博富文編。昭明廟食於池，頗著靈響。元祐始賜額曰「文孝」。館臣案：元祐賜額曰「文孝」，原本誤作「文序」，今改正。

廣棪案：《宋史》二百三〈志〉第一百五十六〈藝文〉二〈傳記類〉著錄：「趙

彥博《昭明事實》二卷。」與此同。彥博，《宋史》無傳。《宋史藝文志史部佚籍考》上編〈已佚而無輯本者〉（七）〈傳記類〉著錄：「《昭明事實》二卷，宋趙彥博撰。彥博，字富文，武康人，廷美七世孫。紹興二十一年（1151）進士，嘗知池州，仕至權工部侍郎。事迹參閱《周文忠公集》（卷五一）〈題趙遜可文卷〉及《萬姓統譜》卷八三。」可知其生平梗概。至昭明廟食於池及元祐賜額事，《輿地紀勝》卷二十二「〈池州古跡〉」條載：「昭明太子廟在秋浦門外，世稱西郭九郎。元祐三年，賜廟額『文孝』，今封爲英濟忠顯廣利靈佑王。有文選閣在殿之東，又有墓在貴池之秀山。」可與《解題》相參證。考《宋會要輯稿》第四十二冊〈禮〉六二之六九載：「（紹興三十二年八月一日）詔：『前李回包氏率官吏、軍民來歸，特封令人，見在西和州居。趙彥博到宕昌買馬，令包氏招誘洮、疊、熙、鞏一帶蕃商，以致歲額增羡，宣撫司聞于朝，上曰可封郡夫人。令宣撫司就給賜絹一百匹。』」同書第一百二十冊〈選舉〉三四之二五載：「（乾道七年）五月十三日詔：『都大提舉川秦茶事買馬趙彥博除直秘閣，以職事修舉。』從四川宣撫使王炎奏乞旌擢故也。」又〈選舉〉三四之二八載：「（乾道八年七月）二十七日詔：『直祕閣、都大主管成都府利州等路茶事趙彥博除直顯謨閣，仍再任以職事修舉。』故有是命。」同書第一百一冊〈職官〉七二之二〇載：「（淳熙五年）三月二日，新知寧國府趙彥博放罷。以彥博嗜利好進，獄事鹵莽，牽於請託，及得宣城，怏怏不滿，故有是命。」據是，可悉彥博高、孝宗間之仕履及宦績。

祠山家世編年一卷

《祠山家世編年》一卷，詹仁澤、曾樵編輯廣德橫山神張王事迹。

廣棪案：此書已佚，無可考。詹、曾二人亦不見載《四十七種宋代傳記綜合引得》。廣德橫山神張王，亦未知所祀何神。廣德，今安徽省廣德縣。

海神靈應錄一卷

《海神靈應錄》一卷，永嘉貢士陸維則撰。太守韓彥直子溫為之〈序〉。初，元祐中太守直龍圖閣范峋夢海神曰：「吾，唐李德裕也。」郡城東北隅，海仙壇之上有廟，初不知其為何代人。峋明日往謁，其像即夢中所見，自是多響應，然封爵訓詞惟曰「海神」而已。